最新汽车换油宝典 2

郭建文　张玉新　赵锦鹏　主编

辽宁科学技术出版社

沈　阳

图书在版编目（CIP）数据

最新汽车换油宝典．2 / 郭建文，张玉新，赵锦鹏主编．— 沈阳：辽宁科学技术出版社，2020.5
ISBN 978-7-5591-1463-1

Ⅰ．①最… Ⅱ．①郭… ②张… ③赵… Ⅲ．①汽车－发动机油－监测 Ⅳ．①U473.7

中国版本图书馆CIP数据核字（2019）第301194号

出版发行：辽宁科学技术出版社
　　　　　（地址：沈阳市和平区十一纬路25号　邮编：110003）
印　刷　者：辽宁新华印务有限公司
经　销　者：各地新华书店
幅面尺寸：185mm×260mm
印　　张：36.5
字　　数：800千字
出版时间：2020年2月第1版
印刷时间：2020年5月第2次印刷
责任编辑：吕焕亮
封面设计：盼　盼
责任校对：王玉宝
书　　号：ISBN 978-7-5591-1463-1
定　　价：150.00元

编辑电话：024-23284373
E-mail：atauto@vip.sina.com
邮购热线：024-23284626

前　言

　　《最新汽车换油宝典1》出版后，在汽车维修领域引起强烈的反响，成为很多汽车维修人员必备的工具书。该书自2014年出版以来一直处于热销中，为满足广大读者对新车型的需求，我们编写了《最新汽车换油宝典2》。

　　随着汽车工业的飞速发展，汽车技术的不断创新，许多先进的发动机和自动变速器已经没有常用检查油位的油尺了，用传统的维修方式已不能查看油液正常的位置。本书详细介绍了发动机无油尺油位检查方法、自动变速器无油尺油位检查方法、保养灯复位方法和各个车型的发动机机油换油规格及自动变速器换油规格，为汽车保养提供最准确的方法和数据，还列出了各车型用油型号，让大家对用油量和用油型号有所了解。可以说一册在手，保养不愁。我们希望将此书做成汽车保养的工具书。

　　概括地说，本书具有如下三个特点。

　　（1）车型新：本书汇集的车型都是全新的（2015—2020年），包括宝马G38、宝马G05、奔驰E（W213）、奔驰GLE（W167）、奥迪A6L（C8）、奥迪A4L（B9）、奥迪Q5L、路虎发现2.0T（L462）、捷豹F-PACE、保时捷卡宴9YA、保时捷718 Boxster 2.0T、上汽大众途岳、上汽斯柯达柯米克、一汽大众探歌、上汽通用GL8 28T、上汽通用凯迪拉克XT5 28T、长安福特金牛座、雷克萨斯NX300、沃尔沃（亚太）S90 T5、广汽讴歌CDX、东风雷诺科雷嘉SCe200（国Ⅵ）、领克02、东风标致3008 350THP、广汽菲克指南者200T、宾利添越4.0T、东风悦达起亚KX3、北汽BJ80、长城全新哈弗H6。

　　（2）车型全：此书包括30多个车系，近1000种车型，几乎包括市面上所有常见车型，是常备工具书。

　　（3）实用性强：书中列出了发动机无油尺油位检查方法、自动变速器无油尺油位检查方法、保养灯复位方法和用油型号，实用性相当强，查找相当方便。

本书由郭建文、张玉新、赵锦鹏主编，孙宝明副主编。参加编写的有韩猛、裴训、浩铭、董玉江、高宇、饶军、张彦青、黄奎富、陈杰、宋德军、谢勇、周景阳、朱清云、林智峰、李连俊、冀彦军、秦国洪、钱树贵、汪义礼、陈海新、魏大光、艾明、付建、艾玉华、刘殊访、徐东静、黄志强、李海港、刘芳、李令昌、李红敏、李彩侠、李令科、陈海珍、徐爱侠、李贵荣、胡凤、丁红梅、李令中、胡秀寒、李园园、刘金、李秀梅、徐畅、孙宗旺、陆艳云、鲁晶、梁维波、林玉坤、张丽、林敏、许锋、鲁锡弟、梁楠等。

在编写过程中，编者花费了大量的时间、精力，虽然在编写时对每个数据都进行了仔细检查，但由于水平有限，书中不当之处在所难免，欢迎广大读者对本书内容提出宝贵意见。

编者

目　录

第一章　宝马车系

一、宝马发动机机油油位测量

车辆装备不同，油位测量过程也不同。条件是发动机正在运行（只在电子测量时）并且保持工作温度，车辆停在或行驶在平坦的路面上。在宝马新发动机上不再使用机油尺检查机油油位，这些发动机设计了电子油位检查。电子油位检查是通过机油状态传感器执行的。机油状态传感器固定在油底壳上，可从下部拆装。将车辆置于一个水平面上，让暖机的发动机提高转速（约 1100r/min）运转 3min，从组合仪表中或中央信息显示屏上读取机油量。

（一）无 iDrive 车型

对于无 iDrive 车型，从组合仪表中读取机油量，检测步骤如下：

（1）车辆停在或行驶在平坦的路面上，关闭车门，启动车辆，让发动机在怠速状态下运行。

（2）将转向信号灯开关上的按钮（图 1-1 中 1）向上或向下频繁按下，直到显示如图 1-1 所示。

图 1-1

（3）按下转向信号灯开关按钮（图 1-1 中 2），检查油位并显示数值，如图 1-2 所示。

1

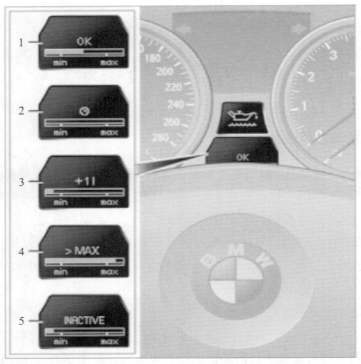

1.油位正常 2.确定油位，该过程可能持续几分钟 3.油位低于最低标记，请添加1L机油 4.注意机油满溢，这会导致发动机损坏 5.该系统未激活

图 1-2

注意：添加发动机机油后大约 20min，才能正确显示油位。

（二）带 iDrive 车型

对于带 iDrive 车型，操作 CON 控制器从中央信息显示屏中读取机油量，检测步骤如下：

（1）车辆停在或行驶在平坦的路面上，关闭车门，启动车辆，让发动机在怠速状态下运行。

（2）通过操作车辆的 CON 控制器在仪表中选择"车辆信息"，如图 1-3 所示。

图 1-3

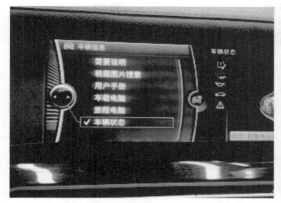

图 1-4

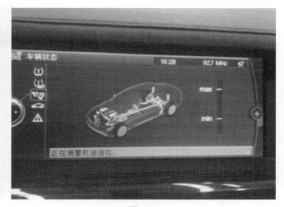

图 1-5

（3）在车辆信息中选择"车辆状态"，如图 1-4 所示。

（4）在"车辆状态"中选择带机油壶的标志，并确认。显示屏显示如图 1-5 所示。

（5）如果机油油位正常，几分钟后显示屏显示如图 1-6 所示，可能显示信息："发动机油位正常""现在无法测量""油位低于最低值，添加 1L 机油"和"发动机油位过高！请让售后服务检查"。注意：添加发动机机油后大约 20min，才能正确显示油位。

图 1-6

二、F 系列车型 CBS 复位

在车辆方面可以复位 CBS 保养范围，可以通过诊断系统复位 CBS 保养范围。与国家有关的法定间隔时间的设码只能通过诊断系统进行。为了能够正规地检查和校正车辆的车载日期，诊断系统需要正确调整测试仪系统日期。在执行维修措施后才允许进行范围复位。制动摩擦片复位只能用新的制动摩擦片磨损传感器进行。

如果同时复位发动机机油和车辆检查，则总是首先复位发动机机油。

CBS 保养范围复位可以通过诊断系统按照下列路径进行：

·启动诊断

·进行车辆身份识别

·功能选择

·服务功能

·保养

·CBS 复位

根据车型和车辆装备情况，在测试模块中显示的服务范围可能与此范围有差别。CBS复位选择：

·发动机机油复位

·火花塞或柴油微粒过滤器或柴油添加剂复位

·前制动器复位

·后制动器复位

·冷却液复位

·制动液复位

·复位微尘滤清器

·法定车辆检查修正

·法定排放检查修正

·车辆检查

可以通过仪表中的里程复位按钮复位保养项目，在下列情况下才能在车辆中进行复位：不存在检查控制信息；保养范围可用率低于90％；车载信息必须已经正确调整。保养范围复位必须总是在执行完保养措施后执行，复位过程会由于超时或总线端切换而被取消。如果同时复位发动机机油和车辆检查，则总是先复位发动机机油。

（1）关闭车门，打开点火开关，按压仪表中里程复位按钮（图1-7）约10s，直到仪表中显示第1个保养复项目（如：发动机机油、前部和后部制动器、制动液、微尘滤清器、火花塞、车辆检查、根据国家规格要求执行的法定检查），复位方法相同。

（2）重新短按此按钮可显示下一个保养项目，选择需要复位的保养项目，以机油保养为例，如果机油保养可以进行，则在仪表中显示"可进行复位"，如图1-8所示。

（3）通过重新按压按钮3s启动复位，仪表显示 "是否进行复位？"文字确认信息，如图1-9所示。

（4）按压按钮不动，仪表上通过一个进度条和文本信息"复位正在进行"指示复位状态，

图 1-7

图 1-8

如图 1-10 所示。

（5）复位成功后会显示"成功复位"，如图 1-11 所示。

（6）仪表中会显示下次的保养时间和里程数，如图 1-12 所示。

图 1-9

图 1-10

图 1-11

图 1-12

法定期限的 CBS 复位：法定期限（车辆 / 废气）的日期期限输入通过点击范围进行，在控制显示的 CBS 菜单中：

· 按压控制器，调用菜单

· 选择信息源并按压控制器

· 选择保养并按压控制器

· 选择保养需求并按压控制器

· 选择车辆检查并按压控制器

· 选择状态并按压控制器

选择调整保养期限并按压控制器，然后可以通过旋转和按压来调整和确认目标月或目标年。

三、G 系列车型保养复位

注意：G 系列个别车型的仪表上带一个按钮，其保养复位与 F 系列车型相同，下面不再重复描述，如下所述是对于仪表上没有按钮的车型，如图1-13所示。

机油保养复位：

注意：复位过程有时间限制，复位过程中不要切换总线端。

（1）设置车辆为停车状态（即关闭钥匙，闭锁车辆）。

（2）切换车辆为诊断分析状态（即PAD模式）。短时连续按压点火开关3次，仪表内多个警示灯点亮，即表示已设置为PAD模式。

（3）在转向灯开关杆上持续按压BC按钮15s，直至在显示屏中出现第一个保养提示范围。

（4）通过短按BC按钮切换到下一个保养内容显示，通过短按BC按钮选择需要复位的保养项目。

（5）如果提示可以重置该项目，通过长按BC按钮至少3s，会弹出确认重置的提示，如图1-14所示。

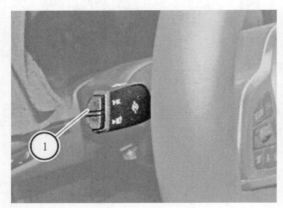

1.BC按钮

图1-13

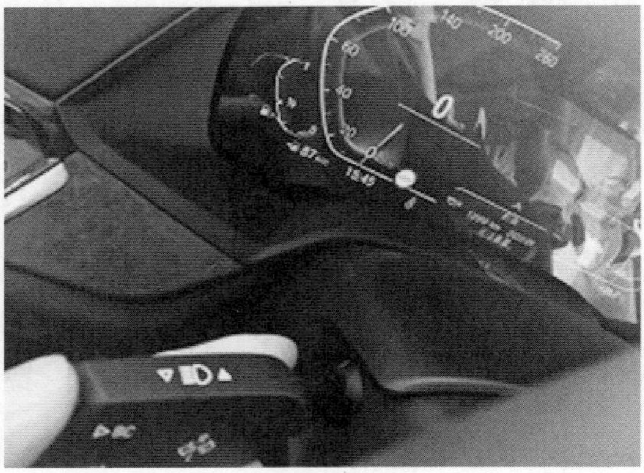

图1-14

（6）确认需要重置，请松开BC按钮，再次按压BC按钮至少3s然后松开，即开始复位中。

（7）重置完成后确认提示重置成功，如重置失败，再次尝试重置。如有必要，切换电源后再尝试。注意：对于前后轮制动摩擦片，只有在制动摩察片磨损、传感器被磨削到的时候才激活CBS更换报警显示。

四、MINIF54、F55、F56、F57和F60车系CBS复位

提示：在车辆上可以复位CBS保养范围。一般建议通过诊断系统复位CBS保养范围。与国家有关的法定间隔时间的设码只能通过诊断系统进行。

前轮/后轮制动器保养检查：

只有针对磨削的制动摩擦片磨损传感器（CID中的CBS显示激活），才能在车内进

行 CBS 复位。针对未磨削的制动摩擦片磨损传感器（CID 中无 CBS 显示），只有使用诊断系统，才能进行 CBS 复位。

更多 CBS 错误重置的已知原因：

· 驻车制动器被操纵

· 制动踏板被踩下

1. 通过诊断系统进行 CBS 复位

提示：为了能按规定检查或修正车辆的车载日期，诊断系统需要正确设置测试仪系统日期！在执行维修措施后才允许进行范围复位。

可以通过诊断系统按照下列路径进行 CBS 保养范围复位：

· 服务功能

· 保养

· CBS 复位

2. 车辆中的 CBS 复位

在车辆中可以复位组合仪表上的保养范围。提示：车载日期必须已正确调整。

在下列情况下才能在车辆中进行复位：

· 无检查控制信息

· 保养范围可用率低于 90%

保养范围的复位必须总是在执行完保养措施后执行。复位过程会由于超时或总线端切换而被取消。

（1）打开点火开关。

（2）按压分里程复位按钮（图 1-15 中 1，以下简称按钮）约 10s，直至显示器（图 1-15 中 2）中显示第 1 个保养范围。通过重新短按此按钮可显示下一个项目。选择希望的保养范围。

（3）如果某项复位可行，则在组合仪表中把此复位显示成"复位可进行"。

（4）通过按下按钮 3s 启动复位。通过重新按压按钮 3s，确认文本信息"要进行重置吗？"。在显示器上通过一个进度条和文本"复位正在进行"指示复位状态。

（5）在执行复位后确认"成功复位"。

图 1-15

3. 法定期限的 CBS 复位

点击中央信息控制器车况保养主菜单中的控制框，输入总检查的目标期限：

· 车辆信息
· 车辆状态
· 保养需求
· 车辆检查
· 设置保养期限

然后可以通过旋转和按压来调整和确认目标月或目标年，如图1-16所示。

图1-16

五、宝马车系自动变速器换油

（一）GA8HP45Z、GA8HP70Z、GA8HP90Z、GA8P70H

1. ZF变速器的自动变速器油（GA8HP45Z、GA8HP70Z、GA8HP90Z、GA8P70H）

提示：自动变速器设计为终生加注机油。在整个运行期间此变速器无须换油。在变速器或变速器油冷却器上进行可能的维修后，使用许可的长效自动变速器油。注意：长效自动变速器油不得与其他自动变速器油混合或混淆，因为这会导致自动变速器失灵。

2. 检查/补充自动变速器的机油油位（GA8HP45Z、GA8HP70Z、GA8HP90Z）

（1）注意事项。

必须防止皮肤接触齿轮油和吸入齿轮油蒸气。使用防护手套，确保通风良好。注意：仅使用认可的齿轮油。为了正确调整油位，必须强制性通过宝马诊断系统执行服务功能"变速器控制系统：油平衡"。如不遵守，可能会导致自动变速器严重损坏。

（2）燃油匹配条件。

升高条件：变速器油温在30~40℃之间。

结束条件：变速器油温在40~50℃之间。

（3）进行油位调校。

在自动变速器中出现特定故障记录以及成功修理（如更新机械部件、更新变压器、更新变速器）后，需要进行油位调校。

· 连接诊断系统和信息系统
· 调用服务功能（变速器控制系统：燃油匹配）
· 按照说明进行机油量检查

（4）添加自动变速器油。

车辆必须水平停放，并采取防自行移动措施。松开注油螺栓（图1-17中1）。根据宝马诊断系统中的说明添加自动变速器油。

（二）GA8HP51Z/ GA8HP76Z

更换自动变速器油的前提：车辆水平停放，防止车辆移动。注意油液等有害物的安全

8

规范。提示：自动变速器设计为终生加注机油。在整个运行期间此变速器无须换油。在变速器或变速器油冷却器上进行可能的维修后，使用许可的长效自动变速器油。长效自动变速器油不得与其他自动变速器油混合或混淆，因为这会导致变速器失灵。

1. 添加变速器油

（1）车辆必须水平停放，并采取防自行移动措施。松开加油螺栓（图1-18中1）。根据宝马诊断系统中的说明添加自动变速器油。

（2）松开加油螺塞（如图1-18所示，使用2 405 614专用工具），更新密封环。

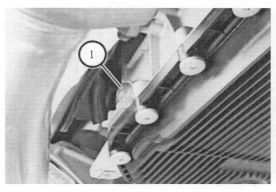
图1-17

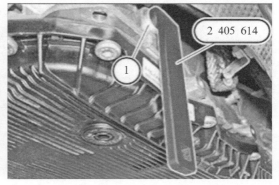
图1-18

（3）添加自动变速器油，直至油从加注口溢出。

（4）启动发动机。

（5）添加自动变速器油，直至油从加注口溢出。

（6）旋入加油螺塞（图1-19）。使用扭力工具紧固，拧紧力矩：35N·m。

（7）完全踩下制动器，怠速时在各个挡位之间多次切换。接着切换到挡位P（停车）。

（8）然后检查油位，执行油位调校。自动变速器油ATF 3+，加注量9.28/9.35L。

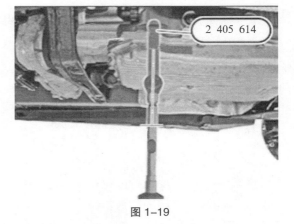
图1-19

2. 油位调校

前提条件：车辆处于冷态，开始油位调校时的温度为30~40℃，结束油位调校时的温度为40~50℃，连接诊断系统，执行服务功能"油位校准"。

（三）7速双离合器变速器 GS7D36SG

检查和补充双离合器变速器的油量。

1. 检查油位

（1）在宝马诊断系统中调用服务功能（驱动装置）。

（2）按照说明进行油量检查。

注意：对于双离合器变速器，在2000km时不需要进行换油磨合检查，仅使用认可的齿轮油。不遵守此要求会严重损坏双离合器变速器。必须在齿轮油温达到40℃之前结束检查和加注过程。如果温度高于40℃并且没有机油排出，则必须旋入机油调整螺栓，在冷却状态下重复检查和加注过程。

安装说明：用六角扳手拧紧机油调整螺栓，扳手开口度SW82，如图1-20所示。

2. 修理后添加齿轮油

车辆必须水平停放，并采取防自行移动措施。

（1）如果有机油排出，打开机油调整螺栓（图1-21中1），然后立即重新拧紧。如果没有机油排出，添加机油，直至机油排出，然后重新拧紧机油调整螺栓（图1-21中1）。

提示：如果此处已添加机油，在机油调整时必须再次添加。

（2）连接诊断系统并启动服务功能（电机）。

（3）启动发动机（挡位N或P）。

（4）借助诊断系统探测变速器温度。

（5）挡位P。

（6）允许的启动温度 ≤ 32℃。

（7）急速转速：在约2000r/min下保持1min。

（8）打开机油调整螺栓（图1-21中1）。

（9）加注至机油溢出，最高齿轮油温40℃。

（10）旋入螺栓。提示：更新螺栓，按规定拧紧。

图 1-20

图 1-21

六、G系列车型更换制动液

G系列部分车型更换制动液与以往车型不同，如G05车型需要执行ABL制动液更换。如果按照以往更换制动液的方式更换，则只完成了整个制动系统中的部分制动液的更换。

若想更换全部制动液，则需要执行 ABL 制动液更换，根据 ABL 提示换油。不按照标准更换会出现制动系统报警故障，制动效果很差。

七、前驱车辆更换变速器／差速器油

（1）前驱车换油步骤与后驱车基本一致，爱信变速器：在换油或检查油位时确保油温为 35~45℃，消码。

（2）DKG：在补充变速器油后执行服务功能油位调校；换油后执行服务功能复位变速器油磨损值。

（3）信息：DKG 换油过程，机油温度须在 20~40℃之间，总里程 3000km 以上，换油时同时换双离合器。

八、宝马车系换油规格（表 1-1）

九、MINI 车系换油规格（表 1-2）

表 1-1

车型	底盘型号	生产年份	销售类型	发动机型号	气缸	排量（L）	发动机机油（含机油滤清器）加注量（L）	变速器型号	挡位速	ATF首次加注量（L）
118i	F52	2017—2019年	华晨宝马	B38A15C	L3	1.5T	4.25	AISIN F21FT	6速	5.5
120i	F52	2017—2019年	华晨宝马	B48A20M0	L4	2.0T	5.25	F22AW	8速	7.0
125i	F52	2017—2018年	华晨宝马	B48A20D	L4	2.0T	5.25	F22AW	8速	7.0
218i	F46	2014—2018年	进口宝马	B38A15M0	L3	1.5T	4.25	F21AW	6速	5.5
								F22AW	8速	7.0
M2	F87	2014—2018年	进口宝马	N55B30T0	L6	3.0T	6.50	GS7D36SG	7速	8.4
118i	F20	2016—2019年	进口宝马	B38B15M0	L3	1.5T	4.25	F21FT	6速	5.5
120i	F20	2015—2019年	进口宝马	B48B20M0	L4	2.0T	5.25	GA8HP50Z	8速	8.8
125i	F20	2015—2019年	进口宝马	B48B20O0	L4	2.0T	5.25	GA8HP50Z	8速	8.8
316Li	F35	2014—2016年	华晨宝马	N13B16U0	L4	1.6T	4.70	GA8HP45Z GA8HP70Z	8速	8.5
318Li	F35	2015—2018年	华晨宝马	B38B15M0	L3	1.5T	4.25	GA8HP45Z GA8HP70Z	8速	8.5
320Li	F35	2015—2019年	华晨宝马	B48B20M0	L4	2.0T	5.25	GA8HP45Z GA8HP70Z	8速	8.5
330Li	F35	2015—2019年	华晨宝马	B48B20O0	L4	2.0T	5.25	GA8HP45Z GA8HP70Z	8速	8.5
335Li	F35	2011—2015年	华晨宝马	N55B30M0	L6	3.0T	6.50	GA8HP45Z GA8HP70Z	8速	8.5
GT320i	F34	2015—2019年	进口宝马	B48B20M0	L4	2.0T	5.25	GA8HP45Z GA8HP70Z	8速	8.5
GT330i	F34	2015—2019年	进口宝马	B48B20O0	L4	2.0T	5.25	GA8HP45Z GA8HP70Z	8速	8.5
320i	G20	2018—2019年	进口宝马	B48B20O0	L4	2.0T	5.25	GA8HP51Z	8速	9.28
								GA8HP76Z	8速	9.35

（续表）

车型	底盘型号	生产年份	销售类型	发动机型号	气缸	排量（L）	发动机机油（含机油滤清器）加注量（L）	变速器型号	挡位速	ATF首次加注量（L）
325i	G20	2019—2020年	进口宝马	B48B20O1	L4	2.0T	5.25	GA8HP51Z	8速	9.28
330i	G20	2017—2019年	进口宝马	B48B20O1	L4	2.0T	5.25	GA8HP76Z	8速	9.35
								GA8HP51Z	8速	9.28
M340i	G20	2018—2019年	进口宝马	B58B30O1	L6	3.0T	6.50	GA8HP76Z	8速	9.35
								GA8HP51Z	8速	9.28
								GA8HP76Z	8速	9.35
418i	F36	2014—2019年	进口宝马	B38B15M0	L3	1.5T	4.25	GA8HP50Z	8速	8.8
420i	F36	2015—2019年	进口宝马	B48B20M0	L4	2.0T	5.25	GA8HP50Z	8速	8.8
430i	F36	2015—2019年	进口宝马	B48B20O0	L4	2.0T	5.25	GA8HP50Z	8速	8.8
M4	F83	2013—2019年	进口宝马	S55B30T0	L6	3.0T	6.50	GS7D36SG	7速	8.4
525Li	G38	2018—2019年	华晨宝马	B48B20M0	L4	2.0T	5.25	GA8HP51Z	8速	9.28
								GA8HP76Z	8速	9.35
528Li	G38	2018年	华晨宝马	B48B20O0	L4	2.0T	5.25	GA8HP51Z	8速	9.28
								GA8HP76Z	8速	9.35
530Le	G38	2018—2019年	华晨宝马	B48B20M0	L4	2.0T	5.25	GA8HP51Z	8速	9.28
								GA8HP76Z	8速	9.35
530Li	G38	2018—2019年	华晨宝马	B48B20O0	L4	2.0T	5.25	GA8HP51Z	8速	9.28
								GA8HP76Z	8速	9.35
540Li	G38	2018—2019年	华晨宝马	B58B30M0	L6	3.0T	6.50	GA8HP51Z	8速	9.28
								GA8HP76Z	8速	9.35
630i	G32	2019—2020年	进口宝马	B48	L4	2.0T	5.25	GA8HP51Z	8速	9.28
								GA8HP51Z	8速	9.35

车型	底盘型号	生产年份	销售类型	发动机型号	气缸	排量（L）	发动机机油（含机油滤清器）加注量（L）	变速器型号	挡位速	ATF首次加注量（L）
640i	G32	2019—2020年	进口宝马	B58B30M0	L6	3.0T	6.50	GA8HP51Z	8速	9.28
								GA8HP76Z	8速	9.35
730i/730Li	G11/G12	2016—2020年	进口宝马	B48B20O1	L4	2.0T	5.25	GA8HP50Z	8速	8.80
								GA8HP51Z	8速	9.28
								GA8HP75Z	8速	8.70
								GA8HP76Z	8速	9.35
740i/740Li	G11/G12	2016—2020年	进口宝马	B58B30	L6	3.0T	6.50	GA8HP50Z	8速	8.80
								GA8HP51Z	8速	9.28
								GA8HP75Z	8速	8.70
								GA8HP76Z	8速	9.35
750i/750Li	G11/G12	2011—2019年	进口宝马	N63B44O2	V8	4.4T	10.50	GA8HP50Z	8速	8.80
								GA8HP51Z	8速	9.28
								GA8HP75Z	8速	8.70
								GA8HP76Z	8速	9.35
M760i/M760Li	G11/G12	2017—2019年	进口宝马	N74B66U2	V12	6.6T	12.00	GA8HP50Z	8速	8.80
								GA8HP51Z	8速	9.28
								GA8HP75Z	8速	8.70
								GA8HP76Z	8速	9.35
840i	G14/G15	2019—2020年	进口宝马	B58B30M1	L6	3.0T	6.50	GA8HP50Z	8速	8.80
								GA8HP51Z	8速	9.28
								GA8HP75Z	8速	8.70
								GA8HP76Z	8速	9.35
X5 SDrive35i	F15	2014—2018年	进口宝马	N55B30M0	L6	3.0T	6.50	GA8HP75Z	8速	8.7

车型	底盘型号	生产年份	销售类型	发动机型号	气缸	排量（L）	发动机机油（含机油滤清器）加注量（L）	变速器型号	挡位速	ATF首次加注量（L）
X5 XDrive28i	F15	2015—2018年	进口宝马	N20B20O0	L4	2.0T	4.75	GA8HP75Z	8速	8.7
X5 XDrive35i	F15	2014—2018年	进口宝马	N55B30M0	L6	3.0T	6.50	GA8HP75Z	8速	8.7
X5 SDrive40e	F15	2015—2018年	进口宝马	N20B20O0	L4	2.0T	4.75	GA8HP75Z	8速	8.7
X5 XDrive50i	F15	2014—2018年	进口宝马	N63B44O1	V8	4.4T	9.50	GA8HP75Z	8速	8.7
X6 SDrive35i	F16	2015—2019年	进口宝马	N55B30M0	L6	3.0T	6.50	GA8HP75Z	8速	8.7
X6 XDrive28i	F16	2015—2019年	进口宝马	N20B20O0	L4	2.0T	4.75	GA8HP75Z	8速	8.7
X6 XDrive35i	F16	2015—2019年	进口宝马	N55B30M0	L6	3.0T	6.50	GA8HP75Z	8速	8.7
X6 XDrive50i	F16	2015—2019年	进口宝马	N63B44O1	V8	4.4T	9.50	GA8HP75Z	8速	8.7
X3 SDrive28i	F25	2012—2018年	进口宝马	N20B20O0	L4	2.0T	5.00（2WD）	GA8HP45Z GA8HP70Z	8速	8.5
X3 XDrive20i	F25	2012—2018年	进口宝马	N20B20U0	L4	2.0T	4.80（含四轮驱动）	GA8HP45Z GA8HP70Z	8速	8.5
X3 XDrive35i	F25	2011—2018年	进口宝马	N55B30M0	L6	3.0T	6.50	GA8HP45Z GA8HP70Z	8速	8.5
X4 XDrive20i	F26	2014—2018年	进口宝马	N20B20U0	L4	2.0T	4.80（含四轮驱动）	GA8HP45Z GA8HP70Z	8速	8.5
X4 XDrive28i	F26	2014—2018年	进口宝马	N20B20O0	L4	2.0T	4.80（含四轮驱动）	GA8HP45Z GA8HP70Z	8速	8.5
X4 XDrive35i	F26	2014—2018年	进口宝马	N55B30M0	L6	3.0T	6.50	GA8HP45Z GA8HP70Z	8速	8.5
X2 SDrive18i	F39	2018—2019年	进口宝马	B38A15M1	L3	1.5T	4.50	7DCT300	7速	8.4
X2 SDrive20i	F39	2018—2019年	进口宝马	B48A20M1	L4	2.0T	5.25	7DCT300	7速	8.4

车型	底盘型号	生产年份	销售类型	发动机型号	气缸	排量（L）	发动机机油（含机油滤清器）加注量（L）	变速器型号	挡位速	ATF首次加注量（L）
X2 XDrive20i	F39	2018—2019年	进口宝马	B48A20M1	L4	2.0T	5.25	7DCT300	7速	8.4
X1 SDrive18Li	F49	2016—2019年	华晨宝马	B38A15M0	L3	1.5T	4.25	F21AW	6速	5.5
X1 SDrive20Li	F49	2016—2019年	华晨宝马	B48A20M0	L4	2.0T	5.25	F22AW	8速	7.0
X1 XDrive20Li	F49	2016—2019年	华晨宝马	B48A20M0	L4	2.0T	5.25	F22AW	8速	7.0
X1 XDrive25Le	F49	2016—2019年	华晨宝马	B38A15M0	L3	1.5T	4.25	F21AW	6速	5.5
X1 XDrive25Li	F49	2016—2019年	华晨宝马	B48A20O0	L4	2.0T	5.25	F22AW	8速	7.0
X5 XDrive40i	G05	2019—2020年	进口宝马	B58B30M1	L6	3.0T	6.50	GA8HP50Z	8速	8.80
								GA8HP51Z	8速	9.28
								GA8HP75Z	8速	8.70
								GA8HP76Z	8速	9.35

表 1-2

车型	底盘型号	生产年份	发动机型号	气缸	排量（L）	发动机机油（含机油滤清器）加注量（L）	变速器型号	挡位速	ATF 首次加注量（L）
clubman cooper	F54	2016—2019 年	B38A15M0	L3	1.5T	4.25	F22AW	8 速	7.0
clubman cooper	F54	2016—2019 年	B48A20M0	L4	2.0T	5.25	F21AW	6 速	5.5
clubman cooper	F54	2016—2019 年	B48	L4	2.0T	5.25	F22AW	8 速	7.0
clubman coopers ALL4	F54	2016—2019 年	B38A15U0	L3	1.5T	4.25	F21AW	6 速	5.5
clubman one	F54	2016—2019 年	B38A15M0	L3	1.5T	4.25	F22AW	8 速	7.0
cooper	F55/F56	2014—2019 年	B48A20M0	L4	2.0T	5.25	F21AW	6 速	5.5
coopers	F55/F56	2015—2019 年					AISIN F21FT	6 速	5.5
one	F55/F56	2014—2017 年	B38A12U0	L3	1.2T	4.25	AISIN F21FT	6 速	5.5
one	F55/F56	2018—2019 年	B38A15	L3	1.5T	4.25	AISIN F21FT	6 速	5.5
敞篷 cooper	F57	2014—2019 年	B38A15M0	L3	1.5T	4.25	AISIN F21FT	6 速	5.5
敞篷 coopers	F57	2015—2019 年	B48A20M0	L4	2.0T	5.25	AISIN F21FT	6 速	5.5
敞篷 one	F57	2018—2019 年	B38A15U1	L3	1.5T	4.50	手动		
COUNTRYMAN cooper	F60	2017—2019 年	B38A15M0	L3	1.5T	4.25	AISIN F21FT	6 速	5.5
COUNTRYMAN coopers ALL4	F60	2017—2019 年	B38	L3	1.5T	4.25	F22AW	8 速	7.0
COUNTRYMAN coopers	F60	2017—2019 年	B48A20M0	L4	2.0T	5.25	F22AW	8 速	7.0
COUNTRYMAN cooper ALL4	F60	2017—2019 年	B48	L4	2.0T	5.25	F22AW	8 速	7.0
COUNTRYMAN ONE	F60	2017—2019 年	B38A15U0	L3	1.5T	4.25	F22AW	8 速	7.0

第二章 奔驰车系

一、奔驰 S600（W222）V12 发动机无机油油尺的油位检查方法

车辆必须处于水平状态至少 5min，在达到工作温度时关闭发动机，否则将出现测量误差。

（1）打开点火开关。

（2）反复按下系统选择按钮（图 2-1 中 S110s3），直到多功能显示器（图 2-1 中 A1p13）上以粗体显示"服务"（Service）菜单。

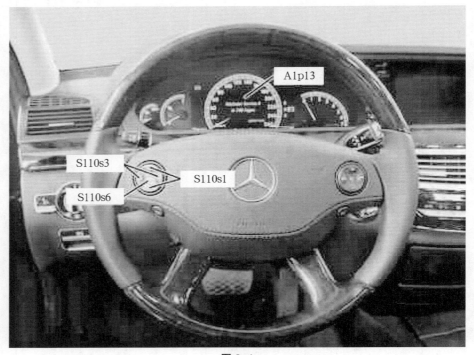

图 2-1

（3）反复按下前后滚动按钮（图 2-1 中 S110s1），并选择"发动机机油油位"（engine oil level）。

（4）按下 OK 按钮（图 2-1 中 S110s6）。信息"发动机机油油位，正在测量中，只有当车辆处于水平状态时测量值才准确"（engine oil level, measurement in progress, correct measurement only if the vehicle is level）显示在多功能显示器（图 2-1 中 A1p13）上。

（5）测量结果显示在多功能显示器（图 2-1 中 A1p13）上。

（6）必要时修正发动机机油油位，并再次检查发动机机油油位。

（7）关闭点火开关。

二、自动变速器油位检查方法

（一）725.0 自动变速器（2015—2019 年）

1. 专用工具

（1）套筒扳手 724 589 01 09 00，如图 2-2 所示。

（2）适配器 725 589 00 90 00，如图 2-3 所示。

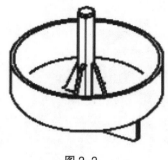

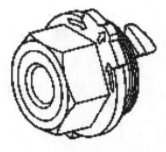

图 2-2   图 2-3

（3）适配器 463 589 02 31 00，如图 2-4 所示。

（4）套筒扳手 725 589 00 09 00，如图 2-5 所示。

图 2-4   图 2-5

（5）适配器 725 589 03 90 00，如图 2-6 所示。

（6）适配器 724 589 00 21 00，如图 2-7 所示。

2. 自动变速器结构

（1）725.004 自动变速器，如图 2-8 所示。

（2）725.007 自动变速器，如图 2-9 所示。

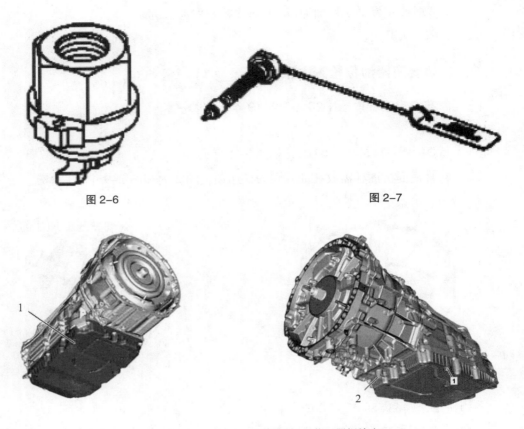

图 2-6　　　　　　　　　　　　　图 2-7

1.快速锁

图 2-8

1.快速锁　2.节温器螺旋塞　　图 2-9

3. 关于自动变速器的说明

被尖锐的汽车部件剐蹭有导致受伤的风险。对带毛刺和锋利边角的车辆部件进行操作或在其附近作业时，一定要戴上防护手套去除维修板件的毛刺。

警告：

处理炽热或发光的物体时，可能导致皮肤或眼睛损伤。如有必要，穿戴防护手套、防护服和防护眼镜。有汽车打滑或从举升台上掉落而造成人员死亡的风险。将汽车在车辆举升机的支柱之间调准位置，并在汽车制造商规定的车辆举升机支撑点上放置 4 个支撑板。

处理变速器油时有对皮肤和眼睛造成伤害的风险。吞咽变速器油有危害健康危险。必要时穿戴防护手套、防护服和防护眼镜。不要将变速器油注入饮料瓶中。

发动机运转时，汽车可能会自行启动而造成事故。发动机启动或运转期间，在附近工作存在导致擦伤和烧伤的风险。固定好车辆，以防其自行移动。穿上密闭且紧身的工作服，切忌接触高温或旋转的部件。

4. 加注变速器油

（1）将变速器切换至空挡并固定车辆，以防溜车。

（2）用车辆举升机举升车辆。

（3）拆下变速器下方的饰件。

（4）将合适的机油容器放在节温器螺旋塞（图2-9中2）下方。

（5）将节温器螺旋塞（图2-9中2）连同弹簧和节温器元件一起松开。725.007/017/033/047自动变速器，始自2015年款，节温器元件承受弹簧预加荷载。

（6）将适配器和密封圈拧入节温器元件的开口中。725.007/017/033/047自动变速器，始自2015年款。

（7）将合适的机油容器放在油底壳的快速锁（图2-8和图2-9中1）下方。

（8）用套筒扳手松开快速锁（图2-8和图2-9中1）。

（9）安装适配器，然后连接分油器（000 588 06 82 00）。在向变速器加注前，将分油器处的气压调到最高200kPa（2bar），否则可能会损坏油底壳。

（10）向自动变速器中泵入变速器油，变速器油ATF规格为236.17。如果已排空变速器油，则加注排放的油量，并增加约0.5L的变速器油。如果未排放变速器油，则向变速器泵入约0.5L的变速器油。

（11）断开适配器并拧入分油器和快速锁（图2-8和2-9中1）。

（12）自动变速器油位检查。

①启动测试程序，检查变速器油位，必要时进行校正。油位传感器为000 588 09 19 00 000，分油器为000 588 06 82 00，变速器油ATF规格为236.17。使用油位传感器时，725.0自动变速器（型号257），始自2015年款；725.0自动变速器（型号205、213、217、222、253），始自2015年款；725.0自动变速器（型号463），始自2019年款；725.0自动变速器（型号166、172、207、212、218、231、292），始自2015年款；725.0自动变速器（型号238），始自2015年款。

②启动测试程序，检查变速器油位，必要时进行校正。不使用油位传感器时，725.0自动变速器（型号257），始自2015年款；725.0自动变速器（型号238），始自2015年款；725.0自动变速器（型号166、172、207、212、218、231、292），始自2015年款；725.0自动变速器（型号205、213、217、222、253），始自2015年款；725.0自动变速器（型号463），始自2019年款。

（13）将适配器和密封圈从节温器元件的开口中拆下，725.007/017/033/047自动变速器，始自2015年款。

（14）将节温器螺旋塞（图2-9中2）连同弹簧和节温器元件一起拧入，725.007/017/033/047自动变速器，始自2015年款。

（15）安装变速器下方的饰件。

（16）将车辆从车辆举升机上降下。

自动变速器油加注量（完全注满变速器）：725.0自动变速器（725.007/017/033/047

自动变速器除外）为 10L，725.007/017/033/047 自动变速器为 11L。

（二）725.0 自动变速器（2013—2015 年）

1. 专用工具

适配器 725 589 00 90 00，如图 2–10 所示。

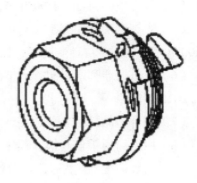

图 2–10

2. 725.0 自动变速器结构

725.0 自动变速器结构图如图 2–11 和图 2–12 所示。

3. 725.0 自动变速器说明

警告：发动机运转时，汽车可能会自行启动而造成事故。发动机启动或运转期间，在附近工作存在导致擦伤和烧伤的风险。小

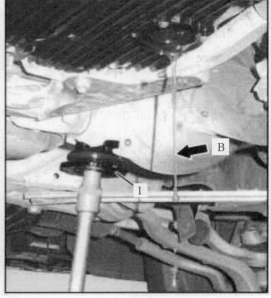

1.卡口连接器 A.油液加注量过大和开始调节油液时的恒定油液流 B.排放过量变速器油后的正确变速器油加注量

图 2–11

心：处理变速器油时有对皮肤和眼睛造成伤害的风险，吞咽变速器油有危害健康危险。必要时应穿戴防护手套、防护服和防护眼镜。不要将变速器油注入饮料瓶中。

4. 加注变速器油

（1）将变速器换入空挡。

（2）操作驻车制动器。

（3）拆下底部隔音件的后部。

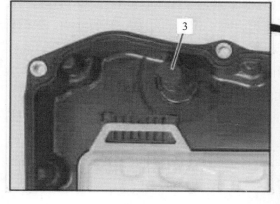

2.适配器　3.溢流管

图 2-12

725.0 自动变速器（型号 207、212、218），带 642 发动机，截至 2015 年款；725.0 自动变速器（型号 207、212、218），带 651 发动机，截至 2015 年款。

（4）拆下后部发动机舱底部饰板。725.0 自动变速器（型号 212、218），带 278 发动机，截至 2015 年款；725.0 自动变速器（型号 218），带 276 发动机，截至 2015 年款。

（5）检查油底壳型号、油底壳规格说明。如果安装了旧型号的油底壳，更换油底壳。725.0 自动变速器（型号 207），截至 2015 年款；725.0 自动变速器（型号 212、218），截至 2015 年款。

（6）松开卡口连接器（图 2-11 中 1），安装适配器（图 2-12 中 2），然后连接分油器。添加变速器油之前，将分油器上的空气压力设定为最大 200kPa（2bar）。否则，充注压力过高可能会导致油底壳损坏。

（7）将 8L 的变速器油注入变速器中，变速器油 ATF 规格为 236.17。注意工作液的规格，否则可能会损坏变速器。对于修理过的变速器，加注量应为变速器油排放量+0.5L。

（8）启动发动机。

（9）连接车辆诊断系统并检查油位。

725.0 自动变速器（型号 207、212、218），截至 2015 年款。在诊断系统中调用"调节变速器油位"（Adjust oil level）菜单项。在整个测试过程中，不得释放驻车制动器，不得产生该工作步骤中不需要的其他干扰因素。所有这些因素会导致取消诊断系统测量，然后需要重新开始。

（10）将变速器油温度升高至90℃。装配副变速器油冷却器的车辆，以及预先拆下或更换副变速器油冷却器的情况。节温器在90℃时开启，发动机转速，2500r/min，换挡杆位于P位置。

（11）将变速器油温度升高至35℃。未装配副变速器油冷却器的车辆或装配副变速器油冷却器的车辆（未预先拆下/更换副变速器油冷却器）。

（12）关闭发动机，并使变速器油冷却。装配副变速器油冷却器的车辆，以及预先拆下或更换副变速器油冷却器的情况。

（13）关闭发动机。未装配副变速器油冷却器的车辆或装配副变速器油冷却器的车辆（未预先拆下/更换副变速器油冷却器）。

（14）通过诊断系统确定变速器油温度。725.0自动变速器（型号207、212、218），截至2015年款。

（15）在换挡杆位于P时启动发动机并运转。

（16）用分油器向变速器泵入变速器油。注意工作液的规格，否则可能会损坏变速器。

（17）调节至正确油位。在车辆诊断系统中，选择菜单项"调节变速器油位"（Adjust oil level），并遵照车辆诊断系统中的说明。

（18）通过诊断系统确定变速器油温度。725.0自动变速器（型号207、212、218），截至2015年款。由于油底壳内的溢流管（图2-12中3）设计为只能在规定变速器油温度下工作，因此该温度不得超过指定的温度。

（19）将分油器连同适配器（图2-12中2）一起分开。

（20）在处于规定的变速器油温度时排放油液（图2-11中箭头A），直到仅有较少的油液流出[参见正确的油液加注量（图2-11中箭头B）]。725.0自动变速器（型号207、212、218），截至2015年款。诊断系统执行变速器油液调节功能"调节变速器油位"（Adjust oil level）。如果打开放油螺塞后并未形成持续的油液流，则必须校正油位并再次执行油液调节功能。

（21）拧入卡口联接器（图2-11中1）。

（22）检查变速器是否正常工作及其密封性。

（23）安装底部隔音件的后部。725.0自动变速器（型号207、212、218），带发动机642，截至2015年款；725.0自动变速器（型号207、212、218），带651发动机，截至2015年款。

（24）安装后部发动机舱底部饰板。725.0自动变速器（型号212、218），带278发动机，截至2015年款；725.0自动变速器（型号218），带276发动机，截至2015年款。

5. 自动变速器油加注量

完全注满变速器，725.0自动变速器（725.007/017/033/047自动变速器除外）为10L，725.007/017/033/047自动变速器为11L。

（三）700.42 自动变速器（型号 177）

1. 专用工具

（1）漏斗 126 589 12 63 00，如图 2-13 所示。

（2）手动泵 210 589 00 71 00，如图 2-14 所示。

（3）油尺 168 589 01 21 00，如图 2-15 所示。

图 2-13　　　　　　　　　　　　　　　　图 2-14

图 2-15

2. 700.42 自动变速器加注管位置（图 2-16）

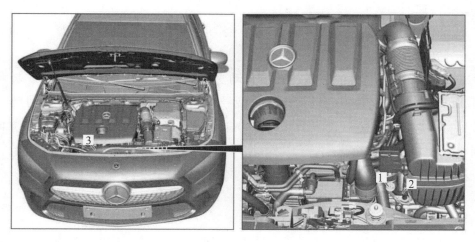

1.护盖　2.加注管　3.发动机进气道

图 2-16

关于自动变速器的说明：

被尖锐的汽车部件刮擦有导致受伤的风险。对带毛刺和锋利边角的车辆部件进行操作或在其附近作业时，一定要戴上防护手套，去除维修板件的毛刺。处理变速器油时有对皮肤和眼睛造成伤害的风险。吞咽变速器油有危害健康危险。必要时穿戴防护手套、防护服和防护眼镜。不要将变速器油注入饮料瓶中。警告：处理炽热或发光的物体时，可能导致皮肤或眼睛损伤。如有必要，穿戴防护手套、防护服和防护眼镜。

3. 加注

（1）拆下空气滤清器上游的发动机进气道（图2-16中3）。

（2）松开护盖（图2-16中1）并从加注管（图2-16中2）上分开。如果未加注变速器。

（3）将漏斗插入加注管中，如果未加注变速器。

（4）将变速器油添加到变速器中。

（5）安装护盖。

4. 检验

（1）将自动变速器移动至驻车挡位，车辆必须纵向和横向均严格水平地停置。

（2）将车辆诊断系统连接至车辆。

（3）使发动机怠速暖机，并通过车辆诊断系统监测变速器油温度。变速器油温度必须为 $40℃ ±5℃$ 或 $70℃ ±5℃$。

（4）达到规定的变速器油温度时，关闭发动机。

（5）将护盖从加注管上松开并分开。

（6）将油尺插入加注管中并检查变速器油位。关闭发动机后等待 2~5min，否则会引起测量误差。如果变速器油位过高，抽出变速器油。如果变速器油位过低，添加变速器油。

5. 添加变速器油

（1）将漏斗插入加注管中并向变速器中添加变速器油，双离合器变速器油规格为239.21。在 20℃ 时油尺上两个刻度值之间的距离对应约 165g 变速器油。

（2）重复操作油位检查步骤。

6. 抽出变速器油

（1）将手动泵软管插入加注管中并抽出变速器油。在 20℃ 时油尺上两个刻度值之间的距离对应约 165g 变速器油。

（2）重复操作油位检查步骤。

7. 安装

（1）安装护盖。

（2）安装空气滤清器外壳上游的发动机进气道。

8. 加油量

700.42 自动变速器加油量为 4L。

（四）724.0 自动变速器（型号 117、156、176、242、246）

1. 专用工具

（1）漏斗 126 589 12 63 00，如图 2-17 所示。

（2）手动泵 210 589 00 71 00，如图 2-18 所示。

（3）油尺 168 589 01 21 00，如图 2-19 所示。

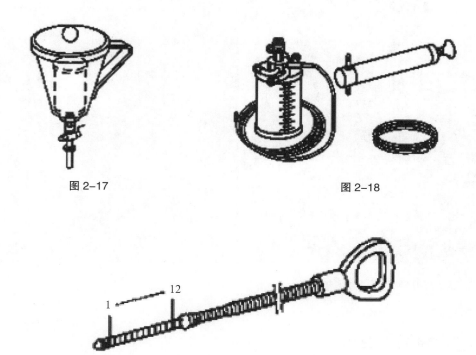

图 2-17   图 2-18

图 2-19

2. 配置 270 发动机车型

配置 270 发动机车型油尺导向管位置如图 2-20 所示。

3. 关于自动变速器的说明

小心：处理变速器油时有对皮肤和眼睛造成伤害的风险。吞咽变速器油有危害健康危险。必要时穿戴防护手套、防护服和防护眼镜，不要将变速器油注入饮料瓶中。警告：发动机运转时，汽车可能会自行启动而造成事故。发动机启动或运转期间，在附近工作存在导致擦伤和烧伤的风险。固定好车辆，以防其自行移动。穿上密闭且紧身的工作服，切忌接触高温或旋转的部件。

4. 检验

（1）使用车辆举升机将车辆升起，车辆必须纵向和横向均严格水平地停置。

（2）拆下隔音件底部的后部。724.0 自动变速器（型号 117、156、176、246），带

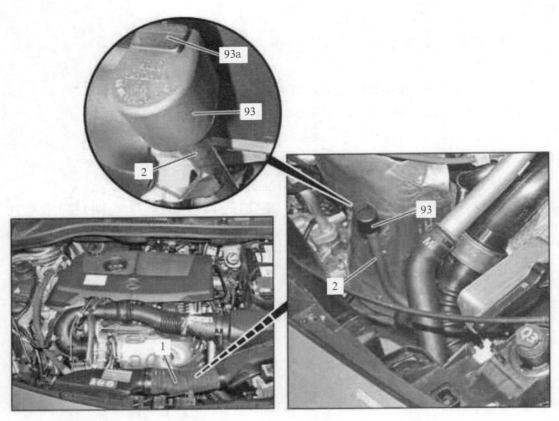

1.发动机进气道 2.油尺导向管 93.盖 93a.锁定销

图 2-20

607 发动机；724.0 自动变速器（型号 117、176、246），带 651 发动机。

（3）拆下发动机舱底部饰板的后部。724.0 自动变速器（型号 117、156、176），带 133 发动机；724.0 自动变速器（型号 117、156、176、242、246），带 270 发动机；724.0 自动变速器（型号 156），带 651 发动机。

（4）检查变速器是否存在泄漏和外部损坏。如果出现泄漏和外部损坏，修理变速器。

（5）如有必要，进行变速器油更换。

（6）拆下空气滤清器上游的发动机进气道（图 2-20 中 1）。

（7）使用诊断系统读取故障码。如有必要，则进行删除。

（8）操作驻车制动器并启动发动机。必须在启动发动机之前为变速器加注变速器油，否则会损坏变速器。

（9）使用诊断系统执行试运行。执行"增速"和"净化"子项目。

（10）使发动机在空挡怠速下暖机。可以在变速器油温度为 40℃或 70℃开始检查变速器油位。测量过程中允许 ±2℃的温度公差。整个测试过程中，不得释放驻车制动器，不得提高转速或产生该工作步骤中不需要的其他干扰因素。所有这些因素会导致取消诊断

28

系统测量，然后需要重新开始。

（11）使用诊断系统在仪表中调用"检查变速器油位"（Check transmission oil level）功能。检查变速器油位前，发动机必须怠速运转至少 2min。必须在诊断系统中执行以下步骤：检查变速器油位→故障诊断→常规操作→开始传感器/执行器校准→检查变速器油位 A11→启动功能→运行→检查变速器油位时，仪表上必须有一个"F"闪烁。

（12）松开盖（图 2-20 中 93）。使用合适的工具折断锁定销（图 2-20 中 93a），然后通过向下推动盖去除残留物。

（13）将盖从油尺导向管（图 2-20 中 2）上拆下。

（14）检查盖是否存在标记（白点）。724.016 自动变速器（发动机 133），始自 2016 年款。如果存在标记（白点），更新标记（白点）。

（15）在怠速运转时检查变速器油位，并重复该步骤 3 次。每次测量间隔期间用无绒布擦拭油尺。

（16）抽出或添加自动变速器油。如有必要，注意工作液的规格。油尺上的刻度值（间距 5mm）对应 200~250mL 自动变速器油。要增加变速器中的变速器油位 1mm，必须添加大约 50mL 新的自动变速器油。要加注新的自动变速器油，使用具有过滤功能的漏斗，并且一定要使用新的自动变速器油。

（17）在怠速运转时检查变速器油位，并重复该步骤 3 次。如有必要，在变速器油温度为 40℃或 70℃开始检查变速器油位。允许 ±2℃的温度公差。添加或抽出自动变速器油后，必须按照操作步骤再度检查变速器油位。

（18）将盖安装到油尺导向管上，然后压入新的锁定销，直至其卡止入位。724.016 自动变速器（发动机 133），始自 2016 年款。如果存在标记且安装了新盖，则在新盖上做标记（白点）。

（19）将诊断系统从车辆上断开。

（20）执行发动机试运行，然后检查变速器的密封性以及是否正常工作。

（21）安装隔音件底部的后部。

（22）安装空气滤清器上游的发动机进气道。

5. 油液加注更换量

117.312/342/912/942、156.912/942、176.000/007/011/012/041/042、246.200/207/211/212/241/242 自动变速器大约为 4.8L；117.301/308/343/902/908/943、156.908/943、176.001/008/043、242.848、246.201/208/243 自动变速器大约为 5L。

（五）奔驰 722.9 自动变速器换油方法

备注：对于装配 722.9 自动变速器的车辆，由于此款变速器油底壳上装有溢流管，在进行更换变速器油作业时需要注意以下事项：

（1）722.9 自动变速器的放油口和加油口都是油底壳的放油螺塞，如图 2-21 和图 2-22

所示。

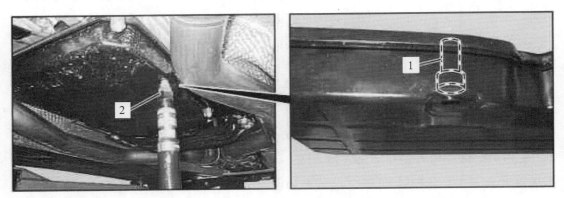

1.溢流管 2.适配器

图 2-21

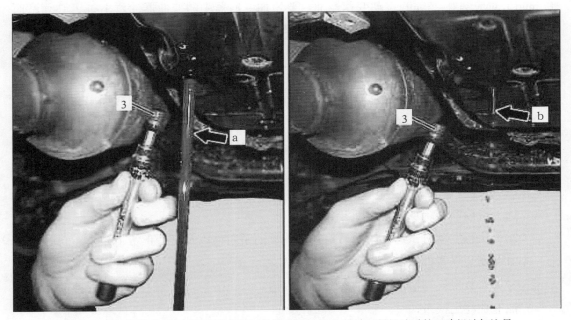

3.放油螺塞 a.机油加注量过大和开始调节机油时的恒定机油流 b.排放过量机油后的正确机油加注量

图 2-22

（2）放油时，先拆掉放油螺塞，油底壳上溢流管以上部分的自动变速器油会被放掉，此时需要用专用工具将溢流管捅掉，才能将油底壳内的自动变速器油放完。

（3）安装油底壳之前一定要把溢流管装回放油螺塞内侧。

（4）加油时，将适配器插入放油口，注入 6L 自动变速器油，装复放油螺塞。

（5）进行自动变速器油量校准：启动车辆，循环挂入一遍挡位，拆掉放油螺塞，观察油流出的弧线，待弧线出现虚滴时装复放油螺塞即可。

三、保养灯归零方法

（一）车型①

· A-CLASS（W176），2012—2018年
· GLE-CLASS（W166），2015—2019年
· GLS-CLASS（X166），2015—2019年
· SLK-CLASS（R172），2011—2015年
· SL-CLASS（R231），2012—2017年

该车的转向盘按钮和仪表显示如图2-23所示。

A1p13.多功能显示屏 S110s1.前后滚动按钮 S110s3.系统选择按钮 S110s4.返回和声控系统关闭按钮 S110s6.OK
按钮 S111s3.接听/挂断电话按钮

图2-23

设定方法：

（1）关闭发动机罩、车门以及后备箱盖。

（2）将电子点火开关控制单元中的遥控钥匙转到"1"位置。多功能显示屏（A1p13）
中必须显示标准显示（总里程）；如有必要，反复按下前后滚动按钮（S110s1）。

（3）反复按下系统选择按钮（S110s3），直至多功能显示屏（A1p13）上高亮显示"里程"
（Trip）菜单项。保持"里程"（Trip）选择状态约5s。必须在此时间内执行操作步骤（4）。

（4）首先按住接听/挂断电话按钮（S111s3），然后在 1s 内按下 OK 按钮（S110s6）。按住接听/挂断电话按钮（S111s3）和 OK 按钮（S110s6）约 5s 之后，多功能显示屏（A1p13）上显示带"车辆数据"（Vehicle data）、"测功机测试"（Dynamometer test）、"更换制动片"（Brake pad replacement）和"主动保养提示系统增强版"（ASSYST PLUS）选项卡的授权服务中心菜单。

（5）反复按下前后滚动按钮（S110s1），直至"主动保养提示系统增强版"（ASSYST PLUS）高亮显示，然后用 OK 按钮（S110s6）确认选择。多功能显示屏（A1p13）中显示"保养数据"（Service data）和"整套保养"（Full service）选项卡。

（6）按下前后滚动按钮（S110s1），直至"整套保养"（Full Service）高亮显示，然后用 OK 按钮（S110s6）确认选择。多功能显示屏（A1p13）中显示当前保养项目，例如"保养 1"（Service 1）和"保养 3"（Service 3）以及"确认保养"（Confirm Service）。

（7）反复按下前后滚动按钮（S110s1），直至"确认保养"（Confirm service）高亮显示，然后用 OK 按钮（S110s6）确认选择。多功能显示屏（A1p13）中显示发动机机油选择，例如"机油品质 229.3"（Oil Quality 229.3）或"机油品质 229.5"（Oil Quality 229.5）。

（8）用前后滚动按钮（S110s1）选择所使用的发动机机油规格，然后用 OK 按钮（S110s6）确认选择。随后，多功能显示屏（A1p13）中显示选择的机油品质和"是否执行保养？"（Service performed?）。270、271、276 发动机：为了达到最大保养间隔，必须确定使用符合工作液规格表 229.5 的发动机机油。

（9）反复按下前后滚动按钮（S110s1），直至"是"（Yes）高亮显示，然后用 OK 按钮（S110s6）确认选择。随后，多功能显示屏（A1p13）中显示"无法撤销"（Take-back not possible）、"取消"（Cancel）和"确认"（Confirmation）。

（10）反复按下前后滚动按钮（S110s1），直至"确认"（Confirmation）高亮显示，然后用 OK 按钮（S110s6）确认选择。多功能显示屏（A1p13）中显示"已执行整套保养"（Full Service Performed）。

（11）按住 OK 按钮（S110s6），然后反复按下返回和声控系统关闭按钮（S110s4），直至多功能显示屏（A1p13）中显示标准显示（总里程）。

（12）将电子点火开关控制单元中的遥控钥匙转到"0"位置。

（二）车型②

·A-CLASS（W177），2018 年以后

1. 调出仪表中的服务中心界面

该车的转向盘按钮和仪表显示如图 2-24 所示。

设定方法：

（1）准备工作。

①关闭发动机罩、车门和后备箱盖或掀开式尾门。

2.返回按钮 3.手指导航键 4.多功能显示屏

图 2-24

②将电子点火开关控制单元切换至位置"1"（电路15R）。多功能显示屏（图2-24中4）中不得出现故障信息。

（2）进入授权服务中心级别菜单。

①再次按下返回（Back）按钮（图2-24中2），直至主菜单显示在多功能显示屏（图2-24中4）中。多功能显示屏上显示主菜单。

②在手指导航键（图2-24中3）上进行滑动操作，以在多功能显示屏（图2-24中4）中选择菜单项"里程"（Trip）。

③按下返回（Back）按钮，然后按下手指导航键并按住5s。

④再次按下返回（Back）按钮，直至主菜单显示在多功能显示屏中。多功能显示屏上显示主菜单。

⑤在手指导航键上向左滑动，以在多功能显示屏中选择"授权服务中心"（Workshop）菜单项。多功能显示屏显示带有以下选项卡的授权服务中心菜单："车辆数据"（Vehicle data）、"测功机测试"（Dynamometer test）、"更换制动片"（Change brake pad）、"主动保养提示系统增强版"（ASSYST PLUS）。

（3）退出授权服务中心级别菜单。

按下返回（Back）按钮并关闭"授权服务中心"（Workshop）菜单。多功能显示屏上显示主菜单。

（4）收尾工作。

将电子点火开关控制单元切换至位置"0"。

2. 从组合仪表中读取维护数据并将保养指示器复位

（1）仪表。

①进入仪表中的授权服务中心级别菜单。

②将电子点火开关控制单元切换至位置"2"（电路15）。多功能显示屏中不得出现故障信息。

③在手指导航键上进行滑动操作，以在多功能显示屏中选择"主动保养提示系统增强版"（ASSYST PLUS）菜单项。

④然后，通过触按手指导航键确认选择"主动保养提示系统增强版"（ASSYST PLUS）。多功能显示屏上出现如下选项卡："保养数据"（Service data）、"整套保养"（Full service）。

（2）复位保养数据。

①在手指导航键上进行滑动操作，以在多功能显示屏中选择并确认"整套保养"（Full Service）菜单项。多功能显示屏中显示当前保养项目。

②在手指导航键上进行滑动操作，以在多功能显示屏中选择并确认"确认保养"（Confirm Service）菜单项。多功能显示屏显示机油选择画面。

③在手指导航键上进行滑动操作，以选择并确认使用的发动机机油规格。

④在手指导航键上进行滑动操作，以在多功能显示屏中选择并确认"是"（Yes）菜单项。多功能显示屏中显示"操作不可逆"（Reversal not possible）。

⑤在手指导航键上进行滑动操作，以在多功能显示屏中选择并确认"确认"（Confirmation）菜单项。多功能显示屏中显示"已完成整套保养"（Full service completed）。如果复位保养计算机后未执行保养或仅执行了部分保养，将保养计算机复位至默认值。

（3）停用。

退出仪表中的授权服务中心级别菜单。

（三）车型③

· B-CLASS（W246），2012—2018年

· 北京奔驰 GLA-CLASS（X156），2015—2019年

· CLA-CLASS（W117），2014—2019年

该车的方向盘按钮和仪表显示如图2-25所示。

设定方法：

（1）关闭发动机罩。

（2）关闭车门、后备箱盖或掀开式尾门。

1.系统选择按钮 2.接听/挂断电话按钮 3.OK按钮 4.前后滚动按钮 5.返回和声控系统关闭按钮 6.多功能显示屏

图 2-25

（3）将电子点火开关控制单元中的遥控钥匙转到位置"1"。多功能显示屏（图 2-25 中 6）中必须显示标准显示（总里程）；如有必要，反复按下前后滚动按钮（图 2-25 中 4）。

（4）反复按下系统选择按钮（图 2-25 中 1），直至"里程"（Trip）菜单项在多功能显示屏中高亮显示。保持"里程"（Trip）选择状态约 5s。必须在此时间内执行操作步骤（5）。

（5）首先按住接听/挂断电话按钮（图 2-25 中 2），然后在 1s 内按住 OK 按钮（图 2-25 中 3）约 5s。多功能显示屏上显示带"车辆数据"（Vehicle data）、"测功机测试"（Dynamometer test）、"更换制动器摩擦片"（Change brake lining）（仅限 166、172、176、231、246 车型）和"主动保养提示系统增强版"（ASSYST PLUS）选项卡的授权服务中心菜单。

（6）反复按下前后滚动按钮，直至"主动保养提示系统增强版"（ASSYST PLUS）高亮显示，然后按下 OK 按钮确认选择。多功能显示屏中出现"保养数据"（Service data）和"整套保养"（Full service）选项卡。

（7）选择"保养数据"（Service data）选项卡并按下 OK 按钮确认。在验收报告中，记录多功能显示屏上显示的授权服务中心代码（例如 505）和保养代码（例如 A）。在维修间资料系统（WIS）/保养维修系统（MSS）中创建车辆专用保养单时需要这些代码。

（8）反复按下向前滚动按钮，然后读取剩余时间、剩余里程和机油数据。将读取数据记录到验收协议中。

（9）按下前后滚动按钮，以高亮显示"整套保养"（Full service），然后按下 OK 按钮确认选择。当前保养项目显示在多功能显示屏中。

（10）反复按下前后滚动按钮，直至"确认保养"（Confirm service）在多功能显示屏中高亮显示，然后按下 OK 按钮确认选择。选择机油或"已执行保养？"（Service carried out?）出现在多功能显示屏中。

（11）用前后滚动按钮的向前滚动按钮选择所使用的发动机机油规格，然后按下 OK 按钮确认选择。对于装配机油选择系统的车辆，为达到最大里程间隔，必须确认使用符合工作液规格的发动机机油。

（12）反复按下前后滚动按钮，直至"是"（Yes）高亮显示，然后按下 OK 按钮确认选择。多功能显示屏中显示"操作不可逆"（Reversal not possible）。

（13）重复按下前后滚动按钮（图 2-25 中 4），直至"确认"（Confirmation）高亮显示，然后按下 OK 按钮（图 2-25 中 3）确认选择。多功能显示屏（图 2-25 中 6）中显示"已完成整套保养"（Full service completed）。如果复位保养计算机后未执行或仅部分执行保养工作，必须再次将保养计算机复位到默认值。

（14）反复按下返回和声控系统关闭按钮（图 2-25 中 5），直至多功能显示屏（图 2-25 中 6）中显示标准显示（总里程）。

（15）将电子点火开关控制单元中的遥控钥匙转到位置"0"。

（四）车型④

· 北京奔驰 C-CLASS（W205），2014—2019 年

· 北京奔驰 GLC-CLASS（W253），2016—2019 年

1. 调出仪表中的服务中心界面

该车的方向盘按钮和仪表显示如图 2-26 所示。

进入授权服务中心级别菜单：

（1）关闭发动机罩、车门和后备箱盖或掀开式尾门。

（2）将电子点火开关控制单元切换至位置"1"（电路 15R）。多功能显示屏（图 2-26 中 6）上不得有任何故障信息。

（3）反复按下系统选择按钮（图 2-26 中 1），直至菜单项"里程"（Trip）在多功能显示屏中高亮显示，然后通过 OK 按钮（图 2-26 中 3）确认。

（4）反复按下向前/向后滚动按钮（图 2-26 中 7 或 4），直至多功能显示屏（图 2-26 中 6）菜单"里程"（Trip）中显示标准显示"总里程"（Total distance）。标准显示"总里程"（Total distance）出现后必须在 5s 内执行操作步骤（5）。

（5）首先按住接听电话按钮（图 2-26 中 2），然后在 1s 内按下 OK 按钮并保持约 5s。多功能显示屏上出现带有以下选项卡的授权服务中心菜单："车辆数据"（Vehicle data）、"测功机测试"（Dynamometer test）、"更换制动器摩擦片"（Change brake lining）（具体取决于安装的装备）、"主动保养提示系统增强版"（ASSYST PLUS）、"平

1.系统选择按钮 2.接听电话按钮 3.OK按钮 4.向后滚动按钮 5.返回按钮 6.多功能显示屏 7.向前滚动按钮

图 2-26

视显示屏"（Head-up display）（具体取决于安装的装备）。

退出授权服务中心级别菜单：

（1）反复按下返回按钮（图2-26中5），直至多功能显示屏中显示标准显示（总里程）。

（2）将电子点火开关控制单元切换至位置"0"。

2. 从组合仪表中读取维护数据并将保养指示器复位

（1）调用。

①进入仪表中的授权服务中心级别菜单。型号205，截至2019年款；型号253（253.99除外）。

②反复按下向后滚动按钮，直至"ASSYST PLUS"高亮显示。

③将电子点火开关控制单元切换至位置"2"（电路15）。

④用OK按钮确认选择"ASSYST PLUS"。多功能显示屏中出现"保养数据"（Service data）和"整套保养"（Full service）选项卡。

（2）读取保养数据。

①选择"保养数据"（Service data）选项卡并按下OK按钮确认。在验收报告中，记录多功能显示屏上出现的授权服务中心代码（例如505）和保养代码（例如A）。在维修间资料系统（WIS）/保养维修系统（MSS）中创建车辆专用保养单时需要这些代码。

②反复按下向前滚动按钮，然后读取剩余时间、剩余里程和机油数据（例如 01 1F 00）。记录接收协议中的读取数据。

（3）复位保养数据。

①按下向后滚动按钮，以高亮显示"整套保养"（Full Service），然后按下 OK 按钮确认选择。当前保养项目显示在多功能显示屏中。

②反复按下向后滚动按钮，直至多功能显示屏中高亮显示"确认保养"（Confirm service），然后按下 OK 按钮确认选择。选择机油或"已执行保养？"（Service carried out?）出现在多功能显示屏中。

③用向前滚动按钮选择所使用的发动机机油规格，然后用 OK 按钮确认选择。

④按下向后滚动按钮，直至"是"（Yes）高亮显示，然后按下 OK 按钮确认选择。多功能显示屏中显示"无法复位"（Reset not possible）。

⑤按下向后滚动按钮，直至"确认"（Confirm）高亮显示，然后按下 OK 按钮确认选择，多功能显示屏中显示"已完成整套保养"（Full service completed）。如果复位保养计算机后未执行保养或仅执行了部分保养，将保养计算机复位至默认值。

（4）停用。

通过仪表盘退出授权服务中心级别菜单。

（五）车型⑤

·北京奔驰 C-CLASS（W205），2019 年以后

·奔驰 B-CLASS（W247），2019 年以后

·北京奔驰 E-CLASS（W213），2016—2019 年

·奔驰 S-CLASS（W222），2018 年以后

·北京奔驰 GLC-CLASS（X253.99），2019 年以后

·奔驰 GLE-CLASS（W167），2019 年以后

·奔驰 CLS-CLASS（C257），2018—2019 年

1. 调出仪表中的服务中心界面

213.0 车的方向盘按钮和仪表显示如图 2-27 所示。

222.0 车的方向盘按钮和仪表显示如图 2-28 所示。

（1）准备工作。

将电子点火开关控制单元切换至位置"1"（电路 15R）。多功能显示屏（图 2-27 或图 2-28 中 4）中不得出现故障信息。

（2）进入授权服务中心级别菜单。

①在手指导航键（图 2-27 或图 2-28 中 3）上进行滑动操作，以在多功能显示屏中选择菜单项"里程"（Trip）。

②在"里程"（Trip）菜单中，在手指导航键上进行滑动操作，以在多功能显示屏中选择标准显示"总里程"（Total distance）。

③按住返回（Back）按钮（图 2-27 或图 2-28 中 2）1.5s，然后按压手指导航键。多功

能显示屏显示带有以下选项卡的授权服务中心菜单："车辆数据"（Vehicle data）、"测功机测试"（Dynamometer test）、"制动片更换模式"（Brakepad change mode）或"制动片更换"（Brake pad change）、"主动保养提示系统增强版"（ASSYST PLUS）、"平视显示屏"（Head-up display）（具体取决于安装的装备）。

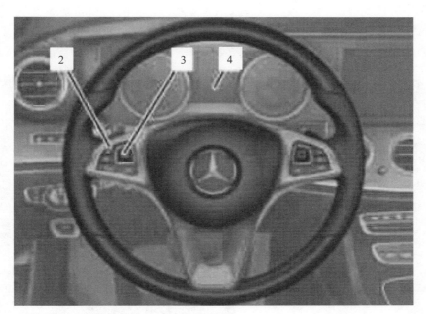

2.返回按钮 3.手指导航键 4.多功能显示屏

图 2-27

2.返回按钮 3.手指导航键 4.多功能显示屏

图 2-28

（3）退出授权服务中心级别菜单。

①再次按下返回（Back）按钮，直至授权服务中心级别菜单显示在多功能显示屏中。

②在手指导航键上进行滑动操作，以选择并确认菜单项"里程"（Trip）。

（4）收尾工作。

将电子点火开关控制单元切换至位置"0"。

2. 从组合仪表中读取维护数据并将保养指示器复位

213 车的方向盘按钮和仪表显示如图 2-29 所示。

3.手指导航键　4.多功能显示屏

图 2-29

222 车的方向盘按钮和仪表显示如图 2-30 所示。

（1）调用。

①进入仪表中的授权服务中心级别菜单。

②将电子点火开关控制单元切换至位置"2"（电路 15）。多功能显示屏（图 2-29 或图 2-30 中 4）中不得出现故障信息。

③在手指导航键（图 2-29 或图 2-30 中 3）上进行滑动操作，以在多功能显示屏中选择"主动保养提示系统增强版"（ASSYST PLUS）菜单项。

④然后，通过触按手指导航键确认选择"主动保养提示系统增强版"（ASSYST PLUS）。多功能显示屏上出现如下选项卡："保养数据"（Service data）、"整套保养"（Full Service）、"车辆交接"（Vehicle handover）。

3.手指导航键　4.多功能显示屏

图 2-30

（2）复位保养数据。

①在手指导航键上进行滑动操作，以在多功能显示屏中选择并确认"整套保养"（Full Service）菜单项。多功能显示屏中显示当前保养项目。

②在手指导航键上进行滑动操作，以在多功能显示屏中选择并确认"确认保养"（Confirm Service）菜单项。选择机油或"已执行保养？"（Service carrie dout?）信息显示在多功能显示屏中。

③在手指导航键上进行滑动操作，以选择并确认使用的发动机机油规格。

④在手指导航键上进行滑动操作，以在多功能显示屏中选择并确认"是"（Yes）菜单项。多功能显示屏中显示"操作不可逆"（Reversal not possible）。

⑤在手指导航键上进行滑动操作，以在多功能显示屏中选择并确认"确认"（Confirmation）菜单项。多功能显示屏中显示"已完成整套保养"（Full service completed）。如果复位保养计算机后未执行保养或仅执行了部分保养，将保养计算机复位至默认值。

（3）停用。

退出仪表盘中的授权服务中心级别菜单。

（六）车型⑥

·奔驰 G-CLASS（W463），2016—2019 年。

该车的方向盘按钮和仪表显示如图 2-31 所示。

3.OK按钮 4.向后滚动按钮 6.多功能显示屏 7.向前滚动按钮

图 2-31

（1）拨号。

①通过仪表进入授权服务中心级别菜单。

②反复按下向后滚动按钮（图 2-31 中 4），直到"ASSYST PLUS"高亮显示。

③将电子点火开关控制单元切换至位置"2"（电路 15）。

④用 OK 按钮（图 2-31 中 3）确认选择"ASSYST PLUS"。多功能显示屏（图 2-31 中 6）中出现"保养数据"（Service data）和"整套保养"（Full service）选项卡。

（2）读取保养数据。

①选择"保养数据"（Service data）选项卡并按下 OK 按钮（图 2-31 中 3）确认。在验收报告中，记录多功能显示屏（图 2-31 中 6）上出现的授权服务中心代码（例如 505）和保养代码（例如 A）。在维修间资料系统（WIS）/保养维修系统（MSS）中创建车辆专用保养单时需要这些代码。

②反复按下向前滚动按钮（图 2-31 中 7），然后读取剩余时间、剩余里程和机油数据（例如 01 1F 00）。记录接收协议中的读取数据。

（3）复位保养数据。

①按下向后滚动按钮（图 2-31 中 4），以高亮显示"整套保养"（Full Service），然后按下 OK 按钮（图 2-31 中 3）确认选择。当前保养项目显示在多功能显示屏（图 2-31 中 6）中。

②反复按下向后滚动按钮，直至多功能显示屏中高亮显示"确认保养"（Confirm

service），然后按下 OK 按钮确认选择。选择机油或"已执行保养？"（Service carried out?）出现在多功能显示屏中。

③用向前滚动按钮（图 2-31 中 7）选择所使用的发动机机油规格，然后用 OK 按钮确认选择。对于装配机油选择系统的车辆，为达到最大里程间隔，汽油发动机：必须确认使用符合工作液规格表 229.5 的发动机机油，柴油发动机：必须确认使用符合工作液规格表 229.51 的发动机机油。

④按下向后滚动按钮，直至"是"（Yes）高亮显示，然后按下 OK 按钮确认选择。多功能显示屏中显示"无法复位"（Reset not possible）。

⑤按下向后滚动按钮，直至"确认"（Confirm）高亮显示，然后按下 OK 按钮确认选择。多功能显示屏中显示"已完成整套保养"（Full service completed）。如果复位保养计算机后未执行保养或仅执行了部分保养，将保养计算机复位至默认值。

（4）停用。

通过仪表盘退出授权服务中心级别菜单。

（七）车型⑦

·奔驰 G-CLASS（W463），2019 年后

从组合仪表中读取维护数据并将保养指示器复位。

213 车的方向盘按钮和仪表显示如图 2-32 所示。

3.手指导航键 4.多功能显示屏

图 2-32

222 车的方向盘按钮和仪表显示如图 2-33 所示。

（1）调用。

①进入仪表中的授权服务中心级别菜单。

②将电子点火开关控制单元切换至位置"2"（电路 15）。多功能显示屏（图 2-32 或图 2-33 中 4）中不得出现故障信息。

③在手指导航键（图 2-32 或图 2-33 中 3）上进行滑动操作，以在多功能显示屏中选择"主动保养提示系统增强版"（ASSYST PLUS）菜单项。

④然后，通过触按手指导航键确认选择"主动保养提示系统增强版"（ASSYST PLUS）。多功能显示屏上出现如下选项卡："保养数据"（Service data）、"整套保养"（Full Service）、"车辆交接"（Vehicle handover）。

3.手指导航键　4.多功能显示屏

图 2-33

（2）复位保养数据。

①在手指导航键上进行滑动操作，以在多功能显示屏中选择并确认"整套保养"（Full Service）菜单项。多功能显示屏中显示当前保养项目。

②在手指导航键上进行滑动操作，以在多功能显示屏中选择并确认"确认保养"（Confirm Service）菜单项。选择机油或"已执行保养？"（Service carried out?）信息显示在多功能显示屏中。

③在手指导航键上进行滑动操作，以选择并确认使用的发动机机油规格。

④在手指导航键上进行滑动操作，以在多功能显示屏中选择并确认"是"（Yes）菜单项。多功能显示屏中显示"操作不可逆"（Reversal not possible）。

⑤在手指导航键上进行滑动操作，以在多功能显示屏中选择并确认"确认"（Confirmation）菜单项。多功能显示屏中显示"已完成整套保养"（Full service completed）。如果复位保养计算机后未执行保养或仅执行了部分保养，将保养计算机复位至默认值。

（3）停用。

退出仪表中的授权服务中心级别菜单。

四、奔驰车系换油规格（表2-1）

表 2-1

车型	底盘型号	生产年份	销售类型	发动机型号	气缸	排量	机油加注量（装备机油滤清器）(L)	变速器类型	挡位速	ATF加注量(L)
SMART	W451	2017—2018年	FORTWO	M132	L3	1.0L	3.50	717	手动	加油孔溢流
SMART	W453	2018—2019年	FORTWO	M281.920	L3	1.0L	3.50	700.41	双离合器变速器	加注量1.7（235.73）
SMART	W453	2018—2019年	FORTWO	M281.910	L3	0.9T	4.30	700.41	双离合器变速器	加注量1.7（235.73）
A级	W176	2012—2018年	A180	M270.910	L4	1.6T	5.80	724.002	双离合器变速器	油液更换5
A级	W176	2012—2018年	A200	M270.910	L4	1.6T	5.80	724.002	双离合器变速器	油液更换5
A级	W176	2012—2018年	A260	M270.920	L4	2.0T	5.60	724.003	双离合器变速器	油液更换5.25
A级	W176	2012—2018年	A45AMG	M133.980	L4	2.0T	7.50	724.015	双离合器变速器	油液更换5.3
A级	W177	2019年后	北京奔驰A180L	M282.914	L4	1.3T	5.10	700.42	双离合器变速器	油液更换4
A级	W177	2019年后	北京奔驰A200L	M282.914	L4	1.3T	5.10	700.42	双离合器变速器	油液更换4
A级	W177	2019年后	北京奔驰A250L	M260.920	L4	2.0T	5.50	724.103	双离合器变速器	油液更换5.5
B级	W246	2012—2019年	B180	M270.910	L4	1.6T	5.80	724.002	双离合器变速器	油液更换5
B级	W246	2012—2019年	B200	M270.910	L4	1.6T	5.80	724.002	双离合器变速器	油液更换5
B级	W246	2012—2019年	B260	M270.920	L4	2.0T	5.60	724.003	双离合器变速器	油液更换5.25
C级	W205	2015—2017年	北京奔驰C180/C180L	M274.910	L4	1.6T	5.80	722.995	7速	完全注满9 油液更换6
C级	W205	2017—2019年	北京奔驰C180/C180L	M274.910	L4	1.6T	5.80	725.004	9速	完全注满10
C级	W205	2015—2017年	北京奔驰C200/C200L	M274.920	L4	2.0T	5.60	722.995	7速	完全注满9 油液更换6
C级	W205	2017—2018年	北京奔驰C200/C200L	M274.920	L4	2.0T	5.60	725.009	9速	完全注满10
C级	W205	2015年	北京奔驰C260/C260L	M274.920	L4	2.0T	5.60	725.995	7速	完全注满10 油液更换6
C级	W205	2019年以后	北京奔驰C260/C260L	M264.915	L4	1.5T	6.60	725.008	9速	完全注满10
C级	W205	2015—2017年	北京奔驰C300/C300L	M274.920	L4	2.0T	5.60	722.994	7速	油液更换6
C级	W205	2017—2018年	北京奔驰C300/C300L	M274.920	L4	2.0T	5.60	725.008	9速	完全注满10
C级	W205	2019年以后	北京奔驰C300/C300L	M264.920	L4	2.0T	6.60	725.008	9速	完全注满10
E级	W212/V212	2010—2014年	北京奔驰E260/E260L	M271EV0CGI	L4	1.8L	6.00	722.6	5速	完全注满7.5+0.5 油液更换5

（续表）

车型	底盘型号	生产年份	销售类型	发动机型号	气缸	排量	机油加注量（装备机油滤清器）（L）	变速器类型	挡位速	ATF加注量（L）
E级	W212/V212	2010—2014年	北京奔驰 E200L/E200	M271EVO	L4	1.8L	6.00	722.6	5速	完全注满7.5+0.5 油液更换5
E级	W212/V212	2010—2014年	北京奔驰 E300L/E300	M272	V6	3.0L	8.00	722.9	7速	油液更换6
E级	W212/V212	2014—2016年	北京奔驰 E180L/E180	M274.920	L4	2.0T	6.30	722.995	7速	完全注满9 油液更换6
E级	W212/V212	2014—2016年	北京奔驰 E200L/E200	M274.920	L4	2.0T	6.30	722.995	7速	完全注满9 油液更换6
E级	W212/V212	2014—2016年	北京奔驰 E260L/E260	M274.920	L4	2.0T	6.30	722.995	7速	完全注满9 油液更换6
E级	W212/V212	2014—2016年	北京奔驰 E300L/E300	M276.952	V6	3.0L	8.00	722.999	7速	完全注满9 油液更换6
E级	W212/V212	2014—2016年	北京奔驰 E320L/E320	M276.820	V6	3.0T	6.50	722.904	7速	油液更换6
E级	W212/V212	2014—2016年	北京奔驰 E400L/E400	M276.820	V6	3.0T	6.50	722.904	7速	油液更换6
E级	W212/V212	2016—2019年	北京奔驰 E200L/E200	M274.920	L4	2.0T	6.30	725.008	9速	完全注满10
E级	W213/V213	2016—2019年	北京奔驰 E300L/E300	M274.920	L4	2.0T	6.30	725.008	9速	完全注满10
E级	W213/V213	2016—2019年	北京奔驰 E320L/E320	M276.823	V6	3.0T	6.50	725.048	9速	完全注满10
E级	W213/V213	2019年后	北京奔驰 E260L/E260	M264.915	L4	1.5T	6.60	725.008	9速	完全注满10
E级	W213/V213	2019年后	北京奔驰 E300L/E300	M264.920	L4	2.0T	6.60	725.008	9速	完全注满10
E级	W213/V213	2019年后	北京奔驰 E350L/E350	M264.920	L4	2.0T	6.60	725.008	9速	完全注满10
S级	W222	2013—2019年	北京奔驰 S320L	M276.824	V6	3.0T	7.00	722.904	7速	油液更换6
S级	W222	2013—2018年	北京奔驰 S400L	M276.824	V6	3.0T	7.00	725.018	9速	完全注满10
S级	W222	2014年	北京奔驰 S400L 混动	M276.960	V6	3.5L	6.50	722.904	7速	油液更换6
S级	W222	2013—2017年	S500L	M278.910	V8	4.7T	8.00	722.9	7速	油液更换6
S级	W222	2014年	S600L	M277.980	V12	6.0T	10.00	722.9	7速	油液更换6

车型	底盘型号	生产年份	销售类型	发动机型号	气缸	排量	机油加注量（装备机油滤清器）（L）	变速器类型	挡位速	ATF加注量（L）
S级	W222	2013—2017年	S63L/S63AMG	M157.985	V8	5.5T	8.50	722.9	7速	油液更换6
S级	W222	2013—2019年	S65L/S65AMG	M279.980	V12	6.0T	10.50	722.9	7速	油液更换6
S级	W222	2018—2019年	S63L/S63AMG	M177.980	V8	4.0T	9.00	725.066	9速	完全注满10
S级	W222	2019年后	S320L	M264.920	L4	2.0T	6.60	725.008	9速	完全注满10
S级	W222	2018—2019年	S350L	M276.824	V6	3.0T	7.00	725.018	9速	完全注满10
S级	W222	2018—2019年	S450L	M276.824	V6	3.0T	7.00	725.048	9速	完全注满10
S级	W222	2019年后	S450L	M256.930	L6	3.0T	8.50	725.015	9速	完全注满10
S级	W222	2017—2019年	S500L	M256.930	L6	3.0T	8.50	725.015	9速	完全注满10
S级	W222	2018—2019年	S63L/S63AMG	M177.980	V8	4.0T	9.00	725.066	9速	完全注满10
迈巴赫S级	W222	2015—2017年	S400L	M276.824	V6	3.0T	7.00	722.961	7速	完全注满9.7 油液更换6
迈巴赫S级	W222	2015—2017年	S500L	M278.829	V8	4.7T	8.00	725.001	9速	完全注满10
迈巴赫S级	W222	2015—2017年	S600L	M277.980	V12	6.0T	10.00	722.932	7速	完全注满9 油液更换6
迈巴赫S级	W222	2018—2019年	S450L	M276.824	V6	3.0T	7.00	725.048	9速	完全注满10
迈巴赫S级	W222	2018—2019年	S560L	M176.980	V8	4.0T	9.00	725.015	9速	完全注满10
迈巴赫S级	W222	2018—2019年	S680L	M277.980	V12	6.0T	10.00	722.932	7速	完全注满9 油液更换6
CLS	W218	2015—2017年	CLS260	M274.920	L4	2.0T	6.30	722.995	7速	完全注满9 油液更换6
CLS	W218	2015—2017年	CLS320	M276.820	V6	3.0T	6.50	722.904	7速	完全注满9 油液更换6
CLS	W218	2015—2017年	CLS400	M276.820	V6	3.0T	6.50	722.904	7速	完全注满9 油液更换6
CLS	W218	2018—2019年	CLS300	M264.920	L4	2.0T	6.60	725.008	9速	完全注满10
CLS	W218	2018—2019年	CLS350	M264.920	L4	2.0T	6.60	725.008	9速	完全注满10
CLA	W117	2014—2019年	CLA260	M270.920	L4	2.0T	5.60	724.044	双离合器	油液更换5.3
CLA	W117	2015—2019年	CLA220	M270.920	L4	2.0T	5.60	724.011	双离合器	油液更换5.3

（续表）

车型	底盘型号	生产年份	销售类型	发动机型号	气缸	排量	机油加注量（装备机油滤清器）（L）	变速器类型	挡位速	ATF加注量（L）
CLA	W117	2015—2019年	CLA200	M270.910	L4	1.6T	5.80	724.002	双离合器	油液更换 5
CLA	W117	2017—2019年	CLA180	M270.910	L4	1.6T	5.80	724.002	双离合器	油液更换 5
CLA	W117	2015—2019年	CLA45AMG	M133.980	L4	2.0T	5.50	724.016	双离合器	油液更换 5.3
SL	W231	2016—2019年	SL400	M276.825	V6	3.0T	6.50	722.904	7速	完全注满 9 油液更换 6
SLC	R172	2016—2018年	SLC200	M274.920	L4	2.0T	6.30	725.011	9速	完全注满 10
SLC	R172	2016—2019年	SLC300	M274.920	L4	2.0T	6.30	725.008	9速	完全注满 10
SLC	R172	2018—2019年	SLC260	M274.920	L4	2.0T	6.30	725.008	9速	完全注满 10
GLA	X156	2015—2019年	北京奔驰 GLA200	M274.910	L4	1.6T	5.80	724.001	双离合器	油液更换 5
GLA	X156	2015—2019年	北京奔驰 GLA220	M274.920	L4	2.0T	6.30	724.011	双离合器	油液更换 5.3
GLA	X156	2015—2019年	北京奔驰 GLA260	M274.920	L4	2.0T	6.30	724.011	双离合器	油液更换 5.3
GLC	X253	2016—2019年	北京奔驰 GLC200/GLC200L	M274.920	L4	2.0T	6.30	725.008	9速	完全注满 10
GLC	X253	2016—2019年	北京奔驰 GLC260/GLC260L	M274.920	L4	2.0T	6.30	725.058	9速	完全注满 10
GLC	X253	2016—2019年	北京奔驰 GLC300/GLC300L	M274.920	L4	2.0T	6.30	725.058	9速	完全注满 10
GLE	X166	2015—2016年	GLE320	M276.821	V6	3.0T	7.00	722.904	7速	完全注满 9 油液更换 6
GLE	X166	2015—2019年	GLE350 CDI	M642.826	V6	3.0D	8.00	725.021	9速	完全注满 10
GLE	X166	2015—2017年	GLE400	M276.821	V6	3.0T	7.00	722.904	7速	完全注满 9 油液更换 6
GLE	X166	2015—2017年	GLE450AMG	M276.821	V6	3.0T	7.00	725.031	9速	完全注满 10
GLE	X166	2017—2019年	GLE320	M276.821	V6	3.0T	7.00	725.038	9速	完全注满 10
GLE	X166	2017—2019年	GLE500	M278.928	V8	4.0T	8.50	725.021	9速	完全注满 10
GLE	X166	2017—2019年	GLE400	M276.821	V6	3.0T	7.00	725.031	9速	完全注满 10
GLE	X167	2020年	GLE350	M264.920	L4	2.0T	6.60	725.031	9速	完全注满 10

49

（续表）

车型	底盘型号	生产年份	销售类型	发动机型号	气缸	排量	机油加注量（装备机油滤清器）（L）	变速器类型	挡位速	ATF加注量（L）
GLE	X167	2020年	GLE450	M256.930	L6	3.0T	8.50	725.035	9速	完全注满10
GLS	X166	2016—2019年	GLS350d	M642.826	V6	3.0T	8.00	725.021	9速	完全注满10
GLS	X166	2016—2019年	GLS400	M276.821	V6	3.0T	7.00	725.031	9速	完全注满10
GLS	X166	2016—2019年	GLS500	M278.912	V8	4.0T	8.50	725.021	9速	完全注满10
GLS	X166	2018—2019年	GLS320	M276.821	V6	3.0T	7.00	725.038	9速	完全注满10
R级	W251	2014—2017年	R320	M276.826	V6	3.0T	7.50	722.904	7速	完全注满9 油液更换6
R级	W251	2014—2017年	R400	M276.826	V6	3.0T	7.50	722.904	7速	完全注满9 油液更换6
G级	W463	2015—2019年	G500	M176.980	V8	4.0T	9.00	722.909	7速	完全注满9 油液更换6
V级	W639	2016—2019年	V260L/260	M274.920	L4	2.0T	6.30	722.9	7速	油液更换6
威霆	W639	2016—2019年	威霆 2.0T	M274.920	L4	2.0T	6.30	722.9	7速	油液更换6

第三章　奥迪车系

一、奥迪车型 ATF 油位检查

（一）0AW 变速器

1. 排出和加注 ATF

（1）所需要的专用工具和维修设备。

①钩子 3438，如图 3-1 所示。

②CVT 变速器 ATF 加注装置 VAS 5162，如图 3-2 所示。

③废油收集和抽吸装置 VAS 6622A，如图 3-3 所示。

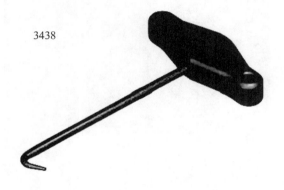

3438

VAS 5162

图 3-1

图 3-2

④防护眼镜。

（2）排出 ATF。

提示：CVT 变速器 ATF 加注装置 VAS 5162 储液罐（图 3-4）上指出了如何使用这种专用的 CVT 变速器 ATF。此外在此图中还列出了加注工作步骤。注意：变速器有损坏危险。维修后或 ATF 流出较多后，如果变速器内只有少量或没有 ATF，则不允许启动发动机。未加注 ATF 时不得让发

VAS 6622A

图 3-3

动机运转，也不得牵引汽车。在这种情况下必须预先加注 5.5~7L ATF。提示：必须更换 ATF 检查螺塞和油位管。

①发动机已关闭。

②拉起驻车制动器按键，接合电控机械式驻车制动器。

③换挡杆在位置 P。

④拆卸后部隔音垫（图 3-5 中 2）。

⑤将废油收集和抽吸装置 VAS 6622A 置于变速器下方。注意：眼睛有受伤害的危险。戴好防护眼镜！

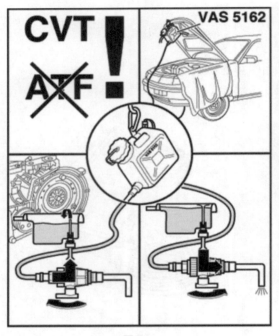

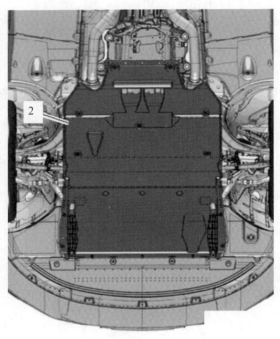

图 3-4　　　　　　　　　　　　　　　　　　　　图 3-5

⑥拧出 ATF 检查螺塞（图 3-6 中 A）。

⑦排放 ATF。提示：请遵守废弃物处理规定。

⑧将油位管（图 3-7 中 A）用钩子 3438 从 ATF 检查开口中拉出，排出其余的 ATF。提示：图中展示的是侧面剖面。

⑨O 形环（图 3-8 中 1）必须正确装入油位管（图 3-8 中 A）的凹槽中。将新的油位管用手小心笔直地压入 ATF 检查开口（图 3-8 中 B）。

⑩油位管（图 3-7 中 A）上的 O 形环密封到油位高度管（图 3-7 中 C）。只有这样，才能正确调节 ATF 油位。钩子 3438 无须理会。

（3）向变速器中加注 ATF。

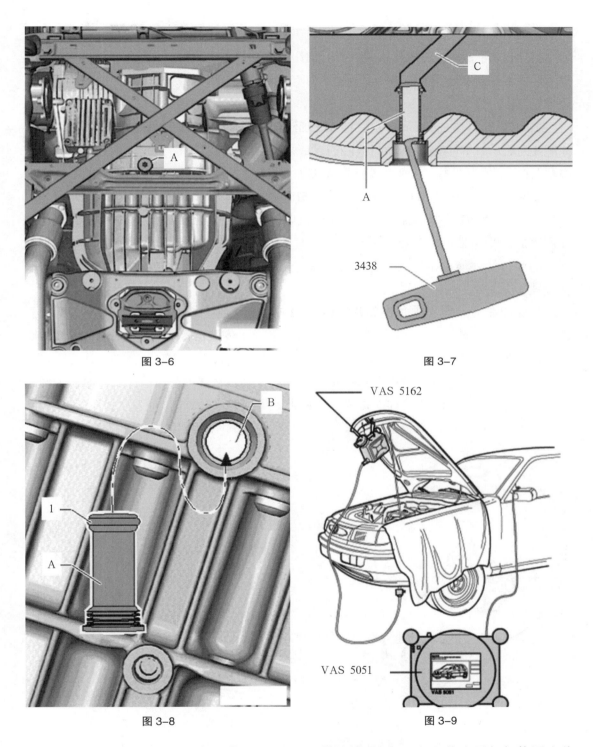

图 3-6

图 3-7

图 3-8

图 3-9

提示：CVT 变速器 ATF 加注装置 VAS 5162 储液罐（图 3-4）上指出了如何使用这种专用的 CVT 变速器 ATF。此外在此图中还列出了加注工作步骤。当心：变速器有损坏危险。注意 ATF 的配置。只有作为备件购得的"前轮驱动 multitronic 0AW"的 ATF 可用于

"前轮驱动 multitronic 0AW"变速器。不得与其他类型的 ATF 混合，即使少量混合也不行，否则会导致功能故障或变速器失灵。ATF 加注系统必须清洁，ATF 中不允许混入其他油！

提示：安装翻新变速器前，原则上要用压缩空气（最大 1000kPa）吹扫 ATF 冷却器和 ATF 组合管。

①用"前轮驱动 multitronic 0AW"的 ATF 加注 CVT 变速器 ATF 加注装置 VAS 5162 储液罐，如图 3-9 所示。尽可能将已进行加注的 CVT 变速器 ATF 加注装置 VAS 5162 储液罐固定在汽车上较高的位置。提示：CVT 变速器 ATF 加注装置 VAS 5162 旋塞阀必须已关闭。

②取下 CVT 变速器 ATF 加注装置 VAS 5162 连接套管（图 3-10 中 2）上的 O 形环（图 3-10 中 1）。注意：变速器有错误加注的危险。将连接套管（图 3-10 中 2）不带 O 形环用手旋入变速器的机油检查开口，直至极限位置。只有连接套管不带 O 形环，检查开口的油位管才能被按压到上部位置。只有这样，才能正确检查或调整 ATF 油位的最高位置。

③将 CVT 变速器 ATF 加注装置 VAS 5162 连接套管不带 O 形环用手拧入 ATF 检查开口，直至极限位置。这样油位管被"压入"上部正确的安装位置。向加注软管方向旋转旋塞阀，如图 3-11 所示。ATF 流入变速器。向变速器内加注至少 5.5~7L ATF。注意：发动机点火后马上将转速提高到约 2500r/min。必须将发动机转速提高，以便在变速器维修之后给 ATF 泵排气。如果不这样提高转速，油泵会因为短时内无 ATF 而发生损坏。

④换挡杆在位置 P，启动发动机。

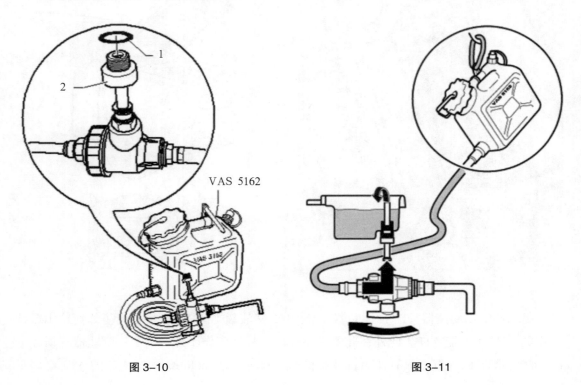

图 3-10　　　　　　　　　　　　　　　　图 3-11

⑤操纵加速踏板，将发动机转速短时提高到 2500r/min。

⑥检查 ATF 油位并校正。提示：必须遵守关于"检查和校正 ATF 油位"的所有提示和检测条件。

2. 检查 ATF 油位

（1）所需要的专用工具和维修设备。

①车辆诊断测试仪。

② CVT 变速器 ATF 加注装置 VAS 5162。

③废油收集和抽吸装置 VAS 6622A。

④防护眼镜。

（2）准备工作。

提示：CVT 变速器 ATF 加注装置 VAS 5162 储液罐上指出了如何使用这种专用的 multitronic 变速器 ATF。此外还列出了加注工作步骤。注意：变速器有损坏危险。维修后或 ATF 流出较多后，如果变速器内只有少量或没有 ATF，则不允许启动发动机。在这种情况下必须预先加注 5.5~7L ATF。

（3）检测条件。

①变速器不得处于紧急运行状态。

②将汽车停在 4 柱升降台上或装配地沟上，以使其处于绝对水平状态。

③换挡杆在位置 P。

④拉起驻车制动器按键，接合电控机械式驻车制动器。

⑤废气抽排装置的软管已连接。

⑥空调器和暖风已关闭。

⑦车辆诊断测试仪已连接。

⑧开始检查时 ATF 温度不允许超过 30℃。

⑨如果温度过高，则必须首先让变速器冷却。提示：ATF 温度可在车辆诊断测试仪上读取。ATF 油位随 ATF 温度变化而改变。ATF 温度过低时检查 ATF 油位，会导致加注过多。ATF 温度过高时检查 ATF 油位，会导致加注不足。加注过多与加注不足都会影响变速器功能。

（4）检查和校正 ATF 油位。

①提示：ATF 加注和检查螺塞必须更换。在车辆诊断测试仪"引导型故障查询"的"功能 / 部件选择"中选择以下菜单项：

· 驱动

· 0AW 变速器

· 01 具有自诊断能力的系统

· 02 变速器电控系统

·02 变速器电控系统，功能

·02 测量值

从列表中选择测量值"变速器油温度"。

读取 ATF 温度。

注意：变速器有损坏危险。只有作为备件购得的"前轮驱动 multitronic 0AW"的 ATF 可用于"前轮驱动 multitronic 0AW"变速器。不得与其他类型的 ATF 混合，即使少量混合也不行，否则会导致功能故障或变速器失灵。ATF 加注系统必须清洁，ATF 中不允许混入其他油！

②用"前轮驱动 multitronic 0AW"的 ATF 加注 CVT 变速器 ATF 加注装置 VAS 5162 储液罐。

③将 ATF 加注装置 VAS 5162 储液罐固定在汽车上尽可能高的地方。

④ CVT 变速器 ATF 加注装置 VAS 5162 旋塞阀必须已关闭。

⑤取下 CVT 变速器 ATF 加注装置 VAS 5162 连接套管上的 O 形环。注意：变速器有错误加注的危险。将连接套管不带 O 形环用手旋入 ATF 变速器的机油检查开口，直至极限位置。只有连接套管不带 O 形环，检查开口的油位管才能被按压到上部位置。只有这样，才能正确检查或调整 ATF 油位的最高位置。

⑥发动机怠速运转。

⑦拆卸后部隔音垫。提示：发动机点火后马上将转速提高到约 2500r/min。必须将发动机转速提高，以便给 ATF 泵排气。如果不这样提高发动机转速，就不能正确调整 ATF 油位。

⑧换挡杆在位置 P，启动发动机。

⑨操纵加速踏板，将发动机转速短时提高到 2500r/min。

⑩踩下制动器的同时交替挂入换挡杆位置 R 和 D/S，在怠速转速下切换到每个位置约 2s。

⑪过程重复 3 次。提示：通过 ATF 检查螺塞检查油位。如果 ATF 温度位于 35~45℃（热带国家或地区为 50℃）之间时，ATF 检查螺塞上还有微量的液体流出（取决于受热时液位上升情况），则说明 ATF 油位正确。

⑫将废油收集和抽吸装置 VAS 6622A 置于变速器下方。注意：眼睛有受伤害的危险。戴好防护眼镜！ ATF 温度达到 35℃时，拧下 ATF 检查螺塞。提示：每次打开螺塞时，都会先从内部油位管中流出 5~10mL 的 ATF。请遵守废弃物处理规定。

⑬将 CVT 变速器 ATF 加注装置 VAS 5162 连接套管不带 O 形环用手拧入 ATF 检查开口，直至极限位置。这样油位管被"压入"上部正确的安装位置，如图 3-12 所示。向排放方向旋转旋塞阀，检查 ATF 油位。在 35℃时，ATF 必须持续从排出口流出，最初流出较快。等待，直至只有少量的 ATF 流出。拧紧新的 ATF 检查螺塞。提示：视制造状态而定，安装了不同长度的 ATF 检查螺塞。检查时比较新旧 ATF 检查螺塞，避免变速器发生

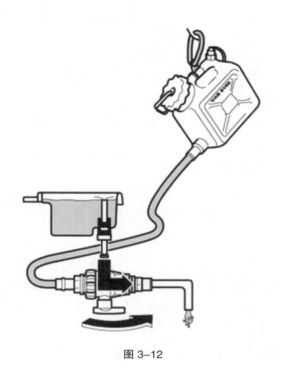

图 3-12

损坏。提示：最迟 45℃（热带国家或地区为 50℃）时，必须再次拧紧 ATF 检查螺塞。如果 ATF 温度超过 45℃，ATF 会受热流出，变速器因此加注不足！ ATF 油位检查就此结束。如果至 40℃仍无 ATF 从排出口流出，或者只是滴出，则加注 ATF。

（5）加注 ATF。

①发动机继续怠速运转。

②向加注软管方向旋转旋塞阀，ATF 流入变速器。

③向排放方向旋转旋塞阀，检查 ATF 油位。提示：每次先从内部油位管中流出 5~10mL 的 ATF。如果没有另外的 ATF 流出，将旋塞阀再次向加注软管方向拧回，以便让更多的 ATF 流入；重新检查 ATF 油位。在 35℃时 ATF 必须持续从排出口流出，

最初流出较快。必要时重复加注过程。等待，直至只有少量的 ATF 流出。在达到正确的 ATF 油位后，重新拧下 CVT 变速器 ATF 加注装置 VAS 5162 连接套管。提示：拧下连接套管后 ATF 会继续流出。

④拧紧新的 ATF 检查螺塞。提示：视制造状态而定，安装了不同长度的 ATF 检查螺塞。检查时比较新旧 ATF 检查螺塞，避免变速器发生损坏。提示：最迟 45℃（热带国家或地区为 50℃）时，必须再次拧紧 ATF 检查螺塞。如果 ATF 温度超过 45℃，ATF 会受热流出，变速器因此加注不足！

（二）0B5 变速器

1. 排出和加注 ATF

（1）所需要的专用工具和维修设备。

①ATF 加注系统 V.A.G 1924，如图 3-13 所示。

②废油收集和抽吸装置 VAS 6622A。

③防护眼镜。当心：变速器有损坏危险。如果变速器内没有 ATF，则不得启动发动机。

（2）排出 ATF。

①发动机已关闭。

②将车辆停放在四柱升降台上或装配

V.A.G 1924

图 3-13

地沟上，使之处于绝对水平状态。

③换挡杆在位置 P。

④拉起驻车制动器按钮，接合电控机械式驻车制动器。

⑤拆卸后部隔音垫。

⑥将废油收集和抽吸装置 VAS 6622A 置于变速器下方。注意：眼睛有受伤害的危险。戴好防护眼镜！

⑦旋出 ATF 放油螺塞（图 3-14 中箭头），排出 ATF。

⑧更换 ATF 放油螺塞的密封环。

⑨拧紧 ATF 放油螺塞。提示：更换 ATF 时总是一起更换 ATF 可换式滤清器。

（3）向变速器中加注 ATF。

注意：变速器有损坏危险。双离合器变速器（0B5）仅可以使用作为备件购得的 ATF。注意配置。其他类型的 ATF 或油会导致功能故障或变速器失灵。ATF 加注系统必须清洁，ATF 中不允许混入其他油！维修后或 ATF 流出较多后，如果变速器内只有少量或没有 ATF，则不允许启动发动机。

①向 ATF 加注系统 V.A.G 1924 储液罐中加注用于"双离合器变速器（0B5）"的 ATF，如图 3-15 所示。

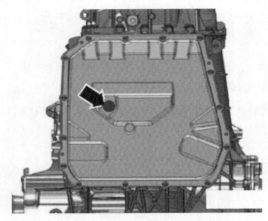

图 3-14

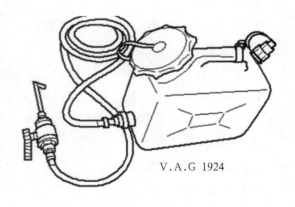

V.A.G 1924

图 3-15

②将 ATF 加注系统 V.A.G 1924 储液罐固定在汽车上尽可能高的地方。拧出 ATF 检查螺塞（图 3-16 中箭头）。

③将 ATF 加注系统 V.A.G 1924 加注钩挂到 ATF 检查开口上。用 ATF 加注系统 V.A.G 1924 加注 ATF，直至 ATF 从检查孔中溢出。

④将换挡杆切换到 P 位置。

⑤启动发动机，过 20s 后关闭。

图 3-16

⑥再次用 ATF 加注系统 V.A.G 1924 加注 ATF，直至 ATF 从检查孔中溢出。启动发动机并让其怠速运转。

⑦继续用 ATF 加注系统 V.A.G 1924 加注 ATF，直至 ATF 再次从检查孔中溢出。

⑧拧入 ATF 检查螺塞，然后检查 ATF 油位。

2. 检查 ATF 油位

（1）所需要的专用工具和维修设备。

①车辆诊断测试仪。

②废油收集和抽吸装置 VAS 6622A。

③防护眼镜。

注意：变速器有损坏危险。双离合器变速器（0B5）仅可以使用作为备件购得的 ATF。注意配置。其他类型的 ATF 或油会导致功能故障或变速器失灵。ATF 加注系统必须清洁，ATF 中不允许混入其他油！提示：ATF 温度可在车辆诊断测试仪上读取。ATF 油位随 ATF 温度变化而改变。ATF 温度过低时检查 ATF 油位，会导致加注过多。ATF 温度过高时检查 ATF 油位，会导致加注不足。加注过多与加注不足都会影响变速器功能。

（2）检测条件。

①变速器不得处于紧急运行状态。

②将车辆停放在四柱升降台上或装配地沟上，使之处于绝对水平状态。

③换挡杆在位置 P。

④拉起驻车制动器按钮，接合电控机械式驻车制动器。

⑤废气抽排装置的抽吸软管已连接。

⑥空调器和暖风已关闭。

⑦车辆诊断测试仪已连接。

⑧开始检测时，ATF 温度不得高于 30℃，因为 ATF 温度在检测时会升高。

（3）检查 ATF 油位。

①在汽车诊断测试仪"引导型故障查询"的"功能 / 部件选择"中选择以下菜单项：

· 驱动

· 0B5 变速器

· 01 具有自诊断能力的系统

· 02 变速器电控系统

· 02 变速器电控系统，功能

· 02 测量值

从列表中选择测量值"齿轮油温度"。

②读取 ATF 温度。注意：变速器有损坏危险。维修后或 ATF 流出较多后，如果变速器内只有少量或没有 ATF，则不允许启动发动机。在这种情况下必须进行预加注。

③拆卸后部隔音垫。

④换挡杆在位置 P，启动发动机。

⑤在制动器仍踩下的情况下，在怠速转速时依次切换所有换挡杆位置（P、R、N、D、S），同时必须在每个位置至少停留 10s。

⑥将换挡杆切换到位置 N。

⑦将换挡杆切换到位置 P。

⑧让发动机继续怠速运转。

⑨将废油收集和抽吸装置 VAS 6622A 置于变速器下方。注意：眼睛有受伤害的危险。戴好防护眼镜！

⑩如果 ATF 温度达到 30℃，那么拧出 ATF 检查螺塞。

⑪当 ATF 温度在 30~50℃之间时，ATF 检查螺塞上还有微量的液体流出，那么说明 ATF 油位正确。如果情况不是如此，那么必须添加 ATF。提示：最迟在 50℃时必须再次关闭 ATF 检查开口。拧紧 ATF 检查螺塞。

（三）0BH 变速器

1. 排出和加注变速器油

（1）所需要的专用工具和维修设备。

①加注适配接头 VAS 6262A，如图 3-17 所示。

②必要时使用适配接头 VAS 6262/6，如图 3-18 所示。

③废油收集和抽吸装置 VAS 6622A。

④原装 1L 机油罐、双离合器变速器机油，如图 3-19 所示。

⑤防护眼镜。

VAS 6262A

VAS 6262/6

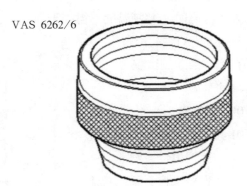

图 3-17

图 3-18

⑥耐酸防护手套。

（2）工作步骤。

注意：有人身伤害危险。戴上防护眼镜，戴上耐酸防护手套。在散热器附近操作时，与风扇保持距离，风扇可能会自行接通。发动机运转期间无意间挂入某一行驶挡位时有发生事故的危险！在发动机运转时进行操作之前，先将换挡杆切换到位置P，然后拉起驻车制动器按钮，接合电控机械式驻车制动器。变速器有损坏危险。维修后或齿轮油流出较多后，如果变速器内只有少量齿轮油或没有齿轮油，则不允许启动发动机。维修后或齿轮油流出较多后，预先在变速器内加注齿轮油。7挡双离合器变速器（0BH）仅允许使用作为备件购得的变速器油。其他类型的油会导致变速器发生功能故障或失灵。加注适配接头VAS 6262A必须干净且齿轮油不得与其他油混合！测量加注适配接头VAS 6262A上的排气管长度，必要时缩短，如图3-20所示。

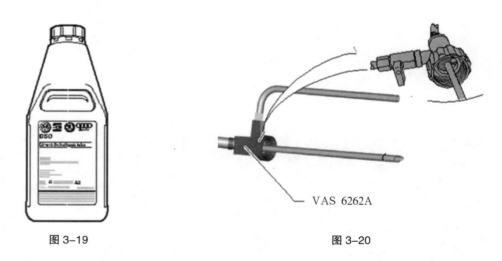

图3-19   图3-20

（3）检测条件。

①变速器不处于紧急运行模式。

②将汽车停在四柱升降台上或装配地沟上，以使其处于绝对水平状态。

③换挡杆在P挡。

④拉起驻车制动器按钮，接合电控机械式驻车制动器。

⑤发动机已关闭。

（4）排放齿轮油。

①拆卸隔音垫（图3-21中1）。

②将废油收集和抽吸装置VAS 6622A置于变速器下方。拧出检查螺塞（图3-22中箭头）。聚集的变速器油首先从溢流管中流出。拧出溢流管并让变速器油排出。

③拧出机械电子单元的排油螺塞（图3-23中箭头）。提示：有针对性地用金属板条

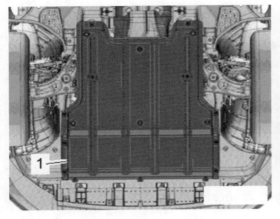

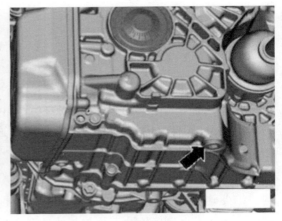

图 3-21

图 3-22

等将流出的变速器油引入废油收集和抽吸装置内。还会排出约 1.2L 的油。为机械电子单元的排油螺塞配上新的密封环并拧紧。

（5）加注齿轮油。

①将溢流管（图 3-24 中箭头）重新拧入至限位位置并拧紧。

②打开前摇动容器瓶。

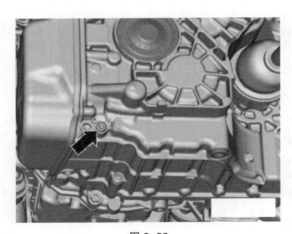

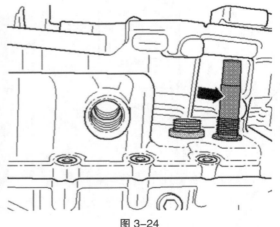

图 3-23

图 3-24

③将双离合器变速器油的容器瓶拧在加注适配接头 VAS 6262A 上，如图 3-25 所示。提示：如果容器瓶的螺纹与加注适配接头 VAS 6262A 不匹配，则使用适配接头 VAS 6262/6。

④将加注适配接头 VAS 6262A 用手拧入到检查螺塞的开口中。尽量将容器瓶和加注适配接头 VAS 6262A 放在双离合器变速器的上方，使 5.5L 变速器油流入双离合器变速器。

⑤启动发动机并使其怠速运行。

⑥踩下制动器，在怠速转速下切换到所有换挡杆位置（P、R、N、D/S），每个位置必须至少停留 3s。

⑦将换挡杆切换到位置 P。

⑧不要关闭发动机。

⑨然后检查齿轮油油位并添加齿轮油。

2. 检查齿轮油油位

（1）所需要的专用工具和维修设备。

①加注适配接头 VAS 6262A。

②必要时使用适配接头 VAS 6262/6。

③废油收集和抽吸装置 VAS 6622A。

④原装 1L 机油、双离合器变速器油。

⑤车辆诊断测试仪。

⑥防护眼镜。

⑦耐酸防护手套。

⑧测量加注适配接头 VAS 6262A 上的排气管长度，必要时缩短。对于某些机油罐型号，为让至加注适配接头 VAS 6262A 的排气管不会碰触到罐底，必须剪短到尺寸 a。尺寸 $a = 210$mm，如图 3-26 所示。提示：从加注适配接头 VAS 6262A 的轴（放大图中的绿色面）开始测量尺寸 a。

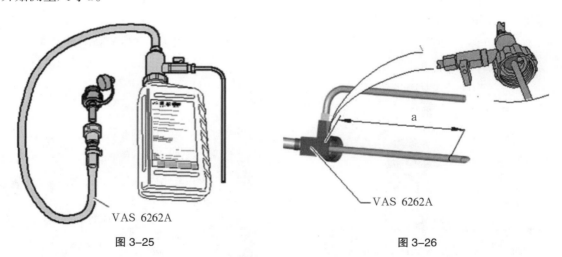

图 3-25   图 3-26

⑨在排气管上标记尺寸，然后用切管机 6056/2 切短，如图 3-27 所示。

⑩清洁加注适配接头 VAS 6262A。

（2）工作步骤。

注意：有人身伤害危险。戴上防护眼镜。戴上耐酸防护手套。在散热器附近操作时，

63

与风扇保持距离，风扇可能会自行接通。发动机运转期间无意间挂入某一行驶挡位时有发生事故的危险！在发动机运转时进行操作之前，先将换挡杆切换到位置P，然后拉起驻车制动器按钮，接合电控机械式驻车制动器。变速器有损坏危险。维修后或齿轮油流出较多后，如果变速器内只有少量齿轮油或没有齿轮油，则不允许启动发动机。维修后或齿轮油流出较多后，预先在变速器内加注齿轮油。7挡双离合器变速器（0BH）仅允许使用作为备件购得的变速器油。其他类型的油会导致变速器发生功能故障或失灵。加注适配接头VAS 6262A必须干净且齿轮油不得与其他油混合！测量加注适配接头VAS 6262A排气管的长度，必要时缩短。

（3）检测条件。

①变速器不处于紧急运行模式。

②将汽车停在四柱升降台上或装配地沟上，以使其处于绝对水平状态。

③换挡杆在P挡。

④拉起驻车制动器按钮，接合电控机械式驻车制动器。

⑤废气抽排装置的抽排软管已连接。

⑥发动机怠速运转。

⑦空调器和暖风已关闭。

（4）读取变速器油温度。

提示：变速器油油位随变速器油温度改变，过低的变速器油温度导致加注过多，过高的变速器油温度导致加注不足。未正确加注变速器油会影响变速器的功能。开始操作时，温度不允许高于30℃，必要时先冷却变速器。检查温度：35~45℃。

连接车辆诊断测试仪（图3-28中箭头），并在"引导功能"中对车辆进行识别。

·选择02：变速器电控系统

·选择02：读取测量值

·读取变速器油温度测量值

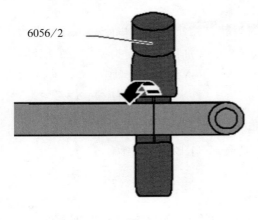

图 3-27

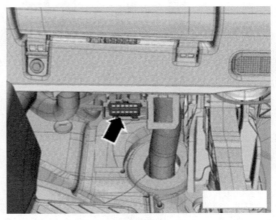

图 3-28

开始检测时的标准值：不高于 30℃，否则冷却变速器。

（5）检查齿轮油油位。

①拆卸隔音垫。

②将废油收集和抽吸装置 VAS 6622A 置于变速器下方。

③发动机怠速运行，换挡杆位于位置 P。

④拧出检查螺塞（图 3-29 中箭头）。

⑤从溢流管（图 3-30 中箭头 2）内流出积聚的齿轮油。提示：无论齿轮油油位高低，打开检查螺塞（图 3-30 中箭头 1）时始终有一些齿轮油流出。检查溢流管是否拧紧在检查螺塞的孔内。提示：溢流管松动可能造成齿轮油油位检查不准确。如果齿轮油温度为 35~45℃时还有一些齿轮油流出（因进一步受热而流出），说明齿轮油油位正常。提示：无论齿轮油油位高低，每隔 30s 都会有少量齿轮油从溢流管涌出，因为此时系统向多盘离合器供给冷却的齿轮油。这个过程对齿轮油油位检查来说无意义。流出的齿轮油不得再重复使用。当变速器油油位正常时，执行最后的措施。

图 3-29

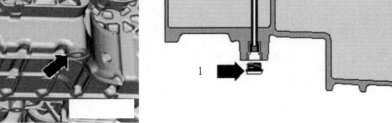

图 3-30

（6）加注齿轮油。

①如果温度位于 35~45℃之间时溢流管处没有齿轮油溢出，则按以下方式添加齿轮油。打开前摇动容器瓶。将双离合器变速器油的容器瓶拧在加注适配接头 VAS 6262A 上。提示：如果容器瓶的螺纹与加注适配接头 VAS 6262A 不匹配，则使用适配接头 VAS 6262/6。

②将加注适配接头 VAS 6262A 用手拧入到检查螺塞的开口中。尽量将容器瓶和加注适配接头 VAS 6262A 放在双离合器变速器的上方，使变速器油流入双离合器变速器。为了检查双离合器变速器是否已加够油，应定期脱开加注适配接头 VAS 6262A 上的快速接头，然后用手指或干净的塞子封住软管。从溢流管内流出积聚的齿轮油。提示：无论齿轮油油位高低，始终有一些齿轮油流出。如果齿轮油温度为 35~45℃时还有一些齿轮油流出（因

进一步受热而流出），说明齿轮油油位正常。

提示：无论齿轮油油位高低，每隔 30s 都会有少量齿轮油从溢流管涌出，因为此时系统向多盘离合器供给冷却的齿轮油。这个过程对齿轮油油位检查来说无意义。流出的齿轮油不得再重复使用。在加注齿轮油时，在车辆诊断测试仪上检查齿轮油温度。如果超过45℃，则中断该过程并冷却变速器。当变速器油油位正常时，执行最后的措施。

③接下来的措施：更换检查螺塞的密封环（图 3-31 中箭头）。将加注适配接头 VAS 6262A 从变速器上拧下。

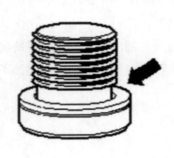

图 3-31

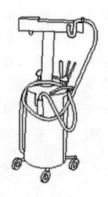

图 3-32

④拧紧检查螺塞。

⑤关闭点火开关并脱开诊断连接插头。

（四）0BK 变速器

1. 排出和加注 ATF

（1）所需要的专用工具和维修设备。

①废油收集和抽吸装置 V.A.G 1782，如图 3-32 所示。

②加注适配接头 VAS 6262A，如图 3-33所示。

③ ATF 加注适配接头 VAS 6262/5。

④原装 1L 机油储存罐。

⑤防护眼镜。

（2）工作步骤。

①发动机已关闭。

②将汽车停在四柱升降台上或装配地沟上，以使其处于绝对水平状态。

③换挡杆在位置 P。

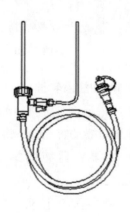

VAS 6262A

图 3-33

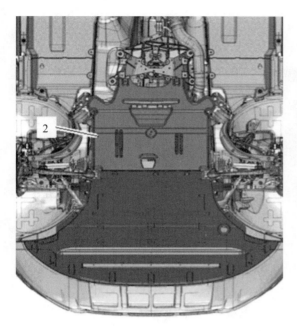

图 3-34

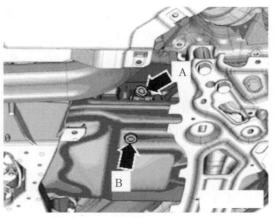

图 3-35

④拉起驻车制动器按钮，以接合电控机械式驻车制动器。

⑤拆卸后部隔音垫（图 3-34 中 2）。

⑥将废油收集和抽吸装置 V.A.G 1782 置于变速器下方。注意：眼睛有受伤害的危险。戴好防护眼镜！

⑦旋出 ATF 放油螺塞（图 3-35 中箭头 B），排出 ATF。注意：变速器有损坏危险。如果变速器内没有 ATF，则不得启动发动机。提示：请遵守废弃物处理规定。更新 ATF 放油螺塞及密封环。更换 ATF 检查和加注口的螺旋塞。拧紧新的放油螺塞。

（3）向变速器中加注 ATF。

①注意：变速器有损坏危险。在自动变速器（0BK）上只可以使用作为备件购得的 ATF。其他类型的油会导致变速器发生功能故障或失灵。加注适配接头必须干净，ATF 不得与其他油混合！将机油储存罐和加注适配接头 VAS 6262A 尽可能固定在车辆高处。

②拧出 ATF 检查和加注口的螺旋塞（图 3-35 中箭头 A）。

③将 ATF 加注适配接头 VAS 6262/5 插入 ATF 检查和加注口（图 3-36 中箭头）。

④用适配接头添加 ATF，直至 ATF 从检查和加注口中溢出。

⑤将换挡杆切换到位置 P。

⑥启动发动机，过 20s 后关闭。

⑦再次用适配接头添加 ATF，直至 ATF 从检查和加注口中溢出。

⑧启动发动机。

⑨继续用适配接头添加 ATF，直至 ATF 再次从检查和加注口中溢出。

⑩拧紧 ATF 检查和加注口的旧螺旋塞。

⑪ 在制动器踩下的情况下，在怠速转速时依次切换所有换挡杆位置（P、R、N、D、S 或 D/S），同时必须在每个位置各停留 3s。

⑫ 将换挡杆切换到位置 P。

⑬ 检查 ATF 油位并校正。提示：必须遵守关于"检查和校正 ATF 油位"的所有提示和检测条件。

⑭ 安装后部隔音垫。

2. 检查 ATF 油位

（1）所需要的专用工具和维修设备。

①车辆诊断测试仪。

②废油收集和抽吸装置 V.A.G 1782。

③加注适配接头 VAS 6262A。

④ ATF 加注适配接头 VAS 6262/5。

⑤原装 1L 机油储存罐。

⑥防护眼镜。

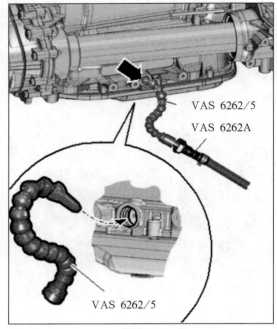

图 3-36

（2）检测条件。

①变速器不得处于紧急运行状态。

②将汽车停在四柱升降台上或装配地沟上，以使其处于绝对水平状态。

③换挡杆在位置 P。

④拉起驻车制动器按钮，以接合电控机械式驻车制动器。

⑤废气抽排装置的软管已连接。

⑥空调器和暖风已关闭。

⑦车辆诊断测试仪已连接。

⑧开始检查时 ATF 温度不允许超过 30℃。如果温度过高，则必须首先让变速器冷却。

提示：ATF 温度可在车辆诊断测试仪上读取。ATF 油位随 ATF 温度变化而改变。ATF 温度过低时检查 ATF 油位，会导致加注过多。ATF 温度过高时检查 ATF 油位，会导致加注不足。加注过多与加注不足都会影响变速器功能。

（3）工作步骤。

①在车辆诊断测试仪的"引导功能"中选择以下菜单项：

·02 变速器电控系统 0BK I J217

·02 读取测量值

②在车辆诊断测试仪的列表中选择"齿轮油温度"测量值。

68

③读取 ATF 温度。

（4）检查和校正 ATF 油位。

①提示：ATF 油位是通过 ATF 检查和加注口检查的。如果 ATF 温度位于 35~45℃（热带国家或地区 50℃）之间时，ATF 检查和加注口处还有微量的液体流出（取决于受热时油位上升情况），则说明 ATF 油位正确。更换 ATF 检查和加注口的螺旋塞。

②注意：变速器有损坏危险。在自动变速器（0BK）上只可以使用作为备件购得的 ATF。其他类型的油会导致变速器发生功能故障或失灵。加注适配接头必须干净，ATF 不得与其他油混合！将机油储存罐和加注适配接头 VAS 6262A 尽可能固定在车辆高处。变速器有损坏危险。维修后或 ATF 流出较多后，如果变速器内只有少量或没有 ATF，则不允许启动发动机。在这种情况下必须进行预加注。

③拆卸后部隔音垫。

④换挡杆在位置 P，启动发动机。

⑤在制动器仍踩下的情况下，在怠速转速时依次切换所有换挡杆位置（P、R、N、D、S 或 D/S），同时必须在每个位置至少停留 10s。

⑥将换挡杆切换到位置 P。

⑦让发动机继续怠速运转。将废油收集和抽吸装置 V.A.G 1782 置于变速器下方。注意：眼睛有受伤害的危险。戴好防护眼镜！

⑧如果 ATF 温度达到 35℃，则拧出 ATF 检查和加注口螺旋塞，必要时排出多余的 ATF。

⑨如果在 ATF 温度达到 40℃之前有 ATF 从 ATF 检查和加注口中溢出，则说明 ATF 油位正常。提示：最迟在 45℃（热带国家或地区 50℃）时必须重新堵住 ATF 检查和加注口。

⑩拧紧 ATF 检查和加注口的新螺旋塞。ATF 油位检查就此结束。

⑪安装后部隔音垫。

⑫如果达到 40℃时 ATF 检查和加注口处没有 ATF 溢出。

（5）加注 ATF。

提示：最迟在 45℃（热带国家或地区 50℃）时必须重新拧紧 ATF 检查和加注口，必要时关闭发动机，让变速器冷却下来并重新进行检查。

①将 ATF 加注适配接头 VAS 6262/5 插入 ATF 检查和加注口。用适配接头添加 ATF，直至 ATF 从检查和加注口中溢出。提示：ATF 加注过少或过多都会影响变速器的功能。

②拧紧 ATF 检查和加注口的新螺旋塞。ATF 油位检查就此结束。

③安装后部隔音垫。

（五）0CK 变速器

1.排出和加注变速器油

（1）所需要的专用工具和维修设备。

①废油收集和抽吸装置 VAS 6622A。

②变速器油手泵 VAS 6617，如图 3-37 所示。

（2）排放。

①提示：双离合器变速器的变速器油底壳没有放油螺塞，排放变速器油时必须拆下变速器电动泵 2 V553（MTF 泵）。变速器油温度约 20℃（室温）。将车辆停放在四柱升降台上或装配地沟上，使之处于绝对水平状态。

②拆卸后部隔音垫。

③将废油收集和抽吸装置 VAS 6622A 放在下面。注意：眼睛有受伤害的危险。

④注意：有电腐蚀的危险。变速器油（MTF）不得渗入插头范围。不要脱开电插头（图3-38 中 2）。提示：取出机油泵时变速器会突然排空。旋出螺栓（图 3-38 中箭头），取下机油泵（图 3-38 中 1）并用金属丝固定，以防滑落。

⑤排出变速器油（MTF）。注意：变速器有损坏危险。变速器内没有变速器油（MTF）或变速器油过少时，不允许启动发动机，不允许牵引汽车。提示：流出的变速器油（MTF）可能会导致变速器泵外壳变色。清除密封面上的污物。

⑥安装机油泵。

⑦清洁副车架的十字支撑并去除残余变速器油。

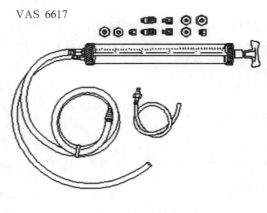

图 3-37

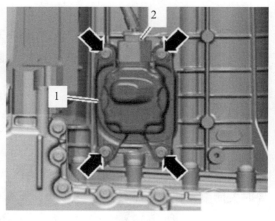

图 3-38

（3）加注。

①注意：眼睛有受伤害的危险。戴好防护眼镜！变速器有损坏危险。双离合器变速器（0CK）仅可以使用作为备件购得的变速器油（MTF）。其他类型的油会导致变速器发生功能故障或失灵。变速器油手泵 VAS 6617 必须洁净，ATF 不允许与其他油混合！必要时用变速器油（MTF）冲洗手泵。

②从变速器壳体上拧出右侧的检查和加注口螺旋塞（图3-39中箭头）。

③用变速器油手泵VAS 6617缓慢注入变速器油（MTF）。

④每15s重复一次该过程，直至变速器油达到检查和加注口下沿的2mm处。提示：为保证变速器内的各油箱均匀加注，必须遵守等待时间。拧紧螺旋塞。

⑤安装以倒序进行，同时要注意下列事项：

·螺旋塞

·后部隔音垫

2. 检查变速器油油位

（1）所需要的专用工具和维修设备。

① Torx T60换插扳头T40087，如图3-40所示。

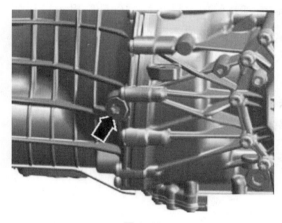

图3-39

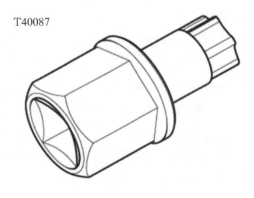

图3-40

②防护眼镜。

（2）工作步骤。

①变速器油（MTF）系统不能与ATF系统混淆。

②更换用于检查和加注口的螺旋塞。

③变速器油温度约20℃（室温）。

④将车辆停放在四柱升降台上或装配地沟上，使之处于绝对水平状态。

⑤变速器必须静止至少15min，以确保内部机油油位平衡。

⑥拆卸后部隔音垫。注意：有损伤眼睛的危险。请戴上防护眼镜！

⑦在变速器壳体右侧将用于检查和加注口的螺旋塞，用Torx T60换插扳头T40087拧出。

⑧变速器油（MTF）必须达到检查和加注口下沿的2mm处。

⑨如果油位不准确，加注变速器油。

⑩安装螺旋塞。

⑪安装后部隔音垫。

（六）0CW 变速器

排出和加注变速器油。

（1）所需要的专用工具和维修设备。

①加注适配接头 VAS 6262A 和 VAS 6262/4。

②必要时使用适配接头 VAS 6262/6。

③废油收集和抽吸装置 VAS 6622A。

④7 挡双离合器变速器（0CW）的变速器油容器瓶。

⑤防护眼镜。

⑥耐酸防护手套。

⑦在加注适配接头 VAS 6262A 上测量排气管的长度，必要时截短。为避免加注适配接头 VAS 6262A 的排气管触到油瓶的底部，必须将其截短，尺寸为 210mm。提示：从加注适配接头 VAS 6262A 的顶部开始测量尺寸，若大于 210mm，则在排气管上标出尺寸并用截管器 VAS 6056/2 截短。清洁加注适配接头 VAS 6262A。

（2）工作步骤。

①提示：变速器油是一次性加注的。无法检查变速器油油位。变速器泄漏时，必须找出原因并排除故障，然后必须将变速器油全部排出并重新加注。

②发动机已关闭。

③将换挡杆切换到位置 P。

④拆卸隔音垫（图 3-41 中 1）。

⑤将废油收集和抽吸装置 VAS 6622A 置于变速器下方。

⑥拧出变速器上的排油螺塞。

⑦让油流出，然后重新拧紧排油螺塞，如图 3-42 所示。

⑧拆卸蓄电池支架（图 3-43 中 1）。提示：无法检查变速器油油位。必须严格遵守

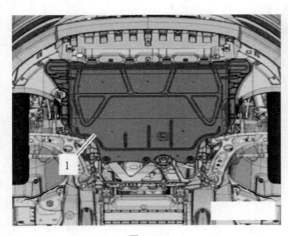

图 3-41

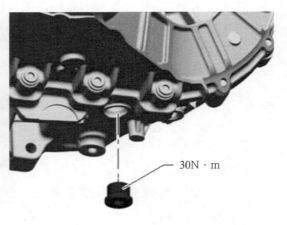

图 3-42

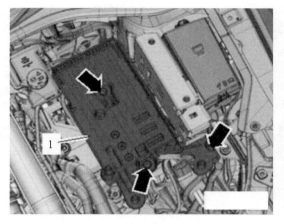

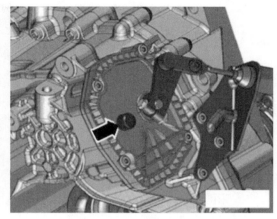

图 3-43   图 3-44

规定的加注量。只有这样，才能确保变速器油加注正确。变速器油加注过少和加注过多都会引起功能故障。注意：变速器有损坏危险。7 挡双离合器变速器（0AM）仅允许使用作为备件购得的 ATF 油。其他类型的油会导致变速器发生功能故障或失灵。

⑨拔下变速器换挡连杆旁的通风口盖帽（图 3-44 中箭头）。提示：为了看得更清楚，图示为拆下变速器后的安装位置。注意：变速器有损坏危险。加注适配接头 VAS 6262A 和 VAS 6262/4 必须保持干净，变速器油不得与其他机油混合！打开前摇动容器瓶。

⑩将 7 挡双离合器变速器（0CW）的变速器油容器拼拧到加注适配接头 VAS 6262A 上，如图 3-45 所示。提示：如果容器瓶的螺纹与加注适配接头 VAS 6262A 不匹配，那么使用适配接头 VAS 6262/6。正确放置容器瓶，使机油不会流入加注软管中。

⑪将加注适配接头 VAS 6262/4 连接到加注软管上，并插到变速器的通风口上。翻转容器瓶，准确地加注，如图 3-46 所示。

⑫拔下加注适配接头 VAS 6262/4，并插上通风口盖帽。

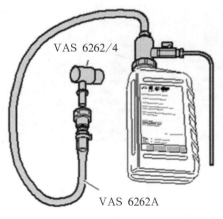

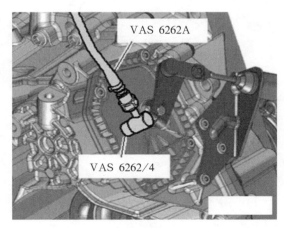

图 3-45   图 3-46

（七）0D5 变速器

1. 排出和加注 ATF

（1）所需要的专用工具和维修设备。

①加注适配接头 VAS 6262A。

②适配接头连接软管 VAS 6262/5。

③必要时使用适配接头 VAS 6262/6，如图 3-47 所示。

④废油收集和抽吸装置 VAS 6622A。

⑤原装 1L 机油储存罐。

⑥防护眼镜。

⑦耐酸防护手套。

（2）排放。

①提示：排放 ATF 时，变速器应已达到工作温度。但是如果变速器内 ATF 太少或没有，则不得启动发动机。注意废弃物处理规定。发动机已关闭。将汽车停在四柱升降台上或装配地沟上，以使其处于绝对水平状态。变速器处于行驶挡位 P。拉起驻车制动器按钮，接合电控机械式驻车制动器。

②拆卸中间或后部隔音垫。

③将废油收集和抽吸装置 VAS 6622A 置于变速器下方。注意：眼睛有受伤害的危险。戴好防护眼镜！

④打开 ATF 排放螺塞（图 3-48 中箭头 A），排放 ATF。注意：变速器有损坏危险。如果变速器内没有 ATF，则不得启动发动机。

⑤将 ATF 排放螺塞拧紧至极限位置。

图 3-47

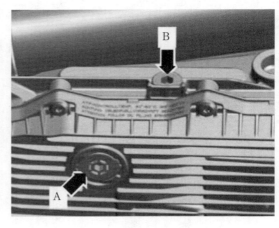

图 3-48

（3）加注 ATF。

①注意：变速器有损坏危险。自动变速器（0D5）只能使用作为备件购得的 ATF。其

他类型的油会导致变速器发生功能故障或失灵。加注适配接头必须干净，ATF不得与其他油混合！将机油储存罐和加注适配接头VAS 6262A尽可能固定在车辆高处。

②拧出ATF检查和加注口的螺旋塞（图3-48中箭头B）。

③将适配接头连接软管VAS 6262/5插入ATF检查和加注口（图3-49中箭头）。用适配接头添加ATF，直至ATF从检查和加注口中溢出。

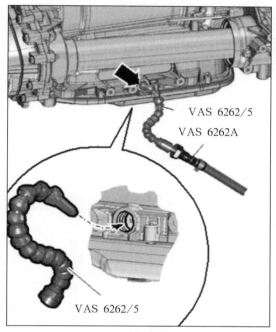

图3-49

④挂入P挡，启动发动机。

⑤继续用适配接头添加ATF，直至ATF再次从检查和加注口中溢出。

⑥用手拧紧ATF检查和加注口的旧螺旋塞。

⑦检查ATF油位并校正。提示：必须遵守关于"检查和校正ATF油位"的所有提示和检测条件。

2. 检查ATF油位

（1）所需要的专用工具和维修设备。

①车辆诊断测试仪。

②加注适配接头VAS 6262A。

③适配接头连接软管VAS 6262/5。

④必要时使用适配接头VAS 6262/6。

⑤废油收集和抽吸装置VAS 6622A。

⑥原装1L ATF油储存罐。

⑦防护眼镜。

⑧耐酸防护手套。

（2）检测条件。

①变速器不得处于紧急运行状态。

②将汽车停在四柱升降台上或装配地沟上，以使其处于绝对水平状态。

③拉起驻车制动器按钮，以接合电控机械式驻车制动器。

④废气抽排装置的软管已连接。

⑤空调器和暖风已关闭。

⑥车辆诊断测试仪已连接。

⑦开始检查时ATF温度不允许超过30℃。如果温度较高，则必须先让变速器冷却。提示：ATF温度可在车辆诊断测试仪上读取。ATF油位随ATF温度变化而改变。ATF温度过低时检查ATF油位，会导致加注过多。ATF温度过高时检查ATF油位，会导致加注不足。

加注过多与加注不足都会影响变速器功能。

（3）测定 ATF 温度。

①连接车辆诊断测试仪。

②打开点火开关。

③选择"引导功能"。

④选择按钮"选择自检测……"，然后依次选择以下树形结构：

· 驱动

· 0D5 变速器

· 01：具有自诊断能力的系统

· 02：变速器电控系统

· 02：变速器电控系统，功能

· 02：测量值

⑤从列表中选择测量值"齿轮油温度"。

⑥读取 ATF 温度。标准值：不高于 30℃。

（4）检查和校正 ATF 油位。

①提示：ATF 油位是通过 ATF 检查和加注口检查的。如果 ATF 温度低于 40℃时，ATF 检查和加注口还有微量 ATF 流出（受热时油位上升造成），则说明 ATF 油位正确。更换 ATF 检查和加注口的螺旋塞。注意：变速器有损坏危险。自动变速器（0D5）只能使用作为备件购得的 ATF。其他类型的油会导致变速器发生功能故障或失灵。加注适配接头必须干净，ATF 不得与其他油混合！

②用加注适配接头 VAS 6262A 将机油储存罐固定在车辆上尽可能高的位置。注意：变速器有损坏危险。维修后或 ATF 流出较多后，如果变速器内只有少量或没有 ATF，则不允许启动发动机。在这种情况下进行预加注。

③拆卸中间或后部隔音垫。

④挂入 P 挡，启动发动机。

⑤关闭 ESP。

⑥对液力变矩器进行加注时，挂入 P 挡，使发动机以 2000r/min 的转速运行 30s。

⑦在怠速转速下踩下制动器的同时换入位置 P 和位置 D/S，每个挡位保持 10s。

⑧将变速器换到位置 P。

⑨让发动机继续怠速运转。

⑩将废油收集和抽吸装置 VAS 6622A 置于变速器下方。注意：眼睛有受伤害的危险。戴好防护眼镜！

⑪拧出 ATF 检查和加注口的螺旋塞（图 3–50 中箭头 B），必要时排出多余的 ATF。如果在 ATF 温度达到 40℃之前有 ATF 从 ATF 检查和加注口（图 3–50 中箭头 A）中溢出，

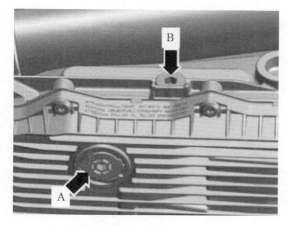

图3-50

则说明ATF油位正常。如果ATF温度达到40℃之前没有ATF从ATF检查和加注口中流出，则要补充ATF。提示：最迟在40℃时必须再次关闭ATF检查和加注口。拧紧ATF检查和加注口的新螺旋塞。ATF油位检查就此结束。

（5）添加ATF。

①如果低于40℃时没有ATF从ATF检查和加注口流出。提示：ATF检查和加注口在45℃时必须重新封闭，必要时关闭发动机，使变速器冷却，然后再次检测。

②将适配接头连接软管VAS 6262/5插入ATF检查和加注口。用适配接头添加ATF，直至ATF从检查和加注口中溢出。提示：加注过少或过多都会影响变速器的功能。

③拧紧ATF检查和加注口的新螺旋塞。ATF油位检查就此结束。

（八）0D9变速器

1. 排出和加注变速器油

（1）所需要的专用工具和维修设备。

①加注适配接头VAS 6262A。

②废油收集和抽吸装置VAS 6622A。

③双离合器变速器（0D9）原装1L齿轮油容器瓶。

④防护眼镜。

⑤耐酸防护手套。

（2）工作步骤。

注意：有人身伤害危险。即使是在点火开关已关闭的情况下，散热器风扇也可能自行启动，例如通过发动机舱内的积热效应。戴上防护眼镜。戴上耐酸防护手套。变速器有损坏危险。维修后或齿轮油流出较多后，如果变速器内只有少量齿轮油或没有齿轮油，则不允许启动发动机。在这种情况下必须用齿轮油进行预先加注。

（3）检测条件。

①将汽车停在四柱升降台上或装配地沟上，以使其处于绝对水平状态。

②换挡杆切换到位置P。

③拉起驻车制动器按钮，接合电控机械式驻车制动器。

④发动机已关闭。

⑤隔音垫已拆卸。

⑥更换变速器油时每次都要更换变速器油过滤器。

（4）排放齿轮油。

①更换变速器油滤清器。

②将废油收集和抽吸装置 VAS 6622A 放在下面。

③排出螺塞和检查螺塞（图 3-51 中 A）。拧出排出螺塞和检查螺塞缸径中的溢流管（图 3-51 中 C）。

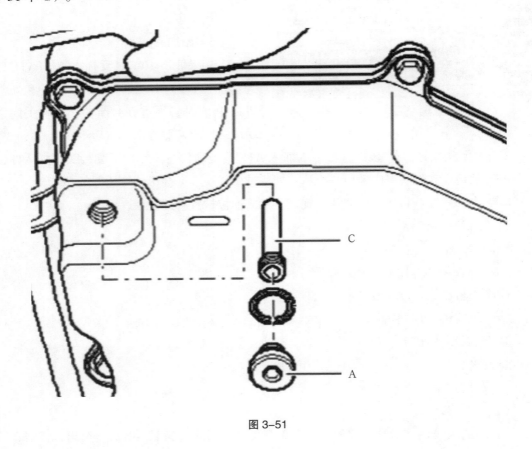

图 3-51

④排出多余的齿轮油。

⑤再次拧紧溢流管。

（5）加注齿轮油。

①注意：变速器有损坏危险。双离合器变速器（0D9）仅允许使用作为备件购得的齿轮油。其他类型的油会导致变速器发生功能故障或失灵。加注适配接头必须干净且齿轮油不得与其他油混合！

②在将加注适配接头 VAS 6262A 拧到齿轮油容器瓶上之前，测量排气管的长度，必要时截短。

③打开前摇动容器瓶。

④将齿轮油容器瓶拧在机油加注适配接头 VAS 6262A 上。

⑤将加注适配接头 VAS 6262A 用手拧入排出螺塞和检查螺塞的开口中（图 3–52 中箭头 1）。

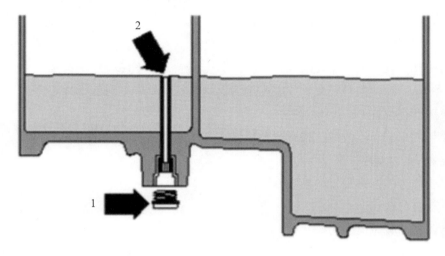

图 3–52

⑥将容器瓶连同加注适配接头 VAS 6262A 尽量高地保持在变速器上方，并向变速器中加注约 5.2L 的齿轮油。

⑦将换挡杆切换到位置 P，拔出驻车制动器按钮，以便接合电控机械式驻车制动器。

⑧踩下并踩住制动器。

⑨启动发动机并使其怠速运行。

⑩踩下制动器后，在怠速转速下切换到所有换挡杆位置（P、R、N、D/S），每个位置必须至少停留 3s。

⑪将换挡杆切换到位置 P。

⑫检查齿轮油油位。

2. 检查齿轮油油位

（1）所需要的专用工具和维修设备。

①车辆诊断测试仪。

②加注适配接头 VAS 6262A。

③废油收集和抽吸装置 VAS 6622A。

④双离合器变速器（0D9）原装 1L 齿轮油容器瓶。

⑤防护眼镜。

⑥耐酸防护手套。

⑦在加注适配接头 VAS 6262A 上测量排气管的长度，必要时截短。

（2）工作步骤。

注意：有人身伤害危险。即使是在点火开关已关闭的情况下，散热器风扇也可能自行启动，例如通过发动机舱内的积热效应。戴上防护眼镜。戴上耐酸防护手套。变速器有损坏危险。维修后或齿轮油流出较多后，如果变速器内只有少量齿轮油或没有齿轮油，则不允许启动发动机。在这种情况下必须用齿轮油进行预先加注。

（3）检测条件。

①变速器不处于紧急运行模式。

②将汽车停在四柱升降台上或装配地沟上，以使其处于绝对水平状态。

③换挡杆在位置 P。

④拉起驻车制动器按钮，接合电控机械式驻车制动器。

⑤隔音垫已拆卸。

⑥接通的废气抽排装置的抽吸软管已连接。

⑦发动机怠速运转。

⑧空调器和暖风已关闭。

⑨车辆诊断测试仪已连接。

⑩变速器油温度 35~45℃。

（4）读取变速器油温度。

提示：变速器油油位随变速器油温度改变，过低的变速器油温度会导致加注过多，过高的变速器油温度会导致加注不足。加注过多与加注不足都会影响变速器功能。读取变速器油温度→车辆诊断测试仪、引导功能、检查齿轮油油位。

（5）检查齿轮油油位。

①踩下并踩住制动器。

②踩下制动器后，在怠速转速下切换到所有换挡杆位置（P、R、N、D/S），每个位置必须至少停留 3s。

③将废油收集和抽吸装置 VAS 6622A 放在下面。

④当齿轮油温度达到 35℃时，拧出排出螺塞和检查螺塞（图 3-53 中 A）。

⑤从溢流管（图 3-52 中箭头 2）内流出积聚的齿轮油。提示：无论齿轮油油位高低，打开排出螺塞和检查螺塞（图 3-52 中箭头 1）时，始终有一些齿轮油流出。

⑥检查变速器内部的溢流管是否拧紧。提示：如果溢流管未正确固定，则可能无法正确确定齿轮油油位。

⑦排出多余的齿轮油。如果齿轮油温度为 35~45℃时还有一些齿轮油流出（因进一步受热而流出），说明齿轮油油位正常。提示：每隔 30s 溢流管中都会涌出少量齿轮油，无论齿轮油油位高低（原因：离合器的冷却机油脉冲）。这种涌出不是判断油位是否足够的标准，判断油位高低时不予考虑。涌出的齿轮油不得再使用。

⑧当齿轮油油位正常时，执行最后的措施。

（6）加注齿轮油。

①如果齿轮油温度为35~45℃时，没有齿轮油从排出螺塞和检查螺塞开口（图3-52中箭头1）处溢出，则按如下方法添加齿轮油。注意：变速器有损坏危险。双离合器变速器（0D9）仅允许使用作为备件购得的齿轮油。其他类型的油会导致变速器发生功能故障或失灵。加注适配接头必须干净且齿轮油不得与其他油混合。

②在将加注适配接头VAS 6262A拧到齿轮油容器瓶上之前，测量排气管的长度，必要时截短。打开前摇动容器瓶。将齿轮油容器瓶拧在加注适配接头VAS 6262A上。

③将加注适配接头VAS 6262A用手拧入排出螺塞和检查螺塞的开口中。

④将容器瓶连同加注适配接头VAS 6262A尽量高地保持在变速器上方，让齿轮油流入变速器。为了检查双离合器变速器是否已加够油，应定期脱开加注适配接头VAS 6262A上的快速接头，然后用手指或干净的塞子封住软管。从溢流管内流出积聚的齿轮油。提示：无论齿轮油油位高低，在排出螺塞和检查螺塞开口上始终有一些齿轮油流出。每隔30s溢流管中都会涌出少量齿轮油，无论齿轮油油位高低（原因：离合器的冷却机油脉冲）。这种涌出不是判断油位是否足够的标准，判断油位高低时不予考虑。涌出的齿轮油不得再使用。如果齿轮油温度为35~45℃时还有一些齿轮油流出（因进一步受热而流出），说明齿轮油油位正常。

⑤当齿轮油油位正常时，执行最后的措施。

（7）措施。

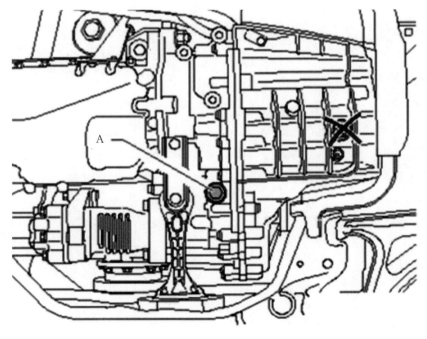

图3-53

①将加注适配接头 VAS 6262A 从变速器上拧下。提示：更换排出螺塞和检查螺塞的密封环。

②拧紧排出螺塞和检查螺塞。

③关闭点火开关并脱开诊断连接插头。

二、奥迪车系换油规格（表3-1）

表 3-1

车型	发动机型号	排量	更换周期	机油加注量（包括更换机油滤清器）(L)	变速器型号	更换周期	ATF加注量 (L)
奥迪 C6	BPJ	2.0T	10000km或1年	5.0	01J	60000km	5
	BDW	2.4L	10000km或1年	7.5			
	CAN	2.7TDI	10000km或1年	8.2			
	CCE	2.8L	10000km或1年	6.2	09L	免维护	
	CAJ	3.0T	10000km或1年	7.2			
奥迪 B8	CGU	1.8T	10000km或1年	4.6	0AW	60000km	6.5
	CDZ	2.0T	10000km或1年	4.6			
奥迪 Q5	CAD	2.0T	10000km或1年	4.6	0B5	60000km	6.7
	CAL	3.2L	10000km或1年	6.2	0BK	免维护	
奥迪 Q7	CJT	3.0T	10000km或1年	6.8	0C8	免维护	
	BHK	3.6L	10000km或1年	6.9	0AT	免维护	
	CRC	3.0TDI	10000km或1年	7.7	0C8	免维护	
	CAS	3.0TDI	10000km或1年	8.2			
奥迪 D3	BDX	2.8L	10000km或1年	6.2	01J	60000km	5
	BPK	3.2L	10000km或1年	6.5	09L	免维护	
	BVJ	4.2L	10000km或1年	8.5			
奥迪 D4	CMD	3.0T	10000km或1年	6.5			
	CGW	3.0T	10000km或1年	6.8			
	CPA	2.5L	10000km或1年	6.8	0BK	免维护	
	CEU	4.0T	10000km或1年	8.3			
	CEJ	6.0L	10000km或1年	11.2			
奥迪 C7	CDZ	2.0T	10000km或1年	4.6	0AW	60000km	6.5
	CLX	2.5L	10000km或1年	6.8			
	CNY	2.8L	10000km或1年	6.8	0B5	60000km	6.7
	CHM	3.0T	10000km或1年	6.8			

（续表）

车型	发动机型号	排量	更换周期	机油加注量（包括更换机油滤清器）（L）	变速器型号	更换周期	ATF加注量（L）
奥迪 Q3	CRH	2.0T	10000km 或 1 年	4.6	0BH	60000km	5.5
	CCZ	2.0T	10000km 或 1 年	4.6			
	CPS	2.0T	10000km 或 1 年	4.6			
奥迪 A3	CDA	1.8T	10000km 或 1 年	4.6	0AM	免维护	
	CMS	1.4T	10000km 或 1 年	4.0			
奥迪 A1	CNV	1.4T	10000km 或 1 年	3.6			
奥迪 TT	CES	2.0T	10000km 或 1 年	4.6	02E	60000km	5.2
奥迪 A7	CHM	3.0T	10000km 或 1 年	6.8	0B5	60000km	6.7
奥迪 B9	CWNA	2.0T	10000km 或 1 年	5.2	0CK	60000km	3.5
	CWPB	2.0T	10000km 或 1 年	5.2	0CK	60000km	3.5
奥迪 D5	CZSE	3.0T	10000km 或 1 年	7.6	0D5	免维护	
奥迪 Q5L	CWNA	2.0T	10000km 或 1 年	5.2	0CK	60000km	3.5
	CWPB	2.0T	10000km 或 1 年	5.2	0CK	60000km	3.5
奥迪 Q7L	CYRB	2.0T	10000km 或 1 年	5.2	0D5	免维护	
奥迪 Q7L	CREC	3.0T	10000km 或 1 年	6.8	0D5	免维护	
奥迪 C8	DKUA	2.0T	10000km 或 1 年	5.2	0CK	60000km	3.5
	DKWA	2.0T	10000km 或 1 年	5.2	0CK	60000km	3.5
	DLZA	3.0T	10000km 或 1 年	7.6	0CK	60000km	3.5
奥迪 Q2L	DJSI	1.4T	10000km 或 1 年	4.0	0AM	免维护	

第四章　路虎车系

一、发动机机油油位检查方法

路虎车系新款车型中有很多发动机都采用无机油油尺设计，更换机油后可以通过仪表检查机油油位，各个车型检查方法大致相同，下面以 2014—2020 年路虎揽胜（L405）、揽胜新运动（L494）和 2017—2019 年路虎发现（L462）车型为例介绍油位检查方法。

（一）车型①

·2014—2020 年路虎揽胜新运动（L494）

·2014—2020 年路虎揽胜（L405）

1. TDV6 3.0 L 柴油发动机机油排放和添加一般步骤

（1）排放。

警告：在操作该步骤时，不可避免会溅出热的发动机机油，务必小心避免烫伤。确保发动机是热机。

① 拆下发动机饰板。

②逆时针旋转机油滤清器元件壳 6 个满圈。从机油滤清器滤芯壳排放发动机机油 2min。拆下机油滤清器滤芯壳，如图 4-1 所示。

③注意：卸下并丢弃 O 形密封圈，如图 4-2 所示。

④警告：确保采用车轴支架支撑车辆。抬起并支撑车辆。

⑤拆下发动机下挡板。

⑥拆下如图 4-3 所示放油螺栓。警告：当排放发动机机油时，请特别小心，因为机油可能非常热。丢弃螺栓，排放发动机机油至少 10min。

图 4-1

图 4-2

⑦排干机油。

（2）加注。

①安装如图 4-4 所示的放油螺栓。确保元件洁净，无异物和润滑剂。确保安装 1 个新螺栓，扭矩为 23N·m。

②安装下挡板。

③降下车辆。

④清洁各部件。将一个新的机油滤清器元件安装到机油滤清器盖上。安装一个新的机油滤清器盖 O 形密封圈。使用干净的发动机机油润滑 O 形密封圈。

图 4-3   图 4-4

⑤拧紧见图 4-1 螺栓。扭矩：25N·m。

⑥安装车内装饰。

⑦向发动机添加推荐机油至正确油位。

⑧清理机油加注口盖区域任何残留的发动机机油。

⑨拧紧机油加注口盖。

⑩确保车辆在加注机油后已放置 5min。启动发动机并让其运转 10min，然后关闭发动机。检查是否泄漏。

⑪确保换挡杆位于驻车 P 位置。确保机罩打开。将点火开关置于打开位置。

⑫按下左侧 OK（确定）按钮访问仪表（IC）主菜单，如图 4-5 所示。

⑬按下左侧方向按钮并选择维护菜单，如图 4-6 所示。

⑭按下左侧 OK（确定）按钮，如图 4-7 所示。

⑮按下左侧方向按钮并选择机油位置显示屏，如图 4-8 所示。

⑯按下左侧 OK（确定）按钮，进入 Oil Level Display（机油位置显示），如图 4-9 所示。

⑰确保机罩打开。机油位置显示屏工作时，在 2s 内按两次速度控制取消按钮，如图 4-10 所示。

⑱信息中心显示维修模式下的实际机油位置。只有在启动并运行发动机 10min 后，才能关闭发动机，然后待机 10min，从机油位置显示屏上读取读数（图 4-11）。如果需要，

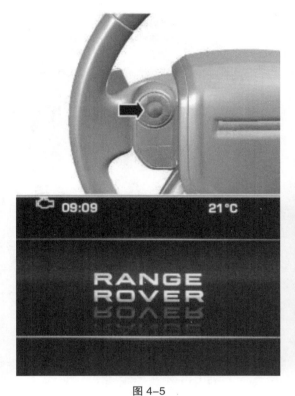

图 4-5

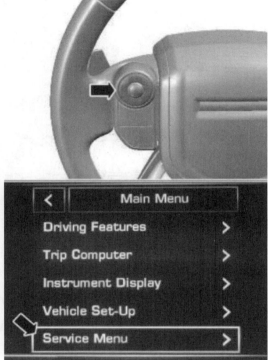

图 4-6

图 4-7   图 4-8

图 4-9

图 4-10

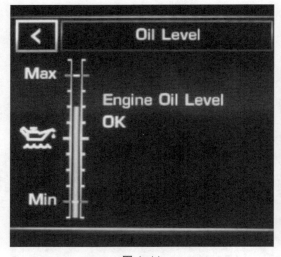

图 4-11

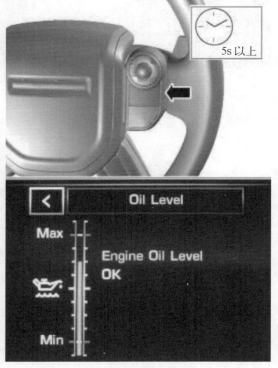

图 4-12

加注发动机机油。

　⑲将点火开关置于关闭位置。

　⑳如果又加注了机油，等待 10min，使发动机机油油位稳定。注意：以下步骤的目的是更新平均机油油位值。

㉑在维修模式下，重复执行步骤⑪～⑰可进入机油油位显示。

㉒注意：在条形图上显示的实际油量将作为一个新值写入电子控制单元。按住速度控制取消按钮5s以上，如图4-12所示。信息中心显示当前的机油位置。注意：关闭发动机罩。

㉓将点火开关置于关闭位置。

㉔将点火开关置于打开位置。

㉕注意：以下步骤用于在客户模式下检查当前机油位置。按下左侧OK（确定）按钮访问仪表（IC）主菜单。

㉖按下左侧方向按钮并选择维护菜单。

㉗按下左侧OK（确定）按钮。

㉘按下左侧方向按钮并选择机油位置显示屏。

㉙按下左侧OK（确定）按钮，然后按说明执行。注意：如果显示信息"Not available"（不可用），再等10min，以便让机油油位稳定下来。确保平均机油油位值已得到更新。

2. 3.0L SC 发动机机油排放和添加一般步骤

（1）排放。

警告：在操作该步骤时，不可避免会溅出热的发动机机油，务必小心避免烫伤。要正确安装机油加注口盖，应拧紧盖子，直至达到硬性止动为止。确保发动机是热机。注意：拆卸之前，请清洁部件外部。

①启动发动机并让其运转10min，然后关闭发动机。

②按箭头方向拧下发动机机油盖，如图4-13所示。

③拧松燃油滤清器部件盖，完整地转动4圈，以便从滤芯盖排空发动机机油，确保漏出O形密封圈，如图4-14所示。

图4-13

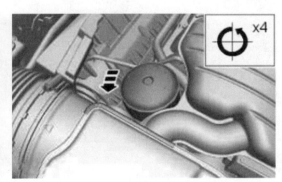

图4-14

④注意：从机油滤清器壳体排放发动机机油10min。拆下并弃用O形密封圈，如图4-15所示。

⑤拆下并弃用机油滤清器滤芯。

⑥警告：确保采用车轴支架支撑车辆。抬起并支撑车辆。

⑦拆下发动机下挡板。

⑧小心：为收集漏出的机油做好准备。排放发动机机油至少10min。松开机油盘放油塞，如图4-16所示。

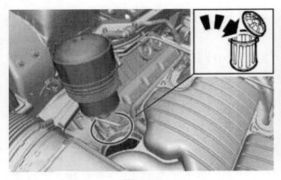
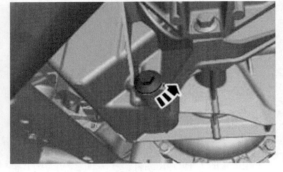

图4-15   图4-16

（2）加注。

①确保该部件周围区域干净且没有杂质，安装一个新的油封垫圈。更换零部件：机油盘放油塞，扭紧力矩：24N·m，如图4-17所示。

②安装发动机下挡板。

③注意：安装新的O形密封圈。使用干净机油润滑机油滤清器滤芯元件O形密封圈。更换零部件：机油滤清器O形密封圈、机油滤清器。

④拧紧部件，首先用手指拧紧，如图4-18所示。扭紧力矩：25N·m。

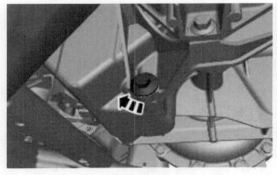
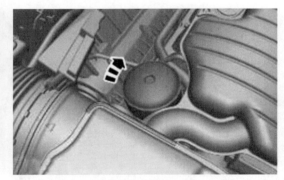

图4-17   图4-18

⑤在启动发动机前，确保在加注机油后车辆放置5min，并且发动机机油油位至少达到最低油位。清理机油加注口盖区域任何残留的发动机机油。

⑥拧紧发动机机油盖。

⑦确保车辆在加注机油后已放置5min，启动发动机并让其运转10min，然后关闭发动机检查是否泄漏。

⑧确保换挡杆在驻车位置，确保机罩打开，将点火开关置于打开位置。

⑨按下左侧 OK 按钮访问仪表主菜单，如图 4-19 所示。

⑩按下左侧 OK 按钮并选择维护菜单，如图 4-20 所示。

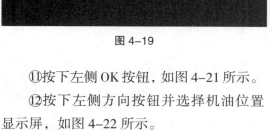

图 4-19

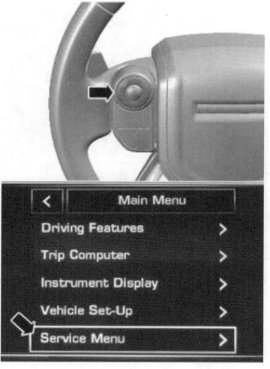

图 4-20

⑪按下左侧 OK 按钮，如图 4-21 所示。

⑫按下左侧方向按钮并选择机油位置显示屏，如图 4-22 所示。

⑬按下左侧 OK 按钮，进入 oil level display（机油位置显示），如图 4-23 所示。

⑭确保机罩打开，机油位置显示屏工作时，在 2s 内按两次速度控制取消按钮，如图 4-24 所示。

⑮信息中心显示维修模式下的实际机油位置，如图 4-25 所示。只有在启动并运行发动机 10min 后，才能关闭发动机，然后待机 10min，从机油位置显示屏上读取读数。如果需要，加注发动机机油。

图 4-21

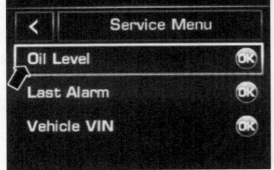

图 4-22

图 4-23

图 4-24

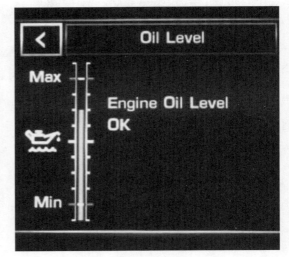

图 4-25

⑯将点火开关置于关闭位置。

⑰如果又加注了机油，等待 10min，使发动机机油位置稳定。注意：以下步骤的目的是更新平均机油油位值。

⑱在维修模式下，重复执行步骤⑧～⑭可进入机油油位显示。

⑲注意：在条形图上显示的实际油量将作为一个新值写入电子控制单元，如图 4-26

所示。按住速度控制取消按钮 5s 以上。信息中心显示当前的机油位置。注意：关闭发动机罩。

⑳将点火开关置于关闭位置。

㉑将点火开关置于打开位置。

㉒注意：以下步骤用于在客户模式下检查当前机油位置。按下左侧 OK 按钮访问仪表主菜单。

㉓按下左侧方向按钮并选择维护菜单。

㉔按下左侧 OK 按钮。

㉕按下左侧方向按钮并选择机油位置显示屏。

㉖按下左侧 OK（确定）按钮，然后按说明执行。注意：如果显示信息"Not available"（不可用），再等 10min，以便让机油油位稳定下来。确保平均机油油位值已得到更新。

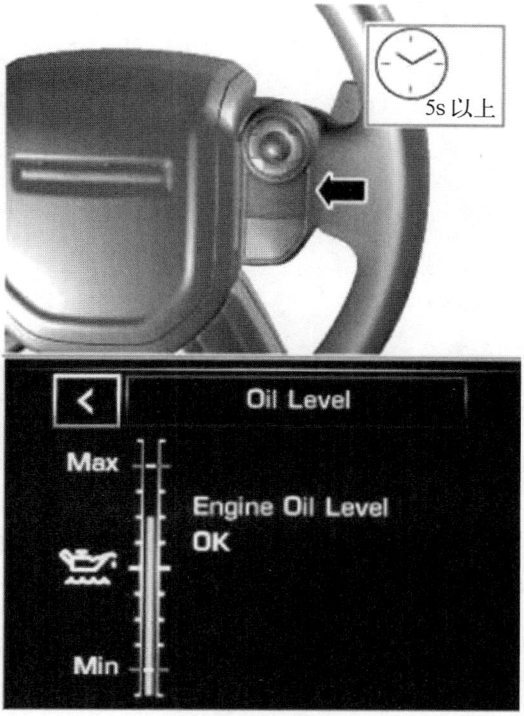

㉗安装车内装饰。

图 4-26

（二）车型②

·2017—2020 年路虎发现（L462）

3.0L S/C V6 汽油发动机机油排放和添加一般步骤：

警告：在操作该步骤时，不可避免会溅出热的发动机机油，务必小心避免烫伤。注意：各说明中可能会出现某些差异，但基本信息始终是正确的。

（1）警告：确保采用车轴支架支撑车辆。抬起并支撑车辆。

（2）启动发动机，并使其至少运行 5min。

（3）拆下发动机装饰罩，如图 4-27 所示。

（4）将机油滤清器壳体旋松 4 整圈，以从机油滤清器壳体排放机油，如图 4-28 所示。从机油滤清器滤芯壳排放发动机机油 2min。

（5）拆除发动机下挡板。

（6）警告：为收集漏出的机油做好准备。小心：排放发动机机油至少 10min。拧下如图 4-29 所示螺塞，让机油排空，弃用油底壳螺塞。

（7）安装一个新的油底壳螺塞，如图 4-30 所示。扭紧力矩：24N·m。

（8）安装发动机下挡板。

（9）拧下机油滤清器，如图 4-31 所示。警告：为收集漏出的机油做好准备。

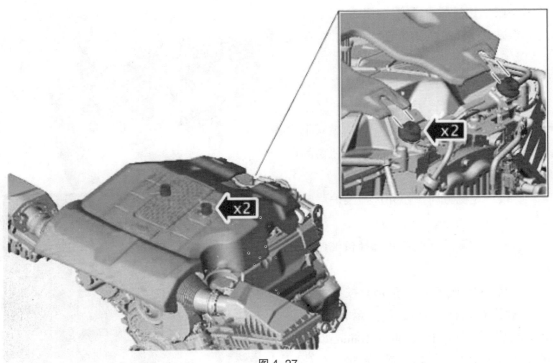

图 4-27

图 4-28

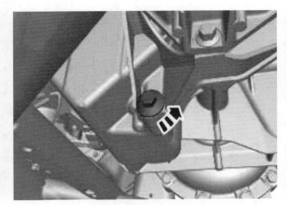

图 4-29

（10）拆下并弃用 O 形密封圈，如图 4-32 所示。拆除并弃用发动机机油滤清器。

（11）安装新的发动机机油滤清器。更换零部件：机油滤清器。安装新的 O 形密封圈，更换零部件：机油滤清器 O 形密封圈。使用干净的发动机机油润滑 O 形密封圈。

（12）小心：拧紧部件，首先用手指拧紧机油滤清器，然后用工具拧紧。扭紧力矩：25N・m。

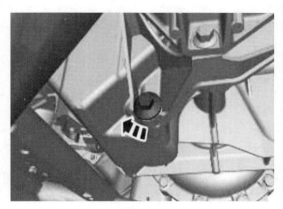

图 4-30

图 4-31

（13）卸下机油加油口盖。

（14）向发动机添加机油。允许静置5min。清理机油加注口盖区域任何残留的发动机机油。

（15）盖上加油口盖。

（16）启动发动机,并使其运行至少5min。检查是否泄漏。关闭发动机。等待10min,让发动机机油位置稳定下来。

（17）注意:请确保换挡杆和换挡装置位于驻车（P）位置。

图 4-32

①将点火开关置于打开位置。

②按下选择开关,以访问仪表菜单。选择"车辆信息"。

③选择"机油位置"。

④在 2s 内按速度控制取消按钮两次,将显示机油位置。

⑤如果需要,请加注机油。

⑥将点火开关置于关闭位置。

（18）安装发动机装饰罩。

二、自动变速器换油

（一）8HP45 8 速自动变速器（AWD 全驱）油液液位检查一般步骤

1. 专用工具（图 4-33）

307-452:扳手,变速器加油口塞。

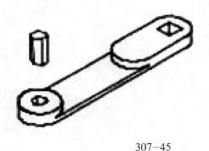

307-45

图 4-33

2. 检查

警告：当排放油液时，请特别小心，因为油液可能非常热。当在热的排气系统附近工作时，请特别小心。

（1）在开始自动变速器油液位检查之前，必须遵守下列步骤。车辆必须在水平面上。确保电动驻车制动器（EPB）已启用。确保变速器换挡旋钮（TCS）处于驻车挡（P）位置。

（2）抬起并支撑车辆。

（3）拆除 10 个螺栓，如图 4-34 所示。卸下变速器下挡板。

（4）卸下 2 个螺栓，卸下隔热板，如图 4-35 所示。

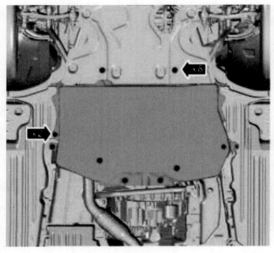

图 4-34

图 4-35

（5）降下车辆。

（6）小心：确保变速器不处于默认（保养）模式。在这种情况下，停止并首先纠正原因，然后执行油位检查程序。将 Jaguar Land Rover 认可的诊断设备连接至车辆。启动发动机并使其怠速。关闭空调（A/C）系统和其他电气部件。

（7）小心：在开始油位检查之前，使用 Jaguar Land Rover 认可的诊断设备，确保变速器温度介于 30~50℃之间。

①踩住制动踏板。

②选择倒车挡（R）并等待 10s。

③选择前进挡（D），然后换至手动 1 挡并等待 10s。

④选择 2 挡并等待 10s。

⑤选择 TCS 上的驻车挡（P）位置。

（8）将发动机转速提高至 2000r/min 并保持 30s。然后让其返回至怠速。

（9）使用 Jaguar Land Rover 认可的诊断设备，检查变速器油液温度。如果变速器油液温度低于 30℃，在发动机怠速运转并且变速器处于驻车挡（P）位置的情况下，让变速器预热至 30℃ 以上，然后执行变速器油位检查。如果变速器油液温度高于 50℃，则关闭发动机并让变速器冷却，然后重复步骤（7）和步骤（8）。

（10）抬起并支撑车辆。

（11）小心：发动机需要在变速器换挡旋钮（TCS）处于驻车挡（P）位置时怠速运转，以便纠正变速器油液位读数。只有在变速器温度处于 30~50℃ 之间的情况下才能继续油液液位检查。注意：使用合适的容器收集漏出的液体。拆下油液加注口塞，但请勿弃用，如图 4-36 所示。如果油液流出油液加注口，请转至步骤（14）。如果油液未流出油液加注口，请转至步骤（13）。

（12）使用推荐的自动变速器油加注变速器，直至油液流出油液加注孔，如图 4-37 所示。

（13）让变速器油从油液加注孔中排空，直到停止流出为止，如图 4-38 所示。

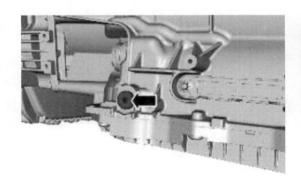

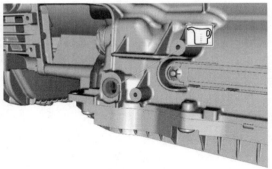

图 4-37

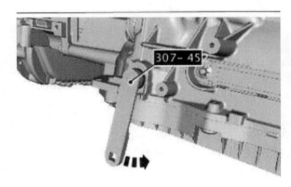

图 4-36

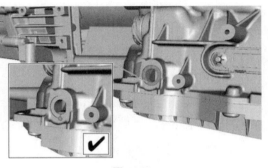

图 4-38

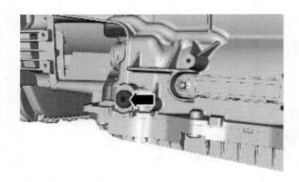

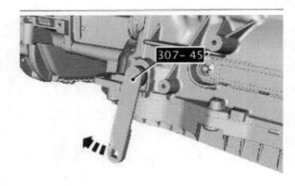

图 4-39

（14）注意：安装原来的油液加注口塞，使用专用工具，安装原来的油液加注口塞，如图 4-39 所示。

（15）小心：确保将变速器油液加注口塞拧紧至正确的规格，未遵守此说明可能造成变速器损坏，如图 4-40 所示。

为了确保将变速器油液加注口塞拧紧至正确的规格，请使用专用工具与扭矩扳手执行下列步骤：

步骤 1：将扭矩扳手（图 4-40 中 1）的有效长度乘以 35N·m。

步骤 2：将专用工具（图 4-40 中 2）的有效长度加上当前扭矩扳手的有效长度。

步骤 3：将步骤 1 的总和除以步骤 2 的总和。

步骤 4：将扭矩扳手设置为步骤 3 所得的商值。

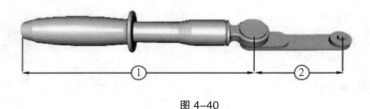

图 4-40

拧紧变速器油液加注口塞至计算得出的扭矩。

（16）拆除专用工具。

（17）清洁油液加注口塞周围区域，擦净多余的油液，并移除容器。

（18）安装隔热板。安装并拧紧 2 个螺栓。扭紧力矩：9N·m。

（19）安装变速器下挡板。安装并拧紧 10 个螺栓。扭紧力矩：M10 为 60N·m；M6 为 10N·m。

（20）降下车辆。

（21）断开 Jaguar Land Rover 认可的诊断设备。

（二）8HP70 8 速自动变速器（AWD 全驱）油液液位检查一般步骤

1. 专用工具（图 4-41）

307-452：扳手，变速器加油口塞。

2. 检查

警告：当排放油液时，请特别小心，因为油液可能非常热。当在热的排气系统附近工作时，请特别小心。

（1）在开始检查变速器油位之前，必须遵守下列步骤。

①车辆必须在水平面上。

②确保电子驻车制动系统（EPB）已启用。

③确保变速器换挡旋钮（TCS）处于驻车挡（P）位置。

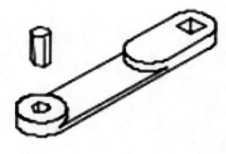

307—452

图4—41

（2）小心：在开始油位检查之前，使用 Jaguar Land Rover 认可的诊断设备，确保变速器温度介于30~50℃之间。

①将 Jaguar Land Rover（JLR）认可的诊断设备连接至车辆。

②启动发动机，让其怠速运转。

③关闭空调（A/C）系统和其他电气部件。

（3）确保变速器未处于默认模式；如果是这种情况，则停止操作，首先纠正原因，然后重新开始油位检查。

（4）小心：确保液压控制系统中充满了机油。

①踩住制动踏板。

②选择倒车挡并等待10s。

③选择前进挡，然后换至手动1挡并等待10s。

④选择2挡并等待10s。

⑤在变速器换挡旋钮（TCS）上选择驻车挡（P）。

（5）注意：确保变矩器中完全充满了变速器油。将发动机转速提高至2000r/min并保持30s，然后返回至怠速转速。

（6）注意：在完成准备工作后，执行实际的变速器液位检查。如果变速器油温度低于30℃。在发动机怠速运转并且变速器处于驻车挡（P）的情况下，让变速器预热至30℃以上，然后执行变速器油位检查。如果变速器油温度高于50℃，则关闭发动机并让变速器冷却，然后重新开始油位检查。

（7）小心：只有在变速器温度处于30~50℃之间的情况下才能继续油位检查。如果发动机当前尚未怠速运行，则启动发动机。保持发动机怠速转速。

（8）警告：确保采用车轴支架支撑车辆。抬起并支撑车辆。

（9）拆下如图4-42所示螺栓。

（10）拆下如图4-43所示螺栓。

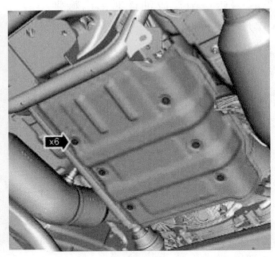

图4-42

图4-43

（11）拆下机油加注口塞，但请勿弃用，如图4-44所示。如果油液流出，请转至步骤（13）。如果油液未流出，请转至步骤（12）。

（12）小心：请确保使用正确规格和容量的机油。注意：使用符合 Land Rover 规格的变速器油。通过溢流孔，直至内部油位高得足以让机油开始从相同的孔缓缓流出，如图4-45所示。

（13）让变速器油液从变速器加注孔中排出，直至流动几乎为滴流为止，如图4-46

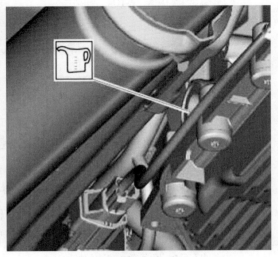

图4-44

图4-45

所示。

（14）注意：安装原来的机油加注口塞，如图4-47所示。使用专用工具，安装原来的机油加注口塞。专用工具：307-452。

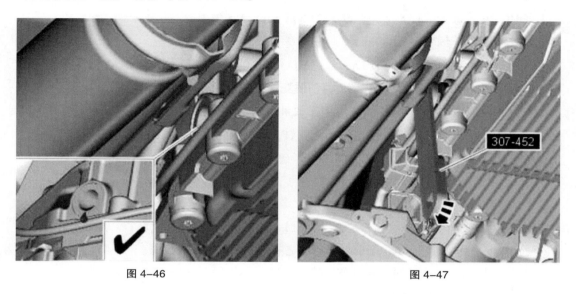

图 4-46   图 4-47

（15）小心：确保将变速器加油塞紧固至正确的规格。未能遵守此说明可能会造成变速器损坏。

要确保将变速器加油塞紧固至正确的规格。使用专用工具和扭矩扳手时必须遵照以下计算步骤。

步骤1：将扭矩扳手（图4-48中1）的有效长度乘以35N·m。

步骤2：将专用工具（图4-48中2）的有效长度加上当前扭矩扳手的有效长度。

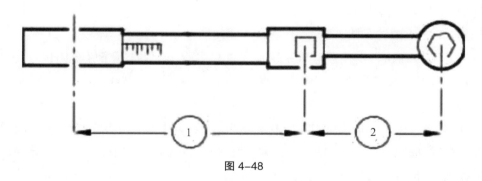

图 4-48

步骤3：将步骤1的总和除以步骤2的总和。

步骤4：将扭矩扳手设置为步骤3所得的商值。

拧紧变速器加油塞至计算得出的扭矩。

（16）拆除专用工具。专用工具：307-452。

（17）清洁加油塞周围区域，擦净多余的油液，并移除容器。

（18）安装发动机下挡板。

（19）安装螺栓。拧紧力矩：M10为60N·m，M6为10N·m。

（20）降下车辆。

（21）从车辆上断开Jaguar Land Rover认可的诊断设备。

（三）9HP48 9速自动变速器/驱动桥变速器液位检查一般步骤

警告：准备好收集漏出的液体。当排放油液时，请特别小心，因为油液可能非常热。在此操作过程中，车辆必须处于水平状态。注意：各说明中可能会出现某些差异，但基本信息始终是正确的。

（1）警告：确保采用车轴支架支撑车辆。抬起并支撑车辆。

（2）拆下左前车轮和轮胎。

（3）小心：在开始油位检查之前，使用Land Rover认可的诊断设备，确保变速器温度介于35~45℃之间。在开始检查变速器油位之前，必须遵守下列步骤。

①将Land Rover认可的诊断设备连接至车辆。通用设备：Land Rover诊断设备。

②启动发动机，让其怠速运转。

③关闭空调（A/C）系统和其他电气部件。

（4）确保变速器未处于默认模式。如果是这种情况，则停止操作，首先纠正原因，然后重新开始油位检查。

（5）小心：确保液压控制系统中充满了机油。

①踩住制动踏板。

②选择倒车挡并等待10s。

③选择前进挡，然后换至手动1挡并等待10s。

④选择2挡并等待10s。

⑤选择TCS上的驻车挡（P）。

（6）小心：在执行变速器液压系统加注过程之前，确保选择了驻车挡位置。注意：确保变速器的液压系统完全注满机油。将发动机转速提高至2000r/min并保持30s，然后返回至怠速转速。

（7）注意：在完成准备工作后，执行实际的变速器油位检查。当变速器油温度低于35℃。在发动机怠速运转并且变速器处于驻车挡（P）位置的情况下，让变速器预热至35℃以上，然后执行变速器油位检查。如果变速器油温度高于45℃，则关闭发动机并让变速器冷却，然后重新开始油位检查。

（8）小心：只有在变速器温度处于35~45℃之间的情况下才能继续油位检查。如果发动机当前尚未怠速运行，则启动发动机。保持发动机怠速转速。

（9）拆下发动机下挡板。

（10）小心：将液体排放到一个合适的容器中。拆下变速器油液位塞，不要丢弃，如图 4-49 所示。

（11）小心：变速器油温度不得超过 45℃。注意：当发动机运转时，少量的自动变速器油应从变速器油液位塞孔中以涓流流出，如图 4-50 所示。如果油液流出，则转至步骤（13）。如果油液未流出，则转至步骤（12）。

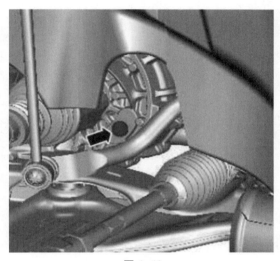
图 4-49

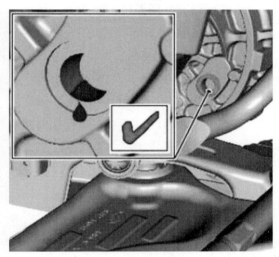
图 4-50

（12）如果变速器油不从变速器液位塞孔中流出，则变速器油油位不足。在这种情况下，使用合适的注油器将 100mL 的变速器油添加到变速器油液位塞孔中，如图 4-51 所示。通用设备：注油器。使变速器油从变速器油液位塞孔中排出，直至液流几乎停止而成为涓流。

（13）安装原装的变速器油液位塞。扭紧力矩：35N·m。

（14）关闭发动机。

（15）拿走容器。

（16）安装发动机下挡板。

（17）安装左前车轮和轮胎。

（18）从车辆上断开 Land Rover 认可的诊断设备。

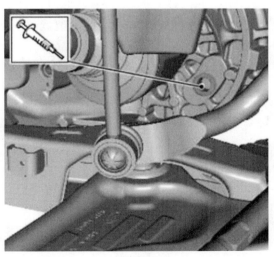
图 4-51

三、路虎车型保养间隔手动复位

（一）车型

· Range Rover Sport L494，2014—2019 年

· Range Rover L405，2014—2019 年

· Discovery 4 L319，2014—2017 年

· 奇瑞路虎极光（L538），2015—2019 年

· 奇瑞路虎发现神行（L550），2016—2019 年

· 路虎星脉（L560），2016—2019 年

· 路虎发现（L462），2016—2019 年

· Defender（L316），2014—2019 年

（二）方法

新款车辆可以用原厂设备执行保养间隔复位，也可以用手动方式复位。手动方式进行保养间隔复位的步骤如下：

（1）将点火开关置于打开位置。

（2）打开发动机罩。

（3）打开驾驶侧车门。

（4）注意：维修重置信息将显示在组合仪表上。完全踩下加速踏板和制动踏板并保持 60s。

（5）将点火开关置于关闭位置。

（6）将点火开关置于 ON（打开）位置，然后检查保养提示信息是否已清除。

（7）如果信息未消失，请重复此过程。

四、路虎车系换油规格（表 4-1）

表4-1

项目／车型	车款	发动机型号	排量	发动机机油量（维修注油加注与滤清器更换）(L)	发动机机油量（干式加注、包括滤清器）(L)	发动机机油型号	变速器容量(L)	自动变速器型号	变速器油型号	分动箱型号	分动箱容量	分动箱油型号
揽胜（L405）混动	2013—2016年	TDV6 3.0L柴油机（配备柴油颗粒过滤器）	3.0D	6.0	6.66	符合Jaguar Land Rover规格STJLR.03.5005或WSS-M2C934-B的SAE 5W-30，如果无法获得，则可使用符合ACEA C2规格的SAE 5W-30	8.5	自动变速器／驱动桥：8HP70 8速自动变速器（AWD-全驱）	Shell L12108（ZF Lifeguard 8）	分动箱-车辆配备：单速分动箱	0.75 L（1.3品脱）（0.8美制夸脱）	Castrol BOT850
揽胜P400e（L405）	2018—2019年	PT204	2.0T	7.0		符合Jaguar Land Rover规格STJLR.03.5006或STJLR.51.5122的SAE 0W-20	8.5	自动变速器／驱动桥：8HP70 8速自动变速器（AWD-全驱）	Shell L12108（ZF Lifeguard 8）	分动箱-车辆配备：单速分动箱	0.75 L（1.3品脱）（0.8美制夸脱）	Castrol BOT850
揽胜3.0 V6 SC（L405）	2014—2019年	306PS	3.0T	8.0		SAE 0W-20，符合Jaguar Land Rover规格STJLR.51.5122	8.5	自动变速器／驱动桥：8HP70 8速自动变速器（AWD-全驱）	Shell L12108（ZF Lifeguard 8）	分动箱-车辆配备：单速分动箱	0.75L（1.3品脱）（0.8美制夸脱）	Castrol BOT850
揽胜5.0 V8 SC（L405）	2014—2019年	508PS	5.0T	8.0		符合Jaguar Land Rover规格STJLR.03.5006或STJLR.51.5122的SAE 0W-20	8.5	自动变速器／驱动桥：8HP70 8速自动变速器（AWD-全驱）	Shell L12108（ZF Lifeguard 8）	分动箱-车辆配备：单速分动箱	0.75L（1.3品脱）（0.8美制夸脱）	Castrol BOT850
揽胜2.0GTDi（L405）	2016年	2.0GTDi	2.0T	5.4		符合Jaguar Land Rover规格STJLR.03.5003或WSS-M2C913-C的SAE 5W-30，如果无法获得，则可使用符合ACEA A5/B5规格的SAE 5W-30	8.5	自动变速器／驱动桥：8HP70 8速自动变速器（AWD-全驱）	Shell L12108（ZF Lifeguard 8）	分动箱-车辆配备：单速分动箱	0.75 L（1.3品脱）（0.8美制夸脱）	Castrol BOT850
揽胜运动2.0GTDi HSE（L494）	2016年	2.0GTDi	2.0T	5.4		符合Jaguar Land Rover规格STJLR.03.5003或WSS-M2C913-C的SAE 5W-30，如果无法获得，则可使用符合ACEA A5/B5规格的SAE 5W-30	8.5	自动变速器／驱动桥：8HP70 8速自动变速器（AWD-全驱）	Shell L12108（ZF Lifeguard 8）	分动箱-车辆配备：单速分动箱	0.75 L（1.3品脱）（0.8美制夸脱）	Castrol BOT850
揽胜运动3.0 SDV6 HSE（L494）	2015—2016年	3.0 SDV6	3.0D	6.0		符合Jaguar Land Rover规格STJLR.03.5005或WSS-M2C934-B的SAE 5W-30，如果无法获得，则可使用符合ACEA C2规格的SAE 5W-30	8.5	自动变速器／驱动桥：8HP70 8速自动变速器（AWD-全驱）	Shell L12108（ZF Lifeguard 8）	分动箱-车辆配备：单速分动箱	0.75L（1.3品脱）（0.8美制夸脱）	Castrol BOT850

项目\车型	年款	发动机型号	排量	发动机机油量（维修机油注入与滤清器更换）（L）	发动机机油量（干式加注，包括滤清器）（L）	发动机机油型号	自动变速器型号	变速器容量（L）	变速器油型号	分动箱型号	分动箱容量	分动箱油型号
揽胜运动3.0 SDV6 HSE屋冠版（L494）	2015—2016年	3.0 SDV6	3.0D	6.0		符合Jaguar Land Rover规格STJLR.03.5005或WSS-M2C934-B的SAE 5W-30。如果无法获得，则可使用符合ACEA C2规格的SAE 5W-30	自动变速器/驱动桥-车辆配备：8HP70 8速自动变速器（AWD-全驱）	8.5	Shell L12108（ZF Lifeguard 8）	分动箱-车辆配备：单速分动箱	0.75l（1.3品脱）（0.8美制夸脱）	Castrol BOT850
揽胜运动P400e（L494）	2018—2019年	PT204	2.0T	7.0		符合Jaguar Land Rover规格STJLR.03.5006或STJLR.51.5122的SAE 0W-20	自动变速器/驱动桥-车辆配备：8HP70 8速自动变速器（AWD-全驱）	8.5	Shell L12108（ZF Lifeguard 8）	分动箱-车辆配备：单速分动箱	0.7L（1.3品脱）（0.8美制夸脱）	Castrol BOT850
揽胜运动3.0 V6 SC（L494）	2014—2019年	306PS	3.0T	8.0		SAE 0W-20，符合Jaguar Land Rover规格STJLR.51.5122	自动变速器/驱动桥-车辆配备：8HP70 8速自动变速器（AWD-全驱）	8.5	Shell L12108（ZF Lifeguard 8）	分动箱-车辆配备：单速分动箱	0.75 L（1.3品脱）（0.8美制夸脱）	Castrol BOT850
揽胜运动5.0 V8 SVR（L494）	2014—2019年	508PS	5.0T	8.0		符合Jaguar Land Rover规格STJLR.03.5006或STJLR.51.5122的SAE 0W-20	自动变速器/驱动桥-车辆配备：8HP70 8速自动变速器（AWD-全驱）	8.5	Shell L12108（ZF Lifeguard 8）	分动箱-车辆配备：单速分动箱	0.75 L（1.3品脱）（0.8美制夸脱）	Castrol BOT850
揽胜星脉P250S（L560）	2017—2018年	PT204	2.0T	7.0		符合Jaguar Land Rover规格STJLR.03.5006或STJLR.51.5122的SAE 0W-20	自动变速器/驱动桥-车辆配备：8HP70-45 8速自动变速器	8.5	Shell L12108（ZF Lifeguard 8）	分动箱-车辆配备：单速分动箱	0.75 L（1.3品脱）（0.8美制夸脱）	Castrol BOT850
揽胜星脉P300（L560）	2017—2018年	PT204	2.0T	7.0		符合Jaguar Land Rover规格STJLR.03.5006或STJLR.51.5122的SAE 0W-20	自动变速器/驱动桥-车辆配备：8HP70-458速自动变速器	8.5	Shell L12108（ZF Lifeguard 8）	分动箱-车辆配备：单速分动箱	0.75 L（1.3品脱）（0.8美制夸脱）	Castrol BOT850
揽胜星脉P380（L560）	2017—2018年	306PS	3.0T	6.5		SAE 0W-20，符合Jaguar Land Rover规格STJLR.51.5122	自动变速器/驱动桥-车辆配备：8HP70-458速自动变速器	8.5	Shell L12108（ZF Lifeguard 8）	分动箱-车辆配备：单速分动箱	0.75 L（1.3品脱）（0.8美制夸脱）	Castrol BOT850
揽胜星脉250PS（L560）	2019年以后	PT204	2.0T	7.0		符合Jaguar Land Rover规格STJLR.03.5006或STJLR.51.5122的SAE 0W-20	自动变速器/驱动桥-车辆配备：8HP70-458速自动变速器	8.5	Shell L12108（ZF Lifeguard 8）	分动箱-车辆配备：单速分动箱	0.75 L（1.3品脱）（0.8美制夸脱）	Castrol BOT850
揽胜星脉300PS（L560）	2019年以后	PT204	2.0T	7.0		符合Jaguar Land Rover规格STJLR.03.5006或STJLR.51.5122的SAE 0W-20	自动变速器/驱动桥-车辆配备：8HP70-458速自动变速器	8.5	Shell L12108（ZF Lifeguard 8）	分动箱-车辆配备：单速分动箱	0.75 L（1.3品脱）（0.8美制夸脱）	Castrol BOT850

车型\项目	车款	发动机型号	排量	发动机机油量（维修加油加注与滤清器更换）(L)	发动机机油量（干式加注，包括滤清器）(L)	发动机机油型号	自动变速器型号	变速器容量（L）	变速器油型号	分动箱型号	分动箱容量	分动箱油型号
揽胜星脉380PS（L560）	2019年以后	306PS	3.0T	6.5		SAE 0W-20，符合Jaguar Land Rover 规格 STJLR.51.5122	自动变速器/驱动桥-车辆配备：8HP70-458 速自动变速器	8.5	Shell L12108（ZF Lifeguard 8）	分动箱-车辆配备：单速分动箱	0.75 L（1.3品脱）（0.8美制夸脱）	Castrol BOT850
奇瑞揽胜极光2.0T（CV）L538	2015—2017年	2.0GTDi	2.0T	5.4		符合Jaguar Land Rover 规格STJLR.03.5003的SAE 5W30	9HP48 9 速变速器	6.5	Shell L12108（ZF Lifeguard 8）	配备主动传动系统零件号LR019727，未配备主动传动系统零件号LR052059	配备主动传动系统0.40 未配备主动传动系统0.45	BOT 720 PLUS 75W-90
奇瑞揽胜极光200PS（CV）L538	2018—2019年	PT204	2.0T	7.0		符合Jaguar Land Rover 规格 STJLR.03.5006 或 STJLR.51.5122 的 SAE 0W-20	9HP48 9 速变速器	6.5	Shell L12108（ZF Lifeguard 8）	配备主动传动系统零件号LR019727，未配备主动传动系统零件号LR052059	配备主动传动系统0.40 未配备主动传动系统0.45	BOT 720 PLUS 75W-90
奇瑞揽胜极光240PS（CV）L538	2018—2019年	PT204	2.0T	7.0		符合Jaguar Land Rover 规格 STJLR.03.5006 或 STJLR.51.5122 的 SAE 0W-20	9HP48 9 速变速器	6.5	Shell L12108（ZF Lifeguard 8）	配备主动传动系统零件号LR019727，未配备主动传动系统零件号LR052059	配备主动传动系统0.40，未配备主动传动系统0.45	BOT 720 PLUS 75W-90
奇瑞发现神行2.0T（CC）L550	2015—2017年	2.0GTDi	2.0T	7.02			9HP48 9 速变速器	6.5	Shell L12108（ZF Lifeguard 8）	配备主动传动系统零件号LR019727，未配备主动传动系统零件号LR052059	配备主动传动系统0.40，未配备主动传动系统0.45	BOT 720 PLUS 75W-90

车型＼项目	年款	发动机型号	排量	发动机机油量（维修加注与滤清器更换）(L)	发动机机油量（干式加注，包括滤清器）(L)	发动机机油型号	自动变速器型号	变速器容量（L）	变速器油型号	分动箱型号	分动箱油容量	分动箱油型号
奇瑞发现神行200PS（CD）L550	2018—2019年	2.0 柴油	2.0T	7.02		SAE 0W20 STJLR 03.5006 或 STJLR.51.5122	9HP48 9 速变速器	6.5	Shell L12108（ZF Lifeguard 8）	配备主动传动系统零件号LR019727，未配备主动传动系统零件号LR052059	配备主动传动系统0.40，未配备主动传动系统0.45	BOT 720 PLUS 75W~90
奇瑞发现神行240PS（CC）L550	2018—2019年	PT204	2.0T	7.02			9HP48 9 速变速器	6.5	Shell L12108（ZF Lifeguard 8）	配备主动传动系统零件号LR019727，未配备主动传动系统零件号LR052059	配备主动传动系统0.40，未配备主动传动系统0.45	BOT 720 PLUS 75W~90
发现2.0T（L462）	2018—2019年	PT204	2.0T	7.02		规格 STJLR.51.5122 的 SAE 0W-20 发动机机油	ZF 8HP70 变速器	8.5	Shell L12108（ZF Lifeguard 8）	DD295	1.5	Shell TF0753
发现3.0 V6（L462）	2017—2019年	306PS	3.0T	8.0		规格 STJLR.51.5122 的 SAE 0W-20 发动机机油	ZF 8HP70 变速器	8.5	Shell L12108（ZF Lifeguard 8）	DD295	1.5	Shell TF0753

第五章　捷豹车系

一、无机油尺发动机机油油位检查方法

（一）车型①

2018—2020 年捷豹 XE

2014—2020 年捷豹 XF

2017—2020 年捷豹 F-PACE

3.0L S/C 汽油发动机油液排放和添加一般步骤：

1. 泄放

警告：在操作该步骤时，不可避免会溅出热的发动机机油，务必小心避免烫伤。小心：要正确安装机油加注口盖，需拧紧盖子直至达到硬性止动为止。注意：拆卸之前，请清洁部件外部。发动机机油真空排放和填充是在定期保养期间发动机机油更换的推荐程序。使用此方法来计算定期保养工时。

（1）小心：确保发动机是热机。启动发动机并让其运转 10min，然后关闭发动机。

（2）拆卸车内装饰。

（3）拧下发动机机油盖，如图 5-1 所示。

（4）注意：从机油滤清器壳体排放发动机机油 10min，如图 5-2 所示。

（5）小心：拆下并弃用 O 形密封圈，如图 5-3 所示。

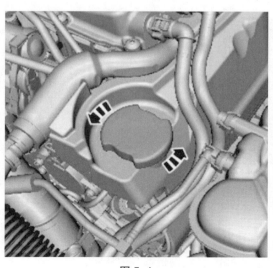

图 5-1

图 5-2

（6）小心：拆下并弃用机油滤清器滤芯，如图 5-4 所示。

图 5-3　　　　　　　　　　　　　　图 5-4

（7）警告：切勿在仅靠一个千斤顶支撑的车上或车下工作。始终将车辆支撑在安全台架上。抬起并支撑车辆。

（8）拆卸空气导流板。

（9）小心：为收集漏出的机油做好准备。排放发动机机油至少 10min。注意：弃用密封垫圈，如图 5-5 所示。

2. 加注

（1）小心：确保该部件周围的区域干净且没有杂质。注意：安装一个新的油封垫圈，如图 5-6 所示。更换零部件：油底壳放油塞密封件。扭紧力矩：24N·m。

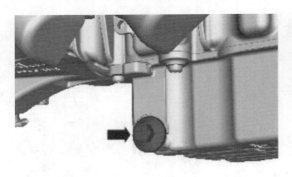

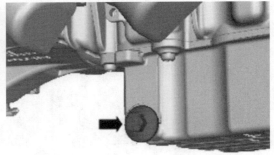

图 5-5　　　　　　　　　　　　　　图 5-6

（2）注意：安装新的 O 形密封圈。使用干净的发动机机油润滑 O 形密封圈，如图 5-7 所示。

（3）小心：拧紧部件，首先用手指拧紧，如图 5-8 所示。扭紧力矩：25N·m。

（4）给发动机加注机油。清理机油加注口盖区域任何残留的发动机机油。

图 5-7

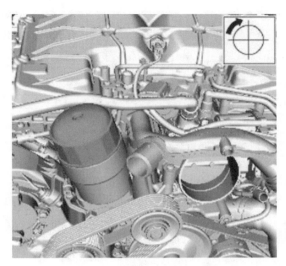

图 5-8

（5）拧上发动机机油盖，如图5-9所示。

（6）小心：确保在加注机油后将车辆放置10min，并确保发动机机油位置读数至少达到最低位置。启动发动机前请执行步骤（10）~（16）。

（7）启动发动机并让其运转10min，然后关闭发动机。检查是否泄漏。等待10min，让发动机机油位置稳定下来。

（8）安装空气导流板。

（9）小心：请确保换挡杆和换挡装置位于驻车（P）位置。确保机罩打开。打开点火开关。

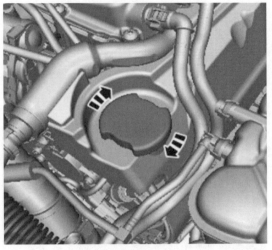

图 5-9

（10）按下菜单按钮进入主菜单显示屏，如图5-10所示。

（11）向下滚动菜单至车辆信息选项，如图5-11所示。

（12）按下菜单按钮进入车辆信息显示屏，如图5-12所示。

（13）向下滚动菜单至机油油位选项，如图5-13所示。

（14）按下菜单按钮进入机油油位显示屏，如图5-14所示。如果发动机机油位置不可得，则需要更新机油位置值。

（15）按两次"巡航控制取消"按钮，更新机油位置值，如图5-15所示。检查机油位置显示屏显示机油位置读数。视需要，加注发动机机油。

（16）如果又加注了机油，等待10min，使发动机机油位置稳定。重复步骤（9）~（17）。确保平均机油位置值已得到更新，如图5-16所示。

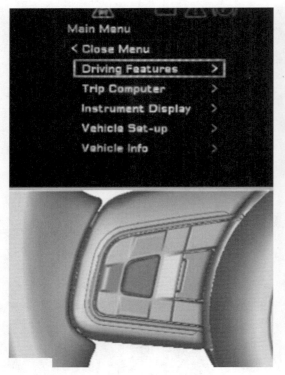

图 5-10

图 5-11

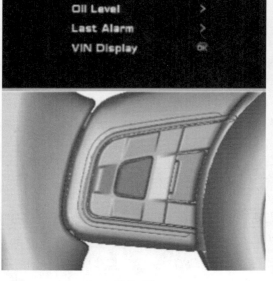

图 5-12

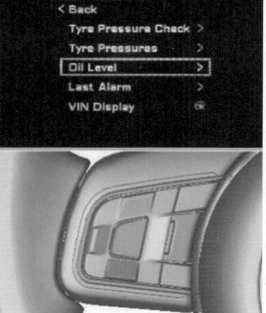

图 5-13

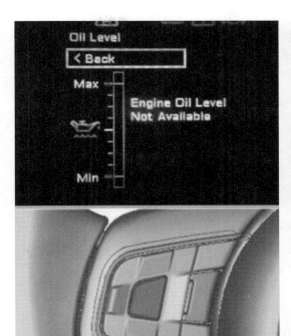

图 5-14

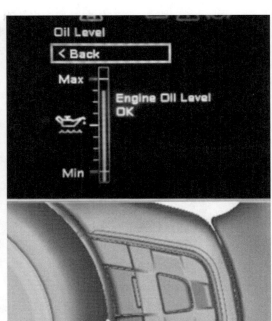

图 5-15

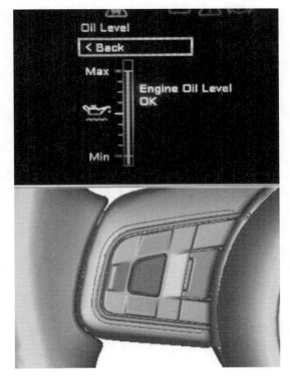

图 5-16

（17）关闭点火开关。

（18）安装车内装饰。

（二）车型②

· 2013—2019 年捷豹 XJL 3.0 SC

· 2013 年捷豹 XJL 5.0 SC

发动机油液排放和添加一般步骤：

1. 泄放

警告：在操作该步骤时，不可避免会溅出热的发动机机油，务必小心避免烫伤。

小心：要正确安装机油加注口盖，需拧紧盖子直至达到硬性止动为止。注意：拆卸之前，请清洁部件外部。各图示中可能存在某些差异，但基本信息始终是正确的。

（1）小心：确保发动机是热机。启动发动机并让其运转 10min，然后关闭发动机。

（2）拧下如图 5-17 所示的发动机机油盖。

（3）拆下车内饰板。

（4）松开滤芯盖板 4 整圈（如图 5-18 所示），让发动机机油从滤清器盖板处排出。确保露出 O 形密封圈。

图 5-17   图 5-18

（5）注意：从机油滤清器壳体排放发动机机油 10min。

（6）注意：卸下并丢弃 O 形密封圈，如图 5-19 所示。

（7）卸下并丢弃机油滤清器滤芯，如图 5-20 所示。

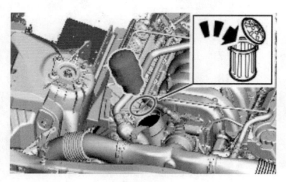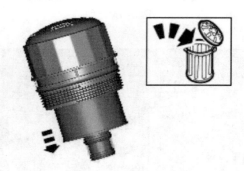

图 5-19   图 5-20

（8）警告：当车辆仅由千斤顶支撑时，不要在车上或车底下开展工作。始终将车辆支撑在安全台架上。举升并支撑好车辆。

（9）拆下空气导流板。

（10）小心：为收集漏出的机油做好准备。排放发动机机油至少 10min。注意：弃用密封垫圈，如图 5-21 所示。

2. 加注

（1）小心：确保部件周围的区域干净且没有杂质。注意：安装一个新的密封垫圈，如图 5-22 所示。扭紧力矩：24N·m。

（2）安装空气导流板。

图 5-21

图 5-22

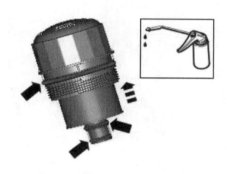

图 5-23

图 5-24

图 5-25

（3）注意：安装新的 O 形密封圈，如图 5-23 所示。使用干净的发动机机油润滑机油滤清器滤芯 O 形密封圈。

（4）小心：拧紧如图 5-24 所示的部件，首先用手指拧紧。扭紧力矩：25N·m。

（5）小心：在启动发动机前，确保在加注机油后车辆放置 5 min，并且发动机机油油位至少达到最低油位，通过执行步骤（9）~（16）实现。给发动机加注机油——对于未配备机械增压器的车辆的加注值；给发动机加注机油——对于配备机械增压器的车辆的加注值。清理机油加注口盖区域任何残留的发动机机油。

（6）安装发动机机油盖，如图 5-25 所示。

（7）小心：确保车辆在加注机油后已放置 5min。启动发动机前请执行步骤（9）~（16）。

（8）启动发动机并让其运转 10min，然后关闭发动机。检查是否有泄漏现象。

（9）小心：确保换挡杆和换挡机构处于驻车挡（P挡）。确保机罩打开。打开点火开关。

（10）按右侧的方向按钮，进入组合仪表菜单，如图 5-26 所示。

（11）按下右侧的 OK（确定）按钮，如图 5-27 所示。

（12）按右侧的方向按钮，进入 Oil Level Display（机油油位显示），如图 5-28 所示。

（13）按下右侧的 OK（确定）按钮，然后按说明执行，如图 5-29 所示。

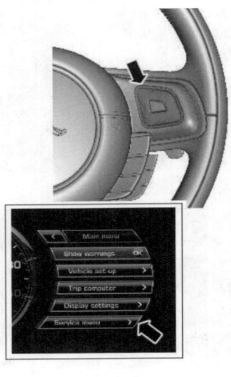

图 5-26

图 5-27

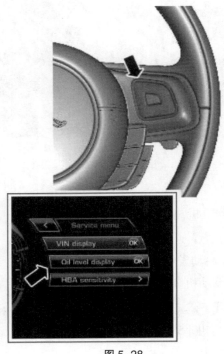

图 5-28

图 5-29

（14）在 2s 内按巡航取消按钮两次，如图 5-30 所示。

（15）信息中心显示将会返回到行车计算机中的常规显示屏幕。按下右侧的 OK

图 5-30   图 5-31

（确定）按钮，然后按说明执行，如图 5-31 所示。检查机油油位显示屏显示机油油位读数。只有在启动并运行发动机 10min 后，才能关闭发动机，然后待机 10min，从机油油位显示屏上读取读数，如果需要，加注发动机机油。

（16）注意：如果在上一步骤中指示需执行步骤（9）~（16），则返回步骤（8），继续执行其程序。关闭点火开关。

（17）如果又加注了机油，等待 10min，使发动机机油油位稳定。

（18）注意：以下步骤的目的是更新平均机油油位值。打开点火开关。按住巡航控制取消按钮 2s 以上，见图 5-30。

（19）信息中心显示将会返回到行车计算机中的常规显示屏幕。

（20）关闭点火开关。

（21）打开点火开关。

（22）按右侧的方向按钮，进入组合仪表菜单，见图 5-26。

（23）按下右侧的 OK（确定）按钮，见图 5-27。

（24）按右侧的方向按钮，进入 Oil Level Display（机油油位显示），见图 5-28。

（25）按下右侧的 OK（确定）按钮，然后按说明执行，见图 5-31。确保平均机油油位值已得到更新。

（26）安装发动机盖。

（三）车型③

- 2013—2020 年 F–TYPE 3.0 SC
- 2016—2020 年 F–TYPE 5.0 SC
- 2019—2020 年 F–PACE 5.0 SC
- 2018—2020 年 XE 5.0 SC

发动机油液排放和添加一般步骤：

1. 泄放

警告：在操作该步骤时，不可避免会溅出热的发动机机油，务必小心避免烫伤。注意：拆卸之前，请清洁部件外部。各说明中可能会出现某些差异，但基本信息始终是正确的。发动机机油真空排放和填充是在定期保养期间发动机机油更换的推荐程序。使用此方法来计算定期保养工时。

（1）小心：确保发动机是热机。启动发动机并让其运转 10min，然后关闭发动机。

（2）拧下发动机机油盖，如图 5–32 所示。

（3）拆下车内装饰。

（4）拧松燃油滤清器部件盖，完整地转动 4 圈，以便从滤芯盖排空发动机机油，如图 5–33 所示。确保露出 O 形密封圈。

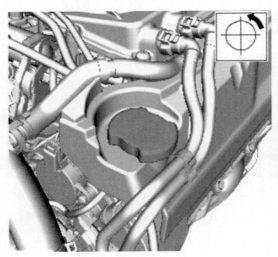

图 5–32

图 5–33

（5）注意：从机油滤清器壳体排放发动机机油 10min。拆下并弃用 O 形密封圈，如图 5–34 所示。放好抹布，以收集溢出的油液，确保不会接触到附件传动带。

（6）拆下并弃用机油滤清器滤芯，如图 5–35 所示。

（7）警告：切勿在仅靠一个千斤顶支撑的车上或车下工作。始终将车辆支撑在安全台架上。抬起并支撑车辆。

（8）拆下发动机下挡板。

图 5-34

图 5-35

（9）小心：为收集漏出的机油做好准备。排放发动机机油至少 10min。注意：弃用油底壳螺塞，如图 5-36 所示。

2. 加注

（1）小心：确保该部件周围的区域干净且没有杂质。注意：安装一个新的油底壳螺塞，如图 5-37 所示。更换零部件：机油盘放油塞，数量 1 个。扭紧力矩：24N·m。

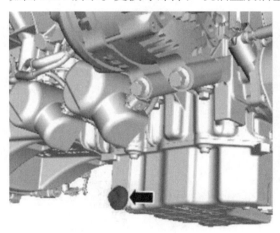

图 5-36

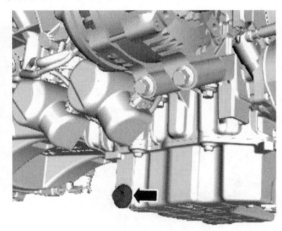

图 5-37

（2）安装发动机下挡板。

（3）注意：安装新的 O 形密封圈，如图 5-38 所示。使用干净机油润滑机油滤清器滤芯元件 O 形密封圈。更换零部件：机油滤清器 O 形密封圈，数量 1 个。更换零部件：机油滤清器，数量 1 个。

（4）小心：拧紧部件，首先用手指拧紧，如图 5-39 所示。扭紧力矩：25N·m。

（5）小心：在启动发动机前，确保在加注机油后车辆放置 5min，并且发动机机油位置至少达到最低油位。要检查发动机机油油位，请执行步骤（9）~（13）。向发动机添加机油。清理机油加注口盖区域任何残留的发动机机油。

图 5-38

图 5-39

（6）小心：要正确安装机油加注口盖，需拧紧盖子直至达到硬性止动为止，如图 5-40 所示。

（7）小心：确保车辆在加注机油后已放置 5min。启动发动机前，请执行步骤（9）~（13）。

（8）启动发动机并让其运转 10min，然后关闭发动机，检查是否泄漏。

（9）小心：确保车辆停泊在水平地面上。请确保换挡杆和换挡装置位于驻车（P）位置。确保机罩打开。注意：发动机关闭后等待 10min，使发动机机油油位稳定下来。打开点火开关。

（10）滚动浏览信息中心，进入发动机机油油位显示屏，如图 5-41 所示。

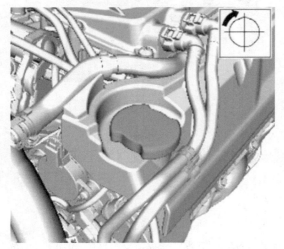

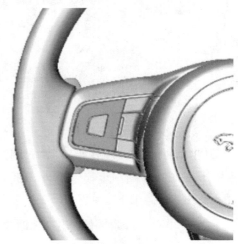

图 5-40

图 5-41

（11）在 2s 内按巡航取消按钮两次，如图 5-42 所示。

（12）该显示屏现在是发动机机油油位的实时读数，如图 5-43 所示。必要时，从油位显示屏上读取读数，按说明加注机油。

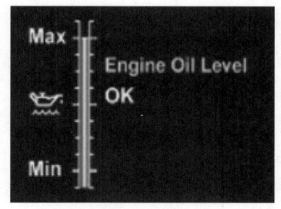

图 5-42   图 5-43

（13）注意：如果在上一步骤中指示需执行步骤（9）~（13），则返回步骤（8），继续执行其程序。关闭点火开关。

（14）如果又加注了机油，等待 10min，使发动机机油位置稳定。打开点火开关，按住巡航控制取消按钮 5s 以上。

（15）注意：以下步骤的目的是更新平均机油油位值。打开点火开关，按住巡航控制取消按钮 5s 以上。

（16）关闭点火开关。

（17）打开点火开关。

（18）滚动浏览旅程菜单，进入发动机机油油位显示屏，确保平均机油位置值已得到更新。

（19）安装车内装饰。

二、自动变速器换油

（一）9HP48 自动变速器油排放和重新加注一般步骤

警告：准备好收集漏出的液体。当排放油液时，请特别小心，因为油液可能非常热。
小心：确保该部件周围的区域干净且没有杂质。在此操作过程中，车辆必须处于水平状态。断开任何部件的连接之前，确保该区域洁净且无异物。断开连接时，所有开口必须进行密封。注意：本程序的插图中包括某些差异，具体取决于车辆规格，但基本信息始终是正确的。本程序的插图中某些部件未显示，以获得更清晰的视图。

（1）在开始变速器排放和重新加注之前，必须遵守下列步骤。

①确保电子驻车制动系统（EPB）已启用。

②确保变速器换挡旋钮（TCS）处于驻车挡（P）位置。

③不要启动发动机。

（2）以合适的二柱举升机升起并支撑车辆。

（3）拆下左前车轮和轮胎。

（4）拆下空气导流板。

（5）小心：环境温度应不低于20℃。拆下并丢弃排放塞并排放油液，直到流动停止，如图5-44所示。

（6）安装一个新的油排放塞。扭紧力矩：35N·m。

（7）拆下变速器油液位塞，不要丢弃，如图5-45所示。

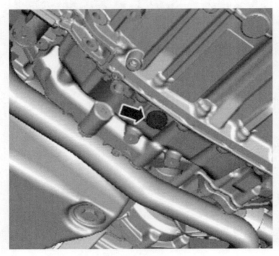

图5-44

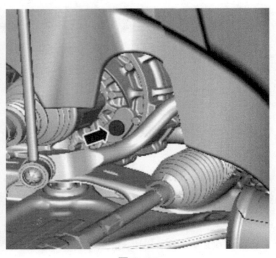

图5-45

（8）使用合适的注油器，通过变速器油液位塞孔向变速器中加注3.5L正确规格的油液，如图5-46所示。通用设备：注油器。使变速器油从变速器油液位塞孔中排出，直至液流几乎停止而成为涓流。

（9）安装原装的变速器油液位塞。扭紧力矩：35N·m。

（10）小心：在开始油位检查之前，使用Jaguar认可的诊断设备，确保变速器温度介于35~45℃之间。在开始检查变速器油位之前，必须遵守下列步骤。

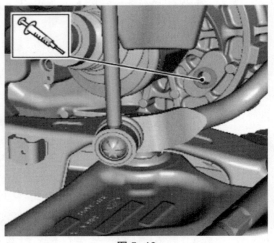

图5-46

①将 Jaguar Land Rover 认可的诊断设备连接至车辆。

②启动发动机，让其怠速运转。

③关闭空调（A/C）系统和其他电气部件。

（11）确保变速器未处于默认模式；如果是这种情况，则停止操作，首先纠正原因，然后重新开始油位检查。

（12）小心：确保液压控制系统中充满了机油。

①踩住制动踏板。

②选择倒车挡并等待 10s。

③选择前进挡，然后换至手动 1 挡并等待 10s。

④选择 2 挡并等待 10s。

⑤选择 TCS 上的驻车挡（P）。

（13）小心：在执行变速器液压系统加注过程之前，确保选择了驻车挡位置。注意：确保变速器的液压系统完全注满机油。将发动机转速提高至 2000r/min 并保持 30s。然后返回至怠速转速。

（14）注意：在完成准备工作后，执行实际的变速器油位检查。当变速器油温度低于 35℃，在发动机怠速运转并且变速器处于驻车挡（P）位置的情况下，让变速器预热至 35℃ 以上，然后执行变速器油位检查。如果变速器油温度高于 45℃，则关闭发动机并让变速器冷却，然后重新开始油位检查。

（15）小心：只有在变速器温度处于 35~45℃ 之间的情况下才能继续油位检查。如果发动机当前尚未怠速运行，则启动发动机，保持发动机怠速转速。

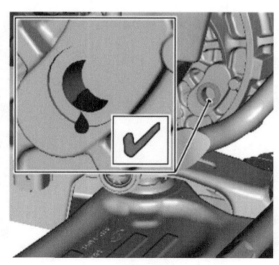

图 5-47

（16）小心：将液体排放到一个合适的容器中。拆下变速器油液位塞，不要丢弃。

（17）小心：变速器油液温度不得超过 45℃。注意：当发动机运转时，少量的自动变速器油应从变速器油液位塞孔中以涓流流出，如图 5-47 所示。如果油液流出，则转至步骤（19）。如果油液未流出，则转至步骤（18）。

（18）如果变速器油不从变速器液位塞孔中流出，则变速器油油位不足。在这种情况下，使用合适的注油器将 100mL 的变速器油添加到变速器油液位塞孔中。通用设备：注油器。使变速器油从变速器油液位塞孔中排出，直至液流几乎停止而成为涓流。

（19）安装原装的变速器油液位塞，扭紧力矩：35N·m。

（20）关闭发动机。

（21）拿走容器。

（22）安装空气导流板。

（23）安装左前车轮和轮胎。

（24）从车辆上断开 Jaguar Land Rover 认可的诊断工具。

（二）8HP70 自动变速器液位检查一般步骤

1. 专用工具（如图 5-48 所示）

307-452 扳手，变速器加油口塞。

2. 检查

注意：本程序的插图中包括某些差异，具体取决于车辆规格，但基本信息始终是正确的。本程序的插图中某些部件未显示，以获得更清晰的视图。

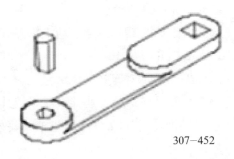

307-452

图 5-48

（1）在开始检查变速器油位之前，必须遵守下列步骤。

①车辆必须在水平面上。

②确保电子驻车制动系统（EPB）已启用。

③确保变速器换挡旋钮（TCS）处于驻车挡（P）位置。

（2）以合适的二柱举升机升起并支撑车辆。

（3）拆除发动机下挡板。

（4）降下车辆。

（5）注意：确保变速器未处于默认模式；如果是这种情况，则停止操作，首先纠正原因，然后重新开始油位检查。

①将 Jaguar Land Rover（JLR）认可的诊断设备连接至车辆。

②启动发动机，让其怠速运转。

③关闭空调（A/C）系统和其他电气部件。

（6）小心：在开始油位检查之前，使用 Jaguar Land Rover 认可的诊断设备，确保变速器温度介于 30~50℃之间。

①踩住制动踏板。

②选择倒车挡并等待 10s。

③选择前进挡，然后换至手动 1 挡并等待 10s。

④选择 2 挡并等待 10s。

⑤在变速器换挡旋钮（TCS）上选择驻车挡（P）。

（7）将发动机转速提高至 2000r/min 并保持 30s，然后返回至怠速转速。

（8）使用 Jaguar Land Rover 认可的诊断设备，检查变速器油液温度。如果变速器油温度低于 30℃，在发动机怠速运转并且变速器处于驻车挡（P）的情况下，让变速器预热至 30℃以上，然后执行变速器油位检查。如果变速器油温度高于 50℃，则关闭发动机并让变速器冷却，然后重复步骤（7）和步骤（8）。

（9）小心：只有在变速器温度处于 30~50℃之间的情况下才能继续油位检查。注意：使用合适的容器收集漏出的液体。拆下机油加注口塞，但请勿弃用，如图 5-49 所示。

3. 调整

（1）使用推荐的变速器油加注变速器，直至油液流出机油加注口，如图 5-50 所示。

（2）让变速器油液从机油加注孔中排空，直到停止流出为止，如图 5-51 所示。

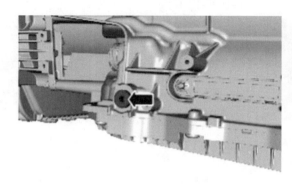

图 5-50

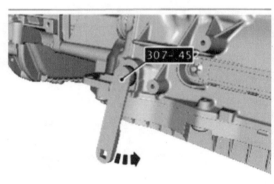

图 5-49

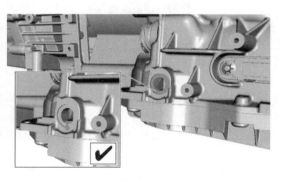

图 5-51

（3）使用专用工具，安装原来的机油加注口塞，如图 5-52 所示。专用工具：307-452。

（4）小心：确保将变速器加油塞紧固至正确的规格。未能遵守此说明可能会造成变速器损坏。要确保将变速器加油塞紧固至正确的规格。使用专用工具和扭矩扳手时必须遵照以下计算步骤。

步骤 1：将扭矩扳手（图 5-53 中 1）的有效长度乘以 35N·m。

步骤 2：将专用工具（图 5-53 中 2）的有效长度加上当前扭矩扳手的有效长度。

步骤 3：将步骤 1 的总和除以步骤 2 的总和。

步骤 4：将扭矩扳手设置为步骤 3 所得的商值。

拧紧变速器加油塞至计算得出的扭矩。

（5）拆除专用工具。专用工具：307-452。

（6）清洁加油塞周围区域，擦净多余的油液，并移除容器。

（7）安装发动机下挡板。

（8）降下车辆。

（9）从车辆上断开 Jaguar Land Rover 认可的诊断设备。

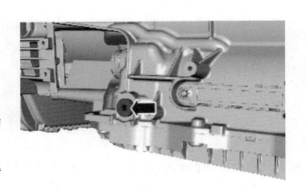

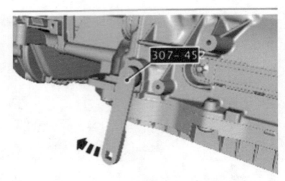

图 5-52

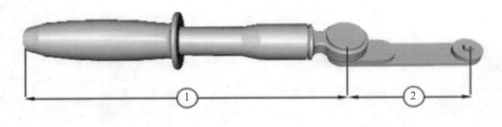

图 5-53

三、XF（X260）分动器放油和加油一般步骤

1. 泄放

注意：各说明中可能会出现某些差异，但基本信息始终是正确的。为清晰起见，某些部件未在图中显示。

（1）警告：确保采用车轴支架支撑车辆。抬起并支撑车辆。

（2）拆下空气导流板。

（3）放置一个容器，收集油液。

（4）小心：确保该部件周围的区域干净且没有杂质。拆下下部排放塞，以排放油液，如图 5-54 所示。

（5）小心：确保该部件周围的区域干净且没有杂质。注意：弃用密封垫圈，如图5-55所示。拆下上部排放塞，以排放油液。

（6）注意：确保所有部件接合面洁净。安装下部排放塞，扭紧力矩：25N·m。

（7）小心：确保安装新的油封垫圈。安装上部排放塞。更换零部件。扭紧力矩：8N·m。

2. 加注

图 5-54

图 5-55

（1）小心：确保该部件周围的区域干净且没有杂质。注意：弃用密封垫圈。拆下上部液位塞，如图5-56所示。

（2）向分动器重新注入建议的油液，直至液位达到加注口/液位塞孔的底部。

（3）小心：确保安装新的油封垫圈。注意：确保所有部件接合面洁净。安装上部加注口塞/液位塞。更换零部件，扭紧力矩：8N·m。

（4）小心：确保该部件周围的区域干净且没有杂质。拆下下部加注口塞/液位塞。

（5）向分动器重新注入建议的油液，

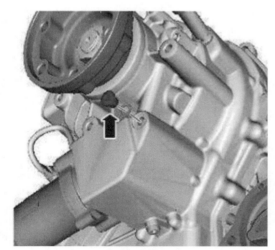

图 5-56

直至液位达到加注口/液位塞孔的底部。

（6）小心：确保该部件周围的区域干净且没有杂质。安装下部加注口塞/液位塞。扭紧力矩：25N·m。

（7）安装空气导流板。

（8）驾驶车辆大约 1km，将认可的蓄电池支持单元 / 电源连接到车辆，连接认可的诊断设备，检查分动箱控制模块（TCCM）软件是否有更新，需要时更新 TCCM 软件。当发动机运转时，执行诊断维修功能：分动箱 – 机油更换重置程序。断开认可的诊断设备连接，从车辆上断开认可的蓄电池支持单元 / 电源连接。

四、捷豹车系换油规格（表 5-1）

表 5-1

车型 \ 项目	年款	发动机型号	排量	发动机机油量（维修机油加注与滤清器更换）(L)	发动机机油量（干式加注，包括滤清器）(L)	发动机机油型号	自动变速器型号	变速器容量(L)	变速器油型号	分动箱型号	分动箱容量	分动箱油型号
奇瑞捷豹 XEL 2.0T 200PS (X760)	2018—2019年	PT204	2.0T	6.47	7.9	符合 Land Rover 发动机油规格 STJLR.51.5122 的 SAE 0W-20 机油	8HP70/45	8.5	Shell L12108 (ZF Lifeguard 8)			
奇瑞捷豹 XEL 2.0T 250PS (X760)	2018—2019年	PT204	2.0T	7.02	7.9	符合 Land Rover 发动机油规格 STJLR.51.5122 的 SAE 0W-20 机油	8HP70/45	8.5	Shell L12108 (ZF Lifeguard 8)			
奇瑞捷豹 XFL 2.0T 200PS (X260)	2017—2019年	PT204	2.0T	6.47	7.9	符合 Land Rover 发动机油规格 STJLR.51.5122 的 SAE 0W-20 机油	8HP70/45	8.5	Shell L12108 (ZF Lifeguard 8)			
奇瑞捷豹 XFL 2.0T 250PS (X260)	2017—2019年	PT204	2.0T	7.02	7.9	符合 Land Rover 发动机油规格 STJLR.51.5122 的 SAE 0W-20 机油	8HP70/45	8.5	Shell L12108 (ZF Lifeguard 8)		0.825L	Statoil SL 12-301 终身用油
奇瑞捷豹 XFL 2.0T 300PS (X260)	2017—2019年	PT204	2.0T	7.02	7.9	符合 Land Rover 发动机油规格 STJLR.51.5122 的 SAE 0W-20 机油	8HP70/45	8.5	Shell L12108 (ZF Lifeguard 8)		0.825L	Statoil SL 12-301 终身用油
奇瑞捷豹 E-PACE 2.0T P200 (X540)	2018—2019年	PT204	2.0T	6.47	7.9	符合 Land Rover 发动机油规格 STJLR.51.5122 的 SAE 0W-20 机油	9HP48	6.5	Shell L12108 (ZF Lifeguard 8)	配备主动传动系统零件号 LR019727 未配备主动传动系统零件号 LR052059	配备主动传动系统 0.40L 未配备主动传动系统 0.45L	75W-90
奇瑞捷豹 E-PACE 2.0T P250 (X540)	2018—2019年	PT204	2.0T	7.02	7.9	符合 Land Rover 发动机油规格 STJLR.51.5122 的 SAE 0W-20 机油	9HP48	6.5	Shell L12108 (ZF Lifeguard 8)	配备主动传动系统零件号 LR019727 未配备主动传动系统零件号 LR052059	配备主动传动系统 0.40L 未配备主动传动系统 0.45L	75W-90

项目　　车型	年款	发动机型号	排量	发动机机油量（维修机油加注与滤清器更换）(L)	发动机机油量（干式加注，包括滤清器）(L)	发动机机油型号	自动变速器型号	变速器容量 (L)	变速器油型号	分动箱型号	分动箱油容量	分动箱油型号
捷豹 XF 2.0T 250PS (X260)	2018—2019年	PT204	2.0T	7.02	7.9	符合 Land Rover 发动机机油规格 STJLR.51.5122 的 SAE 0W-20 机油	8HP70/45	8.5	Shell L12108（ZF Lifeguard 8）			
捷豹 XF Sportbrake 30t (X260)	2018—2019年	PT204	2.0T	6.49	7.9	符合 Land Rover 发动机机油规格 STJLR.51.5122 的 SAE 0W-20 机油	8HP70/45	8.5	Shell L12108（ZF Lifeguard 8）		0.825L	Statoil SL 12-301 终身用油
捷豹 XE 2.0T 300PS (X760)	2015—2019年	PT204	2.0T	7.02	7.9	符合 Land Rover 发动机机油规格 STJLR.51.5122 的 SAE 0W-20 机油	8HP70/45	8.5	Shell L12108（ZF Lifeguard 8）			
捷豹 F-PACE 2.0T (X761)	2018—2019年	PT204	2.0T	6.49	7.9	符合 Land Rover 发动机机油规格 STJLR.51.5122 的 SAE 0W-20 机油	8HP70/45	8.5	Shell L12108（ZF Lifeguard 8）		0.825L	Statoil SL 12-301 终身用油
捷豹 F-PACE 300 Sport(X761)	2018—2019年	PT204	2.0T	7.02	7.9	符合 Land Rover 发动机机油规格 STJLR.51.5122 的 SAE 0W-20 机油	8HP70/45	8.5	Shell L12108（ZF Lifeguard 8）		0.825L	Statoil SL 12-301 终身用油
捷豹 F-TYPE 2.0T (X152)	2018—2019年	PT204	2.0T	6.49	7.9	符合 Land Rover 发动机机油规格 STJLR.51.5122 的 SAE 0W-20 机油	8HP70/45	8.5	Shell L12108（ZF Lifeguard 8）			
奇瑞捷豹 XFL 3.0 SC 340PS (X260)	2017—2019年	306PS	3.0T	6.5	8.0	符合 Land Rover 发动机机油规格 STJLR.51.5122 的 SAE 0W-20 机油	8HP70/45	8.5	Shell L12108（ZF Lifeguard 8）			
捷豹 XE 3.0 SC (X760)	2018—2019年	306PS	3.0T	6.5	8.0	符合 Land Rover 发动机机油规格 STJLR.51.5122 的 SAE 0W-20 机油	8HP70/45	8.5	Shell L12108（ZF Lifeguard 8）			

项目 车型	年款	发动机 型号	排量	发动机机油量 （维修机油更换 与滤清器） （L）	发动机机油注量 （干式加注， 包括滤清器） （L）	发动机 机油型号	自动 变速器 型号	变速 器 容量 （L）	变速器油 型号	分动箱 型号	分动箱油 容量	分动 箱油 型号
捷豹 XF 3.0 SC 380PS（X260）	2014—2019 年	306PS	3.0T	6.5	8.0	符合 Land Rover 发动机机油规格 STJLR.51.5122 的 SAE 0W—20 机油	8HP70/45	8.5	Shell L12108（ZF Lifeguard 8）		0.825L	Statoil SL 12—301 终身用油
捷豹 XJL 3.0 SC （X351）	2013—2015 年	306PS	3.0T	7.25	8.75	符合 Land Rover 发动机机油规格 STJLR.51.5122 的 SAE 0W—20 机油	8HP70/45	8.5	Shell L12108（ZF Lifeguard 8）			
捷豹 F—TYPE 3.0 SC（X152）	2013—2019 年	306PS	3.0T	7.25	8.75	符合 Land Rover 发动机机油规格 STJLR.51.5122 的 SAE 0W—20 机油	8HP70/45	8.5	Shell L12108（ZF Lifeguard 8）			
捷豹 F-PACE 3.0 SC（X761）	2017—2019 年	306PS	3.0T	6.5	8.0	符合 Land Rover 发动机机油规格 STJLR.51.5122 的 SAE 0W—20 机油	8HP70/45	8.5	Shell L12108（ZF Lifeguard 8）		0.825L	Statoil SL 12—301 终身用油
捷豹 F—TYPE 5.0T（X152）	2016—2019 年	508PS	5. 0T	7.25	8.9	符合 Land Rover 发动机机油规格 STJLR.51.5122 的 SAE 0W—20 机油	8HP70/45	8.5	Shell L12108（ZF Lifeguard 8）			
捷豹 E-PACE 2.0 diesel（X540）	2018—2019 年		2.0D	6.52		SAE 0W30 STJLR.03.5007	8HP70/45	8.5	Shell L12108（ZF Lifeguard 8）			
捷豹 E-PACE 2.0 DSL HIGH （X540）	2018—2019 年		2.0D	7.02		SAE 0W30 STJLR.03.5007	8HP70/45	8.5	Shell L12108（ZF Lifeguard 8）			
捷豹 F-PACE 2.0 diesel（X761）	2018—2019 年		2.0D	6.52		SAE 0W30 STJLR.03.5007	8HP70/45	8.5	Shell L12108（ZF Lifeguard 8）			

项目 车型	年款	发动机 型号	排量	发动机机油量 （维修机油加注 与滤清器更换） （L）	发动机机油量 （干式加注， 包括滤清器） （L）	发动机 机油型号	自动 变速器 型号	变速 器 容量 （L）	变速器油 型号	分动箱 型号	分动箱油 容量	分动 箱油 型号
捷豹 F-PACE 2.0 DSL HIGH （X761）	2018—2019 年		2.0D	7.02		SAE 0W30 STJLR.03.5007	8HP70/45	8.5	Shell L12108（ZF Lifeguard 8）			
捷豹 F-PACE 3.0 diesel（X761）	2018—2019 年		3.0D	7.0	7.7	SAE 0W30 STJLR.03.5007	8HP70/45	8.5	Shell L12108（ZF Lifeguard 8）			
捷豹 XF 2.0 diesel（X260）	2018—2019 年		2.0D	6.52		SAE 0W30 STJLR.03.5007	8HP70/45	8.5	Shell L12108（ZF Lifeguard 8）			
捷豹 XF 2.0 DSL HIGH（X260）	2018—2019 年		2.0D	7.02		SAE 0W30 STJLR.03.5007	8HP70/45	8.5	Shell L12108（ZF Lifeguard 8）			
捷豹 XF 3.0 diesel（X260）	2018—2019 年		3.0D	7.0	7.7	SAE 0W30 STJLR.03.5007	8HP70/45	8.5	Shell L12108（ZF Lifeguard 8）			
捷豹 XJL 3.0 diesel（X351）	2018—2019 年		3.0D	7.0	7.7	SAE 0W30 STJLR.03.5007	8HP70/45	8.5	Shell L12108（ZF Lifeguard 8）			

第六章　保时捷车系

一、发动机机油液位检查方法

（一）2015—2018 年保时捷卡宴机油液位检查方法

1. 测试条件

（1）机油温度至少为 60℃。

（2）车辆水平停放。

（3）关闭发动机且打开点火开关，关闭车门及发动机舱盖，等待 120s 以上。

2. 确定机油加注量

发动机舱盖打开后，机油油位将会重置。如果发动机舱盖处于关闭状态，则可立即测量机油油位。要求：机油温度大于 65℃将发动机关闭，打开点火开关，多功能显示器上机油油位界面会显示油位，正常液位如图 6-1 所示（显示绿色），液位下限如图 6-2 所示（显示黄色），液位低于下限如图 6-3 所示（显示红色），液位高于上限如图 6-4 所示（显示黄色）。

3. 机油液位的检查

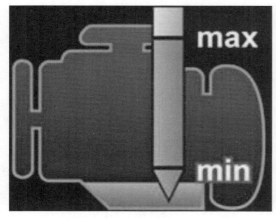

图 6-1

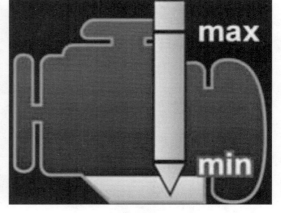

图 6-2

（1）使用机油尺测量拔出油尺，工具号为 T40178B（淘宝有售），如图 6-5 所示。

（2）机油尺上的设置环（102mm），如图 6-6 所示。

（3）机油尺刻度（7~27mm），如图 6-7 所示。

4. 机油加注量

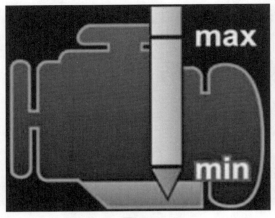

图 6-3 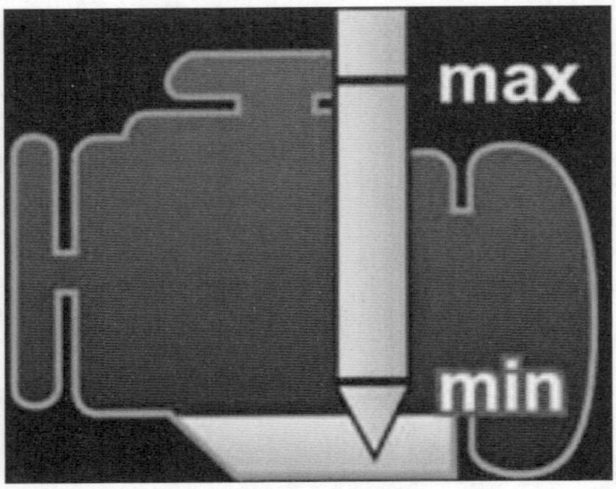　　　　　　　　　　　　　　图 6-4

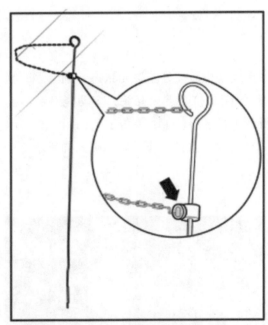

图 6-5

包括更换滤清器的机油加注量：

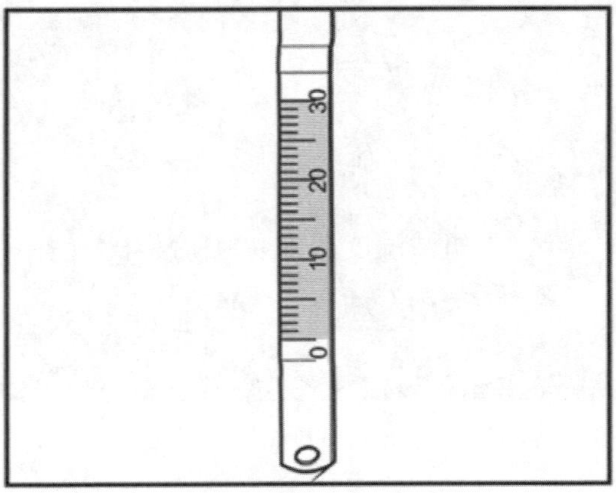

· 最小值：5.2L

· 最大值：6.7L

· 最小值与最大值的差：1.5L

（二）Cayenne S 及 Turbo 检查机油油位

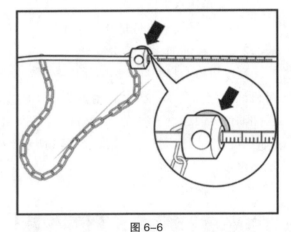

图 6-6

图 6-7

1. 无机油尺测量

（1）使用组合仪表确定机油油位

使用组合仪表进行油位测量的要求：

①车辆必须水平停放。

②油温介于 80~100℃之间。

③发动机关闭。

④点火开关打开。

⑤等待 2min，然后打开发动机舱盖。

（2）确定机油加注量

发动机舱盖打开后，机油油位将会重置。当发动机舱盖处于关闭状态时，可立即测量机油油位。前提条件：机油油温高于 65℃并且发动机关闭时间超过 120s。如果这些前提条件未满足，则多功能显示器上会显示 "Oil level available only after short time/distance"（只有在行驶一小段时间 / 距离后才会显示机油油位）消息。如果在未满足条件的情况下，在打开发动机舱盖后立即使车辆起步，则必须至少行驶 15km 或者必须在发动机达到工作温度（机油温度高于 70℃）的情况下将车辆的发动机关闭 2min 并保持点火开关打开，才能在多功能显示器上查看机油油位。

2. 使用检测仪进行检查

（1）连接 PIWIS 检测仪且点火开关必须打开。

（2）启动诊断程序，然后选择所需的车辆。

（3）在控制单元概图中选择 "DME" 控制单元，按 F12 继续。

（4）选择 "Maintenance/repairs"（保养 / 维修）菜单，按 F12 继续。

（5）选择 "Oil filling"（机油加注）功能，按 F12 继续。

（6）启动发动机并使其运转，直到机油温度达到 90℃为止。

使用 PIWIS 检测仪测量机油油位的要求：

①发动机怠速运转。

②机油温度（T030）为 90℃。

③停放在水平面上。

必要时增加发动机转速，以将机油加热至指定温度。

（7）机油温度达到 90℃后，机油油位测量过程立即自动开始。

（8）关闭发动机。

3. 添加 PIWIS 检测仪上显示的机油量

（1）正常液位，如图 6-8 所示（显示绿色）。

（2）液位下限，如图 6-9 所示（显示黄色）。

（3）液位低于下限，如图 6-10 所示（显示红色）。

（4）液位高于上限，如图 6-11 所示（显示黄色）。

4. 机油加注量

· Cayenne S 更换量（含滤清器）：加注容量 8.5L

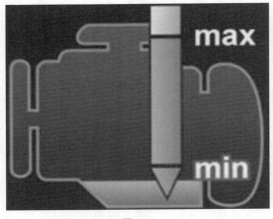

图 6-8

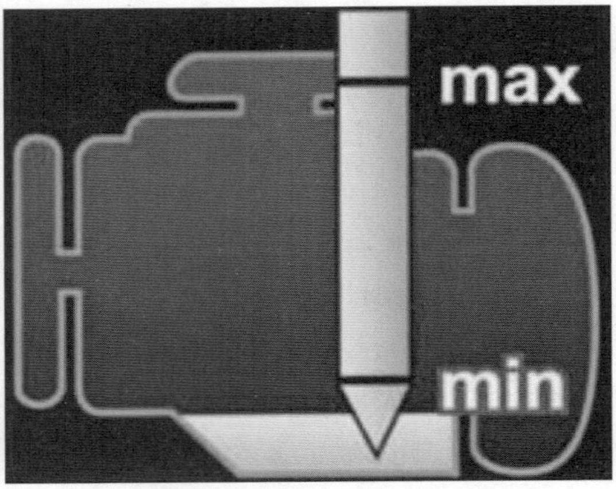

图 6-9

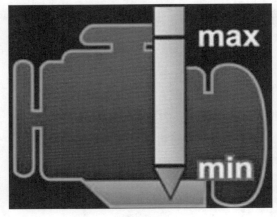

图 6-10

图 6-11

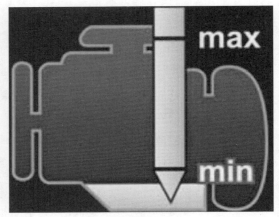

・Cayenne Turbo 更换量（含滤清器）：加注容量 9.5L

（二）2018 年以后保时捷卡宴（9YA）机油液位检查方法

1. 检查机油油位的前提条件

（1）车辆水平停放。

（2）发动机处于工作温度。

（3）启动发动机，怠速运转 1min，然后关闭发动机。

（4）在发动机关闭 2min 后，检查机油油位。

（5）组合仪表显示油位，如图 6-12 所示。

2. 机油液位的检查

（1）使用机油尺测量拔出油尺，工具号为 T40178B（淘宝有售），机油尺如图 6-13 所示，机油尺上的调节值如图 6-14 所示。

（2）检查发动机机油油位。

①取下量油尺导管上的塞子。

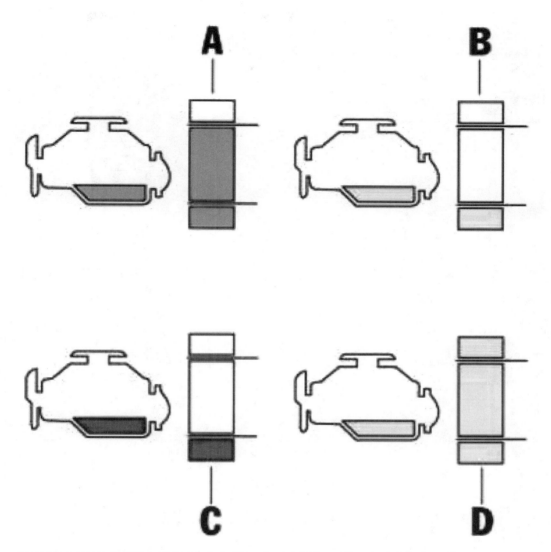

A.机油油位充足且达到上限　B.机油油位达到下限　C.机油油位低于下限　D.机油油位高于上限

图 6-12

②机油尺必须推入量油尺导管中，一直推到底（设置环）后，再拔出。

③通过机油油位刻度读取机油油位，如图 6-15 所示。

3. 机油量如图 6-16 所示

（三）2017 年以后 Panamera、Panamera S、Panamera Turbo

1. 检查机油油位的前提条件

（1）车辆水平停放。

（2）发动机处于工作温度 90℃。

（3）启动发动机，怠速运转 1min，然后关闭发动机。

137

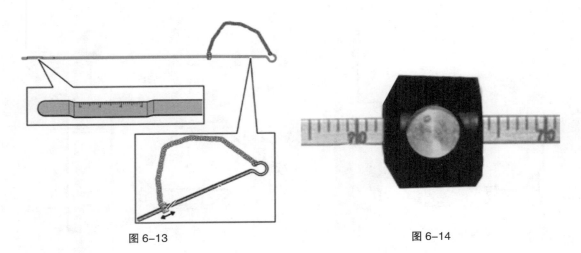

图 6-13   图 6-14

调节值和测量值的规范：

车辆／车型	发动机	调节环处的调节值	机油油位刻度上的机油油位"最低"值	机油油位刻度上的机油油位"最高"值
Cayenne	3.0 V6 Turbo	76	0mm	14mm
Cayenne S	2.9 V6 Turbo	76	0mm	14mm
Cayenne Hybrid	3.0 V6 Turbo	76	0mm	10mm
Cayenne Turbo	4.0 V8 Turbo	110	0mm	21mm
Cayenne Turbo S Hybrid	4.0 V8 Turbo	110	0mm	16mm

图 6-15

机油量

车辆／车型	发动机	首次加注量加注在 MAX（含滤清器）（L）	更换量（含滤清器）（L）	更换量（不含滤清器）（L）	MIN（最小）-MAX（最大）机油油位间的差值（L）
Cayenne	2.0R4	5.2	4.2		1.0
Cayenne	3.0V6 Turbo	8.75	7.6	7.3	1.4
Cayenne S	2.9V6 Turbo	8.8	7.6	7.3	1.4
Cayenne Hybrid	3.0V6 Turbo	8.35	7.2	6.9	1.0
Cayenne Turbe	4.0V8 Turbo	11	9.5	9.1	2.0
Cayenne Turbe S Hybrid	4.0V8 Turbo	10.5	9.0	8.6	1.5

图 6-16

（4）在发动机关闭 2min 后，检查机油油位。如缺少适当地添加，如多余需排出，不然有伤害三元催化情况发生。

（5）组合仪表显示油位，如图 6-17 所示。

2. 机油液位的检查

（1）使用机油尺测量，工具号为 T40178B（淘宝有售），机油尺如图 6-18 所示，机油尺上的调节值如图 6-19 所示。

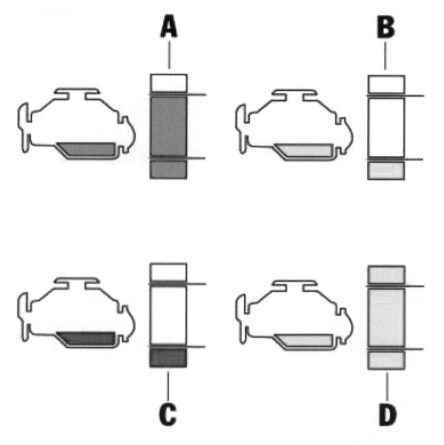

A.机油油位充足且达到上限　B.机油油位达到下限　C.机油油位低于下限　D.机油油位高于上限

图6-17

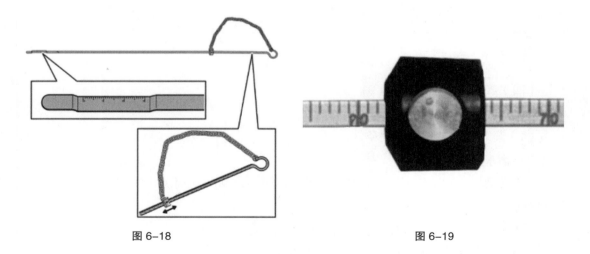

图6-18　　　　　　　　　　　　　图6-19

（2）检查发动机机油油位。

①取下量油尺导管上的塞子。

139

②机油尺必须推入量油尺导管中，一直推到底（设置环）后，再拔出。

③通过机油油位刻度读取机油油位，如图 6-20 所示。

调节值和测量值的规范：

车辆／车型	发动机	调节环处的调节值	下部刻度上的机油油位"最小"值	下部刻度上的机油油位"最大"值
Panamera	3.0 V6 Turbo	42	0mm	17mm
Panamera S	2.9 V6 Turbo	42	0mm	17mm
Panamera4 Hybrid	2.9 V6 Turbo	42	0mm	17mm
PanameraTurbo	4.0 V8 Turbo	101	0mm	22mm
PanameraTurbo S Hybrid	4.0 V8 Turbo	101	0mm	17mm

图 6-20

3. 机油量如图 6-21 所示

机油量

车辆／车型	发动机	首次加注量加注在 MAX（含滤清器）	含滤清器的最大更换量（L）	含滤清器的最小更换量（L）	MIN（最小）-MAX（最大）机油油位间的差值（L）
汽油发动机					
Panamera GTS/Turbo	4.01V68Turbo	11.0	9.5	7.5	2.0
Panamera Turbo S Hybrid	4.01V8 Turbo	10.5	9.5	7.5	1.5
Panamera 4S	2.91V6 双涡轮增压发动机（LK3）	8.6	7.2	5.8	1.5
Panamera/Panamera 4	3.01V6 Turbo（LK2）	8.6	7.2	5.8	1.5
Panamera 4 Hybrid	2.91V6 双涡轮增压发动机	8.6	6.8	5.8	1.0

图 6-21

（四）2016 年以后保时捷 911

1. 使用组合仪表检查油位

（1）显示机油油位的前提条件：

①车辆水平停放。

②当发动机达到工作温度（发动机机油温度至少为 90℃）时关闭发动机。

③等待约 1min。

2. 在发动机处于工作温度时检查发动机机油油位

①使发动机保持运转状态，直至发动机机油温度达到至少 90℃。

②如果在此之前开始检查，则显示屏上将出现以下消息："No information on the oil level is available at present"（当前没有关于机油油位的可用信息）。

③关闭发动机。

（3）调用多功能显示屏中的"Oil measurement"（机油测量）功能。

（4）读取组合仪表图块显示中的机油油位。

正常液位如图6-22所示（显示绿色），液位下限如图6-23所示（显示黄色），液位低于下限如图6-24所示（显示红色），液位高于上限如图6-25所示（显示黄色）。

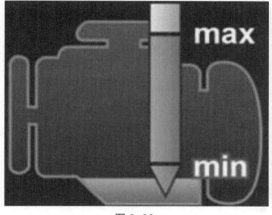

图6-22   图6-23

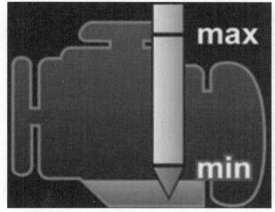
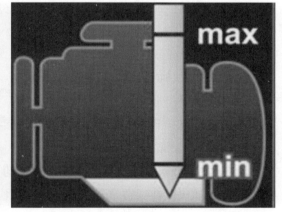

图6-24   图6-25

（5）如果加注了正确的机油量后，组合仪表中出现警告，请打开发动机护罩，等待60s后再重新关闭（发动机护罩重置）。

（6）随后将显示正确的机油油位。

（7）机油换油加注量为7.5L。

2. 使用PIWIS诊断仪检查发动机机油油位（更换好机油后）

（1）发动机已停止且处于冷却状态（发动机温度为15~30℃）时的测试步骤。

（2）连接蓄电池充电器。

（3）PIWIS 检测仪 Ⅱ 必须连接到左前脚坑中的保险丝座上。

打开点火开关。

（4）打开测试仪并选择相关车辆。

（5）在控制单元搜索屏幕中选择 DME。

（6）切换到"Actual values/input signals"（实际值/输入信号）菜单项。

（7）选择"Oil pressure control"（机油压力控制）功能。

（8）选择实际值"Engine oil level sensor"（发动机机油油位传感器）。

（9）读取实际值。机油油位必须高于 50mm 才能够启动发动机而不会造成可能的后续损坏。发动机为怠速状态，按照检测仪上说明的测试步骤。

（10）切换至"Maintenance/repairs"（保养/修理）菜单项。

（11）选择"Oil filling"（机油加注）功能。

①测试过程中按照说明进行操作。

②只要达到最低机油温度，即会显示 120s 的测量时间。

（12）测量时间结束时，屏幕上将显示机油油位。

①以 % 形式显示：100% = 最低，200% = 最高！

②负值表示过量加注。如果过量加注值为 –0.61 或更高，则必须排放机油！

③如果加注的机油量不够，则将显示达到最高油位还需添加的剩余机油量！

（五）2017 年以后保时捷 cayman、boxster（718）

1. 使用组合仪表检查油位

（1）显示机油油位的前提条件：

①车辆水平停放。

②当发动机达到工作温度（发动机机油温度至少为 90℃）时关闭发动机。

③等待约 1min。

（2）在发动机处于工作温度时检查发动机机油油位：

①使发动机保持运转状态，直至发动机机油温度达到至少 90℃。

②如果在此之前开始检查，则显示屏上将出现以下消息："No information on the oil level is available at present"（当前没有关于机油油位的可用信息）。

③关闭发动机。

（3）调用多功能显示屏中的"Oil measurement"（机油测量）功能。

（4）读取组合仪表图块显示中的机油油位。

（5）如果加注了正确的机油量后，组合仪表中出现警告，请打开发动机护罩，等待 60s 后再重新关闭（发动机护罩重置）。

（6）随后将显示正确的机油油位。

（7）机油换油加注量为 5.8L。

2. 使用 PIWIS 测试仪检查发动机机油油位（更换好机油后）

发动机已停止且处于冷却状态（发动机温度为 15~30℃）时的测试步骤：

（1）连接蓄电池充电器。

（2）PIWIS 检测仪 Ⅱ 必须连接到左前脚坑中的保险丝座上。

打开点火开关。

（3）打开测试仪并选择相关车辆。

（4）在控制单元搜索屏幕中选择 DME。

（5）切换到 "Actual values/input signals"（实际值 / 输入信号）菜单项。

（6）选择 "Oil pressure control"（机油压力控制）功能。

（7）选择实际值 "Engine oil level sensor"（发动机机油油位传感器）。

（8）读取实际值。机油油位必须高于 50mm，才能启动发动机，而不造成可能的后续损坏！"最低"机油油位约为 50mm；"最高"机油油位约为 80mm；机油油位约为 110mm= 过量加注。

（9）发动机为怠速状态，按照检测仪上说明的测试步骤。

（10）切换至 "Maintenance/repairs"（保养 / 修理）菜单项。

（11）选择 "Oil filling"（机油加注）功能。

①测试过程中按照说明进行操作。

②只要达到最低机油温度，即会显示 120s 的测量时间。

（12）测量时间结束时，屏幕上将显示机油油位。

①以 % 形式显示：100% = 最低，200% = 最高！

②负值表示过量加注。如果过量加注值为 –0.61 或更高，则必须排放机油！

③如果加注的机油量不够，则将显示达到最高油位还需添加的剩余机油量！

二、自动变速器液位检查

（一）2018 款 Cayenne（9YA）自动变速器更换变速器油方法

1. 排空自动变速器油

（1）变速器必须处于工作温度才能排空自动变速器油。但是，如果变速器中的自动变速器油不足或没有自动变速器油，则不得启动发动机。

（2）VAS 6622A 废机油收集和抽取装置必须放置在变速器下方。

（3）旋下放油塞（图 6-26 中 1）并排空自动变速器油。

（4）最大限度地拧紧新机油泄放塞。更换密封圈。

2. 加注自动变速器油

（1）要确保对变速器进行正确加注，车辆必须位于水平提升平台上。仅使用保时捷认可的机油。

（2）拧下用于加注机油的螺塞（图6-27中1）。

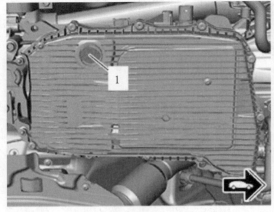
图6-26

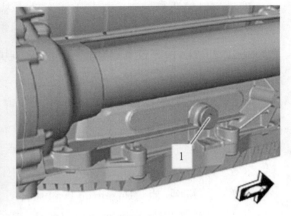
图6-27

（3）将用于加注自动变速器油的转接器VAS 6262/5接入VAS 6262A机油加注转接器。

（4）加注自动变速器油，直至看到机油不断溢出。

（5）VAS 6262A机油加注转接器此时必须拆下。

（6）拧紧用于加注机油的新螺塞（图6-28中1）。紧固扭矩30N·m。

3. 检查和加满自动变速器油

（1）测试前提条件：

①不得启动紧急程序。

②用电设备、车灯和空调均处于关闭状态。

③车辆水平停放在提升平台上。

④换挡杆位于P挡位中，并已启用驻车制动器。

⑤已连接PIWIS检测仪以读取变速器温度和发动机转速。

（2）检查自动变速器油。

要确保对变速器进行正确加注，车辆必须位于水平提升平台上，车辆必须启动。

①检查变速器温度。检测过程中，变速器的温度应介于30~50℃之间。如果变速器温度高于50℃，则需让车辆冷却。如果变速器温度<30℃，在怠速下当换挡杆挂入挡位P时给车辆加温。

②将换挡杆移至挡位P，使其加速至2000r/min的发动机转速，并保持此转速30s。

③令发动机以怠速运转，检查怠速，必要时进行纠正。

④踩下制动踏板，然后缓慢地将换挡杆依次移动到P、R和D挡位。使换挡杆在各位置保持至少10s。

⑤VAS 6622A废机油收集和抽取装置必须放置在变速器下方。

⑥拧下用于加注机油的螺塞。

⑦检查机油油位。如果自动变速器油溢出，则一直等到油丝断开。如果自动变速器油没有溢出，则必须添加自动变速器油。

（二）2017款 Panamera（971）更换 PDK 油方法

要确保对变速器进行正确加注，车辆必须位于水平提升平台上。

1.排空 PDK 油

（1）在 Porsche Doppelkupplung（PDK）保时捷双离合器变速器下方放置一个集油盘。

（2）打开放油塞（图6-28中1），排放 PDK 油。更换量约为9L。

（3）拧入并拧紧新的放油塞。紧固扭矩12N·m。

2.加注 PDK 油

①拧下检油塞（图6-29中3）。

② VAS 6262/2 用于加注 PDK 油的转接器必须用手拧入提升管（图6-29中2）并拧紧。

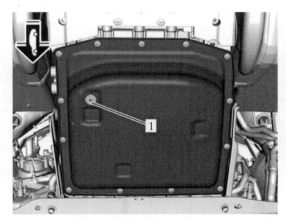

图 6-28

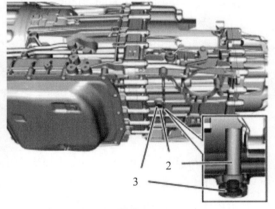

图 6-29

③ VAS 6262A 机油加注转接器此时必须连接妥当。

④充分摇晃 PDK 油容器（1L），并通过螺钉固定到 VAS 6262A 机油加注转接器上。

⑤加注 PDK 油，直至看到机油不断溢出。更换量约为9L。

⑥拧入并拧紧检油塞（图6-29中3）。紧固扭矩为10N·m。

3.检查 PDK 油

要确保对变速器进行正确加注，车辆必须位于水平提升平台上。

（1）举升车辆。

（2）拆下前车底护板。

（3）PIWIS 检测仪检查

①换挡杆处于挡位 P。

②启动发动机。

③禁用 PSM。

④踩下并踩住制动踏板，将换挡杆挂入挡位 D。在整个过程中，换挡杆一直挂入挡位 D，同时踩住制动踏板。

⑤在提示模式下，在发动机转速为 1500r/min 时，挂入 1 挡和倒挡，并分别保持 10s。

⑥使用 PIWIS 检测仪读取自动变速器油温度，然后检查是否达到测试温度。选择 "Transmission electronics（PDK）" [变速器电子装置（PDK）] 控制单元并确认。选择 "Actual values/input signal"（实际值/输入信号）子菜单，并确认所做的选择。选择 "CAN output signals for transmission sump temperature"（变速器油池温度的 CAN 输出信号）子菜单，并确认所做的选择。将换挡杆移入挡位 P，将发动机转速提升至 2000r/min 并保持，直至达到测试温度。温度 40 ℃ + 5 ℃。

（4）PIWIS 检测仪启动加注程序。

①使用 PIWIS 检测仪启动自动变速器油加注程序。

②选择 "Transmission electronics（PDK）" [变速器电子装置（PDK）] 控制单元并确认。

③选择 "Maintenance/repairs"（保养/维修）子菜单并确认。

④选择 "Oil filling"（机油加注）子菜单并确认。

⑤按照 PIWIS 检测仪上的说明进行操作。

⑥必要时，将换挡杆移入挡位 P，将发动机转速提升至 2000r/min 并保持，直至达到测试温度。温度 40℃ +5℃

⑦关闭发动机，等待 1min。

⑧在 Porsche Doppelkupplung（PDK）保时捷双离合器变速器下方放置一个集油盘。

⑨拧下检油塞（图 6-29 中 3）。

⑩检查油位。如果自动变速箱油在 15min 内溢出，则等到油丝断开后，拧入新的检油塞并拧紧。紧固扭矩 10N·m。如果自动变速箱油在 15min 内未溢出，则必须加满自动变速箱油。继续执行加满自动变速器油的操作。

（9）拧入并拧紧检油塞（图 6-29 中 3）。紧固扭矩：10N·m。

（三）2014 年以后至今 Macan PDK 油更换方法

1. 更换自动变速器油

警告：小心烫伤并让液体冷却下来。穿戴个人防护装备。灰尘与脏污可能导致组件或部件损坏，防止部件沾染灰尘和脏污。清洁或更换脏污部件。机油加注油位太低有损坏部件的危险。

（1）拆下前桥托架的横向支柱。

①拧下紧固螺钉（图 6-30 中箭头）。

②在拆下横向支柱时，松开线路（图 6-30 中 1）。

如果在变速器中没有自动变速器油，则不得启动发动机。谨防变速器受损！

（2）将自动变速器油放油塞（图6-31中箭头）从自动变速器油油底壳上拧下并且排空自动变速器油。

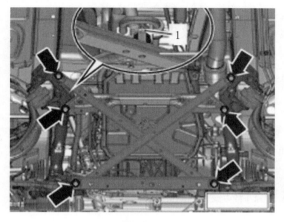

图6-30

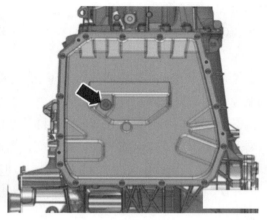

图6-31

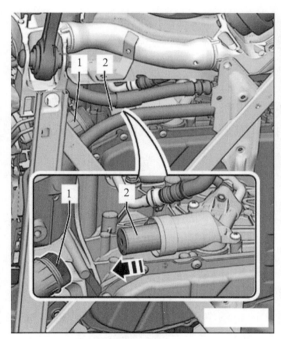

图6-32

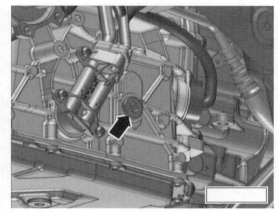

图6-33

（3）更换自动变速器油滤清器。

①拧下自动变速器油滤清器壳盖（图6-32中1）。

②拆下自动变速器油滤清器（图6-32中2）（沿箭头方向）。

③排空自动变速器油。

④插入新的自动变速器油滤清器（图6-32中2）。

⑤用新的密封环安装自动变速器油滤清器罩盖（图6-32中1），然后将其拧紧。紧固扭矩：8N·m。

（4）安装带新密封环的自动变速器油泄放塞并将其拧紧。

自动变速器油泄放塞的紧固扭矩：紧固扭矩：45N·m。

（5）用双离合器变速器的自动变速器油加注手动计量泵 6563/3（来自 VAS 6563 变速器液加注泵套件）。

（6）拧下自动变速器油检油塞（图 6-33 中箭头）。更换检查塞。

（7）加注自动变速器油。

①使用泵 6563/3（来自 VAS 6563 变速器液加注泵套件）加注自动变速箱油，直至自动变速器油从检查开口中溢出。

②启动发动机，然后在 20s 后再将其停止。

③使用手动计量泵再次加注自动变速器油，直至自动变速器油从控制开口处溢出。

（8）拧入新的自动变速器油检查塞，但不要拧紧。

（9）要检查加注液位是否正确，请执行检查自动变速器油的步骤。检查并加满自动变速器油。

（10）安装前桥托架的横向支柱。前横向支柱的螺钉（2 个）的紧固扭矩：初拧 90N·m，最终拧紧 +90°。后横向支柱的螺钉（4 个）的紧固扭矩：初拧 90N·m，最终拧紧 +135°。

（11）按照相反的顺序进行后续装配。

2. PDK 油检测的测试条件

在举升车辆前，请务必特别注意以下方面：

（1）在举升车辆之前停用车身水平高度控制系统（按住车身水平高度控制系统按钮至少 10s）。

（2）如果在举升车辆时变速器挂上了挡位，必须预先使用 PIWIS 检测仪停用车身水平高度控制系统。要执行此操作，请在 "Control Unit Overview"（控制单元概图）中依次选择 Levelling system/PASM（车身水平高度控制系统 /PASM）、Drive links/checks（驱动链接 / 检查）、Activate/deactivate levelling system（without wheel rotation detection）（启用 / 停用车身水平高度控制系统（无须车轮旋转检测）。选择值 "Deactivate levelling system（permanently）" [停用车身水平高度控制系统（永久）]，然后按 "Start"（开始）F8 执行功能。工作完成后，重新启用车身水平高度控制系统。要执行此操作，请依次选择 Drive links/checks（驱动链接 / 检查）、Conclude initial commissioning（结束初始试运行），然后在 Activate/deactivate levelling system（without wheel rotation detection）[启用 / 停用车身水平高度控制系统（无须车轮旋转检测）] 下选择 "Activate levelling system"（启用车身水平高度控制系统），通过按 "Start"（开始）F8 来执行此功能。

（3）使用 Activate/deactivate levelling system（without wheel rotation detection）[启用 / 停用车身水平高度控制系统（无车轮旋转检测）] 功能停用车身水平高度控制系统后，PASM 控制单元的所有功能（例如放气 / 充气）随即停用。

①变速器不得处于应急行驶模式。

②在低负载挡位预热变速器。执行此操作时，在变速器所有挡位之间进行多次切换。

③使用 PIWIS 检测仪读取自动变速器油温度。

④自动变速器油温度：30~50℃。

⑤选挡杆处于 P 挡。

⑥执行停车制动。

⑦在怠速状态下的测试和加注过程。

⑧空调和暖风已关闭。

⑨自动变速器油温度在测试开始时不得高于 30℃。

⑩如果自动变速器油温度高于 30℃，则让变速器冷却。

3. PDK 油位检查步骤

（1）在发动机运转时，在 PIWIS 检测仪上读取自动变速器油温度。

（2）使发动机保持以怠速转速运行。

（3）在下面放置集油盘。

（4）用双离合器变速器的自动变速器油加注手动计量泵（来自 VAS 6563： 变速器液加注泵套件）。

（5）检查并加满自动变速器油。

①在达到了 30℃的自动变速器油温度后，拧下自动变速器油检油塞。

②如果自动变速器油从自动变速器油控制开口处溢出，而此时自动变速器油温度尚未达到 40℃，则自动变速器油油位正常。

③如果在温度高达 40℃时无自动变速器油溢出，则使用手动计量泵添加自动变速器油，直至自动变速器油溢出。

（6）拧入并拧紧新的自动变速器油检油塞（使用新密封环）。紧固扭矩 60N·m。

（四）2012 年至今 Carrera PDK 油更换方法

1. 排空自动变速器油

（1）松开并拧下自动变速器油泄放塞（图 6-34 中 2），然后排空自动变速器油。

（2）拧入新泄放塞（图 6-35 中 1）并拧紧至紧固扭矩 15N·m + 3N·m。

2. 加满 ATF

Porsche Doppelkupplung（PDK）保时捷双离合器变速器的自动变速器油规格：

·存放条件：存放在干燥处，避免阳光直射，温度应不低于 –40℃且不高于 +50℃

·存放时间：5 年，从容器上的加注日期开始算起

·在使用机油之前： 至少花 10s 将容器摇匀。

（1）加注自动变速器油。将冷却液软管（图 6-36 中 1）从软管支架（图 6-36 中 2）上松开。

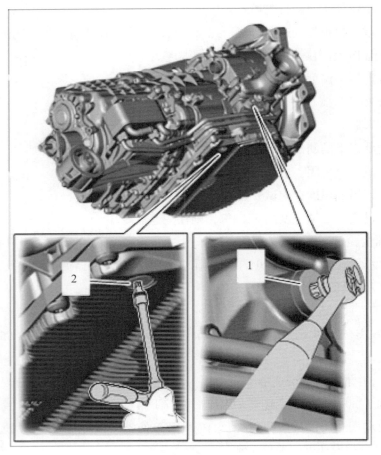

图 6-34

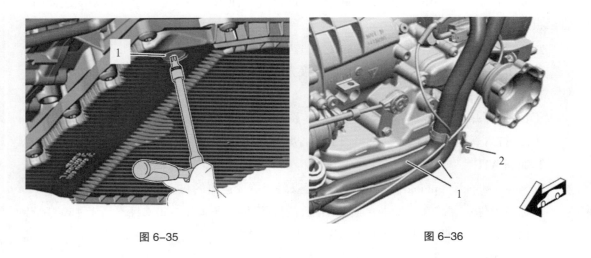

图 6-35   图 6-36

（2）拧开并拆下机油加注口螺钉（图 6-37 中 1）。将胶带（图 6-38 中 1）粘贴到变速器壳体和自动变速器油底壳之间的区域，以防止灰尘进入油底壳。

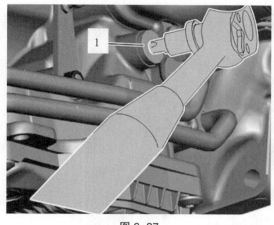

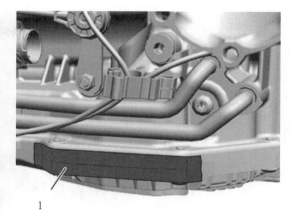

图 6-37   图 6-38

（3）使用 VAS 6563 手动计量泵，在加注孔处加注自动变速器油，直至自动变速器油溢出。

（4）稍稍拧紧加注口螺钉。

3. 检查自动变速器油油位

（1）当变速器油液的温度介于 30~50℃之间时，可启动机油加注模式。5min 后，变速器控制单元将自动终止该操作程序。让另一个人协助您加注机油。这位协助您的人必须坐在车内，按要求执行所需的任务。

（2）准备工作：

①前提条件：变速器油温 > 10℃。

② PIWIS 检测仪 Ⅱ 此时必须连接。

③保持发动机的运转状态，在挡位 R–N–D 之间依次移动换挡杆，每个位置停留 1s。

④将换挡杆移至位置 P。

⑤启动检测仪上的机油加注模式并按照说明进行操作。

（3）在机油加注模式下检查自动变速器油。

①拧开并拆下机油加注口螺钉。自动变速器油溢出：收集溢出的自动变速器油，直到仅有滴状的自动变速器油溢出为止。无自动变速器油溢出：使用手动计量泵加满自动变速器油，直到自动变速器油在加注孔处溢出。

②拧入新的机油加注口螺钉，并拧紧至紧固扭矩 27N·m。

（4）将胶带从变速器壳体和自动变速器油底壳之间的区域撕下。仔细清洁变速器壳体和自动变速器油底壳。

（5）将冷却液软管卡入软管支架中。

（6）关闭发动机。

4. Porsche Doppelkupplung （PDK）保时捷双离合器变速器的液压油约 5.3L（排空时）

5. 检查主减速器油并将其加满（用变速器油）

（1）机油加注口螺钉和泄放塞的位置（PDK 变速器视图），如图 6-39 所示。

1.差速器空间的放油塞 2.齿轮组空间的放油塞 3.机油加注口螺钉/检油塞

图 6-39

（2）拧下加注口螺钉（图 6-39 中 3）[利用 VAS 6928 套筒扳手套件，39 件中的套筒扳手套头（a/f8mm）]。使用专用工具 VAS 6563 手动计量泵（保时捷套件），添加变速器油，直至变速器油在加注口处溢出。

（3）用手拧入加注口螺钉。给变速器正确加油的基本要求：

①车辆水平停放在提升平台上。

②变速器油温度约为 20℃。

③发动机关闭，变速器未转动。

（4）准备好车辆：

①举升车辆，直至车轮可自由转动。

②启动发动机。

③用手动换挡杆挂 1 挡。

④让变速器在怠速下转动 2min。

⑤将换挡杆移至 N。

⑥关闭发动机。

⑦等待 10min！

⑧加注变速器时，变速器温度必须不能高于 40℃。

（5）拧下加注口螺钉（图 6-40 中 1）。

图 6-40

①变速器油流出：变速器中的油位正常（适用于 GT3/GT2 车辆）。

②变速器油未流出：使用 VAS 6563 手动计量泵（保时捷套件），添加变速器油，直至变速器油在加注口处溢出。

③对于 GT3/GT2 车辆（PDK），如果变速器油油位处于加注口下边缘，则须抽取 150mL 变速器油！

（6）拧入并拧紧新的机油加注口螺钉（图 6-40 中 1）。

① Porsche Doppelkupplung（PDK）保时捷双离合器变速器：紧固扭矩 27N·m。

②手动变速器：紧固扭矩 35N·m。

三、保时捷车系换油规格（表 6-1）

表 6-1

项目 车型	年款	发动机型号	排量	发动机机油量（维修机油加注与滤清器更换）(L)	发动机机油量（干式加注，包括滤清器）(L)	发动机机油型号	自动变速器型号	自动变速器容量（L）	变速器油型号
Cayenne（92A）	2011—2018年	CJT	3.0T	5.2	6.7		0C8	11.5~13.5	
Cayenne（92A）S E-Hybrid 3.0T	2011—2018年	CJT	3.0T	6.8	8.1		0C8	11.5~13.5	
Cayenne（92A）	2011—2018年	CUR	3.6T	8.5	10		0C8	11.5~13.5	
Cayenne S（92A）	2011—2018年	M48/02	4.8L	8.5	11.5		0C8	11.5~13.5	
Cayenne Turbo（92A）	2011—2018年	CFT	4.8T	9.5	11.5		0C8	11.5~13.5	
Cayenne Diesel（92A）	2013—2014年	DCBE	4.2D	8.7	10.2		0C8	11.5~13.5	
Cayenne（9YA）	2018—2019年	DCBE	3.0T	7.6	8.75		A3001	8	
Cayenne Hybrid（9YA）	2018—2019年	3.0 V6 Tubro	3.0T	7.2	8.35		A3001	8	
Cayenne（9YA）	2018—2019年	2.0R4	2.0T	4.2	5.2		A3001	8	
Cayenne S（9YA）	2018—2019年	DCA	2.9T	7.6	8.8		A3001	8	
Cayenne Turbo S Hybrid（9YA）	2018—2019年	4.0 V8 Turbo	4.0T	9.0	10.5		A3001	8	
Cayenne Turbo（9YA）	2018—2019年	CVD	4.0T	9.5	11		A3001	8	
Panamera Diesel（970）	2014—2017年	CRC	3.0D	7.0~7.7	8.7		PDK	8.5	
Panamera 4 Diesel（970）	2014—2017年	CRC	3.0D	7.0~7.7	8.7		PDK	8.5	
Panamera S（970）	2014—2017年	M46/60	3.0T	6.6			PDK	8.5	
Panamera 4S（970）	2014—2017年	M46/60	3.0T	6.6			PDK	8.5	
Panamera（970）	2014—2017年		3.6	8.5			PDK	8.5	
Panamera 4S（970）	2014—2017年	CWD	3.6	8.5			PDK	8.5	
Panamera S E-Hybrid（970）	2014—2017年		3.0T	5.75~6.75			PDK	8.5	
Panamera GTS（970）	2014—2017年		4.8	9.0			PDK	8.5	
Panamera Turbo（970）	2014—2017年		4.8T	9.0			PDK	8.5	

154

车型	年款	发动机型号	排量	发动机机油加注量（维修机油加注与滤清器更换）（L）	发动机机油量（干式加注，包括滤清器）（L）	发动机机油型号	自动变速器型号	自动变速器容量（L）	变速器油型号
Panamera 2.9T（971）	2017—2019年	CSZ	2.9T	7.2	8.6	Mobil 0W40	PDK2	9	Pentosin Gear Oil FFL3 Plus
Panamera 4 2.9T（971）	2017—2019年	CSZ	2.9T	7.2	8.6	Mobil 0W40	PDK2	9	Pentosin Gear Oil FFL3 Plus
Panamera 4S 2.9T（971）	2017—2019年	CSZ	2.9T	7.2	8.6	Mobil 0W40	PDK2	9	Pentosin Gear Oil FFL3 Plus
Panamera Turbo（971）	2017—2019年	CVD	4.0T	9.5	11	Mobil 0W40	PDK2	9	Pentosin Gear Oil FFL3 Plus
Panamera GTS（971）	2017—2019年	CVD	4.0T	9.5	11	Mobil 0W40	PDK2	9	Pentosin Gear Oil FFL3 Plus
Panamera Diesel（971）	2017—2019年	DBU	4.0D	不更换滤清器为8.42L，更换滤清器为9.21L	10.81	0W30HTHS 3.5 低灰分	PDK2	9	Pentosin Gear Oil FFL3 Plus
Panamera 3.0T（971）	2017—2019年	3.0L V6 Turbo（LK2）	3.0T	7.2	8.6	Mobil 0W40	PDK2	9	Pentosin Gear Oil FFL3 Plus
Panamera 4 3.0T（971）	2017—2019年	3.0L V6 Turbo（LK2）	3.0T	7.2	8.6	Mobil 0W40	PDK2	9	Pentosin Gear Oil FFL3 Plus
Panamera 4 Hybrid 2.9T（971）	2017—2019年	2.9L V6 双涡轮增压	2.9T	6.8	8.6	Mobil 0W40	PDK2	9	Pentosin Gear Oil FFL3 Plus
Panamera Turbo S Hybrid 4.0T（971）	2017—2019年	4.0L V8 Turbo	4.0T	9.0	10.5	Mobil 0W40	PDK2	9	Pentosin Gear Oil FFL3 Plus
718 Cayman 2.0T	2016—2019年	MA220	2.0T	5.8			手动变速器 PDK	3.2 3.2+5.4	
718 Boxster 2.0T	2016—2019年	MA220	2.0T	5.8			手动变速器 PDK	3.2 3.2+5.4	
718 Cayman S 2.5T	2016—2019年	MA222	2.5T	5.8			手动变速器 PDK	3.2 3.2+5.4	

车型	车款	发动机型号	排量	发动机机油量（维修机油加注与滤清器更换）(L)	发动机机油量（干式加注，包括滤清器）(L)	发动机机油型号	自动变速器型号	自动变速器容量 (L)	变速器油型号
718 Boxster S 2.5T	2016—2019年	MA222	2.5T	5.8			手动变速器 PDK	3.2 3.2+5.4	
911 Carrera（991）	2012—2019年	MA104	3.4	7.5	10.4		PDK	5.3	
911 Carrera S（991）	2012—2019年	MA103	3.8	7.5	10.4		PDK	5.3	
911 GT3（991）	2013—2019年	MA175	3.8	7.5	10.4		PDK	5.3	
911 Turbo（991）	2013—2019年	MA171	3.8	7.5	10.4		PDK	5.3	
911 Turbo S（991）	2013—2019年	MA171S	3.8	7.5	10.4		PDK	5.3	
Boxster（981）	2012—2015年	MA122	2.7	7.5	10		PDK（CG2.05）	5.3	Pentosin Gear Oil FFL3 Plus
Boxster S（981）	2012—2014年	MA123	3.4	7.5	10		PDK（CG2.25）	5.3	Pentosin Gear Oil FFL3 Plus
Cayman（981）	2012—2015年	M122C	2.7	7.5	10		PDK（CG2.05）	5.3	Pentosin Gear Oil FFL3 Plus
Cayman S（981）	2012—2014年	M123C	3.4	7.5	10		PDK（CG2.25）	5.3	Pentosin Gear Oil FFL3 Plus
Macan（95B）	2014—2018年	CNC	2.0T	4.7	5.4		PDK	6.5（离合器、机电和油管路） 7.0（离合器、机电和油管路）	
Macan S（95B）	2014—2018年	CTM	3.0T	8.0	9.5		PDK	6.5（离合器、机电和油管路） 7.0（离合器、机电和油管路）	
Macan（95B-2）	2018—2019年		2.0T	4.7	5.4		PDK	6.5（离合器、机电和油管路） 7.0（离合器、机电和油管路）	
Macan S（95B-2）	2018—2019年		3.0T	7.6			PDK	6.5（离合器、机电和油管路） 7.0（离合器、机电和油管路）	
Macan Turbo（95B-2）	2018—2019年		2.9T	7.6			PDK	6.5（离合器、机电和油管路） 7.0（离合器、机电和油管路）	

第七章　上汽大众和斯柯达车系

一、上汽大众辉昂无机油尺发动机机油液面的检查

当心：发动机机油液位过高有可能会导致三元催化转换器损坏！排放发动机机油，直至达到规定油位位置。

检查时请注意下列事项：

（1）发动机机油温度至少60℃。

（2）在关闭发动机后等待几分钟，使得机油流回油底壳中。

（3）车辆处在水平位置。

通过信息娱乐系统显示器检查油位：

（1）打开点火开关，并且激活信息娱乐系统显示器。

（2）按压MIB信息娱乐系统上的"CAR"按键，点击选择→本车状态，点击显示屏左右箭头调至机油液位显示液面，即可查看当前的机油油位。

（3）读取发动机机油油位，如图7-1所示。机油液位高于A位置，应及时将多余的机油排出，以避免三元催化转换器损坏。机油液位低于C位置，须加注足够的机油，加注后液位不得超过A位置。

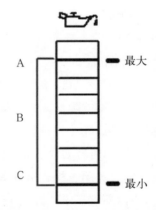

A.机油液位最大位置，不允许再加注机油　B.可加注机油。加注后液位不得超过A位置　C.机油液位最小位置，需及时加注机油。加注后液位不得超过A位置

图7-1

二、自动变速器液位检查

（一）大众09G变速器检查、排放和添加ATF油（朗逸、途安、Polo、明锐、昊锐、晶锐等车型）

1.所需要的专用工具和维修设备

（1）变速器油加注器转换接头SVW 6262。

（2）ATF加注系统V.A.G1924。

（3）笔记本故障诊断仪VAS6150（A/B/C等）。

（4）防护眼镜。

2. 测试前提

（1）变速器不允许处在紧急运行模式且油温不高于 30℃。

（2）车辆处在水平位置。

（3）换挡杆在位置 P。

（4）关闭空调器。

连接笔记本故障诊断仪 VAS6150，选择启动诊断、发动机、接受、无任务、控制单元列表、检测计划、选择自己的检测、驱动装置、6 速自动变速器 09G UDS、阅读测量数据段 – 自动变速器、加入检测计划、关闭、阅读测量数据段 – 自动变速器、进行检测。提示：开始测试时候，变速器油温不得高于 30℃，如有必要先让变速器冷却。

3. 检查 ATF 油位

（1）所需要的专用工具和维修设备。

①扭力扳手（5~60N·m）HAZET 6290–1CT 或 V.A.G1331。

②棘轮头 HAZET 6403–1。

（2）提示。

①通过 ATF 检查螺塞检查 ATF 液位。

②当 ATF 温度在 35~45℃（炎热地区 50℃）之间时，如果有少量的 ATF 从 ATF 检查螺塞中流出，则表示 ATF 液位正确（由于热量导致液位增加）。

③连接笔记本故障诊断仪 VAS6150A、VAS6150B、VAS6150C。

④选择启动诊断、发动机、接受、无任务、控制单元列表、检测计划、选择自己的检测、驱动装置、6 速自动变速器 09G UDS、01– 系统能够进行自诊断、功能、检查 ATF 液位、加入检测计划、关闭、检查 ATF 液位、进行检测。

（3）当诊断仪显示 ATF 温度在 35~ 45℃ 之间时。

注意：戴防护目镜。在散热器附近工作时，务必与风扇保持一定距离，因为风扇可能会自动接通而转动。

提示：ATF 液位随 ATF 温度变化而改变。当 ATF 温度过低时检测 ATF 液位会导致过度加注。当 ATF 温度过高时检测 ATF 液位会导致加注不足。过度加注和加注不足会破坏变速器的正常工作。只允许使用上汽大众要求的 ATF，请根据变速器标识字母查找所应添加的 ATF。注意：ATF 加注系统必须清洁并且 ATF 不允许与其他 ATF 混合！

旋出 ATF 检查螺塞，如图 7–2 中箭头所示。

每次更换 ATF 检查螺塞上的环形密封垫（图 7–3 中箭头）。

若 ATF 从溢流管箭头（图 7–4 中 2）的内部流出，则标明 ATF 液位正常。安装带新环形密封垫的 ATF 检查螺塞（图 7–4 中箭头 1），并拧紧至 25N·m。

若 ATF 未从溢流管（图 7–4 中箭头 2）内流出，则标明需要添加 ATF。加注 ATF，直至其从溢流管（图 7–4 中箭头 2）中间流出。注意：请用诊断仪检查 ATF 实时温度在

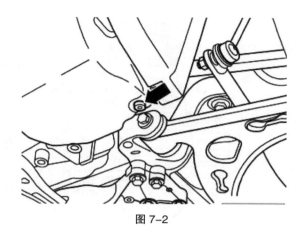

图 7-2

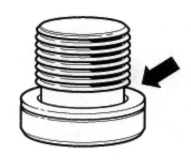

图 7-3

35~45℃之间。

⑤拧紧 ATF 检查螺塞，拧紧力矩：25N·m。

4. 加注 ATF

（1）所需要的专用工具和维修设备。

①扭力扳手（5~60N·m）HAZET6290-1CT 或 V.A.G1331。

②棘轮头 HAZET6402-1。

（2）加注前提。

①变速器不允许在紧急运行模式中。

②车辆处于水平状态。

③换挡杆在位置 P 且发动机在怠速运行。

④关闭空调装置。

提示：只允许使用上汽大众要求的 ATF，请根据变速器标识字母查找所应添加的 ATF。

（3）加注方法。

①连接笔记本故障诊断仪 VAS6150X。

②选择启动诊断、发动机、接受、无任务、控制单元列表、检测计划、选择自己的检测、驱动装置、6 速自动变速器 09G UDS、阅读测量数据段 – 自动变速器、加入检测计划、关闭、阅读测量数据段 – 自动变速器、进行检测。

③旋下 ATF 检查螺塞。

④将变速器油加注器转换接头 SVW6262 的铜接头选入螺孔。

⑤将 ATF 加注系统 V.A.G1924 连接到变速器油加注器转换接头 SVW6262 的软管。

⑥连接变速器油加注器转换接头 SVW6262 的软管和铜接头，如图 7-5 所示。

⑦将扳手推到位置 B 加注开始。

⑧加注一定量的 ATF 之后，关闭扳手，旋下变速器油加注器转换接头 SVW6262,观察

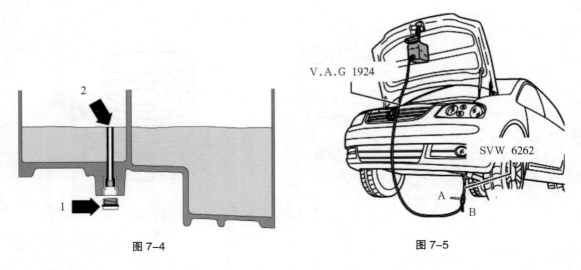

图 7-4

图 7-5

是否有 ATF 从加注螺孔处流出。提示：过度加注或加注不足都会破坏变速器的功能。ATF 油温度必须在 35~45℃之间。

⑨如果有 ATF 慢慢流出，等到螺塞孔无液体流出，更换密封圈后旋入 ATF 检查螺塞，拧紧力矩 25N·m。

⑩如果没有 ATF 流出，继续加注，直到流出为止。当心：如果加注较大量的 ATF 后，仍未从螺塞孔中流出，变速器可能存在较严重的泄漏问题，请仔细检查并排除故障。

5. 排放及添加 ATF

（1）所需要的专用工具和维修设备。

①扭力扳手（2~10N·m）HAZET6280-1 CT 或 V.A.G1783。

②棘轮头 HAZET6403-1。

（2）排放及添加剂。

提示：只允许使用上汽大众要求的 ATF，请根据变速器标识字母查找所应添加的 ATF。

①关闭发动机。

②举升车辆，将集油盘置于变速器下方。

③旋出检查螺塞及溢流管，排放 ATF。

④旋入溢流管。

⑤将变速器油加注器转换接头 SVW6262 的铜接头旋入螺孔（拧紧力矩 2N·m）。

⑥将 ATF 加注系统 V.A.G1924 连接到变速器油加注器转换接头 SVW 6262 的软管。

⑦连接变速器油加注器转换接头 SVW 6262 的软管和铜接头。

⑧将扳手推到位置 B，加注开始，加注一定量的 ATF 之后，关闭扳手，旋下变速器油加注器转换接头 SVW6262。

⑨更换新密封圈后用手拧紧检查螺塞。

⑩启动发动机。

⑪车辆在静止情况下，轮流切换至不同挡位，每个挡位停留约为 10s。

⑫检查及添加 ATF 液位。

（二）大众 OAM 7 挡双离合器变速器排放和添加变速器齿轮油（帕萨特、朗逸、途安、凌渡、明锐、昊锐等车型）

1. 所需要的专用工具和维修设备

（1）DSG 齿轮油加注器 SVW4001。

（2）废油接抽油机加注器 SVW2603A 或 V.A.G1782。

（3）抽油器 VAS5226。

（4）抽油器专用接头 SVW2627。

2. 提示

（1）变速器中已经添加的齿轮油可终身使用。因此正常情况下，不需要更换变速器齿轮油。

（2）如果变速器齿轮油出现泄漏情况，应当首先检查漏油的原因。

（3）变速器齿轮油零件号不得搞错。

3. 排放齿轮油

（1）将废油接抽油机 SVW2603A 或 V.A.G1782 放在变速器下方。

（2）旋出放油螺栓（图 7-6），排放变速器齿轮油并进行正确处理。提示：排放齿轮油时间不少于 10min。注意：每次更换变速器齿轮油时，在排放结束后须使用抽吸工具将变速器内残留的齿轮油抽吸干净（残留在变速器内的齿轮油油量约为 100mL），然后加注 1.7L 新的齿轮油。

4. 抽吸变速器内残余齿轮油

（1）将抽油器专用转接头 SVW2627 连接至抽油器 VAS5226，并将其伸入放油螺栓孔中。

（2）将抽油器专用转接头 SVW2627 伸入变速器内部直至区域，如图 7-7 所示。

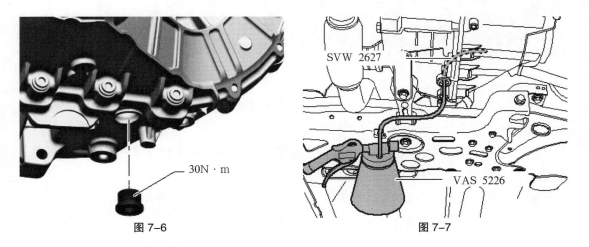

图 7-6　　　　　　　　　　　　　　　　图 7-7

（3）提示。

①抽油器转接头伸入变速器方向，如图 7-8 箭头所示。

②区域如图 7-8 中 A 和放油螺栓如图 7-8 中 B 的连线与变速器壳体与离合器壳体连接处所在直线夹角约为 30°。

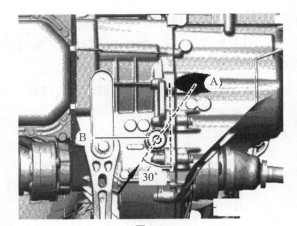

图 7-8

③连接压缩空气，打开抽油器 VAS5226 上的压缩空气阀，开始抽油。

④当出油量较少时，可左右转动抽油器专用转接头 SVW2627，以便尽可能把变速器中残留的齿轮油抽吸干净。

⑤安装放油螺栓，拧紧力矩：30N·m。

⑥维修并排除漏油故障。

5. 添加齿轮油

（1）沿箭头方向拔下变速器通气口的通气帽，如图 7-9 所示。

（2）使用 DSG 齿轮油加注器 SVW4001 沿箭头方向插入通气孔内，如图 7-10 所示。

（3）提示：必须使用上汽大众提供的变速器齿轮油。加油前，应先充分摇晃变速器齿轮油油瓶，再倒入 DSG 齿轮油加注器 SVW4001 中。

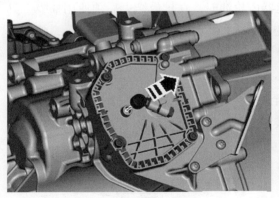

图 7-9

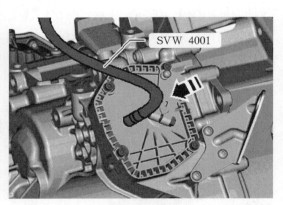

图 7-10

（4）添加 1.7L 变速器齿轮油。注意：齿轮油不允许多加或少加，否则会影响变速器的正常运转。使用抹布清洁通气孔周围的区域并安装通气口的通气帽。

（三）帕萨特 OAM 7 挡双离合器变速器排放和添加机电控制单元液压油（帕萨特、朗逸、途安、凌渡、明锐、昊锐等车型）

1. 所需要的专用工具和维修设备

（1）油 / 液抽接机 SVW2630 或 V.A.G1782。

（2）通用漏斗。

（3）机电控制单元的液压油是一种长效油，无法检查其油位。

2. 当心机电单元有损坏的风险

（1）只允许使用机电控制单元的液压油。

（2）其他类型的油会导致机电单元发生功能故障或失灵。

（3）无法检查双离合器变速器机电装置 J743 内液压油位。进行装配工作时，必须对双离合器变速器机电装置 J743 的排气口进行密封，以防止液压油泄漏。若双离合器变速器机电装置 J743 的液压油流出无法检查。

（4）若液压油不慎流出只能通过更换液压油的方式调整到正确的液压油位，无法直接检查其液压油位。

（5）加注不足或加注过多均会影响机电控制单元的功能。

3. 前提条件

（1）机电单元已经拆下。

（2）排放液压油。

（3）拆卸加油螺栓，如图 7-11 中箭头所示。

（4）提示：每次拆卸后更换螺栓。如果尚未取下，请拆下排气口罩盖，如图 7-12 中箭头所示。

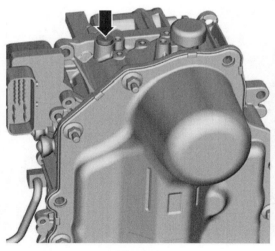

图 7-11

图 7-12

（5）注意：有些变速器机电控制单元上的排气口罩盖在拆卸时会被损坏，必须更换。提示：倒转机电控制单元后液压油可以从加油孔和排气孔中同时流出。请确保这两个开口在油 / 液抽接机 SVW2630 或 VAG1782 的收集盘内。倒转机电控制单元并完全排空液压油。

4. 加注液压油

图 7-13

（1）提示：结束机电控制单元的所有维修工作后，才能加注新液压油。排空机油后，重新旋转机电控制单元，使其加油孔朝上，如图 7-13 所示将干净的通用漏斗插入加注孔。

（2）提示：打开前摇晃油瓶。

（3）加注 0.9L 液压油。

（4）安装新的加油螺塞，拧紧力矩 5N·m+ 继续旋转 90°。当心：机电控制单元有损坏的危险。

（5）若液压油不慎流出只能通过更换液压油的方式调整正确液位，无法直接检查其液位。

（6）加注不足与加注过多都会影响机电控制单元的性能。

（7）用干净合适的塞子密封机电单元排气孔，以避免安装时有液压油从孔中流出。

（8）安装机电单元。

（四）大众 ODL 7 挡湿式变速器检查、排放、添加变速器齿轮油液位（适用于 MQB 平台）（包括途观 L、途昂、柯迪亚克、新明锐等车型）

1. 检查变速器齿轮油液位

（1）专用工具。

①油 / 液抽接机 SVW 2603A 或 V.A.G1782。

②扭力扳手（5~60N·m）HAZET6290-1 CT 或 V.A.G1331。

③棘轮头 HAZET 6403-1。

④ B5 轮毂螺帽套头 HAZET986-14。

⑤变速器加油工具 SVW4004。

⑥笔记本车辆诊断系统 VAS6150A/VAS6150B/VAS6150C/VAS6150D。

（2）前提条件。

①发动机已关闭。

②车辆处于水平状态，举升机的 4 个支撑架位于相同高度。

③拆卸底部隔音板。

④换挡杆挂入 P 挡。

⑤笔记本车辆诊断系统 VAS6150A/VAS6150B /VAS6150C/VAS6150D 已连接。

⑥在开始相关工作之前，要求齿轮油温度不得高于 45℃。

⑦检查变速器齿轮油液位时，要求齿轮油温度在 35~45℃之间。

（3）检查。

①提示。

如果变速器齿轮油温度高于 45℃时，首先应让变速器冷却：

用诊断仪读取变速器齿轮油温度。

控制单元列表→右击变速器电控系统→引导性功能→02 检查油位→执行。

点击屏幕右侧上方"是"，查看齿轮油实际温度值。

再次点击屏幕右侧上方"是"，根据故障诊断仪提示进行操作。

②提示：变速器的齿轮油温度要求在 35~45℃之间。

挂入 P 挡，启动发动机并怠速运行。

拧出变速器放油螺栓，如图 7-14 中箭头 B 所示。

更换放油螺栓垫片，如图 7-15 中箭头所示。

（4）提示。即使变速器齿轮油液位很低的情况下，当旋出放油螺栓后仍然有少量的变速器齿轮油会漏出，因为变速器在运行过程中齿轮油可能会进入油位管。

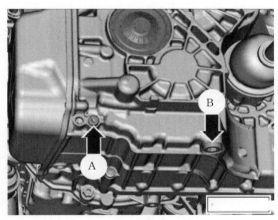

图 7-14

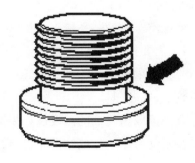

图 7-15

让变速器齿轮油自然地流出。

当多余变速器齿轮油基本流出后（开始出现滴油情况），安装带新垫片的放油螺栓。

如果之前没有齿轮油流出来，需要加注变速器齿轮油。

（5）添加。

①用手将变速器加油工具 SVW4004 中的适配接头 A 旋入放油孔中，如图 7-16 所示。

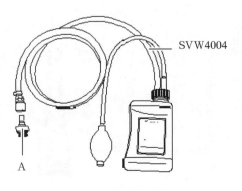

图 7-16

165

②打开储油罐之前先摇晃，并将变速器加油工具 SVW4004 旋在储油罐上。

③加入 1L 变速器齿轮油。

④用手旋出变速器加油工具 SVW4004。

⑤继续连接笔记本车辆诊断系统 VAS6150A/VAS6150B/VAS6150C/VAS6150D，直至显示出齿轮油温度，要求温度在 35~45℃之间。

⑥如果此时齿轮油从放油孔中流出。提示：此时没必要再继续添加齿轮油，让多余的变速器齿轮油自然地流出，让多余的变速器齿轮油基本流出后（当开始出现滴油的情况），安装带新垫片的放油螺栓。拧紧力矩：45N·m。

⑦如果此时齿轮油没有从放油孔中漏出，继续按照上面的步骤添加变速器齿轮油。注意：变速器齿轮油液位太高或太低都会对变速器的性能产生不利影响。

2. 排放和添加变速器齿轮油

（1）专用工具和维修设备。

①油 / 液抽接机 SVW2603A 或 V.A.G1782。

②扭力扳手（5~60N·m）HAZET6290–1CT 或 V.A.G1331。

③棘轮头 HAZET6403–1。

④ B5 轮毂螺帽套头 HAZET986–14。

⑤变速器加油工具 SVW4004。

⑥笔记本车辆诊断系统 VAS6150A/VAS6150B/VAS6150C/VAS6150D。

（2）简要描述。

当心！必须确保齿轮油加注工具清洁，不允许混入其他种类的油。必要时，用齿轮油清洗齿轮油加注工具。

①首先读取齿轮油的温度。如果高于 45℃，则先让变速器冷却。

②在发动机不工作的情况下，旋出油位管并排出齿轮油。然后重新安装油位管并加注齿轮油。

③启动发动机，要求齿轮油温度在 35~45℃之间，排放多余的齿轮油，直至齿轮油位与油位管齐平，如图 7–17 所示。

（3）前提条件。

①发动机已关闭。

②车辆处于水平状态，举升机的 4 个支撑架位于相同高度。

③已经拆卸底部隔音板。

④已经拆卸左前轮罩内板。

⑤换挡杆挂入挡位 P。

⑥连接笔记本车辆诊断系统

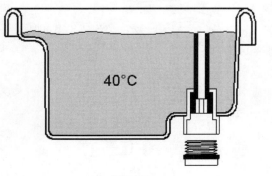

图 7–17

VAS6150A/VAS6150B/VAS6150C/VAS6150D。

⑦执行换油工作时，齿轮油温度不得高于45℃。

⑧注意相关维修说明和维修工作清洁事项。只允许使用对应的双离合器齿轮油。未经许可的其他齿轮油可能会引起变速器功能故障。当心：注意此时变速器齿轮油是热的，请做好相关防护措施以防止对人体造成伤害。

⑨进入笔记本诊断仪 VAS6150A/VAS6150B/VAS6150C/VAS6150D。

⑩选择控制单元列表。

⑪右击选择变速器电控系统。

⑫引导性功能。

⑬执行读取数据流，选择齿轮油温度。

⑭根据故障诊断仪提示进行操作。提示：如果齿轮油温度高于45℃，则先让变速器冷却。关闭发动机，以待变速器逐渐冷却。

将接油盘放在变速器的下面。

（4）排放。

①拧出放油螺栓，如图 7-18 中箭头 B 所示。

②更换放油螺栓的垫片，如图 7-19 中箭头所示。

③拆下油位管（图 7-20 中箭头）并让齿轮油流出。

④拧出机电装置侧的放油螺栓箭头（图 7-18 中 A），以进一步排放变速器齿轮油。提示：大约再流出 1.7L 油。以额定要求拧紧机电装置侧的放油螺栓，拧紧力矩 20N·m。

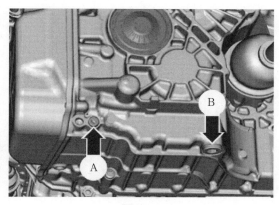

图 7-18

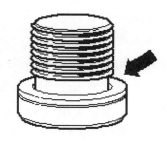

图 7-19

（5）加注。

①提示：通常无须拆卸齿轮油滤清器。注意齿轮油滤清器的相关说明。拧上油位管，直至止点，并拧紧至 3N·m。用手将变速器加油工具 SVW4004 中的适配接头 A 旋入放油孔中，如图 7-21 所示。

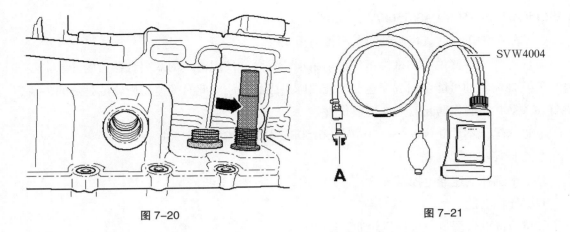

| 图 7-20 | 图 7-21 |

②打开储油罐之前先摇晃，并将变速器加油工具SVW4004旋在储油罐上。

③添加齿轮油。

④提示：在更换齿轮油罐时，应将变速器加油工具SVW4004置于变速器的上方，以防止变速器齿轮油从管路中漏出。

⑤启动发动机，此时变速器加油工具SVW4004应当还旋在变速器上。

⑥踩住制动踏板，将换挡杆在每个挡位停留3s，然后将换挡杆置于P挡。

⑦不关闭发动机，检查变速器齿轮油液位。注意：变速器齿轮油温度应当在35~45℃之间。

（五）途观ODL 7挡湿式变速器检查、排放、添加变速器的齿轮油液位（包括途观L、途昂、途岳、柯迪亚克等车型）

1. 检查变速器的齿轮油液位

（1）变速器安装在车上。

（2）车辆处于水平状态，举升机的4个支撑架位于相同高度。

（3）拆卸底部隔音板。

（4）将收集盘放置在变速器下。

（5）拧出齿轮油加注螺栓（图7-22中1）。

（6）如有必要，应添加齿轮油。

（7）拧入新的加注螺栓，并拧紧至额定要求15N·m。

（8）当心：必须确保齿轮油加注工具清洁，不允许混入其他种类的油！必要时，用齿轮油清洗齿轮油加注工具。

（9）注意：热的齿轮油存在受伤风险：佩戴护目镜，戴上耐酸侵蚀的防护手套。

（10）提示：拆卸后更换加油螺栓。

（11）当变速器内的齿轮油液位与齿轮油加注口的下边缘平齐时，表示齿轮油液位正确。

（12）仔细清除滴落在变速器上的齿轮油。

2. 排放和加注变速器齿轮油

（1）专用工具和维修设备。

①扭力扳手（4~40N·m）HAZET 6282-1CT 或 V.A.G1410。

②棘轮头 HAZET6402-1。

③TORX 工具 HAZET1557/32 或 V.A.G1766。

④加注工具 SVW6291。

⑤转换接头（3/8 转 4/1）HAZE 8858-2。

⑥变速器齿轮油加注器 SVW6291/1。

⑦变速器中齿轮油零件号严格遵守规定。

⑧当心：必须确保齿轮油加注工具清洁，不允许混入其他种类的油！必要时，用变速器齿轮油清洗加注工具。

（2）更换步骤。

①车辆处于水平状态，举升机的 4 个支撑架位于相同高度。

②拆卸底部隔音板。

③将收集盘放置在变速器下。

④拧出放油螺栓（图 7-23 中 2），排放齿轮油。

⑤拧入新的放油螺栓。

⑥用规定的拧紧力矩拧紧放油螺栓。

⑦拧出齿轮油加注螺栓（图 7-23 中 1）。

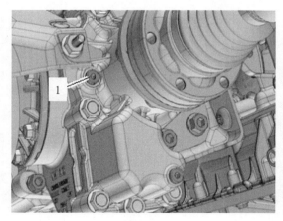

图 7-22

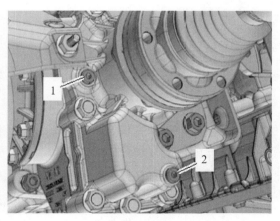

图 7-23

⑧拧入变速器齿轮油加注器 SVW6291/1-A，直至止动位置，如图 7-24 所示。

⑨加注齿轮油。

⑩注意：热的齿轮油存在受伤风险。佩戴护目镜，戴上耐酸侵蚀的防护手套。提示：

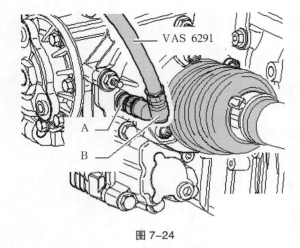

VAS 6291

A

B

图 7-24

齿轮油加注螺栓每次更换。

⑪如果齿轮油在转接头 A 上流出，则说明变速器齿轮油液位已达到规定要求。

⑫如果还没有齿轮油流出，请继续加注。

⑬加注完毕后，拧下变速器齿轮油加注器 SVW6291/1。

⑭拧入旧的加注螺栓。

⑮启动发动机，挂入挡位并让变速器转动约 2min。

⑯发动机熄火后，并拧出齿轮油加注孔的螺栓。

⑰检查油位，必要时重新加注齿轮油，直至加注孔下边缘。

⑱拧入新的加注螺栓，并以规定的拧紧力矩拧紧，扭紧力矩 15N·m。

⑲提示：清洁变速器上流出的齿轮油。

⑳安装底部隔音板。

（六）辉昂 0CK 7 挡湿式变速器检查、排放、添加变速器的齿轮油液位（针对 MLB 平台 2.0L 发动机）

1. 检查 ATF 油液位

（1）专用工具和维修设备。

①油液抽接机 SVW2630 或 V.A.G1782。

② SVW6291/2。

③ SVW6291/1-2。

④防护眼镜。

⑤耐酸防护手套。

（2）检测条件。

①变速器不得处于紧急运行状态。

②将车辆停放在举升机上，车辆处于水平状态。

③换挡杆在位置 P 挡。

④拉起电子驻车制动器按钮，以使得电子驻车制动器工作。

⑤废气抽排装置的抽吸软管已连接至排气尾管。

⑥空调和暖风已关闭。

⑦ VAS 诊断设备已连接。

⑧开始检查时 ATF 温度不允许超过 35℃，如果温度过高，则必须首先让变速器冷却。

⑨提示。

ATF 油位随 ATF 油温变化而改变。

ATF 油温过低时检查 ATF 油位，会导致加注过多。

ATF 油温过高时检查 ATF 油位，会导致加注不足。

加注过多与加注不足都会影响变速器功能。

（3）工作步骤。

①提示：检查和加注的螺栓务必每次更换。

②连接笔记本车辆诊断系统 VAS6150A/VAS6150B/VAS6150C/VAS6150D。

③启动诊断→控制单元列表→右击选择变速器→引导性功能→ATF 油位→执行。

④按照诊断仪屏幕提示，进行相关工作。当心：ATF 油和变速器齿轮油 MTF 有共同的排气通道，ATF 油和变速器齿轮油 MTF 混合后有损坏变速器的危险；ATF 的加注量不得超过 0.5L。

⑤拆卸后部隔音板。提示：ATF 液位是通过 ATF 检查和加注口检查的。如果 ATF 温度位于 35~45℃之间，ATF 检查和加注口中有微量的液体流出（温度越高，则 ATF 膨胀，液位升高），则说明 ATF 液位正确。

⑥将油 / 液抽接机 SVW2630 或 V.A.G1782 放在下方。注意：眼睛有受伤害的危险，请戴好防护眼镜！

⑦如果 ATF 温度达到 35℃，则拧出 ATF 检查和加注螺栓（图 7-25 中箭头），必要时排除多余的 ATF 油。如果在 ATF 达到 45℃之前，有 ATF 从检查和加注口溢出，则说明 AT 油位正常；如果温度至 45℃时仍没有 ATF 油从检查和加注口流出，则请加注 ATF 油。

⑧关闭发动机并让变速器冷却到 35℃。当心：变速器有损坏的危险。务必使用正确的双离合器变速器 OCK 的 ATF 油。

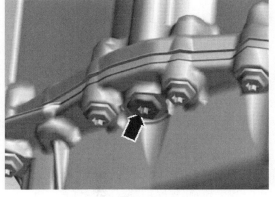

图 7-25

其他 ATF 油或者其他种类的油会导致变速器功能故障或失灵。必须确保 ATF 加注工具清洁，防止加入的 ATF 油中混入其他种类的油！注意：眼睛有受伤的危险，请佩戴防护眼镜！

⑨清洁 SVW6291/2 和适配接头 SVW6291/1-2，必要时用 ATF 油进行冲洗。

⑩将 SVW6291/2 和适配接头 SVW6291/1-2 插入孔内。当心：ATF 油和变速器齿轮油（MTF）有共同的排气通道，ATF 油和变速器齿轮油（MTF）混合后有损坏变速器的危险。ATF 油的加注量不得超过 0.5L。

⑪将 0.5L ATF 油注入变速器。

⑫重复进行以上检查 ATF 油液位的步骤。提示：最迟在 45℃时，ATF 检查和加注口

螺栓需再次拧紧。ATF油液位正确后,更换检查和加注螺栓以及O形圈,并拧紧至止动位置。

⑬拧紧新的检查和加注螺栓,完成ATF油液位检查的相关工作。

⑭安装后部隔音板。

2. 排放和添加ATF油液

(1)专用工具和维修设备。

①油液抽接机SVW2630或V.A.G1782。

②SVW6291/2。

③适配接头SVW6291/1-2。

④防护眼镜。

⑤耐酸防护手套。

(2)排放ATF油操作步骤。

①提示:更换ATF放油螺栓、检查加注螺栓及O形圈。发动机已经关闭;将车辆停放在举升机上,车辆处于水平状态;换挡杆在位置P挡;拉起电子驻车制动器按钮,以使得电子驻车制动器工作。

②拆卸后部隔音板。

③将一块抹布放在副梁十字支撑面上。

④清洁副梁十字支撑,清除残余的ATF油。

⑤将油液抽接机SVW2630或V.A.G1782放在下方。

⑥连接笔记本车辆诊断系统AVS6150A/VAS6150B/VAS6150C/VAS6150D。启动诊断→控制单元列表→右击变速器→引导性功能→ATF油位→01排放→执行。

⑦按照诊断仪提示,进行相关工作。注意:眼睛有受伤的风险,请戴好防护眼睛!

⑧拧出ATF放油螺栓(如图7-26中箭头所示),排出ATF油。

⑨当心:如果变速器内没有ATF油,则不得启动发动机,否则有损坏变速器的危险。提示:请遵守废弃物处理规定。

⑩更换ATF放油螺栓,并拧紧。

(3)添加ATF油液。

①当心:务必使用正确双离合器变速器OCK的ATF油,其他ATF油或者其他种类的油会导致变速器功能故障或失灵。必须确保ATF加注工具清洁,防止加入的ATF油中混入其他种类的油!注意:避免眼睛受到伤害,请佩戴防护眼镜。

②拧出检查和加注螺栓,见图7-25。

③清洁SVW6291/2和适配接头SVW6291/1-2,必要时用ATF油进行冲洗。

④将SVW6291/2和适配接头SVW6291/1-2插入孔内,如图7-27所示。当心:ATF油和变速器齿轮油MTF有共同的排气通道,ATF油和变速器齿轮油MTF混合后有损坏变速器的风险,ATF的加注量不得超过3.5L。

图 7-26

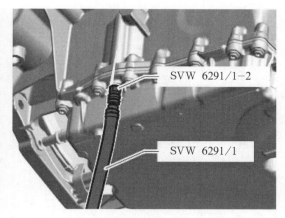

图 7-27

⑤向变速器注入 3.5L ATF 油。

⑥连接笔记本诊断仪 VAS6150A/VAS6150B/VAS6150C/VAS6150D，启动诊断→控制单元列表→右击变速器→引导性功能→ ATF 油位→ 02 加注→执行。

⑦按照诊断仪屏幕提示，进行相关工作。

⑧拧紧检查和加注螺栓。

⑨检查 ATF 油液位。

⑩安装后部隔音板。

（七）辉昂 OB5 7 挡湿式变速器检查、排放、添加变速器的齿轮油液位（针对 MLB 平台 3.0L 发动机）

1. 检查 ATF 油液位

（1）专用工具和维修设备。

①扭力扳手（5~60N·m）HAZET6290-1CT 或 V.A.G1331。

②棘轮头 HAZET6403-1。

③油液抽接机 SVW2630 或 V.A.G1782。

④笔记本车辆诊断仪 VAS6150A/VAS6150B/VAS6150C/VAS6150D。

⑤套筒 HAZET986-10。

⑥注意：配备空气悬架的车辆在上举升机前，即四轮离开地面之前，必须先激活汽车千斤顶模式，否则有损坏空气悬架的危险。

（2）检查。

①当心：务必使用正确的 7 挡双离合器变速器的 OB5 ATF 油，其他 ATF 油或者其他种类的油会导致变速器功能故障或失灵。必须确保 ATF 加注工具清洁，防止加入的 ATF 油中混入其他种类的油。

②提示。

ATF 温度可在故障诊断仪上读取。

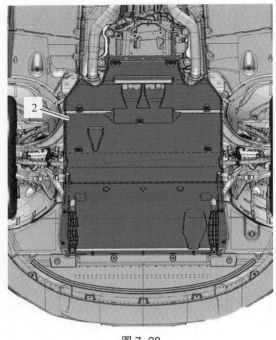

图 7-28

ATF 油位随 ATF 油温变化而改变。

ATF 油温过低时检查 ATF 油位，会导致加注过多。

ATF 油温过高时检查 ATF 油位，会导致加注不足。

加注过多与加注不足都会影响变速器的功能。

（3）检测条件。

①变速器不得处于紧急运行状态。

②将车辆停放在举升机上，车辆处于水平状态。

③换挡杆在位置 P 挡。

④拉起电子驻车制动器按钮，以使得电子驻车制动器工作。

⑤废气抽排装置的抽吸软管已连接至排气尾管。

⑥空调器和暖风已经关闭。

⑦VAS 诊断设备已连接。

⑧开始检测时，ATF 油温度不得高于 30℃，因为 ATF 油温度在检测时会升高。

（4）检测 ATF 油液位。

①连接诊断仪，按以下步骤进行：控制单元列表→右击变速器电控系统→引导性功能→读取测量值→变速器油温度→读取 ATF 油温。

②拆卸后部隔音板，如图 7-28 中 2 所示。

③在换挡杆位于 P 挡时，启动发动机。

④踩下制动踏板，在怠速转速时依次切换所有换挡杆位置（P/R/N/D/S），同时必须在每个位置至少停留 10s。

⑤将换挡杆切换到 N 位置。

⑥将换挡杆切换到 P 位置。

⑦让发动机继续以怠速运转。

⑧将油液抽接机 SVW2630 或 V.A.G1782 放置在变速器下方。注意：请戴好防护眼镜，避免眼镜受伤害。

⑨当 ATF 油温度达到 30℃，拧出 ATF 检查和加注螺栓，如图 7-29 中箭头所示。

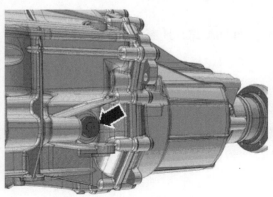

图 7-29

当ATF油温度处于30~50℃之间时，ATF检查和加注螺栓上有微量的液体流出，那么说明ATF液位正确，如果情况不是如此，那么必须添加ATF。

⑩提示：在ATF油温度达到50℃前，拧紧ATF检查和加注螺栓至额定要求。拧紧ATF检查螺栓。

⑪安装后部隔音板。

2. 排放和添加ATF油

（1）专用工具和维修设备。

①扭力扳手（5~60N·m）HAZET 6290-1CT或V.A.G1331。

②棘轮头HAZET6403-1。

③适配接头SVW6291/1-1。

④套筒HAZET986-10。

⑤油液抽接机SVW2630或V.A.G1782。

⑥注意：配备空气悬架的车辆在上举升机前，即车轮离开地面之前，必须先激活汽车千斤顶模式，否则有损坏空气悬架的危险。当心：如果变速器维修后或者由于泄漏原因，变速器内只有少量或没有ATF油，则不允许启动发动机，否则有损坏变速器的危险。

（2）排放ATF油。

①前提条件：发动机处于关机状态；将车辆停在举升机上，车辆处于水平状态。换挡杆处于P挡；拉起电子驻车制动器按钮，以使得电子驻车制动器工作。

②拆卸后部隔音板（图7-28中2）。

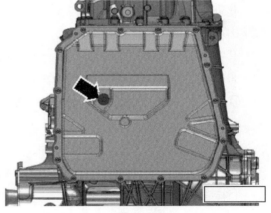

③将油液抽接机SVW2630或V.A.G1782放置于变速器下方。

④拧出ATF放油螺栓，如图7-30中箭头所示，将ATF油完全排出。

⑤更换ATF放油螺栓的密封垫片。

图7-30

⑥拧紧ATF放油螺栓。提示：更换ATF油时，同时需要更换ATF滤芯。

（3）添加ATF油。

①当心：务必使用正确的7挡双离合变速器0B5 ATF油，其他ATF油或者其他种类的油会导致变速器功能故障或失灵；必须确保ATF加注工具清洁，防止加入的ATF油中混入其他种类的油！

②务必确保SVW6291/2干净，必要时用ATF油冲洗清洁。

③向SVW6291/2的储液罐中加注双离合器变速器0B5的ATF油。

④将SVW6291/2的储液罐固定在汽车上尽可能高的地方。

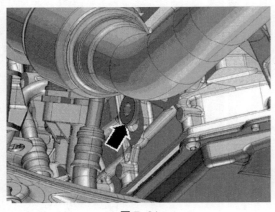

图 7-31

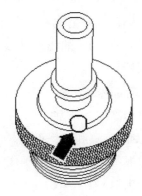

图 7-32

⑤使用套筒 HAZET986-10 拧出 ATF 检查和加注螺栓，如图 7-31 中箭头所示。

⑥将适配接头 SVW6291/1 和 SVW6291/2 安装到变速器上。提示：安装适配接头 SVW6291/1-1 时观察孔，箭头必须垂直向下，使观察孔处于最低位置，适配接头 SVW6291/1-2 无须完全拧入，如图 7-32 所示。

⑦操作 SVW6291/2 使 ATF 油加注到变速器中，直至 ATF 油从适配器接头 SVW6291/1-1 的观察孔中流出。

⑧拆下 SVW6291/2 和适配接头 SVW6291/1-1，此时多余的 ATF 油会从变速器的加注口流出。

⑨将换挡杆切换到 P 挡位。

⑩启动发动机，过 20s 后重新关闭。

⑪再次用 SVW6291/2 加注 ATF 油，直至 ATF 油从观察孔中溢出。

⑫启动发动机并让其怠速运转。

⑬继续用 SVW6291/2 加注 ATF 油，直至 ATF 油再次从观察孔中溢出。

⑭拧出适配接头 SVW6291/1-2，拧入 ATF 检查和加注螺栓。

⑮检查 ATF 油液位。

（八）6 挡双离合器变速器 ODD（途观 PHEV/ 帕萨特 PHEV）

1. 检查变速器油

（1）专用工具和维修设备。

①油 / 液抽接机 SVW2603A 或 V.A.G1782。

②扭力扳手（5~60N·m）HAZET6290-1CT 或 V.A.G1331。

③棘轮头 HAZET6403-1。

④B5 轮毂螺帽套头 HAZET986-14。

⑤变速器加油工具 SVW4004。

⑥笔记本车辆诊断系统 VAS6150X 系列。

（2）前提条件。

①遵守清洁规则。

②变速器油零件号按照规定。

③注意有关变速器油滤清器的相关说明。

④发动机已经关闭。

⑤换挡杆手柄挂入挡位 P。

⑥拉起制动器按钮。

⑦车辆处于水平状态，举升机的 4 个支撑架位于相同高度。

⑧在开始工作前，要求变速器的温度在 20~40℃之间。

⑨打开点火开关，连接笔记本车辆诊断系统 VAS6150X。

⑩拆卸隔音板。

（3）检查。

①提示：如果变速器油温高于 30℃，首先应该让变速器冷却。

②用诊断仪读取变速器油温度，控制单元列表→右击变速器电控系统→引导性功能→检查油位→执行。

③挂入 P 挡，启动发动机并怠速运行。

④拧出变速器放油螺栓（如图 7-33 中 1 所示）。

⑤更换放油螺栓垫片（如图 7-33 中 2 所示）。提示：即使变速器油液位很低的情况下，当旋出放油螺栓后仍然有少量的变速器油会漏出，因为变速器在运行过程中变速器油会进入溢流管。无论变速器油液水平如何，约 30s 会有少量的油从溢流管中流出，其为冷却双

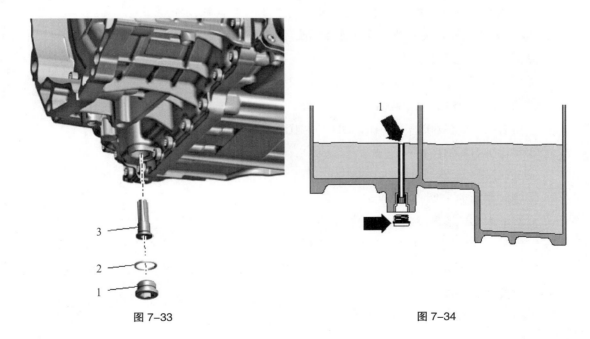

图 7-33　　　　　　　　　　　　　　　　　　图 7-34

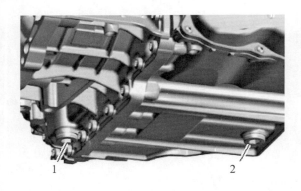

图 7-35

离合器的变速器油脉冲所致，此不能作为判断油位满足要求的依据。

⑥让变速器油从溢流管（图 7-34 中 1）中自然地流出。

⑦当多余的变速器油基本流出后（开始出现滴油情况），安装带新垫片的放油螺栓。

⑧如果之前没有变速器油流出来，需要加注变速器油。

2. 添加变速器油

（1）用手将变速器加油工具 SVW4004 中的适配接头旋入放油孔（图 7-35 中 1）。

（2）打开储油罐之前先摇晃，并将变速器加油工具 SVW4004 旋在储油罐上。

（3）加入 1L 变速器油。

（4）用手旋出变速器加油工具 SVW4004。

（5）继续连接笔记本车辆诊断系统 VAS6150X 系列，直至显示出变速器油温度，要求温度在 20~40℃之间。如果此时变速器油从放油孔中漏出，提示：此时没必要再添加变速器油。

（6）让多余的变速器油自然流出。当多余的变速器油基本流出后（当开始出现滴油情况），安装带新垫片的放油螺栓。力矩：45N·m。

（7）如果此时变速器油没有从放油孔中漏出，继续按照上面的步骤添加变速器油。注意：变速器油液位太高或太低都会对变速器性能产生不利影响。

（8）关闭点火开关并断开诊断连接插头。

3. 排出和加注变速器油

（1）所需要的专用工具和维修设备。

①油 / 液抽接机 SVW2603A 或 V.A.G1782。

②扭力扳手（5~60N·m）HAZET6290-1CT 或 V.A.G1331。

③棘轮头 HAZET6403-1。

④B5 轮毂螺帽套头 HAZET986-14。

⑤变速器加油工具 SVW4004。

⑥笔记本车辆诊断系统 VAS6150X 系列。

⑦提示：遵守清洁规则。变速器油零件号符合规定。注意有关变速器油滤清器的相关说明。当心：必须确保变速器油加注工具清洁，不允许混入其他种类的油！必要时，用变速器油清洗变速器油加注工具。

（2）前提条件。

①发动机已经关闭。

②换挡杆手柄挂入挡位 P。

③拉起制动器按钮。

④车辆处于水平状态，举升机的 4 个支撑架位于相同高度。

⑤拆卸隔音板。

⑥打开点火开关，连接笔记本诊断仪 VAS6150X 系列，选择控制单元列表→右击变速器电控系统→引导性功能→排出变速器油→执行。提示：引导性功能排出变速器油锁止了机电装置上的油泵并排空了蓄压器。

⑦将变速器油盘放在变速器下面。

（3）排放变速器油。

①旋出螺栓（图 7-35 中 1 和 2）。

②旋出左侧前轮罩内板底部螺栓，使得左侧前轮罩内板可以活动。

③旋出双离合器变速器机电装置 J743 的放油螺栓（图 7-36 中箭头）。

④旋出溢流管（图 7-33 中 3），并让变速器油流出。

⑤完全排放变速器油。

（4）加注变速器油。

①当心：如果更换了变速器机电装置，则必须通过变速器机电装置的加油螺栓加注机油。更换所有螺栓的密封圈，如图 7-37 中箭头所示。

②拧紧螺栓（图 7-35 中 2），拧紧力矩：45N·m

③拧紧变速器机电装置的螺栓（图 7-36 中箭头），拧紧力矩：20N·m。

④安装溢流管（图 7-33），拧紧力矩：45N·m。

⑤用手将变速器加油工具 SVW4004 中的适配接头旋入放油孔（图 7-35 中 1）。

⑥打开储油罐之前先摇晃，并将变速器加油工具 SVW4004 旋在储油罐上。

⑦尽量将储油罐和变速器加油工具 SVW4004 放在变速器上方，加注约 5L 变速器油。

⑧检查变速器油位，如有必要添加变速器油。

图 7-36

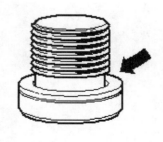

图 7-37

三、保养灯复位方法

（一）手动复位

1.仪表类型（图7-38）

仪表中间有两个按键，一般使用在低端车型上面（朗逸、Polo、桑塔纳、斯柯达晶锐、昕锐等车型，以及MQB平台上的柯米克等仪表上有两个按键的车型）。图7-38中显示该车剩余500km需要进行保养。

图7-39显示该车保养周期已到，需要及时保养，具体表现是打开点火开关后，INSP英文字母一直点亮提示，而其边上小扳手符号则在闪烁，提示保养周期已到。

图7-38

图7-39

复位步骤：

（1）关闭左前门，点火开关关闭状态下按住图7-38中按键二不放。

（2）打开点火开关，仪表显示如图7-40所示。

（3）此时松开图7-38中按键二。

（4）大约20s之内同时按下图7-38中按键一和按键二，若超过20s则仪表上扳手会消失，重新显示出里程，此时需要重新开始所有步骤。

（5）同时按下图7-38中按键一和按键二后，仪表即时显示总里程数字，则复位成功。

2.仪表上一个按键的车型（适应于MQB平台新明锐、朗逸PLUS、凌渡等车型）

特点：该型号仪表上只有一个按键位于中央（图7-41），其特点是每次打开点火开关或关闭点火开关之后，仪表中央显示屏会提示保养周期状态5s左右，若保养周期已到（图

图7-40

图7-41

7–42），同时仪表会有"咚"一下提示铃音。

复位步骤：

（1）关闭左前门，在点火开关关闭状态下按住仪表上按键。

（2）按住按键同时打开点火开关后再松开按键。

（3）仪表显示如图7–43所示。

图 7–42　　　　　　　　　　　　　　　图 7–43

（4）短时间内松开按键再次按下即可复位。

3.仪表上没有按键的车型（图7–44为柯迪亚克仪表，包括辉昂、途昂等纯液晶显示仪表）

该车型保养无法手动复位，只能通过MIB调出车况检查及保养剩余时间和里程等信息，如图7–44所示。

（二）使用设备（针对所有大众斯柯达所有新款车型）

所需要的专用工具和维修设备：车辆诊断系统VAS6150系列进行操作。

（1）启动诊断。

（2）进入控制单元列表。

（3）在仪表（017–仪表板/发动机防盗锁止系统）上右击选择引导性功能。

（4）选择017–换油保养（固定周期）以及0017–常规检查，分别选择执行。

（5）按照屏幕上操作提示进行完成即可。提示：诊断仪中选择换油保养（固定周期）意为对更换机油机滤周期的提醒复位，而选择常规检查则是对检查项目周期的提醒复位。

图 7–44　　　　　　　　　　　　　　　图 7–45

四、上汽大众和斯柯达车系换油规格（表 7–1）

表 7-1

项目　车型	年款	发动机型号	排量	发动机机油量（维修机油加注与滤清器更换）	发动机机油量（干式加注，包括速清器）	发动机机油型号	自动变速器型号	变速器容量（L）	变速器油型号	分动箱型号	分动箱容量	分动箱油型号
桑塔纳（新Polo、朗逸、速腾、柯米克、昕动等车型）	2017款	CPD	1.6L	出租车：4.5L 私家车：4.0L	增加0.5L	SAE 5W/40	09G/AQ160	5.5L	G 052 540 Z2			
	2018款	CKA	1.4L	4.0L	增加0.5L	SAE 5W/40	5挡手动 02T	2.1L	G 052 512 Z2			
		DLX/DLF	1.5L	4.0L	增加0.5L	SAE 5W/40		同上 —				
		CUC（气油 CNG）	1.6L	出租车：4.5L 私家车：4.0L	增加0.5L	SAE 5W/40						
朗逸（新Polo、帕萨特、速安、新明锐、新速派、野帝、柯迪亚克亚克等车型）	2014-2018	CSR	1.6L	出租车：4.5L 私家车：4.0L	增加0.5L	SAE 5W/40	09G/AQ160	5.5L	G 052 540 Z2			
	2014年之前	CST/CSS	1.4T	4.0L	增加0.5L	SAE 5W/40						
		CDE/CFN/CLS/CPJ	1.6L	3.0L	增加0.5L	SAE 5W/40						
		CFB	1.4T	3.2L	增加0.5L	SAE 5W/40						
		CYA	1.2T	4.0L	增加0.5L	SAE 5W/40						
		CEN	2.0L	3.5L	增加0.5L	SAE 5W/40						
明锐	2018年 C5	DLW	1.5L	4.0L	增加0.5L	SAE 5W/40						
	2019年 C6	DMB		4.0L	增加0.5L	SAE 5W/40						
Tcross（新朗逸、新Polo）		DAH			增加0.5L	SAE 5W/40						
		DMB	1.5L	4.0L	增加0.5L	SAE 5W/40						

根据配置不同，分别采用了 09G、0AM7 挡干式双离合器变速器、0DL7 挡湿式双离合器变速器

（续表）

车型	年款	发动机型号	排量	发动机机油量（维修机油加注与滤清器更换）	发动机机油量（干式加注，包括滤清器）	发动机机油型号	自动变速器型号	变速器容量（L）	变速器油型号	分动箱型号	分动箱容量	分动箱油型号
帕萨特		CEA	1.8T	4.3L	增加0.5L	SAE 5W/40	OAM7挡干式双离合器变速器	齿轮油：1.7L	G 052 171			
		CGM	2.0T	4.3L	增加0.5L	SAE 5W/40		机电单元液压油：0.9L	G 052 146			
	2017年之后	DBH/DBJ	1.8T/2.0T	5.0L	增加0.5L	SAE 5W/40	02E 六速湿式变速器	7.2L	G 052 182			
		CNG	3.0L	5.3L	增加0.5L	SAE 5W/40		同上				
途观L	2017年之后	CUG/DKX	2.0T	5.4L	增加0.5L	SAE 5W/40	ODL7 挡湿式双离合变速器	出厂加注：7.1~7.35L 售后更换：5.0L	G 055 025 Z2	0AY 525 010 T/AF	0.85L~0.9L/免维护	G 060 175 A2
		DPL	2.0T	5.4L	增加0.5L	SAE 0W/20						
	2019款/phev	DJZ	1.4T	4.0L	增加0.5L	SAE 5W/40	ODD 六速双离合变速器	出厂：7.8L 更换：5.0L	G 052 182 Z2			
凌渡/朗逸/帕萨特/途岳	-2019款	DJR	1.4T	4.0L	增加0.5L	SAE 5W/40	ODL7 挡湿式双离合变速器	同途观L非PHEV车型				
途昂	LSVCB73 E8G2012089	DDK/DPK	2.5T	6.3L	增加0.5L	SAE 5W/40	ODL7 挡湿式双离合变速器	同途观L	G 052 182 Z2	0AY 525 010 AB/AG	0.85L~0.9L/免维护	G 060 175 A2
		CRE	3.0L	6.8L	增加0.5L	SAE 5W/40	OCK 7 挡湿式双离合变速器	MTF油：4.35L ATF：7.5L（更换6.7L）	G 055 549 Z2 / G 055 529 Z2	托森差速器		分动箱在变速器后端，使用MTF油，终身免维护
辉昂		CUH/DMJ	2.0L	4.8L	增加0.5L	SAE 5W/40	0B5 7 挡湿式双离合变速器	MTF油：3.8L ATF油4.35L（更换3.5L）	G 055 549 Z2 / G 055 529 Z2			

车型 项目	年款	发动机型号	排量	发动机机油加注量（维修机油加注与滤清器更换）	发动机机油量（干式加注，包括滤清器）	发动机机油型号	自动变速器型号	变速器容量（L）	变速器油型号	分动箱型号	分动箱油容量	分动箱油型号
途岳	2019上市	DJS	1.4T	4.0L	增加0.5L	SAE 5W/40	OAM7挡干式双离合器变速器	齿轮油：1.7L	G 052 171			
		DJN	1.2T	4.0L	增加0.5L	SAE 5W/40		机电单元液压油：0.9L	G 052 146			
		DKV	2.0T	5.4L	增加0.5L	SAE 5W/40						
途观		CEA/CGM	1.8T/2.0T	4.3L	增加0.5L	SAE 5W/40	09M	前驱 8.29L	GCN 055 025 Z2	无	无	无
								四驱 8.29L		0AY 525 010 Q	0.9L	G 055 175 A2
朗逸	BEV	—	—			—	OMD（1挡变速器）	0.85L	G 052 527 A2			

第八章 一汽大众车系

一、保养灯复位方法

（一）车型

·宝来，2002—2008 年

·高尔夫，2004—2009 年

手动保养周期复位方法：

（1）按住仪表右侧按钮（图 8-1 中 1）。

（2）打开点火开关，向右侧旋转一下按钮（图 8-1 中 2），复位完毕。此款车型不能通过手动操作按钮，检查距离下次保养的间隔里程和间隔时间。

（二）车型②

·新宝来，2008—2014 年

·手动保养周期复位方法：

（1）按住仪表右侧按钮（图 8-2 中 1）。

（2）打开点火开关，按一下按钮（图 8-2 中 2），复位完毕。

（3）复位完毕之后可以通过手动操作仪表上的按钮（图 8-2 中 2），检查距离下次保养的间隔里程和间隔时间。

（4）检查方法是关闭点火开关，立即按下按钮（图 8-2 中 2）三次，多功能显示器（图 8-3 中 3）显示出距离下次保养的间隔里程和间隔时间。

图 8-1　　　　　　　　　　　　　图 8-2

（三）车型③

·新宝来 NF，2015—2019 年

·蔚领，2015—2019 年

·新捷达 NF，2015—2019 年

手动保养周期复位方法：

（1）关闭点火开关，按住仪表上回零 / 调整按钮（图 8-3 中 2）。

（2）打开点火开关，松开按钮。

（3）按压按钮（图 8-3 中 1），服务完毕。

（4）查询复位信息：打开点火开关，发动机静止，按压仪表上的按钮（图 8-3 中 3），直至显示屏出现保养字样；松开按钮（图 8-3 中 2）。显示屏显示当前保养信息。

图 8-3

（四）车型④

·宝来 MQB，2019 年

·蔚领，2019 年

·手动保养周期复位方法：

（1）关闭点火开关，按住仪表上回零 / 调整按钮（图 8-4 中 1）。

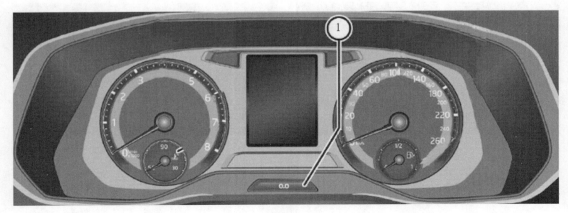

图 8-4

（2）打开点火开关。

186

（3）当仪表显示屏上显示下列其中一种字样的，松开按钮：是否要复位换油保养的数据？或是否要复位常规检查保养的数据？

（4）按压仪表上的按钮进行确认，复位完毕。

（5）查询复位信息：打开点火开关，发动机静止，按压仪表上的按钮，直至显示屏上出现保养字样；松开按钮。显示屏显示当前保养信息。也可以在信息娱乐系统的车辆设置中对保养信息进行设置。

（五）车型⑤

·速腾，2006—2012 年

·手动保养周期复位方法：

1. 装备此款仪表的速腾车型（图 8-5）

保养复位方法：

（1）按住仪表右侧按钮（图 8-5 中 1）。

（2）打开点火开关。

（3）按一下按钮（图 8-5 中 2），复位完毕。复位完毕之后可以通过手动操作仪表上的 1 按钮，检查距离下次保养的间隔里程和间隔时间。

（4）检查方法是打开点火开关，按下按钮 1 并保持住 2s，待仪表多功能显示器中显示出距离下次保养的间隔里程，过几秒钟后多功能显示器显示的保养间隔里程会变为间隔时间。

2. 装备此款仪表的速腾车型（图 8-6）

保养复位方法：

（1）按住仪表右侧按钮（图 8-6 中 1）。

（2）打开点火开关。

（3）按一下按钮（图 8-6 中 2），复位完毕。复位完毕之后可以通过手动操作仪表上的按钮 2，检查距离下次保养的间隔里程，不能检查距离下次保养的间隔时间。

（4）检查方法是按下按钮 2 为 4 次，多功能显示器（图 8-6 中 3）显示出距离下次保养的间隔里程和间隔时间。

图 8-5

图 8-6

3. 装备此款仪表的速腾车型（图 8-7）

图 8-7

保养复位方法：

（1）通过按住雨刷开关（图 8-7）操纵杆上的跷板开关 1 位置，直至仪表多功能显示器上显示出"主菜单"。

（2）通过跷板开关 2 向下选择"设置"菜单项，按下 3 按键。

（3）通过跷板开关 2 向下选择"保养"菜单项，按下 3 按键。

（4）通过跷板开关 2 向下选择"重置"菜单项，按下 3 按键。

（5）仪表多功能显示器显示出"确定要复位保养周期数据"，按下 3 按键。

（6）复位完毕，可通过"信息"菜单项进行查看。

（六）车型⑥

·新速腾，2012—2018 年

1. 不带多功能方向盘的车型保养复位方法

（1）关闭点火开关，按住回零按钮（图 8-8 中 1）。

（2）打开点火开关，松开回零按钮。

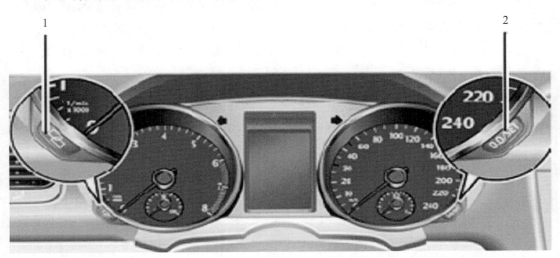

图 8-8

（3）按压时钟的分钟调整按钮（图8-8中1），显示屏恢复为常规显示状态。

2. 带多功能方向盘的车型保养复位方法

其方法与一汽大众CC基本相同，请参考其内容。

（七）车型⑦

· 迈腾，2007—2011年

装备此款仪表的迈腾车型如图8-9所示。

保养复位方法：

（1）按住仪表右侧按钮（图8-9中1）。

（2）打开点火开关。

（3）按一下按钮（图8-9中2），复位完毕。复位完毕之后可以通过手动操作仪表上的按钮1，检查距离下次保养的间隔里程和间隔时间。

（4）检查方法是打开点火开关，按下按钮1并保持住3s，待仪表多功能显示器（图8-9中3）中显示出距离下次保养的间隔里程和间隔时间。

图8-9

（八）车型⑧

· 新迈腾（B7L），2011—2014年

手动保养周期复位方法：

通过多功能转向盘上的按键（图8-10）进行保养周期复位的方法：

（1）打开点火开关。

（2）按下按键4，直至仪表的多功能显示器中出现"设置"菜单。

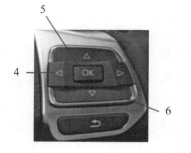

图8-10

（3）按下按键6，选择菜单项"保养"。

（4）按下按键5，确认"保养"选项。

（5）通过按键5，选择菜单项"重置"。

（6）按下按键5，出现菜单"确定要复位保养周期数据"。

（7）按下按键5，确认；通过"返回"菜单可以返回主菜单，复位完毕。之后可通过"信息"菜单项进行查看距离下次保养的间隔里程和间隔时间（图8-11）。

图8-11

（九）车型⑨

· 高尔夫A6，2009—2014年

1. 高尔夫A6没有装备多功能方向盘（图8-12）的复位方法：

（1）在点火开关关闭的情况下按下按键2。

（2）打开点火开关。

（3）松开按键2，按下时钟停止键1一次，复位完毕。提示：此款车型不能显示出距离下次保养的间隔里程和间隔时间。

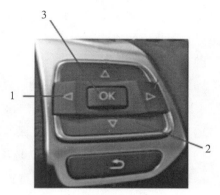

图 8-12

图 8-13

2. 高尔夫 A6 GTI 装备多功能方向盘的复位方法

通过多功能方向盘上的按键（图 8-13）进行保养周期复位的方法：

（1）打开点火开关。

（2）按下按键 1，直至仪表的多功能显示器中出现"设置"菜单。

（3）按下按键 2，选择菜单项"保养"。

（4）按下按键 3，确认"保养"选项。

（5）通过按键 3，选择菜单项"重置"。

（6）按下按键 3，出现菜单"确定要复位保养周期数据"。

（7）按下按键 3，确认；通过"返回"菜单可以返回主菜单，复位完毕。之后可通过"信息"菜单项进行查看距离下次保养的间隔里程和间隔时间（图 8-14）。

图 8-14

（十）车型⑩

· 一汽大众 CC，2010—2014 年

手动保养周期复位方法：

通过多功能方向盘上的按键（图8-15）进行保养周期复位的方法：

（1）打开点火开关。

（2）按下按键1，直至仪表的多功能显示器中出现"设置"菜单。

（3）按下按键3，选择菜单项"保养"。

（4）按下按键2，确认"保养"选项。

（5）通过按键2，选择菜单项"重置"。

（6）按下按键2，出现菜单"确定要复位保养周期数据"。

图8-15

（7）按下按键2，确认；通过"返回"菜单可以返回主菜单，复位完毕。之后可通过"信息"菜单项进行查看距离下次保养的间隔里程和间隔时间（图8-16）。

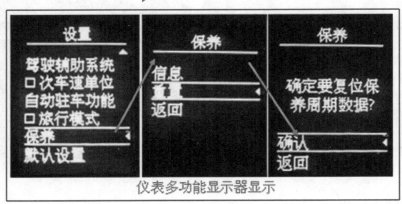

仪表多功能显示器显示

图8-16

（十一）车型⑪

·高尔夫 A7，2014 年后

组合仪表具备菜单显示功能的汽车保养复位方法：

（1）用风窗刮水器操纵杆上的翘板开关（图 8-17）或多功能方向上的按钮（图 8-18）选择 Settings（设置）菜单。

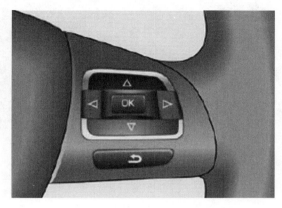

图 8-17   图 8-18

（2）在 Service（保养）子菜单内选择 Reset（清零）菜单项，按压风窗刮水器操纵杆上或多功能方向盘上的 OK 按钮，将保养周期显示区清零。然后再用 OK 按钮确认后续对话。

（3）说明：若您自行将保养周期显示区清零，行驶 15000km 或 1 年后系统方显示下次保养，并且不可单独确定保养周期。两次保养之间切勿将保养周期显示区清零。否则，显示屏将显示错误信息。

（十二）车型⑫

·新速腾 MQB，2019 年

·探歌，2019 年

·探岳，2019 年

·高尔夫 A7，2019 年

·蔚领，2019 年

·嘉旅，2019 年

·新迈腾 B8，2019 年

·CC，2019 年

手动保养周期复位方法：

（1）关闭点火开关，按住仪表上回零 / 调整按钮（图 8-19 中 1）。

（2）打开点火开关。

（3）当仪表显示屏上显示下列其中一种字样的，松开按钮：是否要复位换油保养的数据？或是否要复位常规检查保养的数据？

（4）按压仪表上的按钮进行确认，复位完毕。

（5）查询复位信息：打开点火开关，发动机静止，按压仪表上的按钮，直至显示屏出现保养字样；松开按钮。显示屏显示当前保养信息。也可以在信息娱乐系统的车辆设置中对保养信息进行设置。

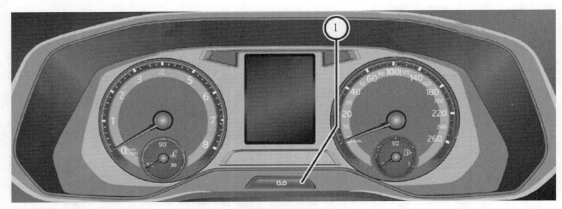

图 8-19

（十三）车型⑬
· 新速腾 MQB，2019 年
· 探歌，2019 年
· 探岳，2019 年
· 新迈腾 B8，2019 年

装备数字仪表的车型手动复位方法：

首先要调出服务菜单，选择信息模式续驶里程，然后按住多功能方向盘上的 OK 按钮约数秒钟然后松开，仪表显示服务菜单（图 8-20），即可按常规方式利用多功能方向盘上的按钮（图 8-21）进行菜单导航。

1. 保养

选择保养菜单，组合仪表显示屏上显示保养信息。

2. 复位换油保养数据

选择复位换油保养数据菜单并通过按压多功能方向盘上的 OK 按钮确认。

3. 复位车况检查数据

选择复位车况检查数据菜单并通过按压多功能方向盘上的 OK 按钮确认。

二、自动变速器油位检查

1. 02E 变速器齿轮油油位检查方法

操作过程：

（1）准备检查及加油使用的专用工具（VAG1331、VAS6262、车辆诊断仪、集油器）。

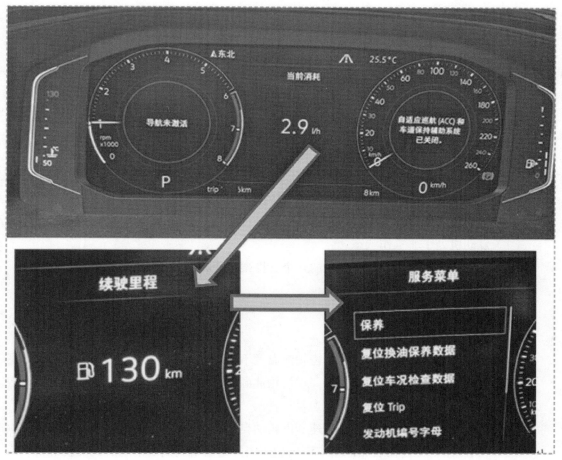

图 8-20

图 8-21

2. 09G 变速器齿轮油油位检查方法

（2）连接车辆诊断仪，进入变速器系统，查看变速器油温度，不高于 35℃。

（3）水平举升车辆，挂入 P 挡。

（4）启动发动机，将换挡杆在每个挡位停留 3s，然后将换挡杆置于 P 挡。

（5）旋出放油螺栓（不旋出溢流管）。

（6）待变速器油温在 35~45℃之间时，检查是否有变速器油连续滴出。

（7）如有油连续滴出，更换新的放油螺栓并以 45N·m 力矩拧紧。

（8）如果没有油连续滴出，使用 VAS6262 加注至标准油位后再检查。

操作过程：

（1）准备检查及加油使用的专用工具（VAG1331、VAG1924、车辆诊断仪、集油器）。

（2）连接车辆诊断仪，进入变速器系统，查看变速器油温度，不高于35℃。

（3）水平举升车辆，挂入P挡。

（4）启动发动机，将换挡杆在每个挡位停留3s，然后将换挡杆置于P挡。

（5）旋出放油螺栓（不旋出溢流管）。

（6）待变速器油温达在35~45℃之间时，检查是否有变速器油连续滴出。

（7）如有油连续滴出，更换新的放油螺栓并以15N·m力矩拧紧。

（8）如果没有油连续滴出，使用VAG1924或VAS6262加注至标准油位后再检查。

3. DQ380变速器齿轮油油位检查方法

（1）发动机处于非工作状态。

（2）车辆处于水平状态，举升机的4个支撑架位于相同高度。

（3）拆卸发动机舱底部隔音板。

（4）换挡杆挂入挡位P。

（5）连接车辆诊断测试仪。

（6）在开始相关工作之前，要求齿轮油温度不得高于45℃。

（7）检查变速器齿轮油液位时，要求齿轮油温度在35 ~ 45℃之间。

（8）挂入P挡，启动发动机并怠速运行。

（9）旋出变速器放油螺塞，让变速器齿轮油自然地流出。

（10）当多余的变速器齿轮油基本流出后（当开始出现滴油的情况），安装带新垫片的放油螺塞。

（11）如果之前没有齿轮油流出来，需要加注变速器齿轮油。

三、一汽大众车系换油规格（表8-1）

表 8-1

项目 / 车型	车款	发动机型号	排量(L)	发动机机油量(维修机油加注与滤清器更换)(L)	发动机机油量(干式加注,包括滤清器)(L)	发动机机油型号	自动变速器型号	变速器容量	变速器油型号	分动箱型号	分动箱油容量	分动箱油型号
速腾	2006—2012年	BWH	1.6	4.5	4.5	VW50200	09G	工厂首次加注量约 7.0L 更换约 5.5L	LG 055 025 A2			
速腾	2006—2012年	BPL	1.8T	4.5	4.5	VW50200	09G	工厂首次加注量约 7.0L 更换约 5.5L	LG 055 025 A2			
速腾	2006—2012年	BJZ	2	3.5	4	VW50200	09G	工厂首次加注量约 7.0L 更换约 5.5L	LG 055 025 A2			
新速腾	2012—2014年	CFBA/DAGA	1.4T	≤4.0	4	VW50200	0AM	重新加注约 1.7L	LG 055 512 Z2			
新速腾	2012—2014年	CLRA	1.6	≤3.7	3.7	VW50200	09G	工厂首次加注量约 7.0L 更换约 5.5L	LG 055 025 A2			
新速腾	2012—2014年	CEAA	1.8T	≤5.6	5.6	VW50200	0AM	重新加注约 1.7L	LG 055 512 Z2			
新速腾	2013—2014年	CGMA	2.0T	≤5.6	5.6	VW50200	02E	工厂首次加注量约 6.9~7.2L 更换约 5.2L	LG 052 182 A2			
新速腾	2013—2019年	CSTA/CSSA	1.4	≤4.5	4.5	VW50200	0AM	重新加注约 1.7L	LG 055 512 Z2			
新速腾	2013—2019年	CPDA	1.6	≤4.3	4.3	VW50200	0AM	重新加注约 1.7L	LG 055 512 Z2			
新速腾	2013—2019年	CYAA	1.2	≤4.5	4.5	VW50200	0AM	重新加注约 1.7L	LG 055 512 Z2			
速腾 NF	2019年	DJNA/DJNB DLSA/DLSB	1.2T	≤4.5	4.5	VW50200	0AM	重新加注约 1.7L	LG 055 512 Z2			

197

车型	年款	发动机型号	排量（L）	发动机机油量（维修机油加注与滤清器更换）（L）	发动机机油量（干式加注，包括滤清器）（L）	发动机机油型号	自动变速器型号	变速器容量	变速器油型号	分动箱型号	分动箱油容量	分动箱油型号
速腾 NF	2019年	CSSA/DJSA	1.4T	≤4.5	4.5	VW50200	0AM	重新加注约1.7L	LG 055 512 Z2			
迈腾 B6	2007年	BJZ	2.0	3.5	4	VW50200						
迈腾 B6	2007—2008年	BYJ	1.8T	≤5.6	5.6	VW50200	09G	工厂首次加注量7.0L	LG 055 025 A2			
迈腾 B6	2009—2011年	BYJ	1.8T	≤5.6	5.6	VW50200	02E	工厂首次加注量6.9~7.2L更换约5.2L	LG 052 182 A2			
迈腾 B6	2008—2011年	CBL	2.0T	≤5.6	5.6	VW50200	02E	工厂首次加注量6.9~7.2L更换约5.2L	LG 052 182 A2			
迈腾 B6	2010—2011年	CFBA	1.4T	≤4	4	VW50200	0AM	重新加注约1.7L	LG 055 512 Z2			
迈腾 B7L	2011—2015年	CFBA	1.4T	≤4.0	4	VW50200	0AM	重新加注约1.7L	LG 055 512 Z2			
迈腾 B7L	2011—2015年	CEAA	1.8T	≤5.6	5.6	VW50200	0AM	重新加注约1.7L	LG 055 512 Z2			
迈腾 B7L	2011—2015年	CGMA	2.0T	≤5.6	5.6	VW50200	02E	工厂首次加注量6.9~7.2L更换约5.2L	LG 052 182 A2			
迈腾 B8	2016—2019年	CSSA	1.4T	≤4.5	4.5	VW50200	0AM	重新加注约1.7L	LG 055 512 Z2			
迈腾 B8	2016—2019年	CUFA	1.8T	≤6.9	6.9	VW50200	0DE	工厂首次加注量7.1L更换约6L	LG 052 182 A2			
迈腾 B8	2016—2019年	CUGA/DKXA	2.0T	≤6.7	6.7	VW50200	0DE	工厂首次加注量7.1L更换约6L	LG 052 182 A2			

项目\车型	车款	发动机型号	排量（L）	发动机机油加注量（维修机油加注与滤清器更换）（L）	发动机机油量（干式加注，包括滤清器）（L）	发动机机油型号	自动变速器型号	变速器容量	变速器油型号	分动箱型号	分动箱油容量	分动箱型号
迈腾B8	2016—2019年	DBFC/DKVB	2.0T	≤6.9	6.9	VW50200	0DE	工厂首次加注量7.1L 更换约6L	LG 052 182 A2			
高尔夫6	2009—2014年	CFBA	1.4T	≤4	4	VW50200	0AM	重新加注约1.7L	LG 055 512 Z2			
高尔夫6	2009—2014年	CDFA	1.6	≤3.7	3.7	VW50200	0AM	重新加注约1.7L	LG 055 512 Z2			
高尔夫6	2009—2014年	CDFA	1.6	≤3.7	3.7	VW50200	09G	工厂首次加注量7.0L 更换约5.5L	LG 055 025 A2			
高尔夫6 GTI	2009—2012年	CGMA	2.0T	≤5.6	5.6	VW50200	02E	工厂首次加注量6.9~7.2L 更换约5.2L	LG 052 182 A2			
高尔夫7GTI	2014—2019年	CHHB/CUGA	2.0T	≤6.7	6.7	VW50200	0DE	工厂首次加注量7.1L 更换约6L	LG 052 182 A2			
高尔夫7/嘉旅	2014—2019年	CSRA	1.6	≤4.3	4.3	VW50200	09G	工厂首次加注量7.0L 更换约5.5L	LG 055 540 Z2			
高尔夫7/嘉旅	2014—2019年	CSSA/DJSA	1.4	≤4.5	4.5	VW50200	0AM	重新加注约1.7L	LG 055 512 Z2			
高尔夫7/嘉旅	2014—2019年	CSTA/DBVA	1.4	≤4.5	4.5	VW50200	0AM	重新加注约1.7L	LG 055 512 Z2			
高尔夫7/嘉旅	2014—2019年	CYAA	1.2	≤4.5	4.5	VW50200	0AM	重新加注约1.7L	LG 055 512 Z2			
高尔夫7/嘉旅	2014—2019年	DJNB	1.2	≤4.5	4.5	VW50200	0AM	重新加注约1.7L	LG 055 512 Z2			
新捷达	2013—2019年	CKKA	1.4	≤4.3	4.3	VW50200	09G	工厂首次加注量7.0L 更换约5.5L	LG 055 540 Z2			

项目 车型	车款	发动机 型号	排量 （L）	发动机机油量 （维修机油加注 与滤清器更换） （L）	发动机 机油量 （干式加注， 包括滤清器） （L）	发动机 机油型号	自动变速器 型号	变速器 容量	变速器油 型号	分动箱 型号	分动箱 油 容量	分动箱油 型号
新捷达	2013—2019 年	CPDA	1.6	≤ 4.3	4.3	VW50200	09G	工厂首次加注量约 7.0L 更换约 5.5L	LG 055 540 Z2			
新捷达	2018 年 1 月 2 日 之前生产的年	CUCA	1.6	≤ 4.3	4.3	VW50200	09G	工厂首次加注量约 7.0L 更换约 5.5L	LG 055 540 Z2			
新捷达	2018 年 1 月 2 日 之后生产的年	CUCA	1.6	≤ 4.8	4.8	VW50200	09G	工厂首次加注量约 7.0L 更换约 5.5L	LG 055 540 Z2			
新捷达	2013—2019 年	CSTA	1.4	≤ 4.5	4.5	VW50200	09G	工厂首次加注量约 7.0L 更换约 5.5L	LG 055 540 Z2			
新捷达	2017 年 12 月 20 日 之后生产的出租车	DCFA	1.5	≤ 4.8	4.8	VW50200	09G	工厂首次加注量约 7.0L 更换约 5.5L	LG 055 540 Z2			
新捷达	2013—2019 年	DCFA	1.5	≤ 4.3	4.3	VW50200	09G	工厂首次加注量约 7.0L 更换约 5.5L	LG 055 540 Z2			
新宝来	2008—2014 年	BWH	1.6	≤ 4.5	4.5	VW50200	09G	工厂首次加注量约 7.0L 更换约 5.5L	LG 055 540 Z2			
新宝来	2008—2010 年	CEN	2	≤ 4.5	4.5	VW50200	09G	工厂首次加注量约 7.0L 更换约 5.5L	LG 055 025 A2			
新宝来	2010—2014 年	CFBA	1.4T	≤ 4.0	4	VW50200	0AM	重新加注约 1.7L	LG 055 512 Z2			
新宝来	2010—2014 年	CLSA	1.6	≤ 3.7	3.7L	VW50200	09G	工厂首次加注量约 7.0L 更换约 5.5L	LG 055 025 A2			
新宝来／蔚领	2015—2019 年	CSRA	1.6	≤ 4.3	4.3	VW50200	09G	工厂首次加注量约 7.0L 更换约 5.5L	LG 055 540 Z2			

（续表）

项目 车型	年款	发动机型号	排量(L)	发动机机油量（维修机油加注与滤清器更换）(L)	发动机机油量（干式加注，包括滤清器）(L)	发动机机油型号	自动变速器型号	变速器容量	变速器油型号	分动箱型号	分动箱油容量	分动箱油型号
新宝来/蔚领	2015—2019年	CSTA	1.4	≤4.5	4.5	VW50200	0AM	重新加注量约1.7L	LG 055 512 Z2			
新宝来/蔚领	2015—2019年	DCFA	1.5	≤4.3	4.3	VW50200	09G	工厂首次加注量约7.0L 更换约5.5L	LG 055 540 Z2			
宝来MQB	2018—2019年	DJMA/DJMG	1.5	≤4.3	4.3	VW50200	09G	工厂首次加注量约7.0L 更换约5.5L	LG 055 540 Z2			
宝来MQB	2018—2019年	CSSA	1.4	4.5	4.5	VW50200	0AM	重新加注量约1.7L	LG 055 512 Z2			
CC	2010—2018年	CGMA	2.0T	5.6	5.6	VW50200	02E	工厂首次加注量6.9~7.2L 更换约5.2L	LG 052 182 A2			
CC	2010—2018年	CEAA	1.8T	5.6	5.6	VW50200	0AM	重新加注量约1.7L	LG 055 512 Z2			
CC	2010—2018年	CNGA	3.0FSI	≤6.9	6.9	VW50200	02E	工厂首次加注量6.9~7.2L 更换约5.2L	LG 052 182 A2			
CC	2018—2019年	CUGA	2.0T	≤6.7	6.7	VW50200	0DE	工厂首次加注量7.1L 更换约6L	LG 052 182 A2			
CC	2018—2019年	CUGA	2.0T	≤6.9	6.9	VW50200	0DE	工厂首次加注量7.1L 更换约6L	LG 052 182 A2			
开迪	2005年	BRY	1.6	≤4.5	4.5	VW50200						
开迪	2005年	BDJ	2.0T	≤4.3	4.3	VW50200						
探岳	2019年	DKVB/DBFC	2.0T	≤6	6.9	VW50200	0DL	工厂首次加注量7.1L 更换约5.5L	LG 052 182 A2	前部锥齿轮传动装置	加注量约0.9L	LG 052 182 A2

车型 \ 项目	年款	发动机型号	排量（L）	发动机机油油量（维修机油加注与滤清器更换）（L）	发动机机油油量（干式加注，包括滤清器）（L）	发动机机油型号	自动变速器型号	变速器容量	变速器油型号	分动箱型号	分动箱油容量	分动箱油型号
探岳	2019年	CUGA/DKXA	2.0T	≤ 6	6.7	VW50200	0DE	工厂首次加注量约7.1L 更换约6L	LG 052 182 A2			
探岳	2019年	DJSA	1.4T	≤ 4.5	4.5	VW50200	0DE	工厂首次加注量约7.1L 更换约6L	LG 052 182 A2			
探歌	2019年	DJNA/DJNB	1.2	≤ 4.5	4.5	VW50200	0AM	重新加注1.7L	LG 055 512 Z2			
探歌	2019年	CSTA	1.4	≤ 4.5	4.5	VW50200	0AM	重新加注1.7L	LG 055 512 Z2			
探歌	2019年	CSSA	1.4	≤ 4.5	4.5	VW50200	ODW	工厂首次加注量约6.9L 更换约6L	LG 052 182 A2	OBR	主减速器初装：0.9L 全轮驱动离合器初装：0.82L	LG 052 182 A2

第九章　德国大众车系

一、德国大众途锐无机油尺的发动机机油油位检查方法

在信息娱乐显示中检测发动机机油油位。提示：已达到工作温度的汽车停在平坦地面上，等待几分钟，以便机油流回油底壳。车辆发动机舱内不设有机油尺。最新发动机机油油位可在信息娱乐系统屏幕上调取。

（1）打开点火开关。

（2）按下信息娱乐按钮 CAR。

（3）轻按功能面板 Service，将显示如图 9-1 所示画面。

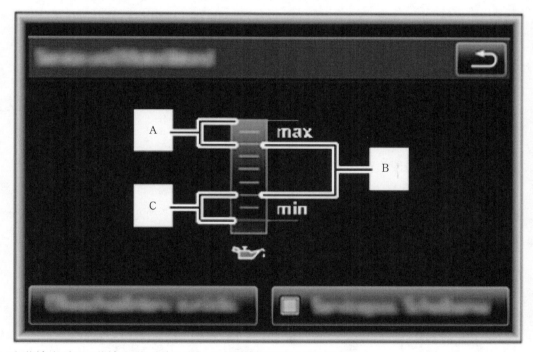

A.不可添加机油　B.可添加机油（约0.5L）　C.必须添加机油（约1.0L）

图 9-1

小心！如果发动机油位过低，为了不加入过多的发动机机油，应添加少量的合适的发动机机油。

（4）加注后等待一会儿，让机油流到油底壳中。

（5）重新检测发动机机油油位。

二、自动变速器液位检查方法

（一）大众 0C8 自动变速器油位检查方法

1.检查 ATF 油位并添加

（1）检测前提条件。

①变速器未处于紧急运行状态，ATF 温度未超过 30℃。

②车辆处于水平位置。

③选挡杆挂入 P 挡。

④必须关闭所有用电器和空调。

将 ATF 加油装置 V.A.G1924 固定到汽车上。

连接测试仪，并继续切换至准备就绪状态。

按下右侧的引导型功能。

然后选择车型、变速器和检查 ATF 油位。

按下→。

踩下制动器。

启动发动机。

将选挡杆分别挂入每个挡位 2s，然后将换挡杆切换至 P 挡。

抬高汽车。

将收集器置于变速箱下方。

（2）当达到检测温度 35℃时。

①拆下油底壳中用于检查 ATF 的螺旋塞。自 2004 年起，已取消大的 ATF 加油螺栓。对于带有小的加油螺栓 M10 的汽车（图 9-2），用 ATF 加油装置转接头 VAS 6262/2 加注变速器。如果 ATF 油位太高，则多余的 ATF 会溢出，如图 9-3 所示。

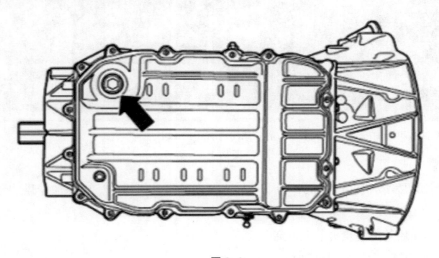

图 9-2

②排出 ATF，直至其滴落，如图 9-4 所示。

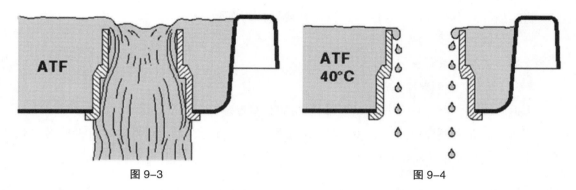

图 9-3　　　　　　　　　　　　　　图 9-4

③用新密封环拧紧 ATF 检查螺栓。拧紧力矩：螺栓 M24：70N·m；螺栓 M10：20N·m。

④如果 ATF 油位太低，则在旋出螺旋塞后，只有加油孔中现有的 ATF 溢出。请再等待 30s，在没有 ATF 滴落后，添加 ATF。

⑤用 ATF 加油装置 V.A.G1924 加注 ATF，直至其从检查孔中流出。排出 ATF，直至其滴落。

⑥用新密封环拧紧 ATF 检查螺栓。拧紧力矩：螺栓 M24：70N·m；螺栓 M10：20N·m。

⑦这样就结束了 ATF 检查。

⑧关闭发动机。

2. 检查 ATF 液位

通过油底壳中固定安装的溢流管来确定 ATF 油位。在特定的 ATF 温度下，在发动机运转时检查 ATF 油位。用车辆诊断、测量和信息系统 VAS5051B 读取 ATF 温度。如果达到检测温度，则拧出油底壳内 ATF 液位检测用的螺旋塞。小心！ATF 油位错误会影响变速器的功能。

（1）检测的前提条件。

①变速器未处于紧急运行状态，ATF 温度未超过 30℃。

②车辆处于水平位置。

③换挡杆挂入 P 挡。

④必须关闭所有用电器和空调。

连接测试仪，并切换至准备就绪状态。

按下右侧的引导型功能。

接着选择车辆，检测变速器和 ATF 液位。

按下→。

踩下制动踏板。

启动发动机。

将换挡杆分别挂入每个挡位 2s，然后将换挡杆切换至 P 挡。

升高车辆。

收集盘放在变速器下。

（2）当达到检测温度 35℃ 时。

①拆卸用于检查油底壳中的 ATF 液位的 ATF 检查螺栓（图 9-5 中 1）。

②每次都要更换螺栓的密封环（图 9-6 中箭头）。提示：油位过低时才有少量机油从管中流出，因为在运行时添加。

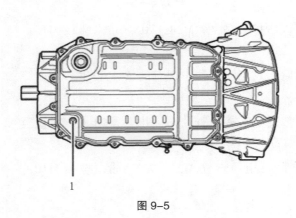

图 9-5　　　　　　　　　　　　　　图 9-6

③溢流管中的 ATF 流出。

④现在 ATF 继续从孔中滴落：无须添加 ATF。

⑤用 16N·m 的力矩拧紧配有新密封环的 ATF 检查螺塞（图 9-7）。这样就结束了 ATF 油位的检查。

⑥如果没有 ATF 从孔中滴落：必须添加 ATF。

3. 添加 ATF

（1）发动机运转时，用力拧紧加油装置适配接头 VAS6262/2，如图 9-8 所示。

（2）打开前先摇动油罐。

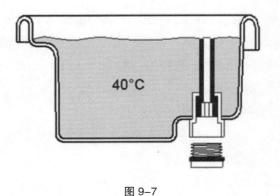

图 9-7

（3）在将加油装置适配接头 VAS6262A 拧到机油瓶上之前，注意排气管的提示，如图 9-9 所示。

（4）加注 1L 的 ATF。

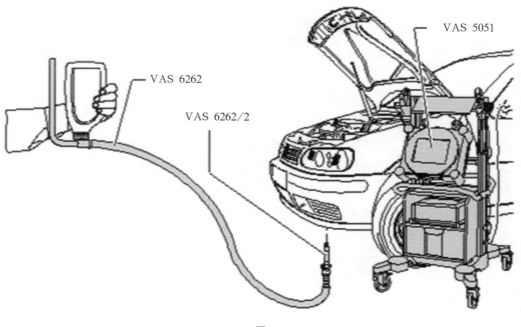

图 9-8

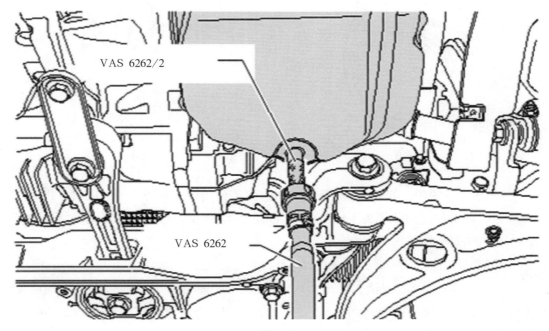

图 9-9

（5）从快速接头上拔下加油装置适配接头 VAS 6262 并进行检查。

（6）现在 ATF 从适配接头的孔中流出：无须添加 ATF。

（7）排出 ATF，直到其开始滴流。

（8）用 16N·m 的力矩拧紧配有新密封环的 ATF 检查螺塞。这样就结束了 ATF 油位的检查。

（9）如果没有 ATF 滴落：必须添加 1L 的机油。注意！ ATF 加注量过少或过多都会影响变速器的功能。如果已经缺少 2L ATF，则应仔细检查变速器。可能存在"更严重"的泄漏。

（二）大众 02E 变速器油位检查方法

1. 检查变速器油油位

（1）必备的专用工具、检测仪器以及辅助工具。

①车辆诊断测试仪。

②机油加注转接头 VAS 6262 A，如图 9-10 所示。

③旧油收集和抽吸装置 V.A.G1782，如图 9-11 所示。

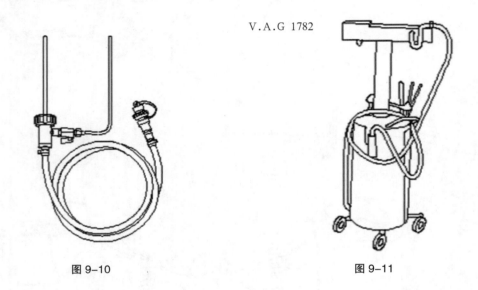

V.A.G 1782

图 9-10   图 9-11

（2）请遵守说明：如果要加注变速器油，只能使用作为备件购得的机油。此外在一些机油瓶上还必须使用转接头 VAS6262/6，如图 9-12 所示。必要时缩短机油加注转接头 VAS6262A 的排气管。

（3）测量机油加注转接头 VAS6262A 上的排气管长度，必要时缩短。

①对于某些机油瓶，机油加注转接头 VAS6262A 的排气管无法够到瓶底，此时必须缩短尺寸（图 9-13 中 a）。尺寸 a= 210mm。提示：尺寸 a 从机油加注转接头 VAS6262A 柄杆（放大图的绿色表面）开始。

②如果尺寸 a 大于 210mm：在排气管上画出尺寸 a，并用截管器 VAS6056/2 缩短。

③清洁机油加注转接头 VAS6262A。

（4）前提条件。

①车辆处于水平位置，升降台上所有的定位件均处于同一高度。

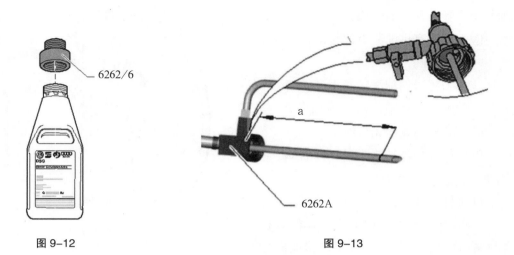

图 9-12   图 9-13

②已拆下隔音垫。

③已连接车辆诊断测试仪。

④开始作业前，机油温度不得超过 45℃。

⑤检测温度：35~45℃。

（5）检测。

①连接车辆诊断测试仪并在引导型功能中识别车辆。

②选择双离合器变速器。

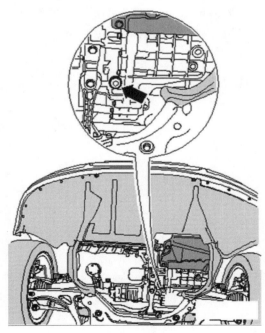

图 9-14

③选择检查机油油位。提示：如果机油温度高于 45℃，则必须冷却变速器。

④发动机处于怠速状态下且换挡杆挂入 P 挡。

⑤旧油收集和抽吸装置 V.A.G 1782 或收集盘置于变速器下方的放油螺塞和检查螺栓区域内。

⑥拆卸放油螺塞和检查螺栓（图 9-14 中箭头）。

⑦每次均要更换螺栓密封环（图 9-16 中箭头）。提示：机油油位过低时才会有少量机油从溢流管中流出，因为机油是在运行时添加的。

⑧排出多余的机油。

⑨一旦机油排完（机油开始滴落），立

即拧上带新密封环的螺栓。

⑩如果没有机油流出，则必须加注机油。

（6）加注。

①用力将机油加注转接头 VAS6262A 的转接头拧入检查孔中，如图 9-15 所示。

②打开前请先摇晃机油瓶。

③将机油加注转接头 VAS6262A 拧到机油瓶上，同时遵守说明。

④加注 1.0L 机油。

⑤从快速接头上拔下机油加注管接头 VAS 6262 并仔细检查：如果转接头孔中有机油流出，无须添加机油。

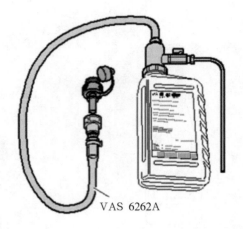

VAS 6262A

图 9-15

⑥排出多余的机油。

⑦一旦机油排尽（开始滴油），请拧出机油加注转接头 VAS6262A，并安装带新密封环的螺栓。如果孔中没有机油滴出，必须添加 1L 机油。注意！机油加注量过少或过多均会影响变速器功能。

⑧拧入并拧紧带新密封环的放油螺塞和检查螺栓。

2. 排放和加注变速器油

如果要加注变速器油，只能使用作为备件购得的机油。

首先读取机油温度，如果机油温度高于 50℃，请冷却变速器。在发动机静止状态下，拧出溢流管，接着排出机油。然后重新安装溢流管并加满机油。接着启动发动机并排出多余的机油，直至机油油位达到溢流管处。

（1）必备的专用工具、检测仪器以及辅助工具。

①车辆诊断测试仪。

②机油加注转接头 VAS6262A。

③旧油收集和抽吸装置 V.A.G1782。

（2）前提条件。

①发动机关闭。

②车辆处于水平位置，升降台的所有定位件均位于相同高度。

③已拆下现有隔音垫。

④换挡杆挂入 P 挡。

⑤已连接车辆诊断测试仪。

⑥开始作业时，机油温度不得超过 45℃。

（3）操作步骤。

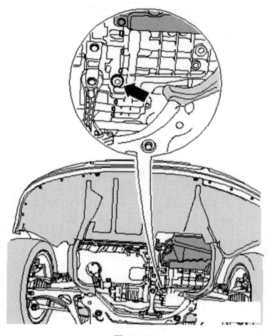

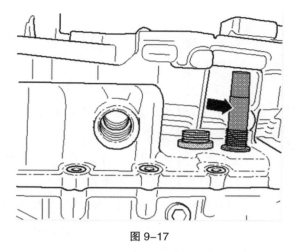

图 9-17

图 9-16

①对变速器进行作业时请遵守清洁准则。

②双离合器变速器只能使用作为备件购得的变速器油。使用其他机油会导致变速器功能故障或失灵。注意：变速器油温度过高可能会导致人员受伤。

③连接车辆诊断测试仪并在引导型功能中识别车辆。

④选择双离合器变速箱。

⑤选择检查机油油位。提示：如果机油温度高于 45℃，必须冷却变速器。注意！变速器内没有机油时不得启动发动机。

⑥关闭发动机，不要启动！

⑦旧油收集和抽吸装置 V.A.G1782 或收集盘置于变速器下方。

⑧拆卸放油螺塞和检查螺栓（图 9-16 中箭头）。孔中有一根塑料制黑色溢流管（带 8mm 内六角）。溢流管的长度决定了变速器油油位。

⑨拆下溢流管（图 9-17 中箭头）并让机油流出。

⑩大约会流出 5L 机油。

⑪重新将溢流管拧入至限位位置并以规定力矩拧紧。

⑫用力将机油加注转接头 VAS6262A 的转接头拧入检查孔中。

⑬打开前请先摇晃机油瓶。

⑭将机油加注转接头 VAS6262A 拧到机油瓶上。

⑮加注 5.5L 机油。

⑯更换机油瓶时，请关闭龙头或将机油加注转接头 VAS6262A 固定在变速器上方。

⑰仅用力拧紧放油螺塞和检查螺栓。

⑱启动发动机。

⑲踩下制动器，在每个挡位分别挂挡大约 3s，然后将换挡杆重新切换回 P 挡。

⑳不要关闭发动机。

㉑接着检查机油油位并根据需要添加。

（三）大众 0AM 变速器油位检查方法

1. 排放和加注变速器油

（1）必备的专用工具、检测仪器以及辅助工具。

①旧油收集和抽吸装置 V.A.G1782。

②带转接头 VAS6262/4 的机油加注转接头 VAS6262A。

③此外在某些机油瓶上还必须使用转接头 VAS6262/6。

④必要时缩短机油加注转接头 VAS6262A 的排气管。

⑤7 挡双离合器变速器 0AM 的变速器油瓶。

（2）测量机油加注转接头 VAS6262A 上的排气管长度，必要时缩短。

①对于某些机油瓶，机油加注转接头 VAS6262A 的排气管无法够到瓶底，此时必须缩短尺寸如图 9–18 中 a 所示。尺寸 a=210mm。提示：尺寸 a 从机油加注转接头 VAS6262A 柄杆（放大图的绿色表面）开始。

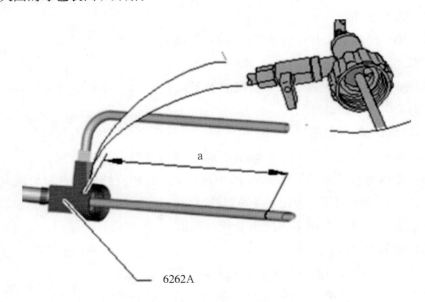

图 9–18

②如果尺寸 a 大于 210mm：在排气管上画出尺寸 a，并用截管器 VAS6056/2 缩短。

③清洁机油加注转接头 VAS6262A。

（3）操作步骤。

提示：变速器油是一种长效机油，因此无须检查变速器油油位，也不存在机油油位检查项目。变速器泄漏时，必须确定原因并排除故障。为此必须排尽变速器油，然后再重新加注。

①抬起车辆。

②拆卸隔音垫。

③旧油收集和抽吸装置 V.A.G 1782 或收集盘置于变速器下方。

④拧出变速器上的放油螺塞（图 9-19 中箭头）。

⑤排出变速器油并进行合理的废弃处理。

⑥然后以规定力矩重新拧紧放油螺塞，如图 9-20 所示。提示：无法检查变速器油油位。必须严格遵守规定的加注量。这样才能确保正确加注变速器。变速器加注量过多或过少都会造成功能故障。小心！可能损坏变速器。只有作为备件购得的变速器油才允许用于 7 挡双离合器变速器 0AM。使用其他机油会导致变速器功能故障或失灵。

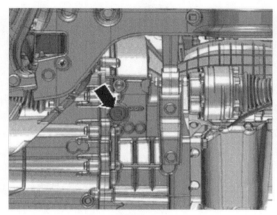
图 9-19

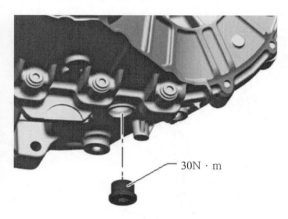
30N·m
图 9-20

⑦拆卸蓄电池。

⑧拆卸蓄电池支架，如图 9-21 所示。

⑨拔下变速器换挡杆旁边的排气罩（图 9-22 中箭头）。提示：为了更直观地显示，图中的安装位置是在变速器拆下后才能看到的。小心！可能损坏变速器。机油加注转接头 VAS6262A 和 VAS6262/4 必须保持干净，变速器油中不得混入其他机油！

⑩打开前请先摇晃机油瓶。

⑪7 挡双离合器变速器 0AM 变速器油瓶拧到机油加注转接头 VAS6262A 上，如图 9-23 所示。提示：如果机油与机油加注转接头 VAS6262A 不匹配，则使用转接头 VAS 6262/6，如图 9-24 所示。

⑫放置机油瓶时应确保机油不会流入加注软管中。

⑬连接转接头 VAS6262/4 与加注软管，然后插到变速器排气口上。

⑭旋转机油瓶并加注 1.7L 机油。

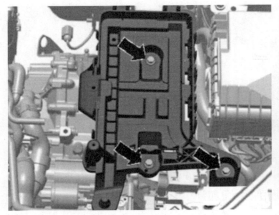

图 9-21

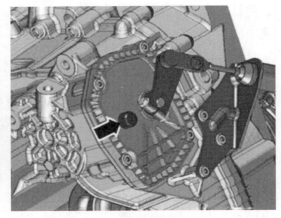

图 9-22

图 9-23

图 9-24

⑮加注后取下机油加注转接头 VAS6262A，如图 9-25 所示。用一块抹布擦净排气口周围区域并装上排气罩（图 9-26 中箭头）。

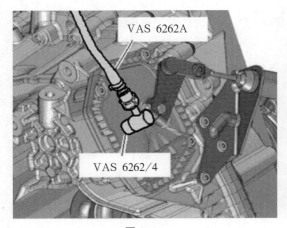

图 9-25

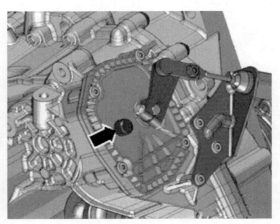

图 9-26

⑯安装蓄电池及其支架。

⑰安装隔音垫。

⑱连接蓄电池，并注意连接蓄电池后的操作步骤。

三、德国大众车系换油规格（表9-1）

表 9-1

项目 车型	年款	发动机型号	排量（L）	发动机机油量（维修机油加注与滤清器更换）（L）	发动机机油量（干式加注包括滤清器）（L）	自动变速器型号	自动变速器换油规格（L）
新甲壳虫 180TSI	2015—2019 年	CYV	1.2T	4		0AM	重新加注 1.7L
新甲壳虫 280TSI	2016—2018 年	CZDA	1.4T	4		0AM	重新加注 1.7L
新甲壳虫 380TSI	2015—2016 年	CPLA	2.0T	5.7		02E	重新加注 6.9~7.2L 更换大约 5.2L
夏朗 280TSI	2016—2019 年	CZDA	1.4T	4.0		02E	重新加注 6.9~7.2L 更换大约 5.2L
夏朗 380TSI	2016—2019 年	DEDA	2.0T	5.7		02E	重新加注 6.9~7.2L 更换大约 5.2L
途锐 3.0TSI	2016—2018 年	CYJA	3.0T	6.8		0C8	10.4~12.8L 冷却系统 0.7L
途锐 3.0TSI	2012—2016 年	CJTA	3.0T	6.8		0C8	10.4~12.8L 冷却系统 0.7L
迈威特 2.0TSI	2014—2019 年	CJK	2.0T	5.7		0AM	重新加注 1.7L
凯路威	2014—2019 年	CJK	2.0T	5.7		0AM	重新加注 1.7L

第十章　别克车系

一、保养灯复位方法

（一）车型①

· 2017—2018 年上海通用别克 VELITE 5

1. 机油寿命系统复位

本车拥有计算机系统，可指示何时更换发动机机油和滤清器。此操作基于多种因素的组合，其中包括发动机转速、发动机温度和行驶里程。因行驶状况不同，需要更换机油的里程数指示有很大的变化。为了保证机油寿命系统正常工作，每次更换机油后必须重新设置系统。系统计算出机油寿命快要结束时，会指示需要更换机油，并且将显示"请速更换机油"的信息，尽早地在下一个 1000km 行程内更换机油。如果车辆一直在最佳条件下行驶，发动机机油寿命系统可能在多达两年的时间内都不会指示需要更换机油。发动机机油和滤清器必须至少每两年更换一次，此时必须重置该系统。上汽通用汽车销售有限公司特约售后服务中心培训的维修人员使用原厂零部件进行此修理工作，并重置系统。在换油间隔期之外定期检查机油并将其保持在正确油位也很重要。

如果系统意外重置，务必在上次更换机油后行驶 5000km 时再次更换机油。无论何时更换机油，都切记重置机油寿命系统。

2. 如何重置发动机机油寿命系统

无论何时更换发动机机油，都要重置机油寿命系统，以便系统计算下一次更换发动机机油的时间。

重置系统：

（1）在驾驶员信息中心（DIC）菜单上，使用"SELECT（选择）"旋钮选择"OIL LIFE（机油寿命）"。

（2）按下"SELECT（选择）"以启动机油寿命重置程序。

（3）驾驶员信息中心（DIC）菜单将会显示"Are you sure that you want to reset（您是否确定要进行重置）？"使用"SELECT（选择）"按钮选择"YES（是）"重置机油寿命，或选择"NO（否）"退出并返回上一个菜单。

（4）如果选择了"YES（是）"，则驾驶员信息中心（DIC）菜单将会短暂显示"RESET OIL LIFE（重置机油寿命）"，在成功重置机油寿命后，菜单将会显示"100% OIL LIFE（100%的机油寿命）"。

（5）在启动车辆时，如果再次显示"请速更换机油"信息，则表示发动机机油寿命系统尚未重置，请重复本程序。

（二）车型②

·2017—2019 年上海通用别克昂科拉

1. 机油寿命系统复位

系统计算机油寿命减少时，会显示尽快更换发动机机油信息以指示需要更换机油，尽早在下一个 1000km（600 英里）行程内更换机油。如果车辆一直在最佳条件下行驶，发动机机油寿命系统可能一年多也不会指示需要更换机油。但是，发动机机油和滤清器每年至少应更换一次，更换时应复位发动机机油寿命系统。如果系统意外复位，务必在上次更换机油后行驶 5000km 时再次更换机油。

2. 如何复位发动机机油寿命系统

无论何时更换机油后，复位系统以使其可计算下一次需要更换机油的时间。

系统复位：

（1）在发动机关闭的情况下，将点火钥匙置于"ON/RUN（打开 / 运行）"位置。

（2）按驾驶员信息中心（DIC）转向灯杆上的菜单按钮，滚动 DIC 屏幕上的菜单项。

（3）按住设置/复位按钮清除尽快更换发动机机油信息和/或恢复机油寿命 100% 信息。

（4）将点火钥匙置于"LOCK/OFF"（锁止 / 关闭）位置。

（5）当更换发动机机油信息消失和恢复机油寿命显示 100% 信息，系统复位。启动车辆时，如果再次显示尽快更换发动机机油消息，则发动机机油寿命系统还没有复位，请重复本程序。

（三）车型③

·2014—2019 年上海通用别克昂科威

1. 机油寿命系统复位

本车拥有计算机系统，可指示何时更换发动机机油和滤清器。更换时间的计算方法是基于发动机转速和发动机温度，而不是基于里程数。因行驶状况不同，需要更换机油的里程数指示有很大的变化。为了保证机油寿命系统正常工作，每次更换机油后必须重新设置系统。在一些车辆上，系统计算机油寿命减少时，会显示尽快更换发动机机油信息以指示需要更换机油，尽早在下一个 1000km（600 英里）行程内更换机油。如果车辆一直在最佳条件下行驶，发动机机油寿命系统可能一年多也不会指示需要更换机油。但是，发动机机油和滤清器每年至少应更换一次，更换时应复位发动机机油寿命系统。对于没有尽快更换发动机机油信息的车辆，剩余机油寿命百分比接近 0% 时需要更换机油。别克特约售后服务中心培训的维修人员使用原厂零部件进行此修理工作，并复位系统。定期检查机油并将其保持在正确油位也很重要。

如果系统意外复位，务必在上次更换机油后行驶 5000km（3000 英里）时再次更换机油。

无论何时更换机油，都切记复位机油寿命系统。

2. 如何复位发动机机油寿命系统

发动机机油寿命系统根据车辆使用情况计算何时更换发动机机油和滤清器。无论何时更换机油后，复位系统以使其可计算下一次需要更换机油的时间。如果在尽快更换发动机机油信息出现前更换机油，复位系统。

如果车辆没有驾驶员信息中心（DIC）按钮：

（1）在发动机关闭的情况下，将点火钥匙置于"ON/RUN（打开 / 运行）"位置。车辆必须处于 P（驻车挡）以进入此显示。按下行程表复位杆直到显示剩余机油寿命。

（2）按住行程表复位杆直到剩余机油寿命显示"100%"。蜂鸣器鸣响三次且尽快更换发动机机油信息消失。

（3）将点火钥匙置于"LOCK/OFF"（锁止 / 关闭）位置。

（4）启动车辆时，如果再次显示尽快更换发动机机油消息，则发动机机油寿命系统还没有复位，请重复本程序。

如果车辆具有驾驶员信息中心（DIC）按钮：

（1）在发动机关闭的情况下，将点火钥匙置于"ON/RUN（打开 / 运行）"位置。

（2）按下车辆信息按钮直到显示剩余机油寿命。

（3）按住设置 / 复位按钮直到显示"100%"。蜂鸣器鸣响三次且尽快更换发动机机油信息消失。

（4）将点火钥匙置于"LOCK/OFF"（锁止 / 关闭）位置。

（5）启动车辆时，如果再次显示尽快更换发动机机油消息，则发动机机油寿命系统还没有复位，请重复本程序。

（四）车型④

· 2017—201 年上海通用别克全新一代 GL8

1. 机油寿命系统复位

系统计算出机油寿命快要结束时，会指示需要更换机油。将显示"CHANGE ENGINE OIL（更换发动机机油）"的信息或灯，尽早地在下一个 1000km（600 英里）行程内更换发动机机油。如果车辆一直在最佳条件下行驶，发动机机油寿命系统可能一年多也不会指示需要更换机油。但是，发动机机油和滤清器每年至少应更换一次，更换时应复位系统。如果系统意外复位，请在上次更换发动机机油后，行驶至推荐的油液更换间隔，再次更换机油。

2. 如何复位发动机机油寿命系统

带驾驶员信息中心（DIC）的车辆：

（1）按下驾驶员信息中心上的按钮，直到驾驶员信息中心屏幕上出现"ENGINE OIL MONITOR（发动机机油监测）"。

（2）按下设置 / 复位按钮以复位系统。下一个界面显示 "CHANGE OIL SOON（尽快更换机油）"信息已复位。如果车辆有高级驾驶员信息中心，当按下仪表按钮且出现 "OIL LIFE REMAINING（剩余机油寿命）"模式时，剩余机油寿命读数应为 100%。

（3）将点火置于钥匙 OFF 位置。

不带驾驶员信息中心的车辆：

（1）在发动机关闭的情况下，将点火钥匙置于 RUN 位置。

（2）在 5s 内，缓慢地完全踩下和松开加速踏板三次。

（3）将钥匙置于 OFF 位置，然后启动车辆。

（4）启动车辆时，如果灯或信息返回，则机油寿命系统没有复位，请重复本程序。

（五）车型⑤

·2016—2019 年上海通用别克全新一代君越

1. 机油寿命系统复位

系统计算出机油寿命快要结束时，会指示需要更换机油。将显示 "CHANGE ENGINE OIL（更换发动机机油）"的信息或灯点亮。尽早地在下一个 1000km 行程内更换发动机机油。如果车辆一直在最佳条件下行驶，发动机机油寿命系统可能一年多也不会指示需要更换机油。但是，发动机机油和滤清器每年至少应更换一次，更换时应复位发动机机油寿命系统。如果系统意外复位，则在上次更换发动机机油后行驶 5000km 时再次更换机油。

2. 如何复位发动机机油寿命系统

无论何时更换发动机机油，都要复位机油寿命系统，以便系统计算下次发动机机油的更换时间。

复位系统：

（1）在发动机关闭的情况下，将点火钥匙置于 "ON/RUN（打开 / 运行）"位置。

（2）按下转向信号控制杆上的驾驶员信息中心菜单按钮，在驾驶员信息中心屏幕上浏览菜单选项。

（3）按下 "set（设置）"按钮以清除 "CHANGE ENGINE OIL SOON（尽快更换发动机机油）"信息和 / 或恢复 "REMAINING OIL LIFE 100%（剩余机油寿命 100%）"信息。

（4）将点火钥匙置于 "LOCK/OFF"（锁止 / 关闭）位置。"CHANGE ENGINE OIL SOON（尽快更换发动机机油）"信息消失后系统复位，显示 "REMAINING OIL LIFE 100%（剩余机油寿命 100%）"信息。

（5）启动车辆时，如果再次显示 "CHANGE ENGINE OIL（更换发动机机油）"信息，则发动机机油寿命系统还没有复位。重复本程序。

（六）车型⑥

·2015—2019 年上海通用别克威朗

1. 机油寿命系统复位

发动机机油寿命系统会告知何时更换发动机机油和滤清器。根据行驶状况，发动机机油和滤清器的更换间隔变化很大。《用户手册》中"仪表和控制装置"描述了如何显示机油剩余使用时间。为了保证机油寿命系统正常工作，每次更换机油后必须重新设置系统。系统计算出机油寿命快要结束时，会指示需要更换机油。高配显示器将显示"CHANGE ENGINE OIL SOON（尽快更换发动机机油）"。低配显示器将显示《用户手册》中提及的特定代码，可在《用户手册》中可以找到推荐的发动机机油更换间隔。无论何时更换机油和滤清器，都切记要复位机油寿命系统。

机油寿命系统手动复位：

（1）打开点火开关。

（2）按下转向信号开关上的"Menu（菜单）"按钮。

（3）用调节轮选择菜单"Vehicle Information System（车辆信息系统）"。

（4）用调节轮选择菜单"Oil Life System（机油寿命系统）"。

（5）按下转向信号开关上的"SET/CLR（设置/清除）"按钮，并同时踩下制动踏板。

机油寿命系统自动复位：

（1）打开点火开关。

（2）连接故障诊断仪。

（3）选择"Module Diagnosis（模块诊断）"。

（4）选择"Engine Control Module（发动机控制模块）"。

（5）选择"Configuration/Reset（配置/复位）"功能。

（6）选择"Engine Oil System Reset（发动机机油系统复位）"。

（7）按下"Enter（确认）"键运行此功能。

（8）确认执行成功。

（9）将点火开关置于"OFF（关闭）"位置并确认。

（10）将点火开关置于"ON（打开）"位置并确认。

（七）车型⑦

·2017—2019年上海通用别克全新一代君威

1.机油寿命系统复位

系统计算出机油寿命快要结束时，会指示需要更换机油。将显示"CHANGE ENGINE OIL（更换发动机机油）"的信息或灯点亮，尽早地在下一个1000km行程内更换发动机机油。如果车辆一直在最佳条件下行驶，发动机机油寿命系统可能一年多也不会指示需要更换机油。但是，发动机机油和滤清器每年至少应更换一次，更换时应复位发动机机油寿命系统。

如果系统意外复位，则在上次更换发动机机油后行驶5000km时再次更换机油。

2.如何复位发动机机油寿命系统

无论何时更换发动机机油，都要复位机油寿命系统，以便系统计算下次发动机机油的更换时间。

复位系统：

（1）在发动机关闭的情况下，将点火钥匙置于"ON/RUN（打开／运行）"位置。

（2）按下转向信号控制杆上的驾驶员信息中心菜单按钮，在驾驶员信息中心屏幕上浏览菜单选项。

（3）按下"set（设置）"按钮以清除"CHANGE ENGINE OIL SOON（尽快更换发动机机油）"信息和／或恢复"REMAINING OIL LIFE 100%（剩余机油寿命100%）"信息。

（4）将点火钥匙置于"LOCK/OFF"（锁止／关闭）位置。"CHANGE ENGINE OIL SOON（尽快更换发动机机油）"信息消失后系统复位，显示"REMAINING OIL LIFE 100%（剩余机油寿命100%）"信息。

（5）启动车辆时，如果再次显示"CHANGE ENGINE OIL（更换发动机机油）"信息，则发动机机油寿命系统还没有复位，请重复本程序。

二、自动变速器油位检查

（一）6T30/6T40/6T45/6T50自动变速器油位检查方法

此程序检查变速器油位，同时检查油液本身状况。告诫：仅允许使用Dexron VI变速器油。未使用合适的变速器油可能导致变速器内部损坏。注意：确保变速器有足够的油液，以确保可安全启动车辆而不损坏变速器。车辆熄火且变速器油温度在20~25℃之间时，将有足够多的油从油位孔排出。一旦车辆启动，这能确保储油槽中有足够的油液满足各部件。

1.无油尺检查程序

（1）启动发动机。

（2）踩下制动踏板并将换挡杆挂到每个挡位且在每个挡位停顿3s，然后将换挡杆挂回P（驻车）挡。

（3）使发动机以500~800r/min的速度怠速运行至少3min，从而使油液泡沫消散、油位稳定，松开制动踏板。

注意：如果变速器油温度读数不是期望温度，使车辆冷却或运行车辆直至变速器油温度达到合适值。如果油液温度低于规定范围，执行以下程序以使油液温度达到规定值。

在2挡下行驶车辆直到油液温度达到规定值。

（4）保持发动机运转，通过驾驶员信息中心或者故障诊断仪观察变速器油温度（TFT）。

告诫：当变速器油温度（TFT）为85~95℃时，必须检查变速器油位。如果变速器油温度不是此温度值，操作车辆或使油液按要求冷却。如果在变速器油温度超过此温度时设置油位，将导致变速器加注不足或加注过量的状况。变速器油温度95℃表示加注不足，变速器油温度85℃表示加注过量。加注不足的变速器将导致部件过早磨损或损坏。加注过量的变速器将导致油液溢出通风管、油液起泡或泵的气穴现象。

（5）用举升机举升车辆。发动机运转且换挡杆挂 P（驻车）挡时，车辆必须置于水平位置。

（6）车辆怠速运行时，拆下油位设置螺塞，排出所有机液。

油位螺塞（图 10-1 中 1）。

·如果油液稳定地流出，则等待直到油液开始滴落

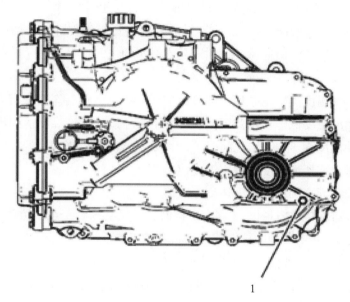

图 10-1

·如果没有油液流出，则添加油液直到油液滴落

（7）检查油液颜色。油液应为红色或深棕色。

·如果油液颜色很深或发黑还有烧焦的气味，则检查油液是否有多余的金属微粒或其他碎片。少量"摩擦"生成的物质属"正常"情况。如果在油液中发现大片和 / 或金属碎片，则冲洗油液冷却器和冷却器管路，然后彻底检修变速器。如果没有发现变速器内部有损坏的迹象，则更换油液、修理油液冷却器并冲洗冷却器管路

·若油液呈现出絮状或乳液状或看起来像是被水污染，则表示被发动机冷却液或水污染

（8）检查是否存在外部泄漏。

（9）如果油液已更换，则复位变速器油寿命监视器（若可行）。

2. 油尺检查程序（若装备）

（1）将车辆停在水平路面上，踩下驻车制动器并且将换挡杆挂 P（驻车）挡，启动发动机。

（2）踩下制动踏板并将换挡杆挂到每个挡位且在每个挡位停顿 3s，然后将换挡杆挂

回 P（驻车）挡。

（3）使发动机以 500~800r/min 的速度怠速运行至少 3min，从而使油液泡沫消散、油位稳定。松开制动踏板。

（4）保持发动机运转，通过驾驶员信息中心或者故障诊断仪观察变速器油温度（TFT）。

告诫：当变速器油温度（TFT）为 85~95℃时，必须检查变速器油位。如果变速器油温度不是此温度值，操作车辆或使油液按要求冷却。如果在变速器油温度超过此温度时设置油位，将导致变速器加注不足或加注过量的状况。变速器油温度 95℃表示加注不足，变速器油温度 85℃表示加注过量。加注不足的变速器将导致部件过早磨损或损坏。加注过量的变速器将导致油液溢出通风管、油液起泡或泵的气穴现象。

注意：

·如果变速器油温度读数不是期望温度，使车辆冷却或运行车辆直至变速器油温度达到合适值。如果油液温度低于规定范围，执行以下程序以使油液温度达到规定值

·当变速器油温度在 85~95℃之间时，检查变速器油位。当油液温度升高时，油位将升高。因此，确保变速器油温度为规定温度值是非常重要的

在 2 挡下行驶车辆直到油液温度达到规定值。

（5）发动机运转且换挡杆挂 P（驻车）挡时，车辆必须置于水平位置。

（6）拆下油尺，并用干净的抹布或纸巾将其擦干净。

（7）检查油液颜色。油液应为红色或深棕色。

·如果油液颜色很深或发黑还有烧焦的气味，则检查油液是否有多余的金属微粒或其他碎片。少量"摩擦"生成的物质属"正常"情况。如果在油液中发现大片和 / 或金属碎片，则冲洗油液冷却器和冷却器管路，然后彻底检修变速器。如果没有发现变速器内部有损坏的迹象，则更换油液、修理油液冷却器并冲洗冷却器管路

·若油液呈现出絮状或乳液状或看起来像是被水污染，则表示被发动机冷却液或水污染

（8）安装油尺，等待 3s 然后再将其拆下。

注意：始终检查油位至少两次。稳定的读数对于保持正确的油位是非常重要的。如果读数不稳定，则检查变速器通风口盖以确保其干净通畅。不需要使油位一直处于"MAX（最满）"标记处。在交叉带的任何区域内都是可接受的。

（9）检查油尺两侧，并记录最低油位。

（10）再次安装和拆下油尺以确认读数。

注意：如果没有再次检查油位，切勿一次添加多于 0.25L 的机液。一旦油液处于油尺的锥形端，不需要多少油液便可将油位提升到交叉带区域。切勿加注过量。此外，如果油位过低，检查变速器是否泄漏。

（11）如果油位不在交叉带内且变速器温度为 90℃时，若必要可以添加或者排出油液以使油位处于交叉带区域。如果油位过低，仅添加足够的油液以使油位处于交叉带区域。

（12）如果油位在可接受的范围内，则安装油尺。

（13）如果油液已更换，则复位变速器油寿命监视器（若可行）。

（二）6T70/6T75 自动变速器

此程序检查变速器油位，同时检查油液本身状况。告诫：仅允许使用 Dexron VI 变速器油。未使用合适的变速器油可能导致变速器内部损坏。注意：确保变速器有足够的油液，以确保可安全启动车辆而不损坏变速器。车辆熄火，油位至少应达到油尺的锥形端。一旦车辆启动，这能确保储油槽中有足够的油液满足各部件。

1. 油位检查程序

（1）将车辆停在水平路面上，踩下驻车制动器并且将换挡杆挂驻车挡（P）。

（2）启动发动机。

（3）踩下制动踏板并将换挡杆挂到每个挡位且在每个挡位停顿 3s。然后将换挡杆挂回驻车挡（P）。

（4）使发动机怠速保持在 500~800r/min 至少 1min，松开制动踏板。

（5）保持发动机运转，通过驾驶员信息中心或者故障诊断仪观察变速器油温度（TFT）。

注意：如果油液温度低于规定范围，执行以下程序以使油液温度达到规定值范围。

（6）如果变速器油温度读数不在要求的温度范围内，使车辆冷却，或者操作车辆直至达到相应的变速器油温度。

挂 2 挡行驶车辆直到油液温度达到规定范围。

注意：当变速器油温度在 82~93℃之间时，检查变速器油位。油位随着油温的上升而上升，因此确保变速器油的温度在规定范围内很重要。

（7）拆下油尺，并用干净的抹布或纸巾将其擦干净。

（8）检查油液颜色。油液应为红色或深棕色。

·如果油液颜色很深或发黑还有烧焦的气味，则检查油液是否有多余的金属微粒或其他碎片。少量"摩擦"生成的物质属"正常"情况。如果在油液中发现大片和 / 或金属碎片，则冲洗油液冷却器和冷却器管路，然后彻底检修变速器。如果没有发现变速器内部有损坏的迹象，则更换油液、修理油液冷却器并冲洗冷却器管路

·若油液呈现出絮状或乳液状或看起来像是被水污染，则表示被发动机冷却液或水污染

（9）安装并紧固油尺，等待 3s 然后再将其拆下。

注意：始终检查油位至少两次。稳定的读数对于保持正确的油位是非常重要的。如果记录的读数不一致，检查变速器通风总成以确保它清洁且无堵塞。

（10）检查机油尺两侧，并记录最低油位。

注意：不需要使油位一直处于"MAX（最满）"标记处。在交叉带的任何区域内都是可接受的。

（11）再次安装和拆下机油尺以确认读数。

（12）如果油位不在交叉带内且变速器温度在 82~93℃之间，则必要时可以添加或者排出油液以使油位处于交叉带区域。如果油位过低，仅添加足够的油液以使油位处于交叉带区域。

注意：如果没有再次检查油位，切勿一次添加多于 0.5L 的油液。一旦油液处于机油尺的锥形端，不需要多少油液便可将油位提升到交叉带区域。不要添加过量。此外，如果油位过低，检查变速器是否泄漏。

（13）如果油位在可接受的范围内，则安装机油尺。

（14）如果油液已更换，则复位变速器油寿命监视器（如可行）。

（三）5ET50 自动变速器

1. 自动变速器油液位和状况的检查

此程序检查变速器油位，同时检查油液本身状况。告诫：当变速器油温度为 45~55℃时，必须检查变速器油位。如果变速器油温不是此温度值，视情况操作车辆或让油液冷却。当变速器油液温度不在此温度范围内时设置液位将导致变速器加注不足或加注过量。变速器油液温度高于 55℃时导致加注不足，变速器油液温度低于 45℃时导致加注过量。加注不足的变速器将导致部件过早磨损或损坏。加注过量的变速器将导致油液从通风管溢出、油液起泡或泵的气穴现象。变速器过热可能导致车辆无预警地失去动力。

（1）初始油位确认。

注意：确保变速器有足够的油液，以确保可安全启动车辆而不损坏变速器。车辆熄火且变速器油温度在 20~25℃之间时，必须有足够多的油从油位孔排出。一旦车辆启动，这能确保储油槽中有足够的油液注满各部件。

①验证变速器维修是否已经执行。

②如果没有执行变速器更换，并且没有明显的泄漏，直接进入下面的最后油位检查程序。

③下面任何变速器维修，拆下油液加注口盖（图 10-2 中 1）和油位孔塞（图 10-2 中 2）。如果油液按稳定的方式流动，等待直到油液开始滴下。注意：维修更换变速器可能会需要多达 3L 的油液。如果没有油液流出，加油液直到油液流出。

④安装油位孔塞。注意：必须在合适的温度范围内确定油位。

⑤执行下面的最后油位检查程序。

（2）最后油位检查程序。

注意：你可能需要打开发动机罩以保持发动机运转。

①启动发动机。

②在驻车挡（P）怠速运转发动机。注意：如果变速器油温度读数不是所需温度，让车辆冷却或运行车辆直至变速器油温度达到合适值。如果油液温度低于规定范围，驾驶车辆提高液体温度到合适值比发动机怠速更快。

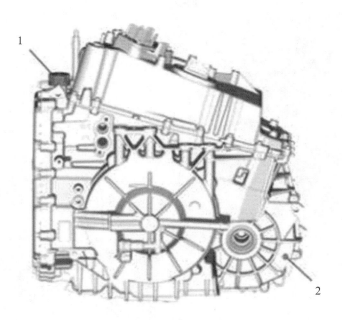

图 10-2

③保持发动机运行，使用扫描工具观察变速器油液温度。

④当变速器油温度在 45~55℃之间时，将换挡杆依次挂到驻车挡（P）、空挡（N）和前进挡（D）2次并返回驻车挡（P）。

⑤使用举升机提升车辆。车辆必须是水平的，发动机运转，换挡杆在驻车范围内。

⑥当车辆在空转时，拆下油位孔塞（图 10-2 中 2）。允许排出所有油液。如果油液按稳定的方式流动，等待直到油液开始滴下。如果没有油液流出，加油液直到油液流出。当液体以每秒 3 滴的速度缓慢滴下时，达到适当位置。重新安装油位孔塞。

⑦检查油液颜色。油液应该是红色或暗褐色。如果油液颜色很深或发黑，还有烧焦味，则检查油液中是否有过多的金属微粒或其他碎屑。参见路试来验证变速器操作。如果未发现其他情况，则更换油液。若油液呈现出絮状或乳液状或看起来像是被水污染，则表示被发动机冷却液或水污染。发动机冷却液／水进入变速器。

⑧检查外部泄漏。

⑨如果油液已更换，如适用则复位变速器油寿命监测器。

2. 变速器油排放和加注

变速器油排放和加注如图 10-3 所示。变速器需要 6.5~7L 的油液。用新变速器油将变速器加注至合适的油位。

（四）6DCT150 自动变速器

1. 排放程序

警告：当变速器处于工作温度时，在拆下检查／加注螺塞时要采取必要的保护措施，

227

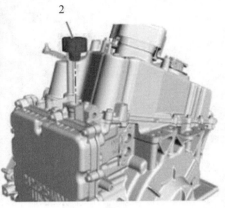

1.变速器油排放塞 2.变速器加油口盖

图 10-3

以避免被排放的油液烫伤。警告：变速器油很烫。将变速器油从变速器中排出时必须小心，以免造成人身伤害。

（1）举升并支撑车辆。

（2）在变速器放油螺塞下方，放置合适的接油盘。

（3）确保变速器油温处于 10~45℃之间。

（4）清洁变速器放油螺塞周围的所有污迹或碎屑。

（5）拆下并报废变速器放油螺塞（图 10-4 中 1），排放变速器油液。注意：变速器油排出后即报废，不可重新使用。

（6）等待一段时间，直至变速器油液滴落。

（7）使用无绒布将变速器油液清理干净。

（8）安装新的放油螺塞（图 10-5 中 1），并紧固至 7N·m。

2. 加注程序

（1）注意：拆下加油螺塞前，清洁此螺塞周围的区域。从变速器上拆下并报废变速器加油螺塞（图 10-5 中 1）。

（2）定量加注 3.3L 变速器油。

（3）使用无绒布将变速器油加注孔附近清理干净。

（4）安装新的加油螺塞，并紧固至 14N·m。

图 10-4 图 10-5

（5）进行简短的驾驶测试。变速器最多到 2 挡，变速器油温不超过 40℃。

（6）在变速器油位检查孔下方放置合适的接油盘。

（7）拆下并报废变速器油位检查孔塞（图 10-6 中 1）。

（8）如果变速器油流出检查孔，让变速器油流出直至停止。

（9）使用无绒布将变速器油位检查孔周围清理干净。

（10）安装新的变速器油位检查孔塞，并紧固至 45N·m。

3. 油量的检查

（1）在变速器放油孔下方放置合适的量杯，确保变速器油温度范围在 10~45℃。注意：油液不能再次使用。拆下的放油螺塞不能再次使用，必须报废。

（2）拆下并报废变速器放油螺塞（图 10-7 中 1），让变速器油流入量杯，直到油液不断滴成一滴。检查量杯中油量是否为 3.3~3.4L。

（3）在使用无绒布将变速器放油螺塞周围清理干净。

（4）安装新的放油螺塞，并紧固至 7N·m。

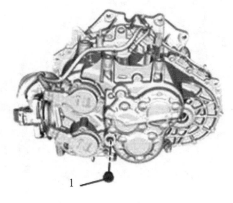

图 10-6 图 10-7

（5）使用无绒布将变速器放油螺塞周围清理干净。

（五）7T35 自动变速器

7T35 变速器的所有油位检查，必须在发动机停止、点火开关关闭后车辆已静止至少30min 后才可进行。

1. 变速器壳体（变速器）油位检查程序

（1）确保车辆处于水平位置。

（2）确认变速器壳体（变速器）油底壳温度在 20~40℃之间。通过读取变速器内部温度传感器，确认变速器控制总成（Powerpack）油底壳温度在 20~40℃之间。

（3）准备一个量筒，用它来收集油位孔流出的油液。

（4）拆下油位孔塞（图 10-8 中 1），收集流出的任何油液。

（5）观察变速器底部周围区域是否有油液顺着壳体流下而未流入量筒。如果有，则将其收集。

（6）让油液滴 5min。注意所收集油液的颜色和容积。如果排出的油液超过 200mL，或者油液的颜色为绿色，按照"变速器壳体（变速器）排放和重新加注"程序进行操作。新的变速箱油是琥珀色的，并且随着行驶里程的增加会变为深棕黑色。变速箱中的油液过多，可能是由 Powerpack 泄漏进变速器导致的。

（7）如果油位孔未排出任何油液。必须添加油液。

（8）拆下变速器油加注口盖（图 10-9 中 1），并加注一定量的 DEXRON® 双离合器变速器油，直到油液开始溢出油位检查孔。

（9）让油液滴 5min。记录添加的变速器油量。如果必须加注 200mL 以上的变速器油，则检查是否有外部泄漏。

（10）更换油位孔塞（图 10-9 中 2），并紧固至 11N·m。

2. 变速器油排放和加注

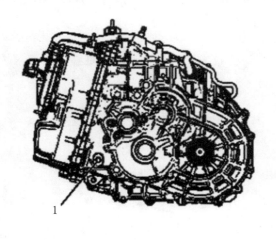

图 10-8

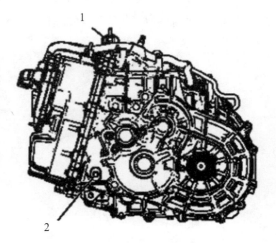

图 10-9

（1）举升并妥善支撑车辆。参见举升和顶起车辆。

（2）拆下放油螺塞（图10-10中1），并让变速器排放10min。

（3）重新安装放油塞并紧固至11N·m。

（4）降低车辆。

（5）从变速器油加注口盖（图10-11中2），断开通风软管（图10-11中1）。告诫：仅使用DEXRON®双离合器变速器油。未使用合适的变速器油可能导致变速器内部损坏。

（6）拆下变速器油加注口盖，并向变速器加注变速器油。

（7）安装变速器油加注口盖，然后将通风软管连接至加注口盖。

（8）检查变速器油位。

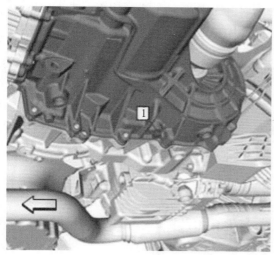

图10-10   图10-11

（六）9T45/9T50/9T60/9T65 自动变速器

1. 变速器油液位和状况的检查

此程序检查变速器油位，同时检查油液本身状况。告诫：只能使用Dexron® VI变速器油。未使用合适的变速器油可能导致变速器内部损坏。注意：确保变速器有足够的油液，以确保可安全启动车辆而不损坏变速器。车辆熄火且变速器油温度在20~25℃之间时，必须有足够多的油从油位孔排出。一旦车辆启动，这能确保储油槽中有足够的油液注满各部件。

（1）无机油尺油位检查程序。

①启动发动机。

②踩下制动踏板并将换挡杆挂到每个挡位，且在每个挡位停顿3s。然后将换挡杆挂回驻车挡（P）。

③让发动机以500~800r/min的转速急速运行至少3min，从而使油液泡沫消散，使油

位稳定。释放制动踏板。注意：如果变速器油温度读数不是所需温度，让车辆冷却或运行车辆直至变速器油温度达到合适值。如果油液温度低于规定范围，执行以下程序以使油液温度达到规定值。在2挡下驾驶车辆，直到油液温度达到规定值。

④保持发动机运行，通过驾驶员信息中心或者故障诊断仪观察变速器油温度（TFT）。告诫：当变速器油温度（TFT）为85~95℃时，必须检查变速器油位。如果变速器油温度不是此温度值，视情况操作车辆或让油液冷却。当变速器油液温度不在此温度范围内时设置液位将导致变速器加注不足或加注过量。变速器油液温度高于95℃时导致加注不足，变速器油液温度低于85℃时导致加注过量。加注不足的变速器将导致部件过早磨损或损坏。加注过量的变速器将导致油液从通风管溢出、油液起泡或泵的气穴现象。

⑤用举升机举升车辆。发动机运行且换挡杆处于驻车挡时，车辆必须置于水平位置。

⑥车辆怠速运行时，拆下油位设置螺塞。排出所有油液。机油油位螺塞（图10-12）。如果油液稳定地流出，则等待直到油液开始滴落。如果没有油液流出，则添加油液直到油液滴落。

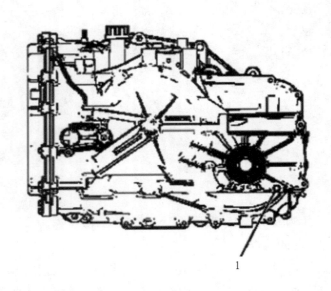

图10-12

⑦检查油液颜色。油液应为红色或深棕色。如果油液颜色很深或发黑还有烧焦味，则检查油液中是否有过多的金属微粒或其他碎屑。少量"摩擦"生成的物质属"正常"情况。如果在油液中发现较大碎片和/或金属微粒，则冲洗油液冷却器和冷却器管路，然后彻底检修变速器。如果未发现变速器内部有损坏迹象，则更换油液，修理油液冷却器并冲洗冷却器管路。若油液呈现出絮状或乳液状或看起来像是被水污染，则表示被发动机冷却液或水污染。参见发动机冷却液/水进入变速器。

⑧检查是否存在外部泄漏。

⑨如果油液已更换，则复位变速器油寿命监测器（如适用）。

（2）机油尺油位检查程序（如装备）。

①将车辆停在水平路面上，施用驻车制动器并将换挡杆挂驻车挡（P）。启动发动机。

②踩下制动踏板并将换挡杆挂到每个挡位，且在每个挡位停顿3s。然后将换挡杆挂回驻车挡（P）。

③让发动机以500~800r/min的转速怠速运行至少3min，从而使油液泡沫消散、油位稳定。释放制动踏板。

④保持发动机运行，通过驾驶员信息中心或者故障诊断仪观察变速器油温度（TFT）。告诫：当变速器油温度（TFT）为85~95℃时，必须检查变速器油位。如果变速器油温度不是此温度值，视情况操作车辆或让油液冷却。当变速器油液温度不在此温度范围内时设置液位将导致变速器加注不足或加注过量。变速器油液温度高于95℃时导致加注不足，变速器油液温度低于85℃时导致加注过量。加注不足的变速器将导致部件过早磨损或损坏。加注过量的变速器将导致油液从通风管溢出、油液起泡或泵的气穴现象。

注意：如果变速器油温度读数不是所需温度，让车辆冷却或运行车辆直至变速器油温度达到合适值。如果油液温度低于规定范围，执行以下程序以使油液温度达到规定值。当变速器油温度（TFT）在85~95℃之间时，检查变速器油位。当油液温度升高时，油位将升高，因此，必须确保变速器油温度为规定的温度。在2挡下驾驶车辆，直到油液温度达到规定值。

⑤发动机运行且换挡杆处于驻车挡时，车辆必须置于水平位置。

⑥拆下机油尺，并用干净的抹布或纸巾将其擦干净。

⑦检查油液颜色。油液应为红色或深棕色。如果油液颜色很深或发黑还有烧焦味，则检查油液中是否有过多的金属微粒或其他碎屑。少量"摩擦"生成的物质属"正常"情况。如果在油液中发现较大碎片和/或金属微粒，则冲洗油液冷却器和冷却器管路，然后彻底检修变速器。如果未发现变速器内部有损坏迹象，则更换油液，修理油液冷却器并冲洗冷却器管路。若油液呈现出絮状或乳液状或看起来像是被水污染，则表示被发动机冷却液或水污染。

⑧安装机油尺。等待3s然后再将其拆下。注意：务必检查油位至少两次。一致的读数对于保持正确的油位至关重要。如果读数不一致，则检查变速器通风口盖以确保其干净通畅。

注意：无须使油位一直处于"MAX（最高）"标记处。在阴影线的任何区域内都是可接受的。

⑨检查机油尺两侧，并记录较低油位。

⑩再次安装和拆下机油尺以确认读数。注意：如果没有再次检查油位，切勿一次添加多于0.25L的油液。一旦油液处于机油尺的锥形端，不需要多少油液便可将油位提升到阴影线区域。切勿过量加注。此外，如果油位过低，检查变速器是否泄漏。参见油液泄漏的

诊断。

⑪如果油位不在阴影线区域内且变速器温度为90℃，则视情况添加或排出油液，使油位处于阴影线区域。如果油位过低，仅添加足够的油液以使油位处于阴影线区域。

⑫如果油位在可接受的范围内，则安装机油尺。

⑬如果油液已更换，则复位变速器油寿命监测器（如适用）。油液状况检查：检查油液颜色。油液应为红色。正常使用时油液颜色也许会变成棕色，但这并不一定表示受到了污染。注意：如果油液颜色很深或发黑还有烧焦味，通常表示油液过热或者受到污染。如果油液颜色很深或发黑并有烧焦味，检查油液是否有过多的金属微粒或其他碎屑，这表示变速器可能损坏。参见路试以验证变速器的运行情况。如果没有发现其他状况，则更换变速器油。若油液呈现出絮状或乳液状或看起来像是被水污染，则表示被发动机冷却液或水污染。

2. 变速器油排放和加注

（1）拆卸程序。

①举升并顶起车辆。

②拆下储油盘放油螺塞（图10-13中1）。

③将变速器油排入合适的容器内。

④安装储油盘放油螺塞并紧固至12N·m。

（2）安装程序。

①降低车辆。注意：如果无法接近变速器油液加注口盖，则转至此程序的③。

②如果能够接近，则拆下油液加注口盖（图10-14中1）。

③拆下左前车轮和轮胎总成。轮胎和车轮的拆卸和安装（带RTN和M12车轮螺母）、轮胎和车轮的拆卸和安装（不带RTN带M14车轮螺母）。

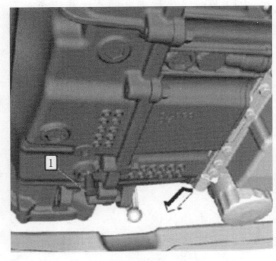

图10-13

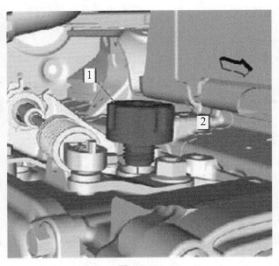

图10-14

④从变速器上拆下加油螺塞（图 10-15 中 1）。

⑤用正确的油液将变速器加注至正确液位。注意：如果无法接近变速器油液加注口盖，则转至此程序的⑦。

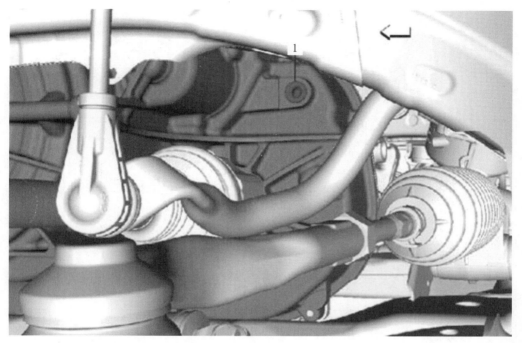

图 10-15

⑥如果能够接近，则安装油液加注口盖。

⑦将加油螺塞安装到变速器上，然后紧固至 40N·m。

⑧安装左前车轮和轮胎总成。

三、换油规格（表 10-1）

表10-1

项目 车型	年款	发动机型号	排量	发动机油量(维修机油加注与滤清器更换)(L)	发动机油量(干式加注,包括滤清器)(L)	发动机机油型号	自动变速器型号	变速器容量(L)	变速器油型号
上海通用别克凯越 15N	2018—2020年	L15	1.3L	4.6		5W30	Jatco CVT	6.2	CVTF I-GREEN-2
上海通用别克凯越 1.5L	2013—2017年	L2B	1.5L	3.5		5W30	6T30/6T35/6T40/6T45/6T50	阀体盖的拆卸 4.0~5.0 油液更换 4.5~5.5 大修 7.62	DEXRON® VI
上海通用别克威朗 15S	2015—2019年	L3G	1.5L	4.0		DEXOS 1 5W-30、0W-20 或 5W-30	6T30/6T35/6T40/6T45/6T50	阀体盖的拆卸 4.0~5.0 油液更换 4.5~5.5 大修 7.62	DEXRON® VI
上海通用别克威朗 20T	2015—2019年	LFV	1.5T	4.0		5W30	7T35	控制总成 1.90 变速器壳体(齿轮箱)2.45	DCT 油
上海通用别克威朗 15T	2020年	LIV	1.0T	3.9		5W30	6T30/6T35	阀体盖的拆卸 4.0~5.0 油液更换 4.5~5.5 大修 7.62	DEXRON® VI
上海通用别克威朗 20T	2020年	L3Z	1.3T	4.6		5W30	5ET50	油液更换 3.2 大修 6.75	DEXRON® VI
上海通用别克英朗 15T	2018—2020年	LJI	1.0T	4		5W30	6DCT150	加注油液容量 3.3 油液容量总量 4.1	Pentosin FFL-7-LV
上海通用别克英朗 18T	2018—2020年	LI6	1.3T	4.5		5W30	6T30	阀体盖的拆卸 4.0~5.0 油液更换 4.5~5.5 大修 7.62	DEXRON® VI
上海通用别克英朗 15N	2015—2017年	L2B	1.5L	3.5		0W20 或 5W30	6T30	阀体盖的拆卸 4.0~5.0 油液更换 4.5~5.5 大修 7.62	DEXRON® VI
上海通用别克英朗 18T	2015—2017年	LFF	1.4T	4.0		5W30	7T35	控制总成 1.90 变速器壳体(齿轮箱)2.45	DCT 油
上海通用别克阅朗 15T	2018—2020年	LJI	1.0T	4.0		5W30	6DCT150	加注油液容量 3.3 油液容量总量 4.1	Pentosin FFL-7-LV
上海通用别克阅朗 18T	2018—2020年	LI6	1.3T	4.5		5W30	6T30	阀体盖的拆卸 4.0~5.0 油液更换 4.5~5.5 大修 7.62	DEXRON® VI
上海通用别克君威 20T	2017—2019年	LFV	1.5T	4.0		5W30	9T45/9T50	阀体盖的拆卸 2.0~3.0 油液更换 5.0~6.0 大修 8.5~9.5	DEXRON® VI

（续表）

车型	年款	发动机型号	排量	发动机油量（维修机油加注与滤清器更换）(L)	发动机机油量（干式加注.包括滤清器）(L)	发动机机油型号	自动变速器型号	变速器容量(L)	变速器油型号
上海通用别克君威28T	2017—2019年	LTG	2.0T	4.7		5W30	9T45/9T50	阀体盖的拆卸 2.0~3.0 油液更换 5.0~6.0 大修 8.5~9.5	DEXRON® VI
上海通用别克君威30H	2017年	LKN	1.8L	5.0		0W20、5W20 或 5W30	5ET50	油液更换 3.2 大修 6.75	DEXRON® VI
上海通用别克君越20T	2016—2019年	LFV	1.5T	4.0		5W30	7T35	控制总成 1.90 变速器壳体（齿轮箱）2.45	DCT 油
上海通用别克君越28T	2016—2017年	LTG	2.0T	4.7		5W30	6T40/6T45/6T50	阀体盖的拆卸 5.0~7.0 油液更换 4.0~6.0 大修 8.0~8.5	DEXRON® VI
上海通用别克君越28T	2018—2019年	LTG	2.0T	4.7		5W30	9T50	阀体盖的拆卸 2.0~3.0 油液更换 5.0~6.0 大修 8.5~9.5	DEXRON® VI
上海通用别克君越28T	2019—2020年	LSY	2.0T	5.0	5.7	5W30	9T50	阀体盖的拆卸 2.0~3.0 油液更换 5.0~6.0 大修 8.5~9.5	DEXRON® VI
上海通用别克君越30H	2016—2018年	LKN	1.8L	5.0		0W20、5W20 或 5W30	5ET50	油液更换 3.2 大修 6.75	DEXRON® VI
上海通用昂科拉18T	2017—2019年	LFF	1.4T	4.0		5W30	6T40	阀体盖的拆卸 5.0~7.0 油液更换 4.0~6.0 大修 8.0~8.5	DEXRON® VI
上海通用昂科拉15T	2020年	LIV	1.0T	3.9		5W30	6T30/6T35	阀体盖的拆卸 4.0~5.0 油液更换 4.5~5.5 大修 7.62	DEXRON® VI
上海通用昂科拉20T	2020年	L3Z	1.3T	4.6		5W30	5ET50	油液更换 3.2 大修 6.75	DEXRON® VI
上海通用昂科拉GX 20T	2020年	L3Z	1.3T	4.6		5W30	5ET50	油液更换 3.2 大修 6.75	DEXRON® VI
上海通用昂科威20T	2015—2019年	LFV	1.5T	全驱 5.0 前驱 4.0		5W30	7T35	控制总成 1.90 变速器壳体（齿轮箱）2.45	DCT 油
上海通用昂科威28T	2018—2019年	LTG	2.0T	全驱 5.7		5W30	9T60	阀体盖的拆卸 2.0~3.0 油液更换 5.0~6.0 大修 8.5~9.5	DEXRON® VI

项目 车型	年款	发动机型号	排量	发动机机油量（维修机油加注与滤清器更换）(L)	发动机机油量（干式加注，包括滤清器）(L)	发动机机油型号	自动变速器型号	变速器容量(L)	变速器油型号
上海通用昂科威28T	2014—2017年	LTG	2.0T	全驱5.7		5W30	6T40/6T45/6T50	阀体盖的拆卸5.0~7.0 油液更换4.0~6.0 大修8.0~8.5	DEXRON® VI
上海通用GL6 18T	2018—2019年	L16	1.3T	4.5		5W30	6T35	阀体盖的拆卸4.0~5.0 油液更换4.5~5.5 大修7.62	DEXRON® VI
上海通用GL8 28T	2017—2019年	LTG	2.0T	4.7		5W30	6T50	阀体盖的拆卸5.0~7.0 油液更换4.0~6.0 大修8.0~8.5	DEXRON® VI
上海通用GL8 25S	2017—2019年	LCV	2.5L	4.7		5W30	6T40/6T45/6T50	阀体盖的拆卸5.0~7.0 油液更换4.0~6.0 大修8.0~8.5	DEXRON® VI
上海通用GL8 2.4L	2011—2017年	LE5	2.4L	4.7		5W30	6T45E	阀体盖的拆卸5.0~7.0 油液更换4.0~6.0 大修8.0~8.5	DEXRON® VI
上海通用GL8豪华2.4L	2013—2017年	LAF	2.4L	4.7		5W30	6T45E	阀体盖的拆卸5.0~7.0 油液更换4.0~6.0 大修8.0~8.5	DEXRON® VI

第十一章　雪佛兰车系

一、保养灯归零方法

（一）车型①

·2018 年雪佛兰创酷

1. 机油寿命系统复位

系统计算机油寿命减少时，会显示尽快更换发动机机油信息以指示需要更换机油。尽早在下一个 1000km（600 英里）行程内更换机油。如果车辆一直在最佳条件下行驶，发动机机油寿命系统可能一年多也不会指示需要更换机油。但是，发动机机油和滤清器每年至少应更换一次，更换时应复位发动机机油寿命系统。如果系统意外复位，务必在上次更换机油后行驶 5000km（3000 英里）时再次更换机油。

2. 如何复位发动机机油寿命系统

无论何时更换机油后，复位系统以使其可计算下一次需要更换机油的时间。

系统复位：

（1）在发动机关闭的情况下，将点火钥匙置于"ON/RUN（打开 / 运行）"位置。

（2）按驾驶员信息中心（DIC）转向灯杆上的菜单按钮，滚动 DIC 屏幕上的菜单项。

（3）按住设置/复位按钮清除尽快更换发动机机油信息和/或恢复机油寿命 100% 信息。

（4）将点火钥匙置于"LOCK/OFF"（锁止 / 关闭）位置。

（5）当更换发动机机油信息消失和恢复机油寿命显示 100% 信息，系统复位。启动车辆时，如果再次显示尽快更换发动机机油消息，则发动机机油寿命系统还没有复位，请重复本程序。

（二）车型②

·2018—2019 年雪佛兰科迈罗

1. 机油寿命系统复位

系统计算出机油寿命快要结束时，会指示需要更换机油，将显示"CHANGE ENGINE OIL（更换发动机机油）"的信息或灯点亮，尽早地在下一个 1000km 行程内更换发动机机油。如果车辆一直在最佳条件下行驶，发动机机油寿命系统可能一年多也不会指示需要更换机油。但是，发动机机油和滤清器每年至少应更换一次，更换时应复位发动机机油寿命系统。

如果系统意外复位，则在上次更换发动机机油后行驶 5000km 时再次更换机油。

2. 如何复位发动机机油寿命系统

带有驾驶员信息中心（DIC）的车辆：

（1）按下驾驶员信息中心（DIC）上的选项按钮，直到驾驶员信息中心屏幕上显示"发动机机油监视器"。

（2）按下设置/复位按钮以复位系统。下一屏幕表示已重置"尽快更换机油"信息。如果车辆具有高配驾驶员信息中心（DIC），当按下仪表按钮且显示"剩余机油寿命"模式时，它应该显示"100%剩余机油寿命"。

（3）将钥匙置于"OFF（关闭）"位置。

无驾驶员信息中心（DIC）的车辆：

（1）在发动机关闭的情况下，转动点火钥匙转至"RUN（运行）"位置。

（2）在5s内，缓慢地完全踩下和松开加速踏板3次。

（3）将钥匙置于"OFF（关闭）"位置，然后启动车辆。

（4）启动车辆时，如果再次显示该指示灯或信息，则机油寿命系统没有复位。重复本程序。

（三）车型③

·2018年雪佛兰迈锐宝XL

系统计算出机油寿命快要结束时，会指示需要更换机油。将显示"CHANGE ENGINE OIL SOON"（尽快更换发动机机油）的消息。尽早地更换发动机机油，更换时应复位发动机机油寿命系统。如果系统意外复位，则在上次更换发动机机油后行驶5000km（3000英里）时再次更换机油。

1. 机油寿命系统手动复位

（1）在发动机关闭的情况下，将点火钥匙置于"ON/RUN"（打开/运行）位置。

（2）按下转向信号控制杆上的"DIC MENU（驾驶员信息中心菜单）"按钮进入"Vehicle Information Menu（车辆信息菜单）"。使用拇指滚轮浏览菜单项目直到达到"REMAINING OIL LIFE（剩余机油寿命）"。

（3）按下"SET/CLR（设置/清除）"按钮，将发动机机油寿命复位至100%。

（4）将点火钥匙置于"LOCK/OFF"（锁止/关闭）位置。"CHANGE ENGINE OIL SOON（尽快更换发动机机油）"信息消失后系统复位，显示"REMAINING OIL LIFE 100%（剩余机油寿命100%）"信息。

（5）启动车辆时，如果再次显示"CHANGE OIL SOON"（尽快更换发动机机油）消息，则发动机机油寿命系统没有复位，请重复本程序。

2. 机油寿命系统自动复位

（1）将点火开关置于"ON（打开）"位置。

（2）连接故障诊断仪。

（3）选择"Module Diagnosis（模块诊断）"。

（4）选择"Engine Control Module（发动机控制模块）"。

（5）选择"Configuration/Reset（配置／复位）"功能。

（6）选择"Engine Oil System Reset（发动机机油系统复位）"。

（7）按下"Enter（确认）"键运行此功能。

（8）确认执行成功。

（9）将点火开关置于"OFF（关闭）"位置并确认。

（10）将点火开关置于"ON（打开）"位置并确认。

（四）车型④

·*2018年雪佛兰全新科鲁兹和科鲁兹两厢*

发动机机油寿命系统会告知何时更换发动机机油和滤清器。根据行驶状况，发动机机油和滤清器的更换间隔变化很大。《用户手册》中"仪表和控制装置"描述了如何显示机油剩余使用时间。为了保证机油寿命系统正常工作，每次更换机油后必须重新设置系统。系统计算出机油寿命快要结束时，会指示需要更换机油。上位显示表明应立即更换机油。下位显示表明应参考《车主手册》中特定的代码。发动机机油和滤清器须在一周内或500km（300英里）内由维修站更换。如果车辆一直在最佳条件下行驶，发动机机油寿命系统可能一年多也不会指示需要更换机油。不过，发动机机油和滤清器必须每隔30000km（18640英里）进行更换，而且每年至少应更换一次，更换时应复位发动机机油寿命系统。无论何时更换机油和滤清器，都切记复位机油寿命系统。

1. 机油寿命系统手动复位

（1）打开点火开关。

（2）按下转向信号开关上的"Menu（菜单）"按钮。

（3）用调节轮选择菜单"Vehicle Information System（车辆信息系统）"。

（4）用调节轮选择菜单"Oil Life System（机油寿命系统）"。

（5）按下转向信号开关上的"SET/CLR（设置／清除）"按钮，并同时踩下制动踏板。

2. 机油寿命系统自动复位

（1）打开点火开关。

（2）连接故障诊断仪。

（3）选择"Module Diagnosis（模块诊断）"。

（4）选择"Engine Control Module（发动机控制模块）"。

（5）选择"Configuration/Reset（配置／复位）"功能。

（6）选择"Engine Oil System Reset（发动机机油系统复位）"。

（7）按下"Enter（确认）"键运行此功能。

（8）确认执行成功。

（9）将点火开关置于"OFF（关闭）"位置并确认。

（10）将点火开关置于"ON（打开）"位置并确认。

（五）车型⑤

·2017—2019 年雪佛兰探界者

发动机机油寿命系统根据车辆使用情况计算何时更换发动机机油和滤清器。无论何时更换机油后，复位系统可使其计算下一次需要更换机油的时间。如果在尽快更换发动机机油信息出现前更换机油，请复位系统。

1. 如果车辆没有驾驶员信息中心（DIC）按钮

（1）在发动机关闭的情况下，将点火钥匙置于"ON/RUN（打开 / 运行）"位置。车辆必须处于 P（驻车挡）以进入此显示。按下行程表复位杆直到显示剩余机油寿命。

（2）按住行程表复位杆直到剩余机油寿命显示"100%"。蜂鸣器鸣响 3 次且尽快更换发动机机油信息消失。

（3）将点火钥匙置于"LOCK/OFF"（锁止 / 关闭）位置。

（4）启动车辆时，如果再次显示尽快更换发动机机油消息，则发动机机油寿命系统还没有复位，请重复本程序。

2. 如果车辆具有驾驶员信息中心（DIC）按钮

（1）在发动机关闭的情况下，将点火钥匙置于"ON/RUN（打开 / 运行）"位置。

（2）按下车辆信息按钮直到显示剩余机油寿命。

（3）按住设置 / 复位按钮直到显示"100%"。蜂鸣器鸣响 3 次且尽快更换发动机机油信息消失。

（4）将点火钥匙置于"LOCK/OFF"（锁止 / 关闭）位置。

（5）启动车辆时，如果再次显示尽快更换发动机机油消息，则发动机机油寿命系统还没有复位，请重复本程序。

二、自动变速器油位检查

（一）7T35 七速干式双离合器变速器油位检查方法

七速干式双离合器变速器油的加注：变速器上有两个油液通风口，分别位于变速器壳体上和控制阀体上（图 11-1），其中变速器壳体上的通风口也是变速器油的加注口，可按盖子上的文字提示加入 DCT 专用油。在变速器壳体侧面有一个油位检查孔，在发动机关闭的情况下可通过此孔检查油位是否正常，在车辆处于水平状态下，油液处于将要流出状态，则表明油位正常。但阀体侧的油液不可更换，通风孔禁止拆下。在变速器底部有两个螺栓，变速器壳体侧的螺栓为 DCT 油液排放孔（图 11-2）。

（二）10R80/10R90 自动变速器

1. 变速器油液位和状况的检查（检查塞 / 立管法）

壳体通风口

控制阀体通风口

图 11-1

图 11-2

此程序检查变速器油位，同时检查油液本身状况。由于车辆的变速器未装备加注管和机油尺，要使用储油盘的管路来设定油位。警告：变速器油温度（TFT）必须在95~100℃之间。如果变速器油温度（TFT）低于此温度范围，则怠速运转车辆或施加制动扭矩来提升油液温度。如果变速器油温度（TFT）高于此范围，视情况关闭车辆让油液冷却。在变速器油温度（TFT）超出此范围的情况下设置液位，将导致加注不足或过量情况。如果变速器油温度（TFT）高于100℃为加注不足。如果变速器油温度（TFT）低于95℃为加注过量。加注不足的变速器将导致部件过早磨损或损坏。如果变速器加注过量，则将导致油液从通风管溢出（可能会造成失火并导致严重的人身伤害或车辆损坏）、油液起泡或泵的气穴现象。注意：本车辆装备一个内部热旁通阀，因此变速器油液位检查只应该在变速器油温度（TFT）达到或超过100℃的工作温度后进行。在变速器油温度（TFT）达到或超过100℃后，根据需要，继续运行发动机，让变速器油温度（TFT）保持95~100℃之间的温度，然后再检查液位。达到或超过100℃的工作温度后，旁通阀将会打开，这将允许油液填充冷却器，从而实现准确的液位检查。

（1）通过驾驶员信息中心（DIC）或者故障诊断仪观察变速器油温度。

（2）启动发动机并怠速运行。

（3）踩下制动踏板，并将换挡杆挂到每个挡位。在每个挡位暂停至少3s。将换挡杆挂回驻车挡。确保发动机转速低（500~800r/min）。

（4）让发动机怠速运行持续至少1min。告诫：为了达到所需的变速器温度，请接合车辆驻车制动器，让变矩器失速，同时还要踩下制动踏板并将变速器置于前进挡来加热变速器油。让变矩器失速10s，然后停止10s。施加制动扭矩时，不得超过1500r/min的发动机转速。未能保持10s的间隔或超过1500r/min的发动机转速可能会导致变速器内部损坏。

（5）用举升机举升车辆。发动机运行且换挡杆处于驻车挡时，车辆必须置于水平位置。告诫：当变速器油位检查螺塞被拆下或过多油液流失，发动机在运转，会导致加注不足的状况。加注不足的变速器将导致部件过早磨损或损坏。注意：继续监测变速器油温度（TFT）。如果变速器油温度（TFT）不在规定范围以内，重新安装变速器油位检查螺塞并重复之前的步骤。

（6）从变速器储油盘上拆下变速器油位检查螺塞（图11-3中1）。排出所有油液。如果油液稳定地流出，则等待直到油液开始滴落。如果没有油液流出，则添加油液，直到油液稳定地流出，然后滴出。

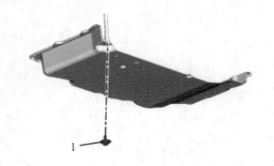

图11-3

（7）检查油液颜色。油液应为红色或深棕色。如果油液颜色很深或发黑还有烧焦味，则检查油液和底部储油盘内中是否有过多的金属微粒或其他碎屑。底部储油盘中有少量"摩擦"材料属"正常"情况。如果在油液或油底壳中发现大片物质和/或金属微粒，则冲洗油液冷却器和冷却器管路，然后彻底检修变速器。如果没有发现变速器内部有损坏的迹象，则更换油滤清器总成，修理油液冷却器，并冲洗冷却器管路。若油液呈现出絮状或乳液状或看起来像是被水污染，则表示被发动机冷却液或水污染。

（8）更换变速器油位检查螺塞并紧固至9N·m。

（9）检查是否存在外部泄漏。

2. 变速器油液位和状况的检查（壳体侧塞法）

此程序检查变速器油位，同时检查油液本身状况。由于车辆的变速器未装备加注管和机油尺，所以要使用壳体侧塞来设置液位。警告：变速器油液位检查必须在变速器油温度（TFT）处于35~45℃之间时进行。如果变速器油温度（TFT）不在此范围内，则怠速运转车辆或施加制动扭矩以提升油液温度，或视情况关闭车辆让油液冷却。变速器油温度（TFT）设置如果超出此范围，则将导致变速器加注不足或过量。变速器油温度（TFT）>45℃为加注不足，变速器油温度（TFT）<35℃为加注过量。加注不足的变速器将导致部件过早磨损或损坏。如果变速器加注过量，则将导致油液从通风管排出（可能会造成失火并导致严重的人身伤害或车辆损坏）、油液起泡或泵的气穴现象。注意：本车辆装备一个内部热旁通阀，因此变速器油液位检查只应该在变速器油温度（TFT）达到或超过100℃的工作温度后进行。在变速器油温度（TFT）达到或超过100℃后，根据需要，关闭车辆并让变速器油温度（TFT）降回40℃，然后再检查液位。达到或超过100℃的工作温度后，旁通阀将会打开，这将允许油液填充冷却器，从而实现更加准确的液位检查。

（1）通过驾驶员信息中心（DIC）或者故障诊断仪观察变速器油温度。

（2）启动发动机并怠速运行。

（3）踩下制动踏板，并将换挡杆挂到每个挡位。在每个挡位暂停至少3s。将换挡杆挂回驻车挡。确保发动机转速低（500~800r/min）。

（4）让发动机怠速运行持续至少1min。告诫：为了达到所需的变速器温度，请接合车辆驻车制动器，让变矩器失速，同时还要踩下制动踏板并将变速器置于前进挡以加热变速器油。让变矩器失速10s，然后停止10s。施加制动扭矩时，不得超过1500r/min的发动机转速。未能保持10s的间隔或超过1500r/min的发动机转速可能会导致变速器内部损坏。

（5）用举升机举升车辆。发动机运行且换挡杆处于驻车挡时，车辆必须置于水平位置。告诫：拆下自动变速器壳体塞时，发动机必须运转，否则会流失过多的油液，从而会导致加注不足的状况。加注不足的变速器将导致部件过早磨损或损坏。警告：因为靠近排气系统部件，所以自动变速器壳体塞周围区域的温度很高。务必要佩戴防护手套以防人员受伤。危险：变速器油是易燃的。排空变速器时，请防止催化转化器和催化转化器隔热罩接触到变速器油。否则，可能会造成失火并导致严重的人身伤害或车辆损坏。警告：油底壳导轨上方的壳体驾驶员侧有两个自动变速器壳体塞。前塞旁边的壳体铸件上含有"CAR"标记，表示用于汽车应用。后塞旁边的壳体铸件上含有"TRK"标记，表示用于卡车应用。如果未能使用正确的壳体塞，则会导致加注不足或加注过量的状况。加注不足的变速器将导致部件过早磨损或损坏。注意：使用防油隔热毯或类似产品防止催化转化器接触到变速器油。继续监测变速器油温度（TFT）。如果变速器油温度（TFT）不在规定范围内，重新安装变速器油位检查螺塞并重复之前的步骤。

（6）从变速器储油盘上拆下自动变速器壳体塞。排出所有油液。如果油液稳定地流出，则等待直到油液开始滴落。如果没有油液流出，则添加油液，直到油液稳定地流出，然后滴出。

（7）检查油液颜色。油液应为红色或深棕色。如果油液颜色很深或发黑还有烧焦味，则检查油液和底部储油盘内中是否有过多的金属微粒或其他碎屑。底部储油盘中有少量"摩擦"材料属"正常"情况。如果在油液或油底壳中发现大片物质和/或金属微粒，则冲洗油液冷却器和冷却器管路，然后彻底检修变速器。如果没有发现变速器内部有损坏的迹象，则更换油滤清器总成，修理油液冷却器，并冲洗冷却器管路。若油液呈现出絮状或乳液状或看起来像是被水污染，则表示被发动机冷却液或水污染。注意：沿着壳体至储油盘的导轨，擦除或清除所有多余的油液。

（8）更换自动变速器壳体塞并紧固至40N·m。

（9）检查是否存在外部泄漏。

3. 变速器油的排放和加注

拆卸程序：

（1）举升并顶起车辆。

（2）将合适的接油盘置于自动变速器下。

（3）清理自动变速器油盘（图11-4中2）的周边区域。

（4）拆下自动变速器储油盘螺栓（图11-4中1）。

（5）拆下自动变速器储油盘（图11-4中2）。

（6）拆下自动变速器储油盘衬垫（图11-4中3）。

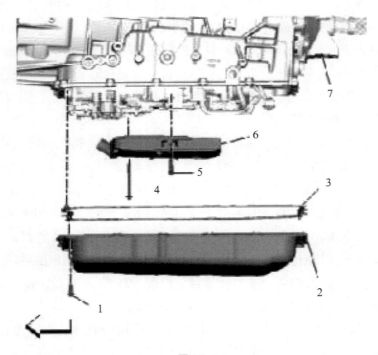

图11-4

安装程序：

注意：储油盘衬垫可再次使用。检查衬垫，确定是否可以重复使用。如果衬垫卡在壳

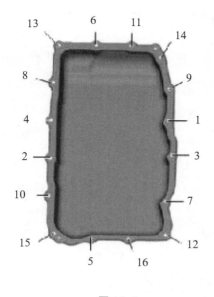

图 11-5

体或储油盘上，则应该更换。

（1）将自动变速器储油盘衬垫安装至储油盘。

（2）将自动变速器储油盘安装至变速器。

（3）按所示顺序安装自动变速器储油盘螺栓（图 11-5）并紧固至 10N·m。

（4）加注变速器油。变速器油液位和状况的检查（检查塞/立管法）、变速器油液位和状况的检查（壳体侧塞法）。

（5）降低车辆。

（三）8L45/8L90 自动变速器

1. 变速器油液位和状况的检查

此程序检查变速器油位，同时检查油液本身状况。由于车辆的变速器未装备加注管和机油尺，要使用储油盘的管路来设定油位。

告诫：当变速器油温度（TFT）为 35~45℃时，必须检查变速器油位。如果变速器油温度不在此范围内，视情况操作车辆或使油液冷却。变速器油温度（TFT）设置如果超出此范围，则将导致变速器加注不足或过量。变速器油温度（TFT）>45℃为加注不足，变速器油温度（TFT）<35℃为加注过量。加注不足的变速器将导致部件过早磨损或损坏。加注过量的变速器将导致油液从通风管溢出、油液起泡或泵的气穴现象。注意：如果正在运行跟踪的话，当变速器油温度（TFT）在 55~65℃之间时，应检查 CTS-V/LT1 科迈罗的变速器油位。如果车辆配有热旁通阀（包括所有全尺寸和中等尺寸卡车），应仅在变速器油温度（TFT）达到或超过 90℃的工作温度后检查变速器油位。一旦变速器油温度（TFT）达到或超过 90℃，则关闭车辆，让变速器油温度（TFT）冷却回 35~45℃，然后再根据需要检查油位。达到或超过 90℃的工作温度时，会打开旁通阀并允许冷却器加注油液，这可以实现更加精确的油液液位检查。

（1）通过驾驶员信息中心（DIC）或者故障诊断仪观察变速器油温度。

（2）启动发动机并怠速运行。

（3）踩下制动踏板，并将换挡杆挂到每个挡位。在每个挡位暂停至少 3s。将换挡杆挂回驻车挡。确保发动机转速低（500~800r/min）。

（4）让发动机怠速运行持续至少 1min。

（5）用举升机举升车辆。发动机运行且换挡杆处于驻车挡时，车辆必须置于水平位置。

告诫：当变速器油位检查螺塞被拆下或过多油液流失，发动机再运转，会导致加注不足的状况。加注不足的变速器将导致部件过早磨损或损坏。注意：继续监测变速器油温度（TFT）。

如果变速器油温度（TFT）不在规定范围以内，重新安装变速器油位检查螺塞并重复之前的步骤。

（6）从变速器储油盘上拆下变速器油位检查螺塞（图11-6中1）。排出所有油液。如果油液稳定地流出，则等待直到油液开始滴落。如果没有油液流出，则添加油液直到油液滴落。

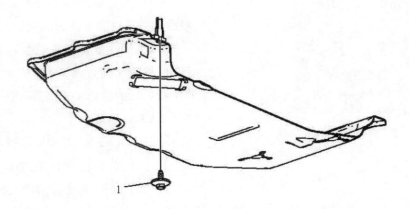

图 11-6

（7）检查油液颜色。油液应为红色或深棕色。如果油液颜色很深或发黑还有烧焦味，则检查油液和底部储油盘内中是否有过多的金属微粒或其他碎屑。底部储油盘中有少量"摩擦"材料属"正常"情况。如果在油液或油底壳中发现大片物质和／或金属微粒，则冲洗油液冷却器和冷却器管路，然后彻底检修变速器。如果没有发现变速器内部有损坏的迹象，则更换油滤清器总成，修理油液冷却器，并冲洗冷却器管路。若油液呈现出絮状或乳液状或看起来像是被水污染，则表示被发动机冷却液或水污染。

（8）更换变速器油位检查螺塞并紧固至9N·m。

（9）检查是否存在外部泄漏。

（四）爱信 TS-41SN 自动变速器

1. 变速器油液位和状况的检查

告诫：只能使用正确的变速器油。不使用合适的变速器油可能导致变速器内部损坏。

（1）车辆必须置于水平表面上。

（2）将换挡杆换入驻车挡（P）位置。

（3）启动发动机。

（4）等到变速器温度达到35℃。注意：请勿通过执行失速测试升高变速器油温度。

（5）在脚制动器踩下的情况下，在各挡位之间移动换挡杆。将换挡杆从位置P换到L，然后再换回到P。保持换挡杆在每个挡位至少2s。重复该过程2次。

（6）用故障诊断仪检查变速器油温度。如果变速器油温度已达到35~45℃，举升车辆。

拆下溢流塞（图 11-7 中 2）。拆下并报废衬垫（图 11-7 中 1）。如果油液稳定地流出，则等待直到油液开始滴落。如果没有油液流出，则添加油液直到油液滴出。如果油液从溢流孔滴出（每秒 1 滴），则安装溢流塞和新衬垫，并拧紧至 24N·m。

（7）降低车辆。注意：如果 ATF 不足，油泵将会吸入空气，导致管路压力降低。这会造成离合器打滑，导致烧离合器等故障。如果 ATF 过多，变速器中的齿轮会搅动 ATF，导致形成气泡和劣化等故障。如果车辆以这种状态行驶，ATF 液位会提高，ATF 可能从通气孔喷出。

（8）停止发动机。

2. 变速器油排放和加注

（1）升起并支撑住车辆，举升和顶起车辆。

（2）当发动机熄火时，拆下放油塞（图 11-8 中 1），并将变速器油排入合适的容器。

（3）将衬垫（图 11-8 中 2）从放油塞上拆下。

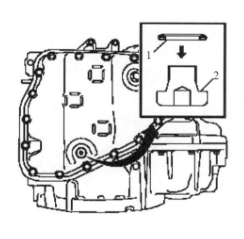
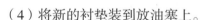

图 11-7

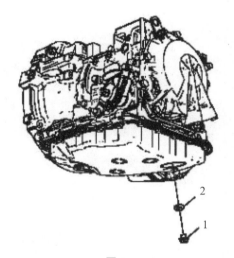

图 11-8

（4）将新的衬垫装到放油塞上。

（5）安装放油塞并紧固 17N·m。

（6）降下车辆。

（7）拆下选挡杆拉线托架。

（8）拆下加油塞（图 11-9 中 1）和密封件（图 11-9 中 2）。

（9）用正确的油液将变速器加注至正确液位。

（10）用新密封件安装加油塞，并拧紧至 30N·m。

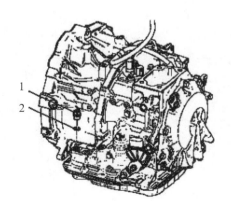

图 11-9

（11）安装选挡杆拉线托架。

（12）检查 ATF 液位。

三、换油规格（表 11-1）

表 11-1

车型	年款	发动机型号	排量	发动机油量（维修机油加注与滤清器更换）(L)	发动机油量（干式加注，包括滤清器更换）(L)	发动机机油型号	自动变速器型号	变速器容量 (L)	变速器油型号
上海通用雪佛兰科鲁泽 320T	2019—2020 年	L1W	1.0T	3.9		5W30	6DCT150	加注油液容量 3.3 油液容量总量 4.1	Pentosin FFL－7－LV
上海通用雪佛兰科鲁泽 330T	2019—2020 年	L1Y	1.3T	4.6		5W30	6T30	阀体盖的拆卸 4.0~5.0 油液更换 4.5~5.5 大修 7.62	DEXRON® VI
上海通用雪佛兰科鲁兹 320	2018 年	L3G	1.5L	4.0		5W30	6T30	阀体盖的拆卸 4.0~5.0 油液更换 4.5~5.5 大修 7.62	DEXRON® VI
上海通用雪佛兰科鲁兹 330T	2018 年	LE2	1.4T	4.0		5W30	7T35	控制总成 1.90 变速器壳体（齿轮箱）2.45	DCT 油
上海通用雪佛兰科鲁兹 1.5L	2015—2017 年	L3G	1.5L	4.0		5W30	6T30	阀体盖的拆卸 4.0~5.0 油液更换 4.5~5.5 大修 7.62	DEXRON® VI
上海通用雪佛兰科鲁兹 1.4T	2015—2017 年	LE2	1.4T	4.0		5W30	7T35	控制总成 1.90 变速器壳体（齿轮箱）2.45	DCT 油
上海通用雪佛兰科沃兹 325T	2020 年	L1V	1.0T	3.9		5W30	6T30/6T35	阀体盖的拆卸 4.0~5.0 油液更换 4.5~5.5 大修 7.62	DEXRON® VI
上海通用雪佛兰科沃兹 320	2018—2019 年	L2B	1.5L	3.5		0W20 或 5W30	6T30	阀体盖的拆卸 4.0~5.0 油液更换 4.5~5.5 大修 7.62	DEXRON® VI
上海通用雪佛兰科沃兹 325T	2019 年	LJI	1.0T	4		5W30	6DCT150	加注油液容量 3.3 油液容量总量 4.1	Pentosin FFL－7－LV
上海通用雪佛兰科沃兹 1.5L	2016—2017 年	L2B	1.5L	3.5		5W30	6T30	阀体盖的拆卸 4.0~5.0 油液更换 4.5~5.5 大修 7.62	DEXRON® VI
上海通用雪佛兰沃兰多 530T	2019—2020 年	L1Y	1.3T	4.6		5W30	6T30/6T35	阀体盖的拆卸 4.0~5.0 油液更换 4.5~5.5 大修 7.62	DEXRON® VI
上海通用雪佛兰沃兰多 530T	2018—2019 年	L16	1.3T	4.5		5W30	6T30/6T35	阀体盖的拆卸 4.0~5.0 油液更换 4.5~5.5 大修 7.62	DEXRON® VI

（续表）

车型	年款	发动机型号	排量	发动机机油量（维修机油加注与滤清器更换）(L)	发动机油量（干式加注，包括滤清器更换）(L)	发动机机油型号	自动变速器型号	变速器容量 (L)	变速器油型号
上海通用雪佛兰迈锐宝 XL 535T	2019—2020年	L3Z	1.3T	4.6		5W30	5ET50	油液更换 3.2 大修 6.75	DEXRON® VI
上海通用雪佛兰迈锐宝 XL 550T	2019—2020年	LSY	2.0T	5.0	5.7	0W20	9T45/9T50	阀体盖的拆卸 2.0~3.0 油液更换 5.0~6.0 大修 8.5~9.5	DEXRON® VI
上海通用雪佛兰迈锐宝 XL 530T	2018年	LFV	1.5T	4.0		5W30	7T35	控制总成 1.90 变速器壳体（齿轮箱）2.45	DCT 油
上海通用雪佛兰迈锐宝 535	2018年	LCV	2.5L	4.7		5W30	6T40	阀体盖的拆卸 5.0~7.0 油液更换 4.0~6.0 大修 8.0~8.5	DEXRON® VI
上海通用雪佛兰迈锐宝 XL 530H	2018年	LKN	1.8L	5.0		5W30	5ET50	油液更换 3.2 大修 6.75	DEXRON® VI
上海通用雪佛兰迈锐宝 XL 1.5T	2016—2017年	LFV	1.5T	4.0		5W30	7T35	控制总成 1.90 变速器壳体（齿轮箱）2.45	DCT 油
上海通用雪佛兰迈锐宝 XL 2.5L	2016—2017年	LCV	2.5L	4.7		5W30	6T40	阀体盖的拆卸 5.0~7.0 油液更换 4.0~6.0 大修 8.0~8.5	DEXRON® VI
上海通用雪佛兰迈锐宝 XL 1.8L 混动	2016—2017年	LKN	1.8L	5.0		5W30	5ET50	油液更换 3.2 大修 6.75	DEXRON® VI
上海通用雪佛兰创酷 325T	2019—2020年	LIV	1.0T	3.9		5W30	6T30	阀体盖的拆卸 4.0~5.0 油液更换 4.5~5.5 大修 7.62	DEXRON® VI
上海通用雪佛兰创酷 335T	2019—2020年	L3Z	1.3T	4.6		5W30	5ET50	油液更换 3.2 大修 6.75	DEXRON® VI
上海通用雪佛兰创酷 330T	2018年	LFF	1.4T	4.0		5W30	6T40	阀体盖的拆卸 5.0~7.0 油液更换 4.0~6.0 大修 8.0~8.5	DEXRON® VI
上海通用雪佛兰创酷 1.4T	2014—2017年	LFF	1.4T	4.0		5W30	6T40/6T45/6T45	阀体盖的拆卸 5.0~7.0 油液更换 4.0~6.0 大修 8.0~8.5	DEXRON® VI
上海通用雪佛兰创界 435T	2019—2020年	L3Z	1.3T	4.6		5W30	5ET50	油液更换 3.2 大修 6.75	DEXRON® VI

项目 车型	年款	发动机型号	排量	发动机机油量（维修,机油加注与滤清器更换）(L)	发动机机油量（干式加注,包括滤清器更换）(L)	发动机机油型号	自动变速器型号	变速器容量 (L)	变速器油型号
上海通用雪佛兰赛欧 1.5L	2015—2018年	L2B	1.5L	3.5	4	0W20、5W20、5W30	5AMT	0.56	
上海通用雪佛兰乐风RV 1.5L	2016—2018年	L2B	1.5L	3.5	4	0W20、5W20、5W30	TS-41SN	阀体盖的拆卸 3.5 油液更换 2.0 大修 4.8	AW1
上海通用雪佛兰探界者 535T	2017—2019年	LYX	1.5T	前驱 4.0 全驱 5.0		5W30	6T40 或 6T45	阀体盖的拆卸 5.0~7.0 油液更换 4.0~6.0 大修 8.0~8.5	DEXRON® VI
上海通用雪佛兰探界者 550T	2017—2019年	LTG	2.0T	全驱 5.7		5W30	9T45 或 9T50	阀体盖的拆卸 2.0~3.0 油液更换 5.0~6.0 大修 8.5~9.5	DEXRON® VI
进口科迈罗	2017—2019年	LTG	2.0T	4.7 5.2（带冷却器）			8L45/8L90	拆卸储油盘和滤清器更换 7.0 大修 10.3 整个系统（包括冷却器）10.8	DEXRON® HP

第十二章　凯迪拉克车系

一、保养灯归零

（一）车型①

·2016—2019 年上海通用凯迪拉克 XT5

1. 机油寿命系统复位

发动机机油寿命系统根据车辆使用情况计算发动机机油寿命，并且在需要更换发动机机油和滤清器时显示"CHANGE ENGINE OIL SOON"（尽快更换发动机机油）。更换机油后，机油寿命系统应重设为 100%。

2. 如何重置发动机机油寿命系统

（1）通过方向盘右侧的驾驶员信息中心（DIC）控制装置在驾驶员信息中心（DIC）显示"REMAINING OIL LIFE"（剩余机油寿命）。当剩余机油寿命低时，显示屏上将显示"CHANGE ENGINE OIL SOON"（尽快更换发动机机油）信息。

（2）按住驾驶员信息中心（DIC）控制装置上的"SEL"几秒钟以清除"CHANGE ENGINE OIL SOON"（尽快更换发动机机油）信息并将机油寿命重置为 100%。除非更换机油后，否则任何时候请务必不要重置机油寿命显示。读数不能精确重置，直到下一次更换机油。

3. 机油寿命系统可按以下方式重置

（1）在发动机关闭的情况下，将点火钥匙置于"ON"（打开）位置。

（2）在 5s 内，完全踩下和松开加速踏板 3 次。如果没有显示"CHANGE ENGINE OIL SOON"（尽快更换发动机机油）信息，则系统已经重置。

（二）车型②

·2014—2019 年上海通用凯迪拉克 ATS-L

发动机机油寿命系统复位方法：

（1）释放制动踏板时，按住发动机启动/停止按钮，直到输入点火开关打开/运行发动机关闭模式。

（2）适用右侧方向盘控制 SEL 按钮，浏览菜单，直到机油寿命监测器出现。在监测器激活时，按住 SEL 按钮，直到监测器复位。

（3）按住复位按钮直到驾驶员信息中心（DIC）显示屏显示"ACKNOWLEDGED"（已确认）。

（4）按下启动 / 停止按钮一次将点火开关关闭。当"CHANGE OIL SOON"（尽快更换发动机机油）消息关闭时，则系统已经重置。启动车辆时，如果再次显示"CHANGE OIL SOON"（尽快更换发动机机油）消息，则发动机机油寿命系统没有复位，请重复本程序。

替代方法：

（1）释放制动踏板时，按住发动机启动 / 停止按钮，直到输入点火开关打开 / 运行发动机关闭模式。

（2）踩下和松开加速踏板 3 次。

（3）寿命监测器显示屏现在应读取 100%。

（4）按下启动 / 停止按钮一次将点火开关关闭。

（三）车型③

·2013—2019 年上海通用凯迪拉克 XTS

发动机机油寿命系统根据车辆使用情况计算发动机机油寿命，并且在需要更换发动机机油和滤清器时显示"CHANGE ENGINE OIL SOON"（尽快更换发动机机油）。更换机油后，机油寿命系统应重设为 100%。

发动机机油寿命系统复位：

（1）通过方向盘右侧的驾驶员信息中心控制装置在驾驶员信息中心显示"REMAINING OIL LIFE"（剩余机油寿命）。当剩余机油寿命低时，显示屏上将显示"CHANGE ENGINE OIL SOON"（尽快更换发动机机油）信息。

（2）按住驾驶员信息中心控制装置上的"SEL"几秒钟以清除"CHANGE ENGINE OIL SOON"（尽快更换发动机机油）信息并将机油寿命重置为 100%。任何时候请务必不要重置机油寿命显示，除非更换机油后。读数不能精确复位，直到下一次更换机油。

机油寿命系统也可按以下方式复位：

（1）在发动机关闭的情况下，将点火钥匙置于"ON"（打开）位置。

（2）在 5s 内，完全踩下和松开加速踏板 3 次。如果没有显示"CHANGE ENGINE OIL SOON"（尽快更换发动机机油）信息，则系统已经复位。

二、自动变速器液位检查

（一）8L45/8L90 自动变速器

1. 变速器油加注程序

（1）专用工具。

① DT–45096 变速器油冷却系统冲洗和流量测试工具。

② DT–45096–30 变速器冷却器冲洗适配器。

③ DT–45096–40Transflow 油加注适配器。

④ DT–51190 变速器油加注适配器。

告诫：只能使用 Dexron® HP 变速器油。未使用合适的变速器油可能导致变速器内部损坏。告诫：在加注油液后和车辆运行前，要立即检查变速器油液液位。变速器油切勿加注过量。加注过量的变速器油在车辆运行时，可能导致起泡沫或油液喷出通风管。加注过量可能会损坏变速器。

检查变速器油位，参见变速器油液位和状况的检查。

（2）加油管螺塞方法。

告诫：只能使用 Dexron® HP 变速器油。未使用合适的变速器油可能导致变速器内部损坏。

①由于可接近性的要求，变速器油可能需要通过位于变速器储油盘底部的机油加注管螺塞总成（图 12-1 中 1）孔或通过油位检查螺塞（图 12-1 中 2）孔进行加注。告诫：在拆下变速器油加注管螺塞总成之前，彻底清理螺塞以防止在螺塞拆卸过程中灰尘或污物进入变速器。使用压缩空气吹出附着在螺塞上或周围结块的灰尘。在拆下螺塞之前，用镜子确认该区域没有灰尘。未成功清洁螺塞可能会导致变速器污染。

②彻底清理机油加注管螺塞（图 12-1 中 1）。注意：可能需要使用一对较长的 90° 尖嘴钳来提起塞以拆下螺塞总成。

③提起塞以打开加注管螺塞。一旦塞被提起，拆下整个螺塞总成（图 12-2 中 1）。

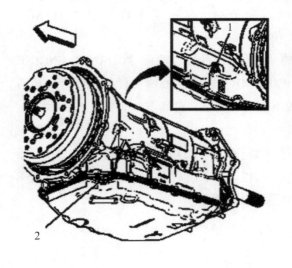

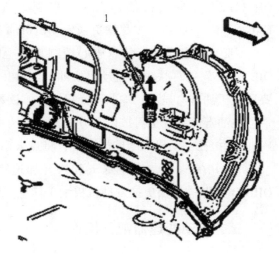

图 12-1   图 12-2

④根据所进行的维修，确定相应的要加注到变速器内的机油量。为避免加注不足的状况，要在变速器内稍微多加注一些，然后在变速器油位和状况检查程序中，将多加注的油液从油位检查螺塞中放出。注意：利用 DT-45096 冲洗和流量测试工具将变速器油泵入底部储油盘。也可以使用合适的手动泵代替。当使用 DT-45096 冲洗和流量测试工具时，监测显示板，以确定从工具供油箱泵入变速器的油量。

⑤使用 DT-45096-40Transflow 油加注适配器（图 12-3 中 1）或 DT-45096 冲洗和流量测试工具（图 12-3 中 2）或合适的手动泵，通过打开加注管螺塞添加变速器油。参见变速器油冷却器冲洗和流量测试（Tremec 6 速）、变速器油冷却器冲洗和流量测试（8L45或 8L90）、变速器油冷却器冲洗和流量测试（10R90），了解完整的 DT-45096 冲洗和流量测试工具的操作说明。使用主功能开关上的"FLOW"位置来泵油。告诫：在加注油液后和车辆运行前，要立即检查变速器油液液位。变速器油液切勿加注过量。加注过量的变速器油液在车辆运行时，可能导致起泡沫或油液喷出通风管。加注过量可能会损坏变速器。

⑥检查油位。

（3）检查螺塞方法。

告诫：只能使用 Dexron® HP 变速器油。未使用合适的变速器油可能导致变速器内部损坏。注意：当油位检查螺塞被拆下，并且发动机关闭时，变速器油可能从孔中被排空。

①拆下油位检查螺塞，如图 12-4 所示。

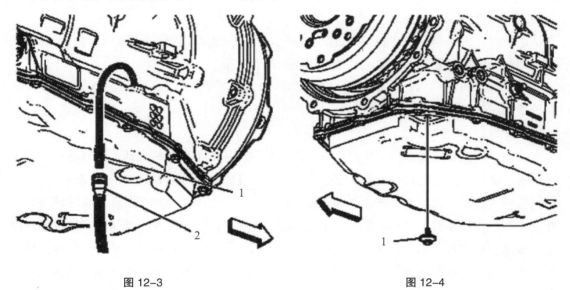

图 12-3　　　　　　　　　　　　图 12-4

②安装 DT-51190 加注盘适配器（图 12-5 中 1），如有必要，同时安装来自 DT 45096-30 冷却器冲洗适配器（图 12-5 中 2）的一个适配器。

③根据所进行的维修，确定相应的要加注到变速器内的机油量。为避免加注不足的状况，要在变速器内稍微多加注一些，然后在变速器油位和状况检查程序中，将多加注的油液从油位检查螺塞中放出。注意：利用 DT-45096 冲洗和流量测试工具将变速器油泵入底部储油盘。也可以使用合适的手动泵代替。当使用 DT-45096 冲洗和流量测试工具时，监测显示板，以确定从工具供油箱泵入变速器的油量。

④使用 DT-51190 油加注适配器、DT-45096-30 冷却器冲洗适配器及 DT-45096 冲洗和流量测试工具（图 12-5 中 3），通过检查螺塞孔添加变速器油。参见变速器油冷却器

冲洗和流量测试（Tremec 6 速）、变速器油冷却器冲洗和流量测试（8L45 或 8L90）、变速器油冷却器冲洗和流量测试（10R90），了解完整的 DT-45096 操作说明。使用主功能开关上的"FLOW"位置来泵油。注意：将 DT-51190 油液加注盘适配器和 DT-45096-30 冷却器冲洗适配器从底部储油盘上拆下前，未启动发动机并将换挡杆在挡位间移动可能导致从检查螺塞排放出过量的变速器油。这会导致加注不足状况。

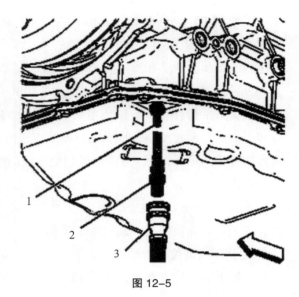

图 12-5

⑤启动发动机并将换挡杆挂到每个挡位。在每个挡位暂停至少 3s。告诫：在加注油液后和车辆运行前，要立即检查变速器油液液位。变速器油液切勿加注过量。加注过量的变速器油液在车辆运行时，可能导致起泡沫或油液喷出通风管。加注过量可能会损坏变速器。

⑥在发动机继续运行的情况下，拆下 DT-51190 油液加注盘适配器及 DT-45096 冲洗和流量测试工具，然后检查油位。

2. 变速器油液位和状况的检查

此程序检查变速器油位，同时检查油液本身状况。由于车辆的变速器未装备加注管和机油尺，要使用储油盘的管路来设定油位。告诫：当变速器油温度（TFT）为 35~45℃时，必须检查变速器油位。如果变速器油温度不在此范围内，视情况操作车辆或使油液冷却。在变速器油温度（TFT）不在此温度范围内时设置液位，将导致变速器加注不足或加注过量。变速器油温度（TFT）>45℃为加注不足，变速器油温度（TFT）<35℃为加注过量。加注不足的变速器将导致部件过早磨损或损坏。加注过量的变速器将导致油液从通风管溢出、油液起泡或泵的气穴现象。注意：如果正在运行跟踪的话，当变速器油温度（TFT）在 55~65℃之间时，应检查变速器油位。如果车辆配有热旁通阀，应仅在变速器油温度（TFT）达到或超过 90℃的工作温度后检查变速器油位。一旦变速器油温度（TFT）达到或超过 90℃，则关闭车辆，让变速器油温度（TFT）冷却回 35~45℃，然后再根据需要检查油位。达到或超过 90℃的工作温度会打开旁通阀，并使冷却器加满油液，以便更准确地检查油位。

（1）通过驾驶员信息中心（DIC）或者故障诊断仪观察变速器油温度。

（2）启动发动机并怠速运行。

（3）踩下制动踏板，并将换挡杆挂到每个挡位。在每个挡位暂停至少 3s。将换挡杆挂回驻车挡。确保发动机转速低（500~800r/min）。

（4）让发动机怠速运行持续至少 1min。

（5）用举升机举升车辆。发动机运行且换挡杆处于驻车挡时，车辆必须置于水平位置。告诫：当变速器油位检查螺塞被拆下或过多油液流失，发动机再运转，会导致加注不足的状况。加注不足的变速器将导致部件过早磨损或损坏。注意：继续监测变速器油温度（TFT）。如果变速器油温度（TFT）不在规定范围内，重新安装变速器油位检查螺塞并重复之前的步骤。

（6）从变速器储油盘上拆下变速器油位检查螺塞（图12-6中1）。排出所有油液。如果油液稳定地流出，则等待直到油液开始滴落。如果没有油液流出，则添加油液直到油液滴落。

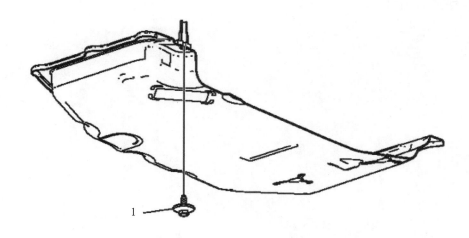

图 12-6

（7）检查油液颜色。油液应为红色或深棕色。如果油液颜色很深或发黑还有烧焦味，则检查油液和底部储油盘内中是否有过多的金属微粒或其他碎屑。底部储油盘中有少量"摩擦"材料属"正常"情况。如果在油液或油底壳中发现大片物质和／或金属微粒，则冲洗油液冷却器和冷却器管路，然后彻底检修变速器。如果没有发现变速器内部有损坏的迹象，则更换油滤清器总成，修理油冷却器并冲洗冷却器管路。若油液呈现出絮状或乳液状或看起来像是被水污染，则表示被发动机冷却液或水污染。

（8）更换变速器油位检查螺塞并紧固至9N·m。

（9）检查是否存在外部泄漏。

（二）4EL70 自动变速器

1. 变速器油加注程序

（1）专用工具。

① DT-45096 变速器油冷却系统冲洗和流量测试工具。

② DT-45096-40Transflow 油加注适配器。

告诫：只能使用 Dexron® HP 变速器油。未使用合适的变速器油可能导致变速器内部损坏。告诫：在加注油液后和车辆运行前，要立即检查变速器油液位。变速器油液切勿加注过量。加注过量的变速器油在车辆运行时，可能导致起泡沫或油液喷出通风管。加注过量可能会损坏变速器。

（2）变速器油加注程序。

告诫：只能使用 Dexron® HP 变速器油。未使用合适的变速器油可能导致变速器内部损坏。注意：确保变速器加油口塞周围区域清洁。

①确保已从变速器壳体上取下变速器加油口塞（图 12-7 中 1），并且变速器加油口塞端口中没有油液排出。

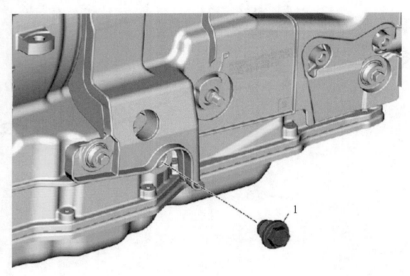

图 12-7

②根据所进行的维修，确定相应的要加注到变速器内的机油量。为避免加注不足的状况，要在变速器内稍微多加注一些，然后将多加注的油液从变速器加油口塞端口中排出。注意：利用 DT-45096 冲洗和流量测试工具将变速器油泵入底部储油盘。也可以使用合适的手动泵代替。当使用 DT-45096 冲洗和流量测试工具时，监测显示板，以确定从工具供油箱泵入变速器的油量。

③使用 DT-45096-40Transflow 油加注适配器和 DT-45096 冲洗和流量测试工具或合适的手动泵，通过变速器加油口塞开口添加变速器油。参见变速器油冷却器冲洗和流量测试（8L90）、变速器油冷却器冲洗和流量测试（4EL70），以完成 DT-45096 冲洗和流量测试工具操作。使用主功能开关上的"FLOW"位置来泵油。告诫：在加注油液后和车辆运行前，要立即检查变速器油位。变速器油液切勿加注过量。加注过量的变速器油在车辆运行时，可能导致起泡沫或油液喷出通风管。加注过量可能会损坏变速器。

④检查油位，并完成油位及状况检查程序。参见变速器油液位和状况的检查。

2. 变速器油液位和状况的检查

此程序检查变速器油位，同时检查油液本身状况。由于车辆的变速器未装备加注管和油尺，要使用壳体中的变速器加油口塞来设定油位。告诫：当变速器油温度（TFT）为35~45℃时，必须检查变速器油位。如果变速器油温度不在此范围内，视情况操作车辆或使油液冷却。当变速器油温度（TFT）不在此温度范围内时设置液位，将导致变速器加注不足或加注过量。变速器油温度（TFT）>45℃为加注不足，变速器油温度（TFT）<35℃为加注过量。加注不足的变速器将导致部件过早磨损或损坏。加注过量的变速器将导致油液从通风管溢出、油液起泡或泵的气穴现象。注意：应仅在变速器油温度（TFT）达到或超过90℃的工作温度后检查变速器油位。一旦变速器油温度（TFT）达到或超过90℃，则关闭车辆，让变速器油温度（TFT）冷却回35~45℃，然后再根据需要检查油位。达到或超过90℃的工作温度会打开旁通阀，并使冷却器加满油液，以便更准确地检查油位。

①通过驾驶员信息中心（DIC）或者故障诊断仪观察变速器油温度。

②驱动系统启用时，将车辆停放在水平表面上，并关闭不必要的电气负载。

③当变速器油温度（TFT）介于35~45℃之间时，保持此状态至少5min。

④打开发动机舱盖以关闭发动机。自动变速器油泵仍将运行。

⑤用举升机举升车辆。发动机舱盖打开且换挡杆处于驻车挡时，车辆必须处于水平位置。

告诫：当取下变速器加油口塞时，自动变速器油泵必须运行，否则将会流失过多油液，导致加注不足状况。加注不足的变速器将导致部件过早磨损或损坏。

注意：继续监测变速器油温度（TFT）。如果变速器油温度（TFT）不在规定范围内，则重新安装变速器加油口塞并重复之前的步骤。

⑥清洁变速器加油口塞（12-8中1）的周围。

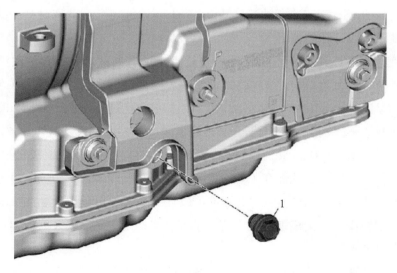

图 12-8

⑦将变速器加油口塞（图 12-8 中 1）从变速器壳体上拆下并报废。排出所有油液。如果油液稳定地流出，则等待直到油液开始滴落。如果没有油液流出，则添加油液直到油液滴落。注意：车辆里程增加后，变速器油可能会变黑。如果变速器油变黑，不要认为是变速器内部损坏。不要仅根据变速器油的外观来更换变速器、变速器冷却器或执行变速器或变速器冷却器冲洗程序。

⑧检查油液颜色。油液应为红色或深棕色。如果油液颜色很深或发黑还有烧焦味，则检查油液和底部储油盘内中是否有过多的金属微粒或其他碎屑。底部储油盘中有少量"摩擦"材料属"正常"情况。如果在油液或油底壳中发现大片物质和/或金属微粒，则冲洗油液冷却器和冷却器管路，然后彻底检修变速器。如果没有发现变速器内部有损坏的迹象，则更换油滤清器总成，修理油冷却器并冲洗冷却器管路。若油液呈现出絮状或乳液状或看起来像是被水污染，则表示被发动机冷却液或水污染。

⑨安装新的变速器加油口塞并紧固至 21N·m。

⑩检查是否存在外部泄漏。

（三）AF50-8 自动变速器

1. 变速器油液位和状况的检查

（1）油位检查程序。

①空调关闭时启动发动机。

②将换挡杆从 P 位置移动到 D 位置，每个位置等待至少 2s。再次重复，然后返回 P 位置。

③举升并顶起车辆。参见举升和顶起车辆。发动机运行且换挡杆处于驻车挡时，车辆必须置于水平位置。注意：车辆必须置于水平位置，发动机运转且换挡杆挂在驻车挡（P）。仅使用推荐的自动变速器油。参见黏合剂、油液、润滑剂和密封胶。

④请等待，直至自动变速器油温度达到 35~45℃。注意：拆下塞时，一些残留的自动变速器油将从液位设定孔中流出。

⑤拆下变速器放油螺塞（图 12-9 中 1）。排出所有油液。等待直到油液流量稳定且处于规定温度范围内，然后安装变速器放油螺塞（图 12-9 中 1）。注意：在车辆装配厂，将加油口塞安装在图 12-10 中 1 和 2 的位置，该螺塞仅能使用一次。加油口塞采用过盈配合，没有 O 形圈。这些螺塞一旦拆下，必须更换。电子零件目录（EPC）中提供的售后零件（替换螺塞）带有一个 O 形圈。用 AW-1 油润滑密封件，在安装该螺塞之前安装 O 形圈。在每次后续维修中，售后零件螺塞（替换螺塞）的 O 形密封圈必须更换。这是一次性使用零件。在电子零件目录（EPC）中，该零件可以在螺塞之外单独提供。如果没有油液流出但温度处于规定范围内，则添加油液，直到油液流量稳定，然后安装变速器放油螺塞。仅使用推荐的自动变速器油。

⑥使用新的变速器放油螺塞密封件，安装变速器放油塞并将其紧固至 8N·m。

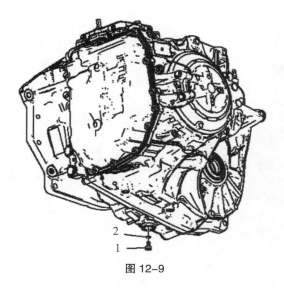

图 12-9

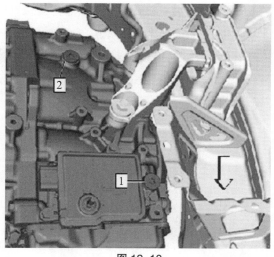

图 12-10

（2）自动变速器油情况。

注意：自动变速器油液位低将导致油泵吸入空气，使管路压力下降。这将使离合器打滑，导致例如烧离合器的故障。添加自动变速器油液位过高将导致自动变速器内的齿轮搅动自动变速器油，导致气泡或泵的气穴现象。如果车辆在此情况下行驶，自动变速器油液位可能升高且自动变速器油可能从变速器通风软管喷出。如果自动变速器油包含过量的金属或摩擦材料，则怀疑自动变速器内部磨损。

①检查并确认自动变速器油无异物。注意：如果自动变速器油浑浊，则怀疑被水污染。检查冷却系统。

②检查并确认自动变速器油未变色。

2. 变速器油的排放和加注

（1）拆卸程序。

①举升并顶起车辆。

②拆下放油螺塞（图 12-11 中 1）。

③将变速器油排入合适的容器。

④安装放油螺塞。变速器油加注溢流管和放油螺塞的安装。

⑤降低车辆。

（2）安装程序。

①必要时，拆下蓄电池托架。蓄电池托架的更换。注意：在车辆装配厂，将加油口塞安装在图 12-12 中 1 和 2 的位置，该螺塞仅能使用一次。加油口塞采用过盈配合，没有 O 形圈。这些螺塞一旦拆下，必须更换。电子零件目录（EPC）中提供的售后零件（替换螺塞）且带有一个 O 形圈。用 AW-1 油润滑密封件，在安装该螺塞之前安装 O 形圈。在每次后续维修中，售后零件螺塞（替换螺塞）的 O 形密封圈必须更换，这是一次性使用零件。

在电子零件目录（EPC）中，该零件可以在螺塞之外单独提供。

②拆下加油口塞（图 12-12 中 1）或（图 12-12 中 2），选较容易接近的加油口塞。

③用正确的油液将变速器加注至正确液位。

④安装加油口塞（图 12-12 中 1）或（图 12-12 中 2）。

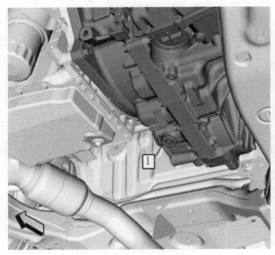

图 12-11   图 12-12

⑤若已拆下蓄电池托架，请安装。

⑥举升并顶起车辆。

⑦重新检查液位。

⑧降低车辆。

（四）6L45/6L50/6L80/6L90 自动变速器油位检查与加注方法

1. 变速器油位检查

此程序检查变速器油位，同时检查油液本身状况。由于车辆的变速器未装备加注管和机油尺，要使用储油盘的管路来设定油位。告诫：当变速器油温度（TFT）为 30~50℃时，必须检查变速器油位。如果变速器油温度不在此范围内，视情况操作车辆或使油液冷却。如果当变速器油温度（TFT）不在上述范围内的情况下设置油位，会导致变速器油加注不足或加注过量。变速器油温度（TFT）>50℃时可能加注不足，变速器油温度（TFT）<30℃时可能加注过量。变速器油加注不足会导致零件过早磨损或损坏。加注过量的变速器将导致油液溢出通风管、油液起泡或泵的气穴现象。

（1）通过驾驶员信息中心（DIC）或者故障诊断仪观察变速器油温度。

（2）启动并怠速运行发动机。

（3）踩下制动踏板，并将换挡杆挂到每个挡位。在每个挡位暂停至少 3s。将换挡杆挂入驻车挡。确保发动机低转速运转（500~800r/min）。

（4）让发动机怠速运行持续至少 1min。

（5）用举升机举升车辆。车辆必须置于水平位置，发动机运转且换挡杆挂在驻车挡（P）。

告诫：当变速器油位检查螺塞被拆下或过多油液流失，发动机在运转，会导致加注不足的状况。加注不足的变速器将导致部件过早磨损或损坏。注意：继续监测变速器油温度。如果变速器油温度不在规定范围以内，重新安装变速器油位检查螺塞并重复之前的步骤。

（6）从变速器储油盘上拆下变速器油位检查螺塞（图12-13中1）。排出所有油液（图12-13中2）。

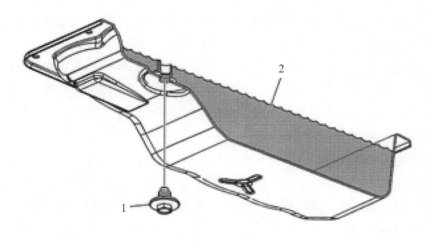

图 12-13

①如果油液稳定地流出，则等待直到油液开始滴落。

②如果没有油液流出，则添加油液直到油液滴落。

（7）检查油液颜色。油液应为红色或深棕色。

如果油液颜色很深或发黑还有烧焦味，则检查油液和底部储油盘内中是否有过多的金属微粒或其他碎屑。底部储油盘中有少量"摩擦"材料属"正常"情况。如果在油液或油底壳中发现大片物质和/或金属微粒，则冲洗油液冷却器和冷却器管路，然后彻底检修变速器。如果没有发现变速器内部有损坏的迹象，则更换油滤清器总成，修理油液冷却器，并冲洗冷却器管路。若油液呈现出絮状或乳液状或看起来像是被水污染，则表示被发动机冷却液或冷却水污染。

（8）更换变速器油位检查螺塞并将其紧固至25N·m。

（9）检查是否存在外部泄漏。

（10）仅在更换油液后复位机油寿命监视器。

2. 变速器油加注程序

（1）专用工具。

DT 47784 变速器油加注盘适配器、DT 45096 变速器油冷却系统冲洗和流量测试工具、DT 45096-30 变速器冷却器冲洗适配器和 DT 45096-40Transflow 油加注适配器。告诫：在加注油液后和车辆运行前，要立即检查变速器油油位。变速器油切勿加注过量。加注过量的变速器油在车辆运行时，可能导致起泡沫或油液喷出通风管。加注过量可能会损坏变速器。

（2）加油管螺塞方法。

告诫：仅允许使用 Dexron VI 变速器油。未使用合适的变速器油可能导致变速器内部损坏。

①针对带有未装备加注管和机油尺的变速器的车辆执行此程序。由于可接近性的要求，变速器油可能需要通过位于变速器储油盘底部的机油加注管螺塞总成（图 12-14 中 1）孔或通过油位检查螺塞（图 12-14 中 2）孔进行加注。

告诫：在拆下变速器油加注管螺塞总成之前，彻底清理螺塞以防止在螺塞拆卸过程中灰尘或污物进入变速器。使用压缩空气吹出附着在螺塞上或周围结块的灰尘。在拆下螺塞之前，用镜子确认该区域没有灰尘。未成功清洁螺塞可能会导致变速器污染。

②彻底清理机油加注管螺塞。

注意：可能需要使用一对较长的 90° 尖嘴钳来提起塞以拆下螺塞总成。

③提起塞以打开加注管螺塞。一旦塞被提起，拆下整个螺塞总成，如图 12-15 所示。

④根据所进行的维修，确定相应的要加注到变速器内的机油量。为避免加注不足的状况，要在变速器内稍微多加注一些，然后在变速器油位和状况检查程序中，将多加注的油液从油位检查螺塞中放出。

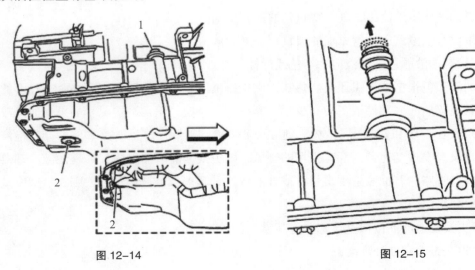

图 12-14　　　　　　　　　　　　　　　　　　图 12-15

注意：利用 J 45096 冲洗和流量测试工具将变速器油泵入底部储油盘。也可以使用合适的手动泵代替。当使用 DT 45096 冲洗和流量测试工具时，监测显示板，以确定从工具供油箱泵入变速器的油量。

⑤使用 DT 45096-40Transflow 油加注适配器（图12-16中1所示）和 DT 45096 冲洗和流量测试工具（图12-16中2）或合适的手动泵，通过打开加注管螺塞添加变速器油。使用主功能开关上的"FLOW"位置来泵油。

告诫：在加注油液后和车辆运行前，要立即检查变速器油油位。变速器油切勿加注过量。加注过量的变速器油在车辆运行时，可能导致起泡沫或油液喷出通风管。加注过量可能会损坏变速器。

⑥检查油位。

（3）检查螺塞方法。

注意：当油位检查螺塞被拆下，并且发动机关闭时，变速器油可能从孔中被排空。

①拆下油位检查螺塞，如图12-17所示。

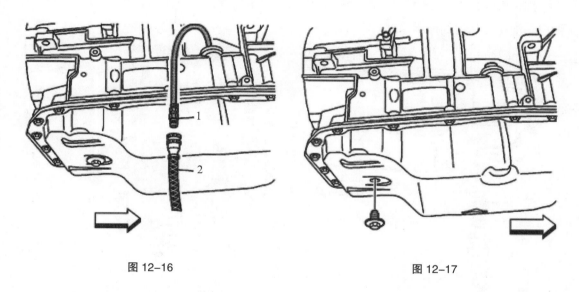

图 12-16   图 12-17

②安装 DT 47784 加注盘适配器（图12-18中1），如有必要，同时安装来自 DT 45096-30 冷却器冲洗适配器（图12-18中2）的一个适配器。

③根据所进行的维修，确定相应的要加注到变速器内的机油量。为避免加注不足的状况，要在变速器内稍微多加注一些，然后在变速器油位和状况检查程序中，将多加注的油液从油位检查螺塞中放出。

注意：利用 DT 45096 冲洗和流量测试工具将变速器油泵入底部储油盘。也可以使用合适的手动泵代替。当使用 DT 45096 冲洗和流量测试工具时，监测显示板，以确定从工具供油箱泵入变速器的油量。

④ 使用 DT 47784 油加注适配器（图12-18中1）、DT 45096-30 冷却器冲洗适配器（图12-18中2）和 DT 45096 冲洗和流量测试工具（图12-18中3），通过检查螺塞孔

添加变速器油。使用主功能开关上的"FLOW"位置来泵油。

注意：将 DT 47784 油液加注盘适配器和 DT 45096-30 冷却器冲洗适配器从底部储油盘上拆下前，未启动发动机并将换挡杆在挡位间移动可能导致从检查螺塞排放出过量的变速器油。这会导致加注不足状况。

⑤启动发动机并将换挡杆挂到每个挡位。在每个挡位暂停至少 3s。

告诫：在加注油液后和车辆运行前，要立即检查变速器油液位。变速器油切勿加注过量。加注过量的变速器油在车辆运行时，可能导致起泡沫或油液喷出通风管。加注过量可能会损坏变速器。

⑥在发动机继续运行的情况下，拆下 DT 47784 油液加注盘适配器（图 12-18 中 1 和 2）和 DT 45096 冲洗和流量测试工具（图 12-18 中 3），然后检查油位。

（五）10L80 自动变速器液位检查

把油底壳角上这个螺栓拆掉（图 12-19），着车怠速，变速器油温在 95~100℃时检查油位，油正好从里面流出来就行。

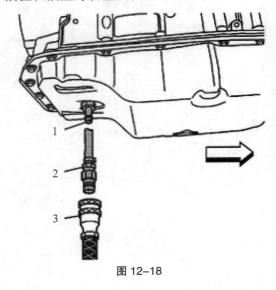

图 12-18

图 12-19

三、凯迪拉克车系换油规格（表 12-1）

表12-1

车型 项目	年款	发动机型号	排量	发动机机油量（维修机油加注与滤清器更换）(L)	发动机机油量（干式加注，包括滤清器）(L)	发动机机油型号	自动变速器型号	变速器容量 (L)	变速器油型号
上海通用凯迪拉克 ATS-L 28T	2014—2019年	LTG	2.0T	4.7		5W30	8L45/8L90	拆卸储油油盘和滤清器更换 7.0 整个系统（包括冷却器）10.8	DEXRON® HP
上海通用凯迪拉克 CT6 28T	2019—2020年	LSY	2.0T	5.0	5.7	0W20	10挡		
上海通用凯迪拉克 CT6 28T	2014—2018年	LTG	2.0T	4.7		5W30	8L45/8L90	拆卸储油油盘和滤清器更换 7.0 整个系统（包括冷却器）10.8	DEXRON® HP
上海通用凯迪拉克 CT6 40T	2019—2020年	LGW	3.0T	5.7	5.7		10挡		
上海通用凯迪拉克 CT6 40T	2016—2018年	LGW	3.0T	5.7	5.7		8L45/8L90	拆卸储油油盘和滤清器更换 7.0 大修（包括冷却器）10.3	DEXRON® HP
上海通用凯迪拉克 XTS 28T	2013—2019年	LTG	2.0T	4.7			6T40/6T75/6T80	阀体盖的拆卸 5.0~7.0 油液更换 4.0~6.0 大修 8.0~9.0	DEXRON® VI
上海通用凯迪拉克 XT4 28T	2018—2019年	LSY	2.0T	5.0	5.7	DEXOS1 0W20	9T60	8.5~9.5（全部更换） 5~6（油液更换） 2~3（阀板更换）	DEXRON VI
上海通用凯迪拉克 XT5 28T	2020年	LSY	2.0T	5.0	5.7	DEXOS1 0W20	9T60	8.5~9.5（全部更换） 5~6（油液更换） 2~3（阀板更换）	EXRON VI
上海通用凯迪拉克 XT5 25T	2016—2019年	LTG	2.0T	前驱 4.7 全驱 5.7			AF50-8	大修（不包括冷却器）7.1	AW-1
上海通用凯迪拉克 XT5 28T	2016—2019年	LTG	2.0T	前驱 4.7 全驱 5.7			AF50-8	大修（不包括冷却器）7.1	AW-1
上海通用凯迪拉克 XT5 28E	2018—2019年	LHP	2.0T	4.7			9T60	8.5~9.5（全部更换） 5~6（油液更换） 2~3（阀板更换）	DEXRON VI
上海通用凯迪拉克 XT6 28T	2020年	LSY	2.0T	5.0	5.7	DEXOS1 0W20	9T60	8.5~9.5（全部更换） 5~6（油液更换） 2~3（阀板更换）	DEXRON VI

第十三章　福特车系

一、保养灯复位方法

（一）车型①

· 经典福克斯，2009—2013 年

· 新福克斯，2012—2019 年（1.6L 发动机）

· 福睿斯，2014—2019 年

· 翼虎，2013—2019 年

以上车型带原装飞歌 DVD 导航或后续加装飞歌 DVD 导航车型（原装索尼音响除外），行驶一定时间及里程后，在 DVD 显示屏显示需更换机油的保养灯复位方法：

（1）在 DVD 屏幕右下角点击"设置"。

（2）点击设置后进入下界面找到"信息"选项，长按"信息"的选项不放手，直至进入下一界面显示请输入密码。

（3）在请输入密码框内输入"75315908"，输完后点击"确认"即可完成 DVD 屏幕保养提示复位。

（二）车型②

· 翼虎，2013—2016 年

· 新福克斯，2015—2019 年（搭载 1.0T、1.5T 发动机车辆）

以上车型保养复位方法如下：

（1）关闭所有车门窗。

（2）打开点火开关至"2"位置。

（3）同时完全踩下并踩住加速踏板和制动踏板，等待 15s。

（4）等待仪表显示"service：Oil reset in prog"。

（5）再等待英文显示"service: Oil reset complete"就可以松开加速踏板和制动踏板了。

（6）系统已经重新设定完毕。

（三）车型

· 翼博，2013—2016 年（搭载 1.5L、1.0T 发动机车辆）

· 嘉年华，2012—2014 年（搭载 1.5L、1.0T 发动机车辆）

保养灯复位方法：

（1）关闭所有车门窗。

（2）打开点火开关至"2"位置。

（3）同时完全踩下并踩住加速踏板和制动踏板，等待1min左右就可以松掉。

（4）因配置不一样，有的车型会提示设置成功，有的车型不会提示。

（四）车型

·新蒙迪欧，2014—2019年

·金牛座，2016—2019年

保养灯复位方法：

（1）利用方向盘上的仪表功能选择键来设置。

（2）向下选择"汽车"按右选择键进入"汽车设置"里。

（3）继续按右选择键进入汽车设置里。

（4）进入汽车设置按向下选择键找到"机油寿命重设"后按右选择键进入"机油寿命重设"。

（5）进入"机油寿命重设"后按选择键选择"70%"（"70%"指7000km后会提醒你保养，可根据客户使用的机油品牌和质量选择提醒保养的期限）；有些没有显示百分比，直接按"OK"重置。

（6）按住功能选择键中的"OK"键来设定，按住不放等待提醒设置成功。

（7）设置成功后仪表会提示机油的寿命为70%（复位成功100%）。

（五）车型⑤

·锐界，2015—2018年

没有机油复位选项。

二、自动变速器油位检查方法

（一）福特翼虎6F35自动变速器油位检查、排放和加注及更换

1.油位检查

（1）车辆处于空挡时，将其放置在举升机上。

（2）拆下如图13-1所示螺栓。

（3）启动发动机，并移动变速杆缓慢通过各个挡位，停止在各个位置，并允许变速器啮合。

（4）发动机在水平升起位置上以驻车（PARK）挡位运行，确保变速器处于正常工作温度85~93℃。检查变速器油是否与油位塞孔齐平，如图13-2所示。

（5）注意：仅限使用此种变速器指定的变速器油。请勿使用任何补充变速器油添加剂或清洁剂。使用这些产品会导致变速器内部部件发生故障，进而影响变速器工作。如果变速器油与油位塞孔不齐平，添加清洁的变速器油，每次增加0.25L，直到变速器油与油位塞孔齐平。材料：MotorcraftR MERCONR LV自动变速器油XT-10-QLVC。

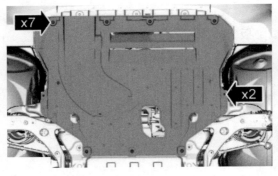

图 13-1

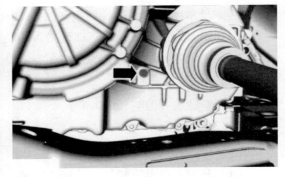

图 13-2

（6）以 8N·m 扭矩拧紧，见图 13-2。

（7）安装见图 13-3 中箭头所示位置的通风孔。

（8）安装见图 13-1 中箭头所示螺栓。

2. 变速器油排放和加注

（1）车辆处于空挡时，将其放置在举升机上。

（2）拆下如图 13-1 所示螺栓。

（3）备注：如果怀疑发生内部问题，通过过滤纸放出变速器油。可能会有因正常磨损产生的少量金属或摩擦颗粒。如果出现过量的金属或摩擦颗粒，可能需要对变速器进行大修。拆下放油塞（图 13-4），放出变速器油。安装放油塞，以 12N·m 扭矩拧紧。

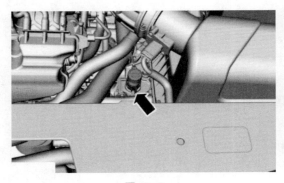

图 13-3

图 13-4

（4）压缩恒定张力夹，并将变速器通风孔从加油管上取下。

（5）注意：仅限使用此种变速器指定的变速器油。请勿使用任何补充变速器油添加剂或清洁剂。使用这些产品会导致变速器内部部件发生故障，进而影响变速器工作。

注意：下述变速器油加注量仅用于储存加注。变速器油必须与油位塞孔齐平且变速器必须处于正常工作温度 85~93℃，否则将会发生变速器损坏。变速器大修（包括主控和变矩器放油）为 6L；主控检修或更换（不进行变速器大修）为 5L 和变速器放油和加油（用于发动机和半轴相关的维修）为 4L，并使用清洁变速器油将变速器加注至初次填充量。

（6）启动发动机，并移动变速杆缓慢通过各个挡位，停止在各个位置，并允许变速器啮合。

（7）发动机在水平升起位置上以驻车（PARK）挡位运行，拆下油位塞（图13-2），并放出变速器油，直到油位与油位塞孔齐平。如果变速器油与油位塞孔不齐平，添加清洁的变速器油，每次增加0.25L，直到变速器油与油位塞孔齐平。安装油位塞。材料：MotorcraftR MERCONR LV 自动变速器油 XT-10-QLVC。以 8N·m 扭矩拧紧。

（8）使夹具面对车辆前部，压缩恒定张力夹，并将变速器通风孔安装到加油管上。

（9）驾驶车辆，直到变速器达到正常工作温度 85~93℃。

（10）处于正常工作温度（85~93℃）的发动机在水平升起位置上以驻车（PARK）挡位运行，拆下油位塞，并放出变速器油，直到油位与油位塞孔齐平。安装油位塞，以8N·m 扭矩拧紧。

（11）安装见图13-1箭头所示螺栓。

3. 变速器油更换

注意：使用此种变速器指定的变速器油。请勿使用任何补充变速器油添加剂或清洁剂。使用这些产品会导致变速器内部部件发生故障，进而影响变速器工作。

（1）车辆处于空挡时，将其放置在举升机上。

（2）使用 ATF 换油器 W/ 动力转向油换油器更换变速器油。

（3）将 ATF 换油器 W/ 动力转向油换油器与返回管路上的变速器油冷却器后的变速器油冷却器管道连接。这样有助于清除存留在变速器油冷却器中的杂质。

（4）使用 ATF 换油器 W/ 动力转向油换油器更换变速器油。遵守设备随附的制造商指南。

（5）变速器油更换完毕后，断开 ATF 换油器 W/ 动力转向油换油器。重新连接所有已经断开的变速器油冷却器管道。

（6）发动机运行时检查并确保变速器处于正常工作温度 85~93℃。检查并调整变速器油液位。请参阅变速器油液位检查，检查是否发生泄漏。

（二）6DCT450 双离合变速器油位检查方法

（1）做好健康安全预防措施。

（2）注意：路试之后，确保已清除所有故障码。确保变速器未处于紧急运行状态。

（3）完全踩下制动踏板并拉紧停车制动器。启动发动机。

（4）将换挡杆如图13-5所示操作一遍。

（5）将点火钥匙放在如图13-6所示位置。

（6）断开福特诊断设备。

（7）拆下空气滤清器。

（8）拆下如图13-7中箭头所示的螺栓。

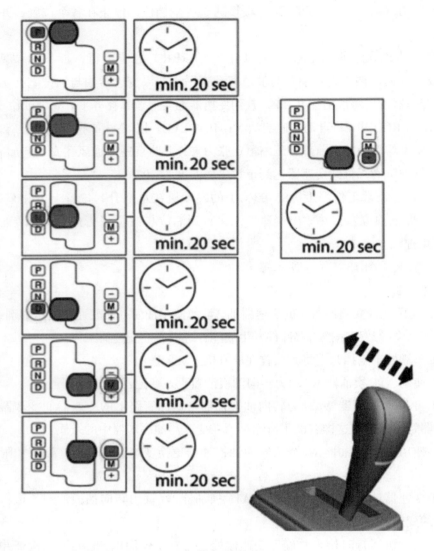

图 13–5

（9）注意：请确保车辆停放在水平表面。

（10）如已配备。拆下如图 13–8 中箭头所示螺栓。

（11）注意：为收集漏出的液体做好准备。用测量容器收集漏出的变速器液，直到一滴一滴地漏出为止，如图 13–9 所示。

（12）注意：变速器油漏出并不意味着液位是正确的。内部结构如图 13–10 所示。

（13）注意：为收集漏出的液体做好准备。用测量容器收集漏出的变速器液。以每步 250mL 的速度向灌注孔注入变速器油，直到变速器油又通过液位检查孔排出为止， 并等至一滴一滴地排出为止。

（14）液位显示如图 13–11 所示。

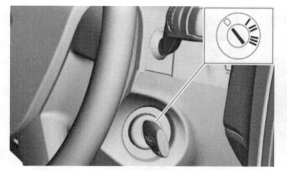

图 13-6

图 13-7

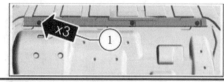

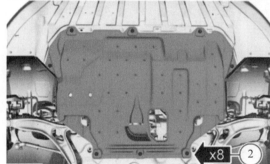

图 13-8

图 13-9

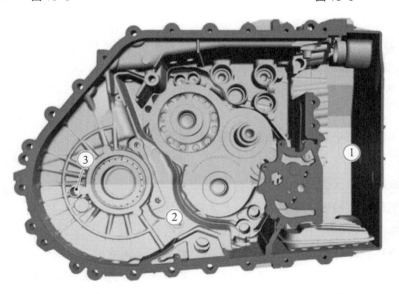

1.主控制室变速器液液位　2.齿轮组及离合器室变速器液液位　3.液位检查孔

图 13-10

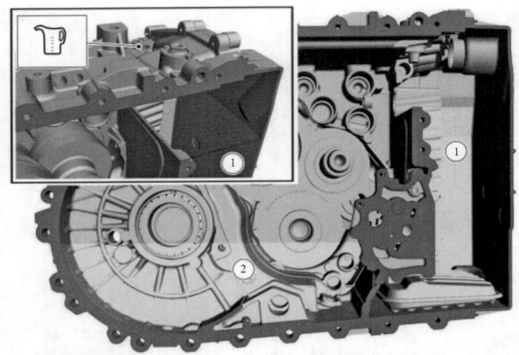

1.显示正确的主控制室变速器液位　2.显示正确的齿轮组和离合器室变速器液液位

图 13-11

（15）重新计算之前的变速器液位。将测量容器中的变速器液倒入之前收集的变速器液中。收集到的变速器液 – 注入的变速器液 = 之前的变速器液位 [例如，如果收集到 300mL（250mL+50mL=300mL）且注入变速器 500mL（2×250mL），那么之前的变速器液位为 –200mL]。

（16）拧紧见图 13-9 箭头所示螺栓。拧紧力矩：35N·m。

（17）如已配备。安装见图 13-8 所示螺栓。

（18）安装见图 13-7 所示螺栓。扭紧力矩：35N·m。

（19）安装空气滤清器。

（三）6DCT250 双离合器变速器放油和加油

1. 泄放

（1）做好健康安全预防措施。

（2）注意：请确保车辆停放于水平表面。

（3）如已配备，拆下如图 13-12 所示的螺栓。

（4）小心：确保元件处于规定的温度，如图 13-13 所示。

（5）警告：为收集漏出的液体做好准备。避免油液沾到皮肤。拆下如图 13-14 所示螺栓。

（6）警告：为收集漏出的液体做好准备。避免皮肤接触到油液。拆下如图 13-15 所示的螺栓。

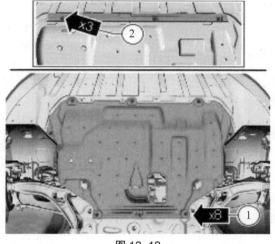

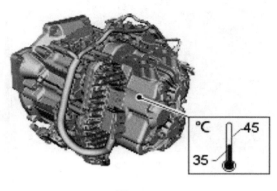

图 13-12

图 13-13

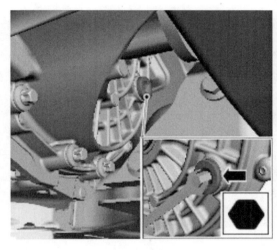

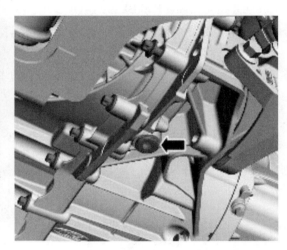

图 13-14

图 13-15

2.加注

（1）安装见图 13-15 螺栓。扭紧力矩：43N·m。注意：如果 O 形密封未受损，则应重新使用。

（2）加注变速器直到油液位刚好低于加注口，如图 13-16 所示。材料：变速器油 WSS-M2C200-D2（变速器油 /7U7J-M2C200-BA；变速器油 /7U7J-M2C200-CA；Motorcraft Dual Clutch Transmission Fluid/XT-11-QDC）。

（3）安装见图 13-14 中箭头所示螺栓。注意：如果 O 形密封环未受损，则应重新使用。扭矩：43N·m。

（4）如已配备，安装见图 13-12 中箭头所示螺栓。

（5）降下车辆。

3.油位检查方法

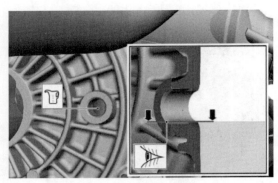

图 13-16

（1）做好健康安全预防措施。

（2）注意：请确保车辆停放于水平表面。

（3）如已配备，拆下见图 13-12 中箭头所示螺栓。

（4）小心：确保元件处于规定的温度。

（5）拆下见图 13-14 中箭头所示螺栓。警告：为收集漏出的液体做好准备。避免油液沾到皮肤。

（6）加注变速器直到油液位刚好低于加注口，见图 13-16。材料：变速器油 WSS-M2C200-D2（变速器油 /7U7J-M2C200-BA；变速器油 /7U7J-M2C200-CA；Motorcraft Dual Clutch Transmission Fluid/XT-11-QDC）。

（7）安装见图 13-16 中箭头所示的螺栓。注意：如果 O 形密封环未受损，则应重新使用。扭矩：43N·m。

（8）如已配备，安装见图 13-12 中箭头所示螺栓。

（9）降下车辆。

三、长安福特车系换油规格（表 13-1）

表 13-1

项目 车型	年款	发动机 型号	排量	发动机机油量 （维修机油加注 与滤清器更换）	发动机机油量 （干式加注， 包括滤清器）	发动机 机油型号	自动变速器 型号	变速器 容量（L）	变速器油 型号	分动箱 型号	分动箱 容量	分动箱油 型号
全新福克斯	2015—2018 年	1.0L EcoBoost	1.0T	4.6L	4.4L	SAE 5W-20（WSS-M2C948-B）	6F15	7.8L	C-ML5-WSS-M2C938-A			
全新福克斯	2015—2018 年	1.5 L EcoBoost	1.5T	4.85L	4.05L	SAE 5W-20（WSS-M2C948-B）	6F35	8.5L	C-ML5-WSS-M2C938-A			
全新福克斯	2015—2018 年	1.6 L Duratec-16V Ti-VCT – Sigma	1.6L	4.6L	4.05L	SAE 5W-30（WSS-M2C913-D）	DPS6/6DCT250	1.8L	SAE 75W-WSS-M2C200-D2			
全新福克斯	2015—2018 年	1.6L	1.6L	4.6L	4.05L	SAE 5W-30（WSS-M2C913-D）	手动变速器 IB5	2.3L	WSS-M2C200-D2			
全新福克斯	2015—2018 年	1.0 L EcoBoost	1.0T	4.6L	4.4L	SAE 5W-20（WSS-M2C948-B）	手动变速器 IB5	2.3L	WSS-M2C200-D2			
新福克斯	2012—2015 年	1.6 L Duratec-16V Ti-VCT – Sigma	1.6L	4.6L	4.05L	SAE 5W-30（WSS-M2C913-D）	DPS6/6DCT250	1.8L	SAE 75W-WSS-M2C200-D2			
新福克斯	2012—2015 年	2.0 L Duratec-HE – MI4	2.0L	4.6L	4.3L	SAE 5W-30（WSS-M2C913-C）	DPS6/6DCT250	1.8L	SAE 75W-WSS-M2C200-D2			
新福克斯	2012—2015 年	2.0 L Duratec-HE – MI4	2.0L	4.6L	4.3L	SAE 5W-30（WSS-M2C913-C）	MTX75	1.9L	SAE 75W-WSS-M2C200-D2			
新福克斯	2012—2015 年	1.6 L Duratec-16V Ti-VCT – Sigma	1.6L	4.6L	4.05L	SAE 5W-30（WSS-M2C913-D）	手动变速器 B5A	1.8L	WSS-M2C200-D2			
福睿斯	2014—2018 年	Duratec-16V Ti-VCT – Sigma	1.5L	4.6L	4.05L	SAE 5W-30 WSS-M2C929-A	6F15	8.6L	C-ML5-WSS-M2C938-A			
福睿斯	2014—2018 年	Duratec-16V Ti-VCT – Sigma	1.5L	4.6L	4.05L	SAE 5W-30 WSS-M2C929-A	手动变速器 B5A	1.85L	WSS-M2C200-D2			

（续表）

车型\项目	年款	发动机型号	排量	发动机机油量（维修机油加注与滤清器更换）	发动机机油量（干式加注、包括滤清器）	发动机机油型号	自动变速器型号	变速器容量（L）	变速器油型号	分动箱型号	分动箱容量	分动箱油型号
翼虎	2015—2018年	1.5L EcoBoost	1.5T	4.85L	4.05L	SAE 5W-20（WSS-M2C948-B）	6F35	8.5L	C-ML5-WSS-M2C938-A	不详	0.45L	SAE 75W-140（WSL-M2C192-A）
翼虎	2012—2018年	2.0L EcoBoost	2.0T		5.4L	SAE 5W30 WSS-M2C946-A,	6F35	8.5L	C-ML5-WSS-M2C938-A	不详	0.45L	SAE 75W-140（WSL-M2C192-A）
翼虎	2013—2015年	1.6L EcoBoost	1.6T		4.05L	SAE 5W-30 WSS-M2C929-A	6F35	8.5L	C-ML5-WSS-M2C938-A	不详	0.45L	SAE 75W-140（WSL-M2C192-A）
锐界	2015—2018年	2.0L EcoBoost	2.0T		5.4L	SAE 5W30 WSS-M2C946-A,	6F35	8.5L	C-ML5-WSS-M2C938-A	不详	0.45L	SAE 75W-140（WSL-M2C192-A）
锐界	2015—2018年	2.7L EcoBoost	2.7T		5.68L	SAE 5W30 WSS-M2C946-A,	6F50/6F55	10.3L	C-ML5-WSS-M2C938-A	不详	0.7L	SAE 75W-140（WSL-M2C192-A）
金牛座	2015—2018年	1.5L EcoBoost	1.5T	4.85L	4.05L	SAE 5W-20（WSS-M2C948-B）	6F35	8.5L	C-ML5-WSS-M2C938-A			
金牛座	2015—2018年	2.0L EcoBoost	2.0T		5.4L	SAE 5W30 WSS-M2C946-A,	6F35	8.5L	C-ML5-WSS-M2C938-A			
金牛座	2015—2018年	2.7L EcoBoost	2.7T		5.68L	SAE 5W30 WSS-M2C946-A,	6F55	10.3L	C-ML5-WSS-M2C938-A			
翼博	2017—2018年	1.0L EcoBoost	1.0T	4.6L	4.4L	SAE 5W-20（WSS-M2C948-B）	6F15	8.6L	MERCON® ULV/WSS-M2C949-A			
翼博	2017—2018年	1.5L Duratec-I3	1.5L	4L	3.65L	SAE 5W-20（WSS-M2C948-B）	6F15	8.6L	MERCON® ULV/WSS-M2C949-A			
翼博	2017—2018年	2.0L Duratec-HE	2.0L		4.3L	SAE 5W-20（WSS-M2C948-B）	6F35	8.5L	C-ML5-WSS-M2C938-A	不详	275±25mL	SAE 75W-85（WSS-M2C942-A）

车型	年款	发动机型号	排量	发动机机油量（维修机油加注与滤清器更换）	发动机机油量（干式加注，包括滤清器）	发动机机油型号	自动变速器型号	变速器容量（L）	变速器油型号	分动箱型号	分动箱容量	分动箱油型号
翼博	2013—2017年	1.0L EcoBoost	1.0T	4.6L	4.4L	SAE 5W-20（WSS-M2C948-B）	DPS6/6DCT250	1.2L	SAE 75W-WSS-M2C200-D2			
翼博	2013—2017年	Duratec—16V Ti-VCT–Sigma	1.5L	4.6L	4.05L	SAE 5W-30 WSS-M2C929-A	DPS6/6DCT250	1.2L	SAE 75W-WSS-M2C200-D2			
翼博	2013—2017年	1.0L EcoBoost	1.0T	4.6L	4.4L	SAE 5W-20（WSS-M2C948-B）	手动变速器 IB5	2.3L	WSS-M2C200-D2			
嘉年华	2009—2014年	1.3L Z6–BZ	1.3L	4.2L	3.9L	SAE 5W-30 WSS-M2C913-B	FN4A-EL	6.7L	WSS-M2C202-B			
嘉年华	2009—2014年	1.5L Z6–BZ	1.5L	4.2L	3.9L	SAE 5W-30 WSS-M2C913-B	FN4A-EL	6.7L	WSS-M2C202-B			
嘉年华	2009—2014年	1.3L Z6–BZ	1.3L	4.2L	3.9L	SAE 5W-30 WSS-M2C913-B	手动变速器 B5A	1.8L	WSS-M2C200-D2			
新嘉年华	2013—2016年	1.0L EcoBoost	1.0T	5.05L	4.6L	SAE 5W-20（WSS-M2C948-B）	DPS6/6DCT250	1.8L	SAE 75W-WSS-M2C200-D2			
新嘉年华	2013—2016年	1.5L Duratec—16V Ti-VCT–Sigma	1.5L	4.6L	4.05L	SAE 5W-30 WSS-M2C929-A	DPS6/6DCT250	1.8L	SAE 75W-WSS-M2C200-D2			
新嘉年华	2013—2016年	1.5L Duratec—16V Ti-VCT–Sigma	1.5L	4.6L	4.05L	SAE 5W-30 WSS-M2C929-A	手动变速器 B5A	1.8L	WSS-M2C200-D2			
新蒙迪欧	2013—2017年	1.5L EcoBoost–MI4	1.5T	4.85L	4.05L	SAE 5W-20（WSS-M2C948-B）	6F35	8.5L	C-ML5-WSS-M2C938-A			
新蒙迪欧	2013—2017年	2.0L EcoBoost–MI4	2.0T		5.4L	SAE 5W-30 WSS-M2C946-A,	6F35	8.5L	C-ML5-WSS-M2C938-A			

项目 车型	年款	发动机 型号	排量	发动机机油量 （维修机油加注 与滤清器更换）	发动机机油量 （干式加注， 包括滤清器）	发动机 机油型号	自动变速器 型号	变速器 容量（L）	变速油 型号	分动箱 型号	分动箱 容量	分动箱油 型号
新蒙迪欧	2016—2017年	1.5L EcoBoost－14	1.5T	4.85L	4.05L	SAE 5W－20（WSS－M2C948－B）	6F35	8.5L	C－ML5－WSS－M2C938－A			
新蒙迪欧	2016—2017年	2.0L EcoBoost－MI4	2.0T		5.4L	SAE 5W30 WSS－M2C946－A，	6F35	8.5L	C－ML5－WSS－M2C938－A			
新蒙迪欧 HEV	2016—2017年	2.0L Duratec－混合动力	2.0L		4.3L	SAE 5W30 WSS－M2C947－A	HF35	4.5L	WSS－M2C938－A			
新蒙迪欧 PHEV	2017—2018年	2.0L Duratec－混合动力	2.0L		4.3L	SAE 5W30 WSS－M2C947－A	HF35	4.5L	WSS－M2C938－A			
蒙迪欧致胜	2009—2015年	2.0L Duratec--HE－MI4	2.0L	4.6L	4.3L	SAE 5W－30 WSS－M2C913－B	AWF21	7.0L	WSS－M2C924－A			
蒙迪欧致胜	2009—2015年	2.3L Duratec--HE－MI4	2.3L	4.6L	4.3L	SAE 5W－30（WSS－M2C913－C）	AWF21	7.0L	WSS－M2C924－A			
蒙迪欧致胜	2009—2015年	2.0L EcoBoost－MI4	2.0T		5.4L	SAE 5W－30（WSS－M2C913－C）	MPS6/6DCT450	6L	WSS－M2C936－A			
麦克斯 MAX	2009—2012年	2.3L Duratec--HE－MI4	2.3L	4.6L	4.3L	SAE 5W－30（WSS－M2C913－C）	AWF21	7.0L	WSS－M2C924－A			
经典福克斯	2005—2013年	1.8L Duratec--HE－MI4	1.8L	4.6L	4.3L	SAE 5W－30（WSS－M2C913－C）	4F27E		WSS－M2C938－A			
经典福克斯	2005—2013年	2.0L Duratec--HE－MI4	2.0L	4.6L	4.3L	SAE 5W－30（WSS－M2C913－C）	4F27E		WSS－M2C938－A			
经典福克斯	2007—2013年	1.8L Duratec--HE－MI4	1.8L	4.6L	4.3L	SAE 5W－30（WSS－M2C913－C）	手动变速器B5A	1.8L	WSS－M2C200－D2			

（续表）

车型\项目	年款	发动机型号	排量	发动机机油量（维修机油加注与滤清器更换）	发动机机油量（干式加注，包括滤清器）	发动机机油型号	自动变速器型号	变速器容量（L）	变速器油型号	分动箱型号	分动箱容量	分动箱油型号
经典福克斯	2005—2013年	2.0L Duratec-HE - MI4	2.0L	4.6L	4.3L	SAE 5W-30（WSS-M2C913-C）	MTX75	1.9L	WSS-M2C200-D2			
经典福克斯	2005—2007年	1.8L Duratec-HE - MI4	1.8L	4.6L	4.3L	SAE 5W-30（WSS-M2C913-C）	手动变速器 IB5	2.3L	WSS-M2C200-D2			
老蒙迪欧	2004—2007年	2.0L Duratec-HE - MI4	2.0L	4.6L	4.3L	SAE 5W-30 WSS-M2C913-B	MTX75	1.9L	WSS-M2C200-D2			
老蒙迪欧	2004—2007年	2.0L Duratec-HE - MI4	2.0L	4.6L	4.3L	SAE 5W-30 WSS-M2C913-B	CD4E	7.5L	A85SX19547AA			
老蒙迪欧	2004—2007年	2.5L	2.5L		6L	SAE 5W-30 WSS-M2C913-B	5F31J	8L	WSSM2C922A4			

283

第十四章　一汽丰田车系

一、自动变速器油位检查

（一）K313无级变速传动桥调节程序

1. 注意事项和作业描述

（1）K313无级变速传动桥总成未配有加油管或油位计。加注油液时，从无级变速传动桥总成上的加油孔加注油液。可通过传动桥油液底壳（CVT）分总成的变速器1号加油管排空多余的油液（使多余的油液溢流）来调节油液油位。提示："溢流"表示油液从溢流塞孔中流出的状态。

（2）加油时，在发动机总成冷机状态下加注规定量的油液。然后，使发动机总成暖机以使油液在无级变速传动桥总成内循环，并在规定油温且发动机怠速运转时，调节油位。

（3）K313无级变速传动桥总成要求使用丰田原厂CVT油。

（4）调节油位时，将车辆停在水平地面上（确保车辆前后的倾斜角度在±1°范围内）。

（5）调节油位时，关闭所有电气系统（例如空调、照明系统、电动风扇和音响系统），以减少负载。

（6）文中涉及的油温在GTS上显示为"A/T Oil Temperature1"。

（7）应根据油液加注程序和注意事项进行油位调节，如图14-1、图14-2所示。

1. 初始加注（必要时）　　　　　　　　2. 加注规定量的油液

　　　　　　　　　　　　　　　　　　　加注进行操作所需的规定量的油液。

加注油液至规定油位。

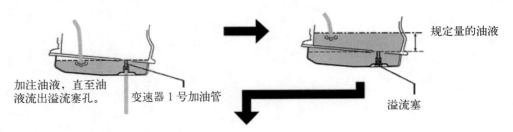

加注油液，直至油液流出溢流塞孔。　　变速器1号加油管　　　　规定量的油液

　　　　　　　　　　　　　　　　　　　　　　　　　　　溢流塞

3. 调节油液温度

启动发动机，使油液循环，进入油液温度检测模式和发动机怠速控制模式，并将油液温度调节至规定值。

图 14-1

284

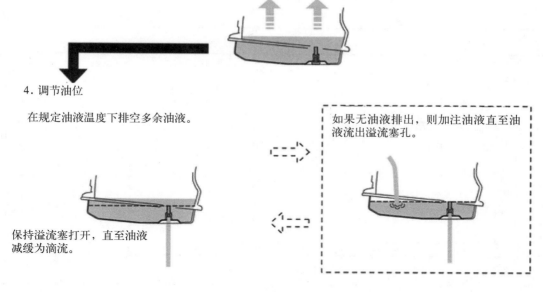

4. 调节油位

在规定油液温度下排空多余油液。

如果无油液排出,则加注油液直至油液流出溢流塞孔。

保持溢流塞打开,直至油液减缓为滴流。

图 14-2

2. 工作流程

(1)必须按照以下工作流程中所规定的程序进行调节,如图 14-3 所示。

3. 准备工作

注意:如果无级变速传动桥总成很烫(油液温度高),则在开始执行以下程序前,等待油液温度降至与环境温度一致(推荐的油液温度:20℃左右)。

(1)举升车辆。注意:举升车辆时,将车辆固定在举升机上以使车辆保持水平(确保车辆前后的倾斜角度在 ±1° 以内)。

(2)拆下发动机后部左侧底罩。

4. 执行初始加注

执行以下任一操作后,不必再执行初始加注程序,转至加注规定量的油液程序(步骤5)。

(1)从无级变速传动桥总成上拆下加油螺塞和衬垫,如图 14-4 所示。

(2)使用 6mm 六角套筒扳手,从传动桥油底壳(CVT)分总成上拆下溢流塞和衬垫。如图 14-5 所示。注意:如果在拆下溢流塞后油液流出,则等待直至油液溢流减缓为滴流。如果油液流出,则不必执行初始加注程序。检查变速器 1 号加油管的紧固扭矩后,暂时安装溢流塞。

(3)使用6mm 六角套筒扳手,检查并确认变速器 1 号加油管已紧固至规定扭矩。扭矩:1.7N·m。小心:如果变速器 1 号加油管未紧固至规定扭矩,则无法精确调节油液量。提示:要检查变速器 1 号加油管的扭矩,将 6mm 六角套筒扳手插入溢流塞孔内,如图 14-6 所示。

(4)执行初始加注。

(5)向加注孔加注油液,直至油液流出溢流塞孔,如图 14-7 所示。小心:使用丰田

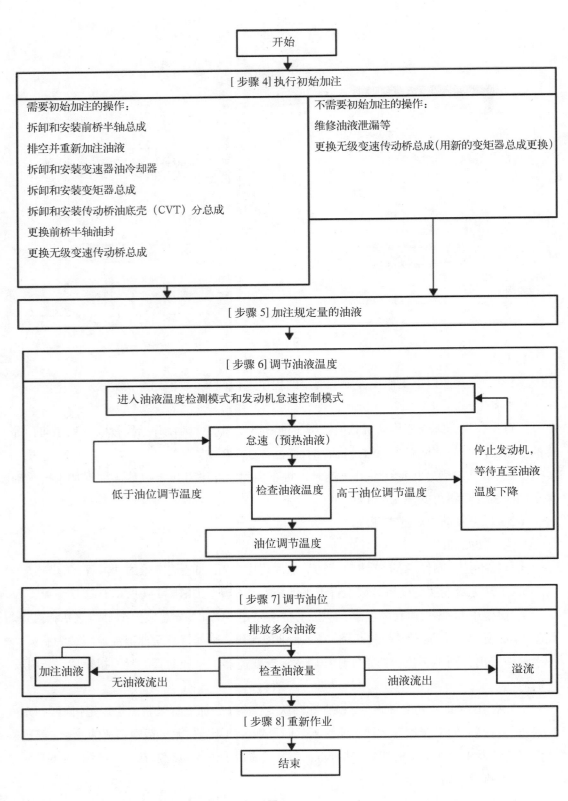

图 14-3

286

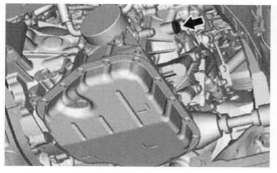

图 14-4

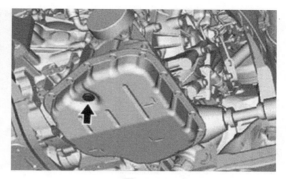

图 14-5

原厂 CVT 油。

（6）等待直至油液溢流减缓成滴流，如图 14-8 所示。

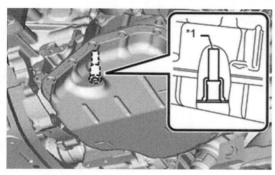

*1.变速器1号加油管

图 14-6

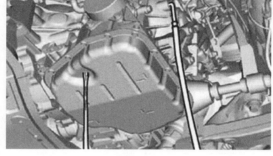

图 14-7

（7）使用 6mm 六角套筒扳手，将衬垫和溢流塞暂时安装到传动桥油底壳（CVT）分总成上，如图 14-9 所示。提示：溢流塞将会再次被拆下以调节油液位，因此可重复使用旧衬垫。

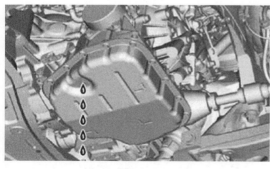

图 14-8

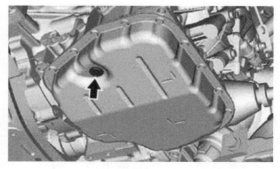

图 14-9

（8）将衬垫和加油螺塞暂时安装到无级变速传动桥总成上，如图 14-10 所示。提示：加油螺塞将会再次被拆下以调节油液位，因此可重复使用旧衬垫。

5.加注规定量的油液

（1）在无级变速传动桥总成上拆下加油螺塞和衬垫，如图 14-11 所示。

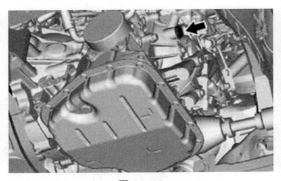

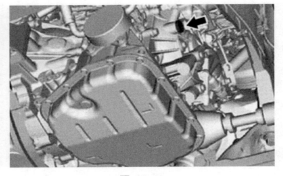

| 图 14-10 | 图 14-11 |

（2）按照表 14-1 所示列出的正确油量，向加注孔加注油液，如图 14-12 所示。小心：使用丰田原厂 CVT 油。提示：执行的操作不同，加注量也不同。

表 14-1

执行的操作	加注量
安装带变矩器总成的无级变速传动桥总成	3.2L
更换无级变速传动桥总成（用新的变矩器总成更换）	3.0L
更换变矩器总成	2.7L
更换无级变速传动桥总成（重复使用变矩器总成时）	
拆卸和安装变矩器总成	2.3L
拆卸和安装前桥半轴总成	1.2L
排空并重新加注油液	
拆卸和安装变速器油冷却器	
拆卸和安装传动桥油底壳（CVT）分总成	
更换前桥半轴油封	
维修油液泄漏等	0.4L

（3）将加油螺塞和衬垫暂时安装到无级变速传动桥总成上以避免油液溅出。提示：由于加油螺塞将再次被拆下以调节油位，因此可重复使用旧衬垫，如图 14-13 所示。

（4）降下车辆。

6. 调节油液温度

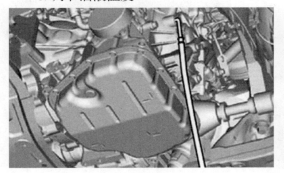

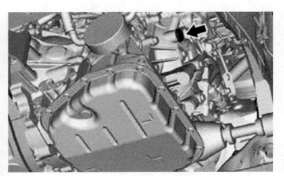

| 图 14-12 | 图 14-13 |

（1）使用GTS时。

①发动机开关置于OFF位置时，将GTS连接到DLC3。

②将发动机开关置于ON位置并打开GTS。

③进入以下菜单，如图14-14所示。

Powertrain > Engine and ECT > Active Test

检测仪显示
Connect the TC and TE1

执行

图14-14

④根据GTS上的显示，读取数据表"A/T Oil Temperature1"。

⑤根据GTS上的显示，进行主动测试"Connect the TC and TE1/ON"。提示：组合仪表上的指示灯闪烁表示执行主动测试"Connect the TC and TE1/ON"时已储存DTC。

（2）不使用GTS时。

①点火开关置于OFF位置时，使用SST连接DLC3的端子13（TC）和4（CG），如图14-15所示。SST 09843-18040。

（3）踩住制动踏板。

（4）启动发动机。小心：减少负载，检查并确认（例如空调系统、音响系统、照明系统、电动风扇）电气系统已关闭。

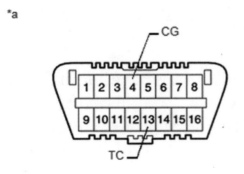

*a.DLC3前视图

图14-15

（5）缓慢将换挡杆从P移至D，然后再移回P（使换挡杆在各位置保持约3s）。提示：缓慢移动换挡杆，使油液在无级变速传动桥总成的各个部位循环。

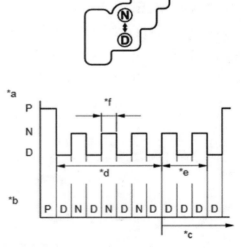

*a.换挡杆位置 *b.换挡杆位置的指示 *c.油液温度检测模式 *d.6s或更长时间 *e.2s *f.小于1.5s

图14-16

（6）观察组合仪表上的 D 挡指示灯的同时，在 6s 或更长时间内以 1.5s 的间隔在 N 和 D 之间来回移动换挡杆，如图 14-16 所示。小心：不要停顿 1.5s 以上。提示：执行该操作将会使车辆进入油液温度检测模式。

（7）检查并确认 D 挡指示灯点亮 2s。提示：启用油液温度检测模式后，组合仪表上的 D 挡指示灯点亮 2s。如果 D 挡指示灯不亮 2s，则返回至第一步，并再次执行程序。

（8）将换挡杆移至 P。

（9）松开制动踏板。

（10）断开 DLC3 的端子。

①使用 GTS 时，根据 GTS 上的显示，进行主动测试"Connect the TC and TE1/OFF"。

小心：确保端子未连接。如果端子连接，则会由于发动机转速波动而无法准确调节油位。断开端子将启用发动机转速控制模式。提示：在发动机转速控制模式下，油液温度达到规定温度且发动机转速保持不变时，发动机转速控制开始。即使断开端子后，在点火开关置于 OFF 位置前油液温度检测模式保持启用。

②不使用 GTS 时，从端子 13（TC）和 4（CG）上拆下 SST。小心：确保端子未连接。如果端子连接，则会由于发动机转速波动而无法准确调节油位。断开端子将启用发动机转速控制模式。提示：在发动机转速控制模式下，油液温度达到规定温度且发动机转速保持不变时，发动机转速控制开始。即使断开端子后，在点火开关置于 OFF 位置前油液温度检测模式保持启用。

（11）将油液温度调节至油位调节温度。

①通过临视 D 挡指示灯检查油液温度。提示：在油液温度检测模式下，根据油液温度，D 挡指示灯会点亮、熄灭或闪烁。D 挡指示灯点亮时（油液温度在油位调节温度范围内），应执行油液加注程序，如图 14-17 所示。

②调节油液温度。如果 D 挡指示灯熄灭（低于油位调节温度：35℃或更低），使发动机在怠速控制模式下怠速运转时暖机，直至 D 挡指示灯点亮。如果 D 挡指示灯点亮（油位调节温度：35~45℃），立即转至调节油位。如果 D 挡指示灯闪烁（超出油位调节温度：

*A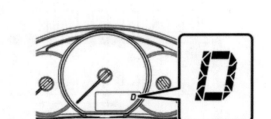

*B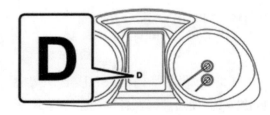

*A.段式LCD *B.点阵式LCD

图 14-17

45℃或更高）时，停止发动机并等待直至油温降至 35℃或更低（D 挡指示灯熄灭）。然后从开始再次执行调节油液温度程序。油位调节温度和 D 挡指示灯之间的关系如表 14-2 所示。

表 14-2

项目	低于油位调节温度	油位调节温度	高于油位调节温度
油液温度（GTS 上显示的"A/T Oil Temperature 1"）	35℃（95°F）或更低	35~45℃（95~113°F）	45℃（113°F）或更高
D 挡指示灯	熄灭	点亮	闪烁

7. 调节油液油位

注意：发动机怠速运转且热器风扇运转时操作应小心。

（1）举升车辆。小心：举升车辆时，将车辆固定在举升机上以使车辆保持水平（确保车辆前后的倾斜角度在 ±1°以内）。

（2）使用 6mm 六角套筒扳手，从传动桥油底壳（CVT）分总成上拆下溢流塞和衬垫。注意：由于从溢流孔流出的油液很烫，操作时应小心。

（3）检查从溢流塞孔流出的油液量。如果大量油液流出溢流塞孔，则转至步骤 1。如果没有油液从溢流塞孔流出，则转至步骤 2。小心：如果仅有少量油液（约 5mL）流出溢流塞孔，则表示仅残留在变速器 1 号加油管的油液流出，这不表示溢流。

（4）如果大量油液流出溢流塞孔，则应等待直至溢流减缓为滴流，如图 14-18 所示。

提示：因为油液随温度的升高而体积膨胀，因此油液溢流不会完全停止。

（5）如果没有油液从溢流塞孔流出，则拆下加油螺塞和衬垫。然后通过加注孔加注油液，直至油液从溢流塞孔流出，等待直至油液溢流减缓为滴流滴出，如图 14-19 所示。小心：使用丰田原厂 CVT 油。

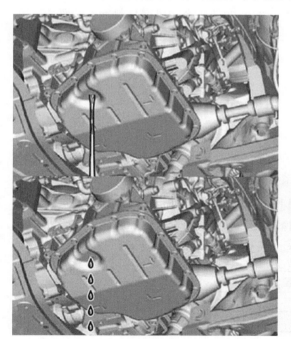

图 14-18

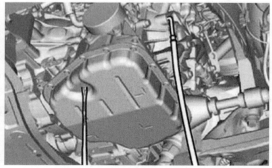

图 14-19

（6）使用 6mm 六角套筒扳手，将新衬垫和溢流塞安装到传动桥油底壳（CVT）分总成上，如图 14-20 所示。扭矩 40N·m。

（7）将安装新衬垫和加油螺塞安装到无级变速传动桥总成上，扭矩 49N·m。

（8）降下车辆。

（9）将点火开关置于 OFF 位置。提示：将点火开关置于 OFF 位置以退出油液温度检测模式。

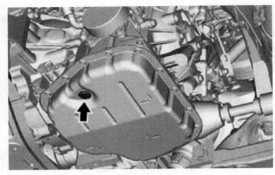

图 14-20

（10）从 DLC3 上拆下 GTS（使用 GTS 时）。

8. 重新作业

（1）举升车辆。

（2）清洁零件。

（4）检查油液是否泄漏。

（5）安装发动机后部左侧底罩。

（6）降下车辆。

（二）K114F/K114 无级变速传动桥

1. 油高温调节

注意：油液温度高时，小心不要烫伤自己。发动机运转或发动机开关置于 ON 位置的情况下对发动机室实施作业时，为防止与工作中的多楔带或冷却风扇接触而造成伤害，双手和衣物应远离多楔带和冷却风扇。

调节 CVT 高温时油位：

（1）暖机并停止发动机。

（2）检查油液温度。

①点火开关置于 OFF 位置时，将 GTS 连接到 DLC3。

②将点火开关置于 ON（IG）位置并打开 GTS。小心：要减少负载，确保诸如空调、照明系统、电动风扇和音响系统的所有电气系统关闭。

③进入以下菜单：Powertrain/ Engine and ECT/ Engine Speed and A/T Oil Temperature1；Powertrain> Engine and ECT> Data List，如图 14-21 所示。

小心：发动机怠速运转且油液温度在 85~90℃之间时，如果油液温度呈下降趋势，则

检测仪显示
Engine Speed
A/T Oil Temperature 1

图 14-21

开始工作前确保油液温度高于90℃以上。

发动机怠速运转且油液温度在85~90℃之间时，如果油液温度呈上升趋势，则开始工作前确保油液温度低于85℃。

发动机怠速运转且油液温度在85~90℃之间时，如果油液温度呈稳定趋势，则开始工作前确保油液温度为87.5℃。

（4）踩住制动踏板。

（5）启动发动机。

（6）缓慢将换挡杆从P移至D，然后再移回P（使换挡杆在各位置保持约3s）。提示：缓慢移动换挡杆，使油液在无级变速传动桥总成的各个部位循环。

（7）举升车辆。小心：举升车辆时，将车辆固定在举升机上以使车辆保持水平（确保车辆前后和左右的倾斜角度在±1°以内）。

（8）拆下发动机后部左侧底罩。

（9）松开加油螺塞，如图14-22所示。

（10）使用6mm六角套筒扳手，从传动桥油底壳（CVT）分总成上拆下溢流塞和衬垫，如图14-23所示。注意：由于从溢流塞孔流出的油液很烫，操作时应小心。小心：拆下溢流塞前，确保油液温度在85~90℃之间且发动机怠速转速在规定范围内。加注油液时，根据发动机怠速转速加注规定量的油液。如果油液未流出，则安装溢流塞，向加注孔加注油液直至油液流出，并从步骤1开始再次执行该程序。

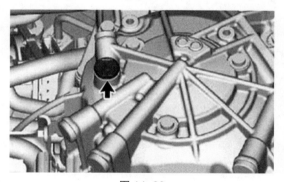

图14-22

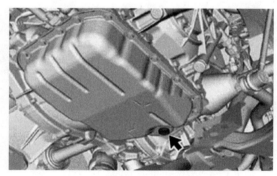

图14-23

① 确保油温和发动机怠速转速保持在适当范围内，直至在步骤2中紧固溢流塞，如图14-24所示。

② 等待直至溢流减缓成滴流，如图14-25所示。提示：因为油液随着温度升高而膨胀，所以，如果油液温度升高，则溢流不会完全停止。

（11）使用6mm六角套筒扳手，用新衬垫安装溢流塞到传动桥油底壳（CVT）分总成上，如图14-26所示。扭矩：40N·m。

（12）降下车辆。

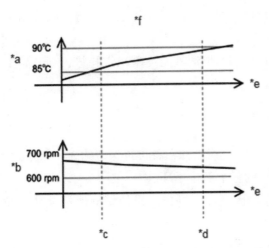

*a.油液温度　*b.发动机怠速转速　*c.拆下溢流塞
*d.安装溢流塞　*e.时间　*f.示例：发动机怠速转速在
600~700r/min之间的情况下调节时

图 14-24

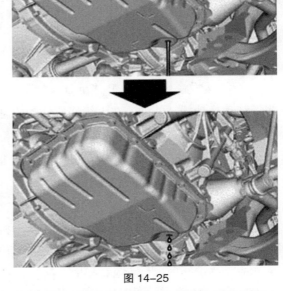

图 14-25

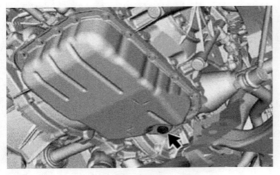

图 14-26

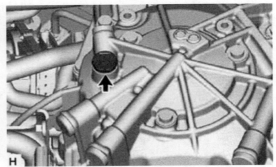

图 14-27

（13）将发动机开关置于 OFF 位置。

（14）从无级变速桥总成上拆下加油螺塞和衬垫，如图 14-27 所示。

（15）如图 14-28 所示将软管和漏斗安装到加注孔上。小心：油位正确且油温约为 40℃时，无级变速传动桥总成的设计可使油位与溢流管端部的高度相同。油温为 85~90℃的情况下调节油位时，排空因受热而膨胀的油液（步骤 1）。已排空油液后，

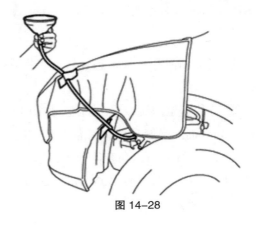

图 14-28

确保加注如表 14-3 规定的油量。因为加注过多或不足量的油液均可能导致无级变速传动桥总成故障，因此，加注无级变速桥油液时应格外小心。不要过多地将软管插入加注孔内。务必使用胶带或同等产品固定，以防止软管下垂。提示：确保使用长度为 1250mm 且外径为 16mm 的软管。

（16）向加主孔加注规定量的油液。

（17）如果需要确认要加注的规定油量，请参考表 14-3 所示。小心：如果软管内留有油液，则油量将超出规定范围。因此，加注油液时，应确保没有油液留在软管内。加注油液时的允许误差范围为 ±20g。使用丰田原厂 CVT 油。提示：加注油液的温度在 10~30℃之间时，如果油液流出（油液量不符合规定），则从步骤 1 开始再次执行该程序。

表 14-3

发动机急速转速（r/min）	油液温度为 85~90℃的规定加注量
550~850	250g

①如果需确认规定的油液加注量，则根据不同温度下的重量和密度计算，如图 14-29 所示。

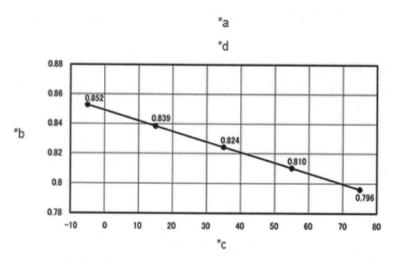

*a.该示例显示油液温度为10~30℃时的油液加注容量　*b.密度（g/mL）　*c.待测量的油液温度（℃）　*d.丰田原厂CVT温度和密度之间的关系

图 14-29

（18）用新衬垫安装加油螺塞到无级变速传动桥总成上。扭矩 49N·m。

（19）从 DLC3 上断开 GTS。

重新作业：

（1）举升车辆。

（2）清洁各零部件。

（3）检查油液是否泄漏。

（4）安装发动机后部左侧底罩。

（5）降下车辆。

2. 调节程序

注意事项和作业描述：

（1）K114F/K114 无级变速传动桥总成未配有加油管或油位计。加注油液时，从无级变速传动桥总成上的加油孔加注油液。可通过传动桥油液底壳（CVT）分总成的变速器 1 号加油管排空多余的油液（使多余的油液溢流）来调节油液油位。提示："溢流"表示油液从溢流塞孔中流出的状态。

（2）加油时，在发动机总成冷机状态下加注规定量的油液。然后，使发动机总成暖机以使油液在无级变速传动桥总成内循环，并在规定油温且发动机怠速运转时，调节油位。

（3）K114F/K114 无级变速传动桥总成要求使用丰田原厂 CVT 油。

（4）调节油位时，将车辆停在水平地面上（确认车辆前后的倾斜角度在 ±1° 范围内）。

（5）调节油位时，关闭所有电气系统（例如空调、照明系统、电动风扇和音响系统），以减少负载。

（6）文中涉及的油温在 GTS 上显示为"A/T Oil Temperature1"。

（7）应根据油液加注程序和注意事项进行油位调节，如图 14-30、图 14-31 所示。

1. 初始加注（必要时）

加注油液至规定油位。

2. 加注规定量的油液

加注进行操作所需的规定量的油液。

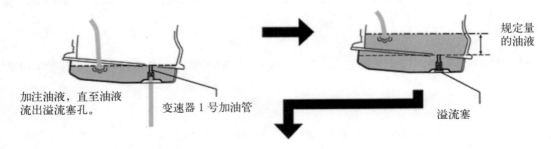

加注油液，直至油液流出溢流塞孔。

变速器 1 号加油管

规定量的油液

溢流塞

3. 调节油液温度

启动发动机，使油液循环。启用油温检测模式和发动机怠速控制模式，并将油液温度调整到规定值。

图 14-30

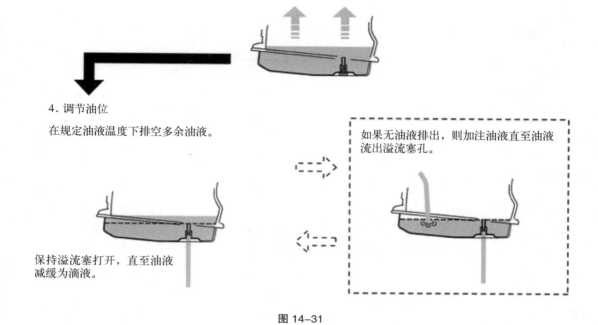

4.调节油位

在规定油液温度下排空多余油液。

如果无油液排出，则加注油液直至油液流出溢流塞孔。

保持溢流塞打开，直至油液减缓为滴液。

图 14-31

3.工作流程

（1）必须按照工作流程中所规定的程序进行调节，如图 14-32 所示。

向传动桥加注油液前：

小心：如果无级变速传动桥总成很烫（油液温度高），则在开始执行以下程序前，等待油液温度降至与环境温度一致（推荐的油液温度：20℃左右）。

（1）举升车辆。小心：举升车辆时，将车辆固定在举升机上以使车辆保持水平（确保车辆前后的倾斜角度在 ±1° 以内）。

（2）拆下发动机后部左侧底罩。

执行初始加注：

执行以下任一操作后，不必再执行初始加注操作，转至加注规定量的油液程序。

（1）从无级变速传动桥总成上拆下加油螺塞和衬垫，如图 14-33 所示。

（2）使用 6mm 的六角套筒扳手，从传动桥油底壳（CVT）分总成上拆下溢流塞和衬垫，如图 14-34 所示。小心：如果在拆下溢流塞后油液流出，则等待直至油液溢流减缓为滴流。如果油液流出，则不必执行初始加注程序。检查变速器 1 号加油管的紧固扭矩后，暂时安装溢流塞。

（3）使用 6mm 六角套筒扳手，检查并确认变速器 1 号加油管已紧固至规定扭矩，如图 14-35 所示。扭矩：1.7N·m。小心：如果变速器 1 号加油管未紧固至规定扭矩，则无法精确调节油液量。提示：要检查变速器 1 号加油管的扭矩，将 6mm 六角套筒扳手插入溢流塞孔内。

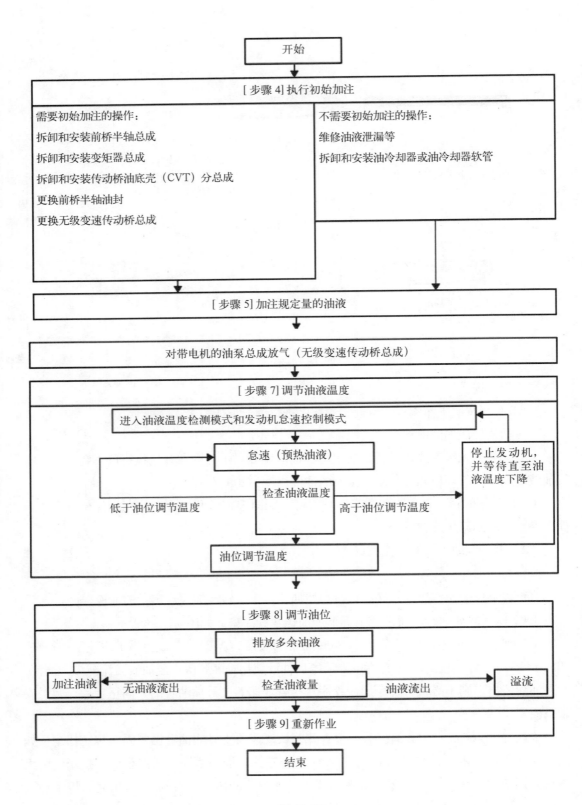

图 14-32

图 14-33

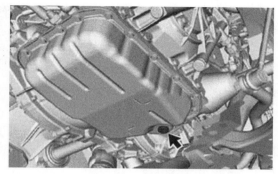

图 14-34

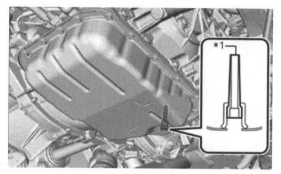

*1.变速器1号加油管

图 14-35

（4）执行初始加注。

①向加注孔加注油液，直至油液流出溢流塞孔，如图 14-36 所示。小心：使用丰田原厂 CVT 油。

②等待直至油液溢流减缓成滴流，如图 14-37 所示。

（5）使用 6mm 六角套筒扳手，将衬垫和溢流塞暂时安装到传动桥油底壳（CVT）分总成上，如图 14-38 所示。提示：溢流

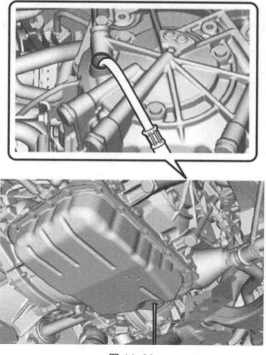

图 14-36

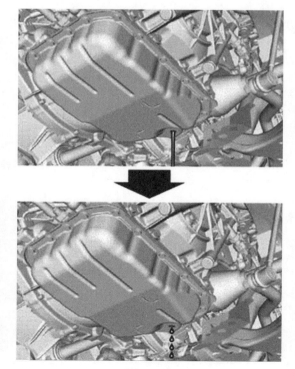

图 14-37

塞将会再次拆下以调节油液位，因此可重复使用旧衬垫。

（6）将衬垫和加油螺塞暂时安装到无级变速传动桥总成上，如图 14-39 所示。

提示：加油螺塞将会再次被拆下以调节油液位，因此可重复使用旧衬垫。

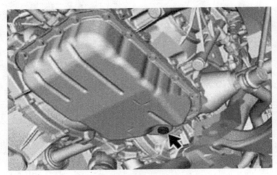

图 14-38　　　　　　　　　　　　　　图 14-39

加注规定量的油液：

（1）在无级变速传动桥总成上拆下加油螺塞和衬垫，如图 14-40 所示。

（2）按照表 14-4 列出的正确油量，向加注孔加注油液，如图 14-41 所示。小心：使用丰田原厂 CVT 油。提示：执行的操作不同，加注量也不同。

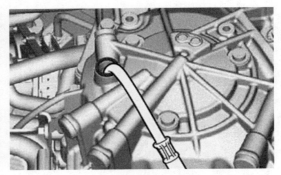

图 14-40　　　　　　　　　　　　　　图 14-41

表 14-4

执行的操作	加注量
更换无级变速传动桥总成（用新的变矩器总成更换）	5.0L
更换无级变速传动桥总成（重复使用变矩器总成时）	4.5L
拆卸和安装传动桥油底壳（CVT）分总成（带油液排放口）	2.0L
排空并再次加注油液	
拆卸和安装前桥半轴总成	
拆卸和安装变矩器总成（用新的变矩器总成更换时）	3.0L
拆卸和安装变矩器总成（重复使用变矩器总成时）	2.5L
维修油液泄漏等	0.6L
拆卸和安装油冷却器或油冷却器软管	

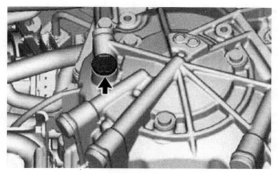

图 14-42

（3）将加油螺塞和衬垫暂时安装到无级变速传动桥总成上以避免油液溅出，如图 14-42 所示。提示：由于加油螺塞将再次被拆下以调节油位，因此可重复使用旧衬垫。

（4）降下车辆。

调节油液温度：

（1）使用 GTS 时。

主动测试显示
Connect the TC and TE1
数据表显示
A/T Oil Temperature 1

图 14-43

①发动机开关置于 OFF 位置时，将 GTS 连接到 DLC3。

②将发动机开关置于 ON 位置并打开 GTS。

③进入以下菜单，如图 14-43 所示。

④根据 GTS 上的显示，读取数据表"A/T Oil Temperature1"。

⑤根据 GTS 上的显示，进行主动测试"Connect the TC and TE1/ON"。提示：组合仪表上的指示灯闪烁表示执行主动测试"Connect the TC and TE1/ON"时已储存 DTC。

（2）不使用 GTS 时。

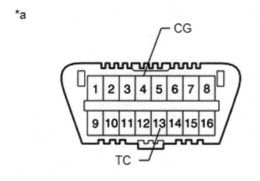

*a.DLC3前视图

图 14-44

点火开关置于 OFF 位置时，使用 SST 连接 DLC3 的端子 13（TC）和 4（CG），如图 14-44 所示。SST 09843-18040。

（3）踩住制动踏板。

（4）启动发动机。小心：减少负载，检查并确认（例如空调系统、音响系统、照明系统、电动风扇）电气系统已关闭。

（5）缓慢将换挡杆从 P 移至 D，然后再移回 P（使换挡杆在各位置保持约 3s）。

提示：缓慢移动换挡杆，使油液在无级变速传动桥总成的各个部位循环。

（6）观察组合仪表上的 D 挡指示灯的同时，在 6s 或更长时间内以 1.5s 的间隔在 N 和 D 之间来回移动换挡杆，如图 14-45 所示。

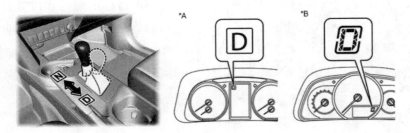

*A.带多信息显示屏 *B.不带多信息显示屏

图 14-45

小心：不要停顿 1.5s 以上。提示：执行该操作将会使车辆进入油液温度检测模式。

（7）检查并确认 D 挡指示灯点亮 2s。提示：启用油液温度检测模式后，组合仪表上的 D 挡指示灯点亮 2s。如果 D 挡指示灯不亮 2s，则返回至第一步，并再次执行程序。

（8）将换挡杆移至 P。

（9）松开制动踏板。

（10）断开 DLC3 的端子。

①使用 GTS 时，根据 GTS 上的显示，进行主动测试 Connect the TC and TE1/OFF。小心：确保端子未连接。如果端子连接，则会由于发动机转速波动而无法准确调节油位。断开端子将启用发动机转速控制模式。提示：在发动机转速控制模式下，油液温度达到规定温度且发动机转速保持不变时，发动机转速控制开始。即使断开端子后，在点火开关置于 OFF 位置前油液温度检测模式保持启用。

②不使用 GTS 时，从端子 13（TC）和 4（CG）上拆下 SST。小心：确保端子未连接。如果端子连接，则会由于发动机转速波动而无法准确调节油位。断开端子将启用发动机转速控制模式。提示：在发动机转速控制模式下，油液温度达到规定温度且发动机转速保持不变时，发动机转速控制开始。即使断开端子后，在点火开关置于 OFF 位置前油液温度检测模式保持启用。

（11）将油液温度调节至油位调节温度。

① 通过临视 D 挡指示灯检查油液温度。油位调节温度和 D 挡指示灯之间的关系，如图 14-46 所示。

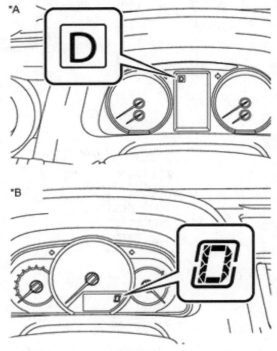

*A.带多信息显示屏 *B.不带多信息示屏

图 14-46

提示：在油液温度检测模式下，根据油液温度，D挡指示灯会点亮、熄灭或闪烁。D挡指示灯点亮时（油液温度在油位调节温度范围内），应执行油液加注程序。

②如果D挡指示灯点亮，则立即转至调节油位程序。

③调节油液温度。如果D挡指示灯熄灭（低于油位调节温度：35℃或更低），使发动机在怠速控制模式下怠速运转时暖机，直至D挡指示灯点亮。如果D挡指示灯点亮（油位调节温度在35~45℃）时，立即转至调节油位。如果D挡指示灯闪烁（超出油位调节温度：45℃或更高）时，停止发动机并等待直至油温降至35℃或更低（D挡指示灯熄灭）。然后从开始再次执行调节油液温度程序。油位调节温度和D挡指示灯之间的关系如表14-5所示。

表14-5

项目	低于油位调节温度	油位调节温度	高于油位调节温度
油液温度（GTS上显示的"A/T Oil Temperature 1"）	35℃或更低	35~45℃	45℃或更高
D挡指示灯	熄灭	点亮	闪烁

调节油液油位：

注意：发动机怠速运转且热器风扇运转时操作应小心。

（1）举升车辆。小心：举升车辆时，将车辆固定在举升机上以使车辆保持水平（确保车辆前后的倾斜角度在±1°以内）。

（2）使用6mm六角套筒扳手，从传动桥油底壳（CVT）分总成上拆下溢流塞和衬垫。注意：由于从溢流孔流出的油液很烫，操作时应小心。

（3）检查从溢流塞孔流出的油液量。小心：如果仅有少量油液（约5mL）流出溢流塞孔，则表示仅残留在变速器1号加油管的油液流出。这不表示溢流。如果大量油液流出溢流塞孔，则转至步骤1，如果没有油液从溢流塞孔流出，则转至步骤2。

（4）如果大量油液流出溢流塞孔，则应等待直至溢流减缓为滴流，如图14-47、图14-48所示。提示：因为油液随温度的升高而体积膨胀，因此油液溢流不会完全停止。

（5）如果没有油液从溢流塞孔流出，则拆下加油螺塞和衬垫。然后通过加注孔加注油液，直至油液从溢流塞孔流出，等待直至油液溢流减缓为滴流滴出，如图14-49所示。

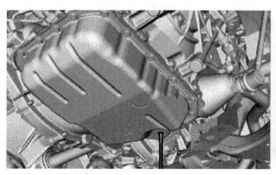

图14-47

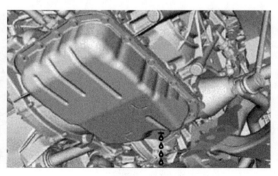

图14-48

小心：使用丰田原场 CVT 油。

（6）使用 6mm 六角套筒扳手，将新衬垫和溢流塞安装到传动桥油底壳（CVT）分总成上，如图 14-50 所示。扭矩 40N·m。

（7）将安装新衬垫和加油螺塞安装到无级变速传动桥总成上，如图 14-51 所示。扭矩 49N·m。

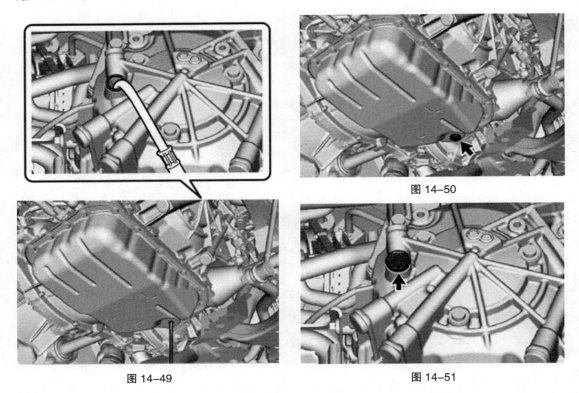

图 14-50

图 14-49

图 14-51

（8）降下车辆。

①将点火开关置于 OFF 位置。提示：将点火开关置于 OFF 位置以退出油液温度检测模式。

②从 DLC3 上拆下 GTS（使用 GTS 时）。

重新作业：

（1）举升车辆。

（2）清洁零件。

（3）检查油液是否泄漏。

（4）安装发动机后部左侧底罩。

（5）降下车辆。

（三）AA81E 自动变速器／传动桥调节程序

1. 向传动桥加注油液前

AA81E 自动变速器总成要求使用丰田原厂 ATF WS。如果已更换了整个自动变速器总成、自动变速器油底壳分总成、放油螺塞、变速器阀体总成和 / 或变矩器总成，则转至"向变速器加注油液"步骤。如果已更换了自动变速器后油封和 / 或修复了自动变速器油液泄漏故障，则转至"油液温度检查"步骤。

2. 向变速器油底壳加注油液

（1）举升车辆。小心：举升车辆时，将车辆固定在举升机上以使车辆保持水平（确保车辆前后的倾斜角度在 ±1° 以内）。

（2）从自动变速器总成上拆下加油螺塞和 O 形圈，如图 14-52 所示。

（3）使用 5mm 的六角套筒扳手，从自动变速器总成上拆下溢流塞和衬垫，如图 14-53 所示。

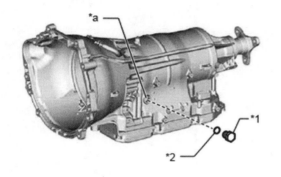

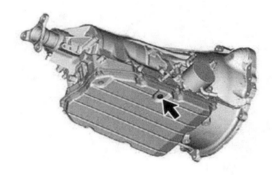

*1.加油螺塞 *2.O形圈 *a.加注孔
图 14-52

图 14-53

（4）向加注孔加注油液，直至油液流出溢流塞孔，如图 14-54 所示。小心：使用丰田原厂 ATF WS。确保缓慢加注自动变速器油。如果快速加注自动变速器油，则油液可能会碰到内部零件并弹回，从而导致油液流出加注孔。

（5）等待直至油液溢流减缓成滴流，如图 14-55 所示。

（6）使用 5mm 六角套筒扳手，将衬垫和溢流塞暂时安装到自动变速器总成上，如图 14-56 所示。提示：溢流塞将会再次拆下，因此可重复使用旧衬垫。

3. 向变速器加注油液

（1）按照如表 14-6 所示列出的正确油量，向加注孔加注油液。

提示：如果无法添加规定量的自动变速器油，则执行下列步骤。

①将 O 形圈和加油螺塞暂时安装到自动变速器总成上。提示：由于加油螺塞将再次被拆下，因此可重复使用 O 形圈。

②降下车辆。

③启动发动机。小心：要减少负载，确保诸如空调、照明系统、电动风扇和音响系统的所有电气系统关闭。

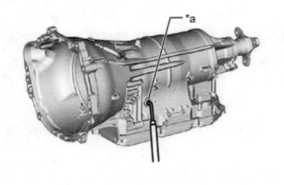

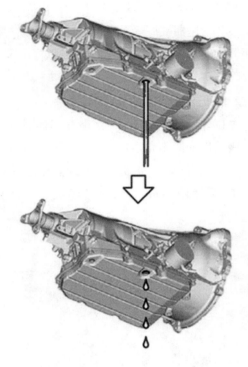

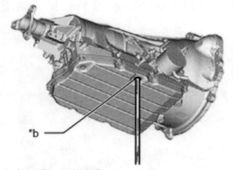

*a.加注孔　*b.溢流孔

图 14-54

图 14-55

④缓慢地将换挡杆从 P 移至 D，然后再将换挡杆移至 P。

⑤使发动机怠速运转 30s 以暖机。

⑥将发动机开关置于 OFF 位置。

⑦从自动变速器总成上拆下加油螺塞和 O 形圈。

⑧根据表 14-6 所列，向变速器中加注正确量的自动变速器油。

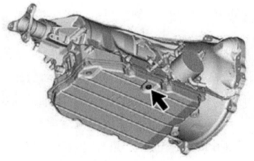

图 14-56

⑨将 O 形圈和加油螺塞暂时安装到自动变速器总成上。提示：由于加油螺塞将再次拆下，因此可重复使用 O 形圈。

表 14-6

进行维修	加注量
拆卸和安装自动变速器油底壳分总成和放油螺塞	3.2L
拆卸和安装变速器阀体总成	4.2L
拆卸和安装变矩器总成	6.9L
整个自动变速器总成	8.7L

4. 调节油液温度

小心：通过检查组合仪表上的 D 换挡指示灯或使用 GTS 可确定自动变速器油温度。不使用 GTS 时，必须切换至自动变速器油温度检测模式。

（1）使用 GTS 时。

提示：可以使用 GTS 的数据表检查实际 ATF 温度。

①发动机开关置于 OFF 位置时，将 GTS 连接到 DLC3。

②将发动机开关置于 ON（IG）位置并打开 GTS。小心：要减少负载，确保诸如空调、照明系统、电动风扇和音响系统的所有电气系统关闭。

③进入以下菜单，如图 14-57 所示。

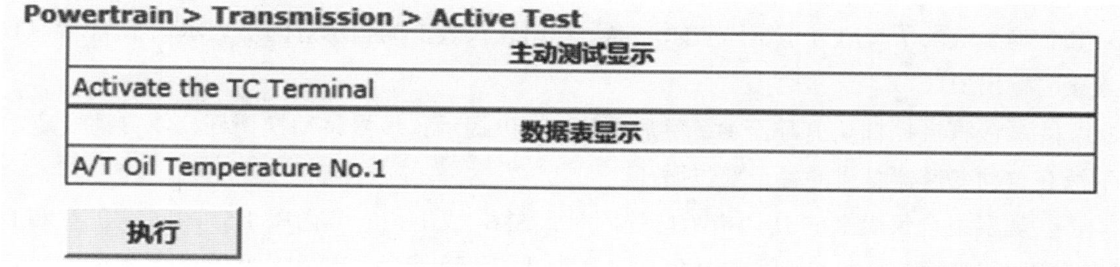

Powertrain > Transmission > Active Test

主动测试显示
Activate the TC Terminal

数据表显示
A/T Oil Temperature No.1

执行

图 14-57

④选择主动测试菜单： Activate the TC Terminal/ON。

⑤选择数据表项目： A/T Oil Temperature1。

⑥检查 ATF 温度。小心：如果自动变速器油温度低于 37℃，则转至下一步。（推荐 ATF 温度：30℃或更低）。如果自动变速器油温度为 37℃或更高，则将发动机开关置于 OFF 位置，等待直至自动变速器油温度降至 30℃以下。

⑦踩住制动踏板。

⑧启动发动机。小心：要减少负载，确保诸如空调、照明系统、电动风扇和音响系统的所有电气系统关闭。

⑨缓慢地将换挡杆从 P 移至 D，然后再移回 P。提示：缓慢移动换挡杆，使自动变速器油在自动变速器总成的各部位循环。

⑩观察组合仪表上的 D 挡指示灯的同时，在 6s 或更长时间内以小于 1.5s 的间隔在 N 和 D 之间来回移动换挡杆。小心：不要停顿 1.5s 以上。提示：该操作将会使车辆进入自动变速器油温度检测模式。

⑪检查并确认 D 挡指示灯点亮 2s。提示：激活自动变速器油温度检测模式时，组合仪表上的 D 挡指示灯点亮 2s。如果 D 挡指示灯没有点亮 2s，则返回到最初步骤，并再次执行程序。

⑫换挡杆从 N 移至 P。

⑬松开制动踏板。

⑭选择主动测试项目： Activate the TC Terminal/OFF。小心：确保端子 TC 和 TE1 未连接。如果端子连接，发动机转速波动会导致自动变速器油油位无法精确调节。提示：断开端子 TC 和 TE1 可以启用发动机怠速控制模式。即使断开端子 TC 和 TE1 后，将发动机开关置于 OFF 位置前会一直保持自动变速器油温度检测模式。

（2）不使用 GTS 时。

①发动机开关置于 OFF 位置时，使用 SST 连接 DLC3 的端子 13（TC）和 4（CG），如图 14-58 所示。SST09843-18040。

②踩住制动踏板。

③启动发动机。小心：减少负载，确保诸如空调系统、音响系统、照明系统、电动风扇和音响系统的所有电气系统已关闭。提示：组合仪表上的指示灯闪烁表示端子 TC 和 CG 连接时输出 DTC。

④缓慢将换挡杆从 P 移至 D，然后再移至 P。提示：缓慢移动换挡杆，使自动变速器油液在自动变速器总成的各个部位循环。

⑤观察组合仪表上的 D 挡指示灯的同时，在 6s 或更长时间内以 1.5s 的间隔在 N 和 D 之间来回移动换挡杆。小心：不要停顿 1.5s 以上。提示：执行该操作将会使车辆进入油液温度检测模式。

⑥检查并确认 D 挡指示灯点亮 2s。提示：启用自动变速器油液温度检测模式后，组合仪表上的 D 挡指示灯点亮 2s。如果 D 挡指示灯不亮 2s，则返回至第一步，并再次执行程序。

⑦将换挡杆从 N 移至 P。

⑧松开制动踏板。

⑨从端子 13（TC）和 4（CG）上拆下 SST。SST 09843-18040，如图 14-59 所示。小心：确保端子 TC 和 CG 未连接。如果端子连接，发动机转速波动而无法准确调节自动变速器油位。提示：断开端子 TC 和 CG 将启用发动机怠速控制模式。即使断开端子 TC 和 CG 后，

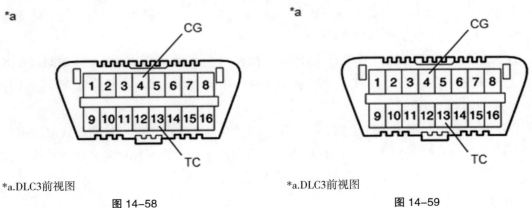

*a.DLC3前视图   *a.DLC3前视图

图 14-58   图 14-59

在发动机开关置于 OFF 位置前自动变速器油液温度检测模式保持启用。

⑩使发动机怠速运转,直至自动变速器油温度达到 30~37℃。

⑪自动变速器油温度达到 30℃时 D 挡指示灯将再次点亮且自动变速器油温度超过 37℃时,指示灯闪烁。提示:D 挡位置指示灯点亮时,调节自动变速器油油位。

如果 D 挡位置指示灯未点亮,则怠速运转发动机使其暖机,直至 D 挡位置指示灯点亮。

如果 D 挡位置指示灯点亮,则立即开始调节自动变速器油油位。

如果 D 挡位置指示灯闪烁,则立即停止发动机以冷却自动变速器油,如表 14-7 所示。一旦自动变速器油温度降至适当水平,则再次执行自动变速器油油位程序。

表 14-7

低于自动变速器油油位调节温度 (30℃或更低)	自动变速器油油位调节温度 (30~37℃)	高于自动变速器油油位调节温度 (37℃或更高)
熄灭	点亮	闪烁

5. 检查油位

注意:发动机怠速运转且散热器风扇运转时操作应小心。

(1)举升车辆。小心:举升车辆时,将车辆固定在举升机上以使车辆保持水平(确保车辆前后的倾斜角度在 ±1° 以内)。

(2)使用 5mm 六角套筒扳手,从自动变速器总成上拆下溢流塞和衬垫。注意:由于从溢流孔流出的油液很烫,操作时应小心。

(3)检查从溢流孔流出的自动变速器油量,如图 14-60 所示。如果大量自动变速器油流出溢流塞孔,则转至步骤 1。如果没有自动变速器油从溢流塞孔流出,则转至步骤 2。小心:如果仅有少量自动变速器油(约 5mL)流出溢流塞孔,则表示仅残留在变速器 1 号变速器加油管的自动变速器油流出。这一状态不能视为溢流。

(4)如果大量自动传动桥油流出溢流塞孔,则应等待直至溢流减缓为滴流,如图 14-61、图 14-62 所示。提示:因为自动变速器油随温度升高而体积继续增大,因此溢流不会完全停止。

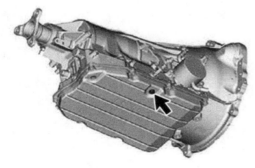

图 14-60

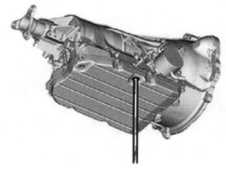

图 14-61

309

图 14-62

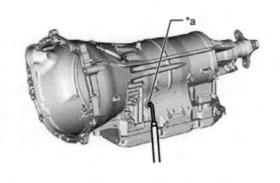

（5）如果没有自动变速器油从溢流塞孔流出，则拆下加油螺塞和 O 形圈。然后通过加注孔加注自动变速器油，直至自动变速器油从溢流塞孔流出，如图 14-63 所示。等待直至自动变速器油溢流减缓为滴流。

小心：使用丰田原厂 ATF WS。

（6）使用 5mm 六角套筒扳手，安装新衬垫和溢流塞，如图 14-64 所示。扭矩 20N·m。

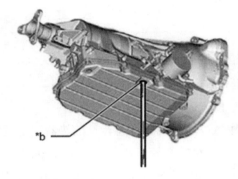

*a.加注孔 *b.溢流孔

图 14-63

（7）安装新 O 形圈和加油螺塞，如图 14-65 所示。扭矩 39.2N·m。

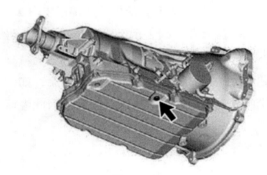

图 14-64

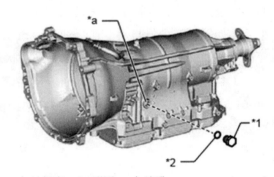

*1.加油螺塞 *2.O形圈 *a.加注孔

图 14-65

（8）降下车辆。

（9）将发动机开关置于 OFF 位置。提示：将发动机开关置于 OFF 位置以退出自动变速器油温检测模式。

（10）从 DLC3 上断开 GTS（使用 GTS 时）。

6. 向自动变速器加注油液后

（1）举升车辆。

（2）清洁零件。

（3）检查自动变速器油是否泄漏。

（4）降下车辆。

（四）AC60F 自动变速器 / 传动桥

1. 自动变速器 / 传动桥油液高温调节

注意：发动机怠速运转且散热器风扇运转时操作应小心。自动变速器油温度高时，小心不要烫伤自己。

高温时调节自动变速器油油位：

（1）暖机并停止发动机。

（2）发动机开关置于 OFF 位置时，将 GTS 连接到 DLC3。

（3）将发动机开关置于 ON（IG）位置并打开 GTS。小心：要减少负载，确保诸如空调、照明系统、电动风扇和音响系统的所有电气系统关闭。

（4）进入以下菜单：Powertrain/Engine and ECT/Data List。

（5）选择数据表菜单：A/T Oil Temperature 1。

（6）选择数据表菜单：Engine Speed。

（7）检查 ATF 温度。注意：发动机怠速运转且自动变速器油温度在 85~90℃ 之间时，如果自动变速器油温度呈下降趋势，则开始工作前确保自动变速器油温度高于 90℃。发动机怠速运转且自动变速器油温度在 85~90℃ 之间时，如果自动变速器油温度呈上升趋势，则开始工作前确保自动变速器油温度低于 85℃。

发动机怠速运转且自动变速器油温度在 85~90℃ 之间时，如果自动变速器油温度呈不变趋势，则开始工作前确保自动变速器油温度为 87.5℃。

（8）踩住制动踏板。

（9）启动发动机。

（10）缓慢将换挡杆从 P 移至 D，然后再移回 P。提示：使换挡杆保持在各位置约 3s。

（11）举升车辆。注意：举升车辆时，将车辆固定在举升机上以使车辆保持水平（确保车辆前后和左右的倾斜角度在 ±1° 以内）。

（12）拆下发动机后部左侧底罩。

（13）松开加油螺塞，如图 14-66 所示。警告：松开加油螺塞时，确保不会接触排气管。

（14）使用 5mm 六角套筒扳手，从自动变速器总成上拆下溢流塞和衬垫，如图 14-67 所示。警告：由于从溢流塞孔流出的自动变速器油很烫，操作时应小心。注意：拆下溢流塞前，确保自动变速器油液温度和发动机怠速转速在步骤 3 附表中的规定范围内。加注自动变速器油（步骤 3）时，根据油液温度和发动机怠速转速加注规定量的油液。如果自动变速器油未流出，则安装溢流塞，向加注孔加注自动变速器油直至油液流出，并从步骤 4 开始再次执行该程序。

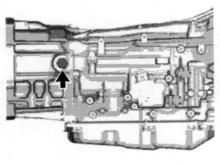

图 14-66

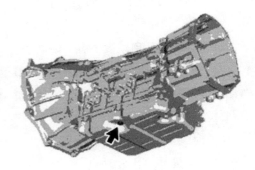

图 14-67

（15）确保自动变速器油温和发动机转速保持在适当范围内（如图 14-68 所示），直至在步骤 2 中紧固。

（16）等待直至自动变速器油从稳定减缓成滴流，如图 14-69 所示。油液变为滴流时，记录 GTS 上显示的油液温度。注意务必在油液变成滴流后立即用新衬垫安装溢流塞，如果油液变成滴流后没有立即安装溢流塞，则需重新加注自动变速器油并从步骤 4 开始重复程序。提示：务必在油液变成滴流后瞬间记录油液温度，因为将在步骤 3 中使用该温度。

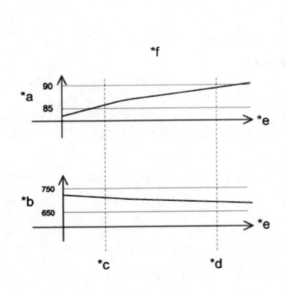

*a.自动变速器油温度（℃）　*b.发动机怠速转速（r/min）　*c.拆下溢流塞　*d.安装有溢流塞　*e.时间
*f.示例：发动机怠速转速在650~750r/min之间的情况下调节时

图 14-68

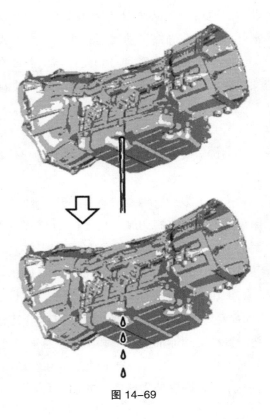

图 14-69

（17）使用 5mm 六角套筒扳手，用新衬垫和溢流塞安装到自动变速器总成上，如图 14-70 所示。扭矩：20N·m。

（18）降下车辆。

（19）将发动机开关置于 OFF 位置。

（20）从自动变速器总成上拆下加油螺塞和 O 形圈，如图 14-71 所示。警告：拆下加油螺塞时，确保不会接触排气管。

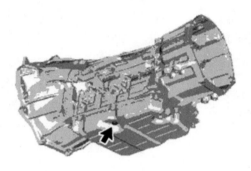

图 14-70

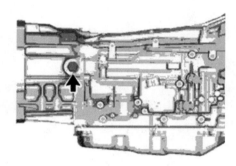

图 14-71

（21）如图 14-72 所示将软管和漏斗安装到加注孔上。

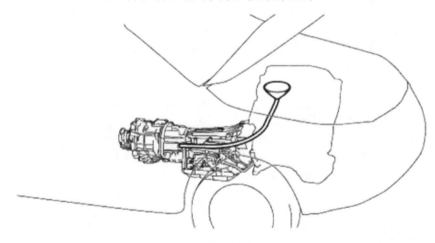

图 14-72

警告：将软管安装到加注孔时，确保软管或手不会接触排气管。小心：油位正确且油温约为 40℃时，自动变速器总成的设计可使自动变速器油位与溢流管端部的高度相同。油温在 85~90℃的情况下调节油位时，排空因受热而膨胀的油液（步骤 1）。已排空油液后，确保加注如表 14-7 所示规定的油量。因为加注过多或不足量的油液可能导致自动变速器总成故障，因此，加注油液时应格外小心。不要过多地将软管插入加注孔内。务必使用胶带或同等产品固定，以防止软管下垂。提示：确保使用长度为 1250mm 且外径为 16mm 的软管。切掉软管端部的一小部分，更便于将其插入加注孔。

（22）向加注孔加注规定量的自动变速器油。

①如果需要确认要加注的规定自动变速器油量，请参考表 14-8 所示。

表 14-8

发动机怠速转速（r/min）	自动变速器油温度为 85~90℃时的规定加注量
650~850	430g 500mL

注意：规定加注量包括软管内残留的油量。加注自动变速器油时的允许误差范围为 ±21.5g 或 ±25mL。使用丰田原厂 ATF WS。提示：加注自动变速器油的温度在 10~30℃ 之间时，表中括号内的值仅供参考。如果自动变速器油流出（自动变速器油量不符合规定），则从步骤 4 开始再次执行该程序。

②如果需确认规定的自动变速器油加注容量，则根据不同温度下的重量和密度计算，如图 14-73 所示。

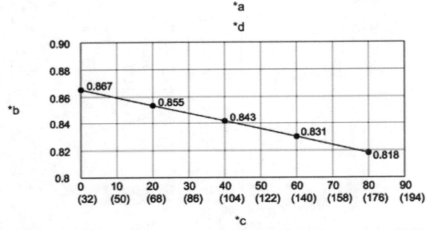

*a.该示例显示自动变速器温度为10~30℃的自动变速器油加注容量 *b.密度（g/mL） *c.测量的自动变速器油温度（℃） *d.丰田原厂ATF WS温度和密度之间的关系

图 14-73

（23）拆下软管和漏斗。拆下软管和漏斗时，确保不会接触到排气管。将新 O 形圈和加油螺塞安装到自动变速器总成上，如图 14-74 所示。扭矩：39N·m。警告：安装加油螺塞时，确保不会接触到排气管。

（24）从 DLC3 上拆下 GTS。

加注变速器油后：

（1）举升车辆。

（2）清洁各零部件。

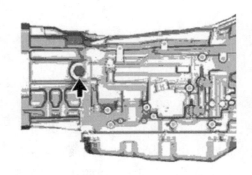

图 14-74

（3）检查自动变速器油是否泄漏。

（4）降下车辆。

2. AC60F 自动变速器油调节

加注自动变速器油前：

AC60F 自动变速器总成要求使用丰田原厂 ATF WS。如果已更换整个自动变速器总成、自动变速器油底壳分总成、放油螺塞、变速器阀体总成和／或变矩器总成，则转至变速器加注油液步骤。如果已更换延伸壳后油封和／或已维修自动变速器油泄漏位置，则转至调节油液温度步骤。

向变速器油底壳加注油液：

（1）举升车辆。小心：举升车辆时，将车辆固定在举升机上以使车辆保持水平（确保车辆前后和左右的倾斜角度在 ±1° 以内）。

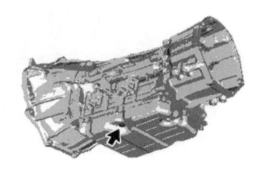

图 14-75

（2）从自动变速器总成上拆下加油螺塞和 O 形圈，见图 14-74。

（3）使用 5mm 六角套筒扳手，从自动变速器总成上拆下溢流塞和衬垫，如图 14-75 所示。

（4）向加注孔中加注自动变速器油，直至其流出溢流孔，如图 14-76 所示。注意：使用丰田原厂 ATF WS。确保缓慢加注自动变速器油，如果快速加注自动变速器油，油液可能会碰到内部零件并弹回，从而导致油液流出加注孔。

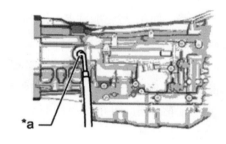

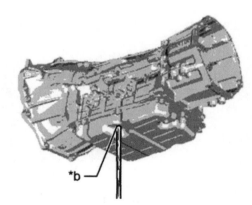

*a.加注孔　*b.溢流孔

图 14-76

（5）等待直至自动变速器油溢流减缓成滴流，如图 14-77、图 14-78 所示。

（6）用 5mm 六角套筒扳手，将溢流塞和衬垫暂时安装到自动变速器总成上，如图 14-79 所示。提示：由于溢流塞将再次被拆下，因此可重复使用旧衬垫。

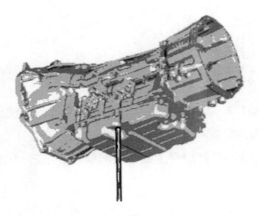

图 14-77

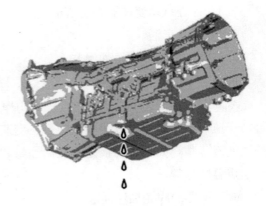

图 14-78

加注自动变速器油：

（1）根据表 14-9 所示，在变速器总成中加注正确量的油液。

提示：如果无法加注规定量的自动变速器油，则执行下列操作：

①将 O 形圈和加油螺塞暂时安装到自动变速器总成上。提示：由于加油螺塞将再次被拆下，因此可重复使用旧 O 形圈。

②降下车辆。

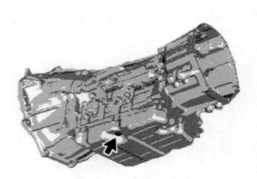

图 14-79

表 14-9

修理操作	发动机类型	加注量
自动变速器油排空后重新加注	2TR-FE	1.5L
	7GR-FKS	3.1L
自动变速器油底壳分总成的拆卸和安装	2TR-FE	0.8L
	7GR-FKS	2.4L
变速器阀体总成的拆卸和安装	2TR-FE	1.6L
	7GR-FKS	3.1L
变矩器总成的拆卸和安装（包括放油口）	2TR-FE	2.4L
	7GR-FKS	4.2L

③启动发动机。注意：要减少负载，确保诸如空调、照明系统、电动风扇和音响系统的所有电气系统关闭。

④缓慢地将换挡杆从 P 移至 S，然后再移回 P。

⑤使发动机怠速运转 30s 以暖机。

⑥将发动机开关置于 OFF 位置。

⑦从自动变速器总成上拆下加油螺塞和 O 形圈。

⑧按照表 14-9 所列，给自动变速器总成加注正确量的自动变速器油。

⑨将 O 形圈和加油螺塞暂时安装到自动变速器总成上。提示：由于加油螺塞将再次被拆下，因此可重复使用旧 O 形圈。

检查油液温度：

注意：可通过检查组合仪表上的 D 挡指示灯或使用 GTS 确定自动变速器油温。不使用 GTS 时，必须进入自动变速器油温度检测模式。

（1）使用 GTS 时。

提示：可以使用 GTS 的数据表检查实际 ATF 温度。

①发动机开关置于 OFF 位置时，将 GTS 连接到 DLC3。

②将发动机开关置于 ON（IG）位置并打开 GTS。小心：要减少负载，检查并确认电气系统（例如空调系统、音响系统、照明系统、电动风扇）已关闭。

③ 2TR-FE：进入以下菜单 Powertrain/Engine and ECT/Active Test/Connect the TC and TE1。

④ 7GR-FKS：进入以下菜单 Powertrain/Transmission/Active Test/Activate the TC Terminal。

⑤ 2TR-FE：选择主动测试项目 Connect the TC and TE1/ON。

⑥ 7GR-FKS：选择主动测试项目 Activate the TC Terminal/ON。

⑦选择数据表菜单：A/T Oil temperature 1。

⑧检查 ATF 温度。小心：如果油液温度低于 45℃，则转至下一步（推荐的 ATF 温度低于 35℃或更低）。如果油液温度高于 45℃或更高，则将发动机开关置于 OFF 位置，等至自动变速器油温度降至 45℃。

⑨踩住制动踏板。

⑩启动发动机。注意：要减少负载，确保诸如空调、照明系统、电动风扇和音响系统的所有电气系统关闭。

⑪缓慢地将换挡杆从 P 移至 S，然后再移回 P。提示：缓慢移动换挡杆，使自动变速器油在自动变速器总成的部位循环。

⑫观察组合仪表上的 D 挡指示灯的同时，在 6s 或更长时间内以 1.5s 的间隔在 N 和 D 之间来回移动换挡杆。注意：不要停顿 1.5s 以上。提示：执行该操作将会使车辆进入自动变速器油温度检测模式。

⑬检查并确认 D 挡指示灯点亮 2s，如图 14-80 所示。

提示：启用自动变速器油温度检测模式后，组合仪表上的 D 挡指示灯点亮 2s。如果 D 挡指示灯不亮 2s，则返回第一步并再次执行程序。

⑭将换挡杆从 N 移至 P。

⑮松开制动踏板。

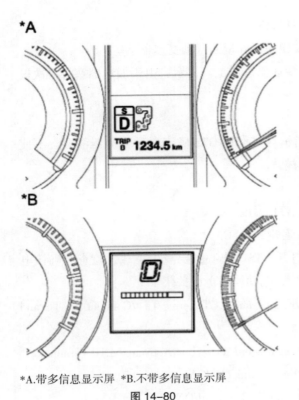

*A.带多信息显示屏 *B.不带多信息显示屏

图 14-80

⑯ 2TR–FE

选择主动测试项目：Connect the TC and TE1/OFF。注意：确保端子 TC 和 TE1 未连接。如果端子连接而会因为发动机转速波动而无法准确调节油位。提示：断开端子 TC 和 TE1 将激活发动机怠速转速控制模式。即使断开端子 TC 和 TE1 后，仍将激活自动变速器油温检测模式，直至发动机开关置于 OFF 位置。

⑰ 7GR–FKS：选择主动测试项目 Activate the TC Terminal/OFF。

注意：确保端子 TC 和 TE1 未连接。如果端子连接而会因为发动机转速波动而无法准确调节油位。提示：断开端子 TC 和 TE1 将激活发动机怠速转速控制模式。即使断开端子 TC 和 TE1 后，仍将激活自动变速器油温检测模式，直至发动机开关置于 OFF。

（2）不使用 GTS 时。

①使用 SST 连接 DLC3 的端子 CG（4）和 TC（13），如图 14-81 所示。SST09843-18040。

②踩住制动踏板。

③启动发动机。小心：检并确认电气系统（例如空调系统、音响系统、照明系统，电动风扇等）已关闭。提示：组合仪表上的指示灯闪烁表示端子 TC 和 CG 连接时输出 DTC。

④缓慢将换挡杆从 P 移至 D，然后再移回 P。提示：缓慢移动换挡杆，使自动变速器油在自动变速器总成的各个部位循环。

⑤观察组合仪表上的 D 挡指示灯的同时，在 6s 成更长时间内以 1.5s 的间在 N 和 D 之间来回移动换挡杆。小心：不要停顿 1.5s 以上提示：执行该操作将会使车辆进入自动变速器油温度检测模式。

⑥检查并确认 D 挡指示灯点亮 2s，如图 14-82 所示。

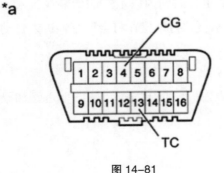

图 14-81

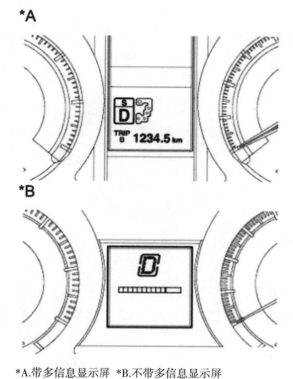

*A.带多信息显示屏 *B.不带多信息显示屏

图 14-82

图 14-83

提示：启用自动变速器油温检测模式后，组合仪表上的 D 挡指示灯点亮 2s。如果 D 挡指示判不亮 2s，则返回第一步并再次执行程序。

⑦将换挡杆从 N 移至 P。

⑧松开制动踏板。

⑨从子 13（TC）和 4（CG）上拆下 SST，如图 14-83 所示。SST09843-18040。

小心：确保端子 TC 和 CG 未连接。如果端子连接，发动机转速波动会导数无法精确调节自动变速器油油位。提示：断开端子 TC 和 CG 可以启用发动机怠速控制模式。即使断开端子 TC 和 CG 后，将发动机开关置于 OFF 位置前会一直保持自动变速器油温度检测模式。

（3）使发动机怠速运转直至自动变速器油温度达到 35~45℃。

（4）油温度达到 35℃时 D 挡指示灯再次点亮，超过 45℃时，闪烁。小心：如果 D 挡指示灯点亮，则立即转至调节自动变速器油油位。如果 P 换挡杆位置指示灯不亮，使发动机怠速运转以暖机直至 P 换挡位置指示灯点亮。如果 P 换挡杆位置指示灯亮，立即开始调节自动变速器油液位。如果 P 换挡杆位置指示灯闪烁，则停止发动机以冷却自动变速器油。一旦自动变速器油温度降至合适范围，则再次执行自动变速器油位调节程序，如表 14-10 所示。

表 14-10

低于自动变速器油油位调节温度 （35℃或更低）	自动变速器油油位调节温度 （35~45℃）	高于自动变速器油油位调节温度 （45℃或更高）
熄灭	点亮	闪烁

调节自动变速器油油位：

（1）举升车辆。小心：举升车辆时，将车辆固定在举升机上以使车辆保持水平（确

319

保车辆前后的倾斜角度在 ±1° 以内）。

（2）使用5mm六角套筒扳手，拆下溢流塞和衬垫。注意：由于从溢流孔流出的自动变速器油很烫，操作时应小心。

（3）检查从溢流塞孔流出的自动变速器油量，如图14-84所示。如果大量自动变速器油流出溢流塞孔，则转至步骤1。如果没有自动变速器油从溢流塞孔流出，则转至步骤2。小心：如果仅有少量自动变速器油（约5mL）流出溢流塞孔，则表示仅残留在溢流孔的溢流管的自动变速器油流出来。这一状态不能视为溢流，因此需要加注自动变速器油。

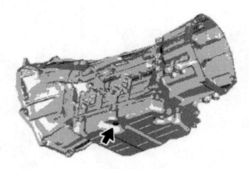

图 14-84

（4）如果大量自动变速器油流出溢流塞孔，则应等待直至溢流减缓为滴流，如图14-85、图14-86所示。提示：因为自动变速器油温随温度升高而体积继续增大，因此溢流不会完全停止。

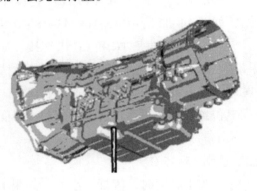

图 14-85

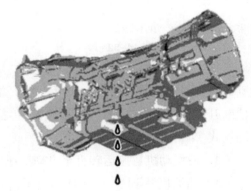

图 14-86

（5）如果没有自动变速器油从溢流塞孔流出，则拆下加油螺塞和O形圈，如图14-87所示。然后通过加注孔加注自动变速器油，直至自动变速器油从溢流塞孔流出。等待直至自动变速器油溢流减缓为滴流。

小心：使用丰田原场ATF WS。确保缓慢加注自动变速器油，如果快速加注自动变速器油，油液可能会碰到内部零件并被弹回，从而导致油液流出加注孔。

（5）检查并确认自动变速器油溢流已减缓为滴流，如图14-88所示。提示：因为自动变速器油随温度的升高而体积膨胀，因此自动变速器油溢流不会完全停止。

（6）使用5mm六角套筒扳手，安装新衬垫和溢流塞，如图14-89所示。扭矩20N·m。

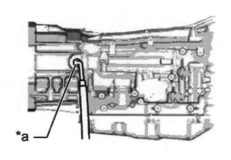

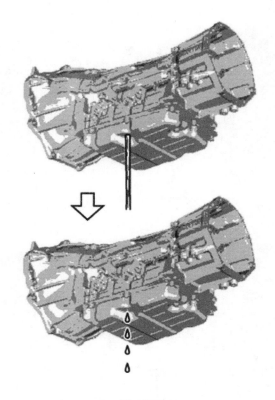

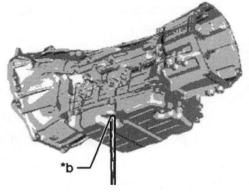

*a.加注孔 *b.溢流孔

图 14-87

图 14-88

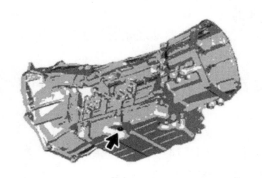

图 14-89

加注变速器油后：

（1）举升车辆。

（2）清洁零件。

（3）检查自动变速器油是否泄漏。

（4）降下车辆。

（五）TX6A 自动变速器

注意：该变速器要求使用丰田原厂 ATF WS。维修变速器后，必须遵循 ATF 调节。调

（7）安装新 O 形圈和加油螺塞。扭矩 39N·m。

（8）降下车辆。

（9）将发动机开关置于 OFF 位置。提示：将发动机开关置于 OFF 位置以退出自动变速器油温检测模式。

（10）从 DLC3 上断开 GTS（使用 GTS 时）。

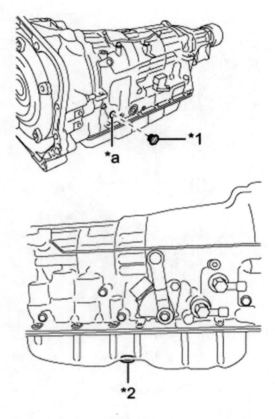

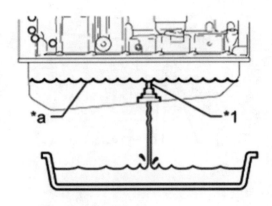

*1.溢流管 *2.规定油位

图 14-91

*1.加油螺塞 *2.溢流塞 *3.加注孔

图 14-90

节油位时，车辆必须保持水平。

1. 向变速器加注油液前

如果更换了整个自动变速器、自动变速器油底壳、放油塞、变速器体和／或变矩器，则转至"向变速器加注油液"程序。如果更换了自动变速器延伸壳油封和／或修复了油液泄漏故障，则转至"油液温度检查"程序。

2. 向变速器油底壳加注油液

（1）举升车辆。

注意：举升车辆时，将车辆固定在举升机上并使车辆保持水平（确保车辆前后的倾斜角度在 ±1° 以内）。

（2）拆下发动机 2 号底罩。

（3）拆下带 O 形圈的加油螺塞、溢流塞和衬垫，如图 14-91 所示。

（4）通过加注孔注变速器油直至油液开始从溢流管滴出，如图 14-92 所示。

（5）等至溢流减缓为滴流。

（6）暂时安装溢流塞和衬垫。提示：重复使用旧衬垫。调节油位时需要再次拆下溢流塞。

（7）根据表 14-11 所列，在变速器中加注正确数量的油液。

表 14-11

修理操作	加注量
自动变速器油底壳和放油螺塞的拆卸／安装	2.0L
变速器阀体的拆卸／安装	3.0L
变矩器的拆卸／安装	4.5L

如果不能加注所列数量的油液，则进行下列操作：

①暂时安装带 O 形圈的加油螺塞。提示：重复使用旧 O 形圈。调节油位时需要再次拆下加油螺塞。

②启动发动机并使其怠速运转。注意：检查并确认空调系统、音响系统和照明系统等电气系统已关闭。

③缓慢地将换挡杆从 P 位置移至 M 位置。然后，将换挡杆移至 P 位置。提示：缓慢移动换挡杆，使油液在变速器的各部位循环。

④在发动机怠速运转状态下等待 30s。

⑤停止发动机。

⑥拆下带 O 形圈的加油螺塞。

⑦向变速器加注剩余的油液，直至加注完表中的规定量。

⑧暂时安装带 O 形圈的加油螺塞。提示：重复使用旧 O 形圈。调节油位时需要再次拆下加油螺塞。

⑨降下车辆。

3. 油液温度检查

注意：可使用 GTS 确认 ATF 温度。

（1）将点火开关置于 OFF 位置。

（2）将 GTS 连接到 DLC3。

（3）将点火开关置于 ON 位置。

（4）进入以下菜单：Powertrain/ECT/Data ust/A/ T Oil Temperature1。

（5）检查 ATF 温度。注意：如果 ATF 温度高于 43℃，则将点火开关置于 OFF 位置，等至油液温度降至 43℃以下。

4. 油位检查

警告：需要切换为温度检测模式以适当地怠速运转车辆。ATF 温度必须在 43~47℃之间以准确检查油位。

（1）使用 GTS 时。

进入以下菜单：Powertrain/ECT/Active Test/ Connect the TC and TE1。

标准状态：组合仪表内的指示灯闪烁。

（2）不使用 GTS 时。

使用 SST，连接 DLC3 端子 13（TC）和 4（CG），如图 14-92 所示。SST09843-18040。

标准状态：组合仪表内的指示灯闪烁。

（3）启动发动机并使其怠速运转。注意：检查并确认空调系统、音响系统和照明系统等电气系统已关闭。

（4）缓慢地将换挡杆从 P 位置移至 M 位置。然后，将换挡杆移至 P 位置。提示：缓慢移动换挡杆，使油液在变速器的各部位循环。

（5）将换挡杆移至 D 位置，然后在 N 和 D 位置之间快速来回移动（每 1.5s 内一次）至少 6s。这将激活油液温度检测模式。标准状态：切换至油温检测模式时，无论换挡杆位置如何，指示灯 [▲] 和 [▼] 都将点亮 2s，然后熄灭，如图 14-93 所示。

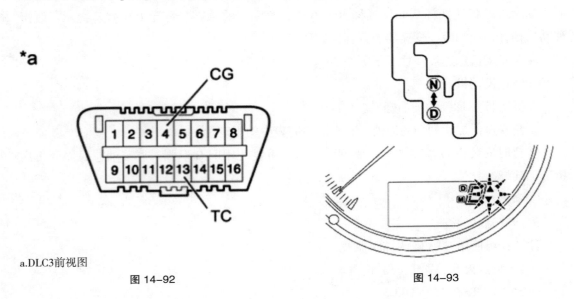

a.DLC3前视图

图 14-92   图 14-93

（6）使用 GTS 时：将换挡杆移回 P 位置并终止 GTS 上的主动测试。

（7）不使用 GTS 时：将换挡杆移回 P 位置并从 DLC3 上断开 SST。

（8）观察指示灯 [▲] 和 [▼] 的状态，急速运转发动机以升高油温。注意：如果仅指灯 [▲] 点亮或指示灯 [▼] 和 [▲] 同时点亮，则停止操作。然后，等至油液温度降低，并且仅指示灯 [▼] 在油温检测模式下点亮。

（9）使发动机急速运转，直至油液温度达到 43~47℃。ATF 温度指示灯 [D] 的指示状态如表 14-12 所示。

表 14-12

低于正常温度	正常温度	高于正常温度
低于 43℃	43~47℃	高于 47℃
指示灯 [▼] 点亮	指示灯 [▲][▼] 点亮	指示灯 [▲] 点亮

（10）在发动机急速运转状态下拆下溢流塞和衬垫，如图 14-94 所示。

（11）等待直至溢流减缓为滴流。注意：如果油液不溢流，则进行下列操作。

（12）拆下带 O 形圈的加油螺塞。

（13）通过加注孔加注变速油直至油液开始从溢流管滴出。等待直至溢流减缓为滴流。

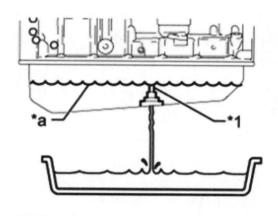

*1.溢流管 *2.规定油位

图 14-94

GTS。

（3）检查自动变速器油是否泄漏。

（六）AB60F 自动变速器油位加注和检查

1. ATF 液位检查过程（无油尺和加注管）

（1）视觉检查油液泄漏。

（2）在下列区域外观检查 ATF 泄漏，如图 14-95 所示。

①溢流塞。

②排放塞。

③油封。

④壳体连接处等。

（14）安装溢流塞和新衬垫。扭矩：20N·m。

（15）在新 O 形圈上涂抹 ATF，并将其安装到加油螺塞上。

（16）安装带 O 形圈的加油螺塞。扭矩：39N·m。

（17）安装发动机 2 号底置。

（18）降下车辆。

5. 完成

（1）将点火开关置于 OFF 位置。

（2）使用 GTS 时，从 DLC3 上断开 GTS。

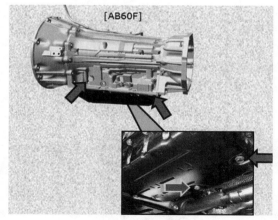

图 14-95

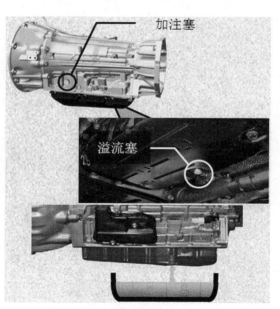

图 14-96

（3）如果有 ATF 泄漏，则需要调整 ATF 油位。如果没有 ATF 泄漏，则不需要调整 ATF 油位。警告：发动机不运转时拆下溢流塞将导致油液流出。遵循油液加注和油位检查流程操作以防止油液损失。

2.油底加注

（1）拆卸加注塞和溢流塞，如图 14-96 所示。

（2）从加注口注入 ATF 直到油液从溢流塞处流出。

（3）重新安装并上紧溢流塞。

3.变速器加注

（1）使用压缩空气等方式，清洁并除去节温器罩上的灰尘。

（2）用起子推节温器轴直到起子接触罩的内侧并保持住。推入量 5.5~7.0mm。

（3）插入销子（1.0~1.8mm）到节温器侧面孔中，如图 14-97 所示。

（4）从加注孔加注 ATF（加注量取决于作业内容不同而不同）注：如果无法一次加注所列油量，按下列步骤操作。

①安装加注塞。

②关闭空调，让发动机怠速运转。

③在整个挡位范围内移动换挡杆以循环油液。

④发动机怠速状态下等待 30s。

⑤停止发动机。

⑥拆下加注塞加注油液。

⑦重新安装加注塞。

（5）重新安装加注塞防止油液溅出。

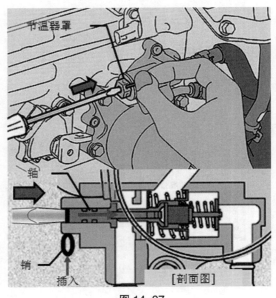

图 14-97

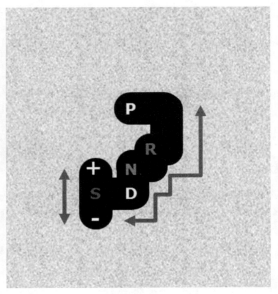

图 14-98

4. 油液循环

（1）关闭空调，启动发动机。注意：带 AHC 悬架的车型，关闭（高度控制开关 OFF）。

（2）在整个挡位范围内慢慢移动换挡杆（P 到 S1~S6）以循环油液，并返回 P 挡，如图 14-98 所示。

5. 油温检查

（1）不使用检测仪。

①使用 SST（SST No.：09843-18040），连接 DLC3 端子 13（TC）和 4（CG），如图 14-99、图 14-100 所示。

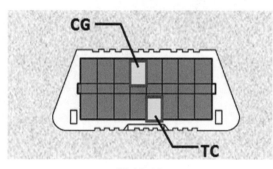

图 14-99   图 14-100

②将挡位换入 N 挡，并在 D 和 N 之间快速来回移动至少 6s。这将激活油温检查模式。标准条件：指示灯（D）保持点亮 2s，然后熄灭。

③回到 P 挡并断开端子 13（TC）和 4（CG）。

④发动机怠速运转直到油温达到规定温度。

⑤油温达到 46~56℃时，指示灯（D）再次点亮，如表 14-13 所示。

表 14-13

指示灯（D）	ATF 温度
无指示	低于合适的 ATF 温度
点亮	合适的 ATF 温度为 46~56℃
闪烁	超过规定的 ATF 温度

（2）使用检测仪。

①连接检测仪到 DLC3。

②进入数据列表：Powertrain > Engine > Data List > A/T Oil Temperature 2。

③检查 ATF 温度。

④发动机怠速运转直到油温达到规定温度 46~56℃。

6. 油位检查

（1）发动机怠速运转时拆卸溢流塞。

（2）检查油液是否从溢流管中流出，如图 14-101、图 14-102 所示。如果油液流出，则等待直到油液开始滴落时。如果没有油液流出，加注油液直到其从溢流管中流出。

图 14-101

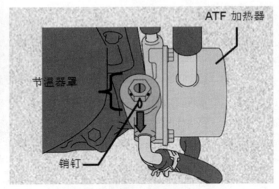

图 14-102

（3）安装溢流塞并更换新垫圈。

（4）停机。

（5）拆下节温器罩上的销钉。

（七）U761F 自动变速器 / 传动桥

1. U761F 自动变速器 / 传动桥高温调节

注意：油液温度高时，小心不要烫伤自己。发动机运转或发动机开关置于 ON（IG）位置的情况下对发动机室实施作业时，为防止与工作室中的多楔带或冷却风扇接触而造成伤害，双手和衣物应远离多楔带和冷却风扇。

高温时调节自动传动桥油油位：

注意：发动机怠速运转且散热器风扇运转时操作应小心。自动传动桥油温度高时，小心不要烫伤自己。

（1）暖机并停止发动机。

（2）发动机开关置于 OFF 位置时，将 GTS 连接到 DLC3。

（3）将发动机开关置于 ON（IG）位置并打开 GTS。小心：要减少负载，确保诸如空调、照明系统、电动风扇和音响系统的所有电气系统关闭。

（4）进入以下菜单：Powertrain/ Engine and ECT/ Engine Speed and A/T Oil Temperature1。

Powertrain> Engine and ECT> Data List，如图 14-103 所示，执行。

检测仪显示
Engine Speed
A/T Oil Temperature 1

图 14-103

（5）检查 ATF 温度。

小心：发动机怠速运转且自动传动桥油温度在 85~90℃之间时，如果自动传动桥油温度呈下降趋势，则开始工作前确保自动传动桥油温度高于 90℃。发动机怠速运转且自动传动桥油温度在 85~90℃之间时，如果自动传动桥油温度呈上升趋势，则开始工作前确保自动传动桥油温度低于 85℃。发动机怠速运转且自动传动桥油温度在 85~90℃之间时，如果自动传动桥油温度呈不变趋势，则开始工作前确保自动传动桥油温度为 87.5℃。

（6）踩住制动踏板。

（7）启动发动机。

（8）缓慢将换挡杆从 P 移至 D，然后再移回 P。

（9）举升车辆。小心：举升车辆时，将车辆固定在举升机上以使车辆保持水平（确保车辆前后和左右的倾斜角度在 ±1° 以内）。

（10）拆下发动机后部左侧底罩。

（11）松开加油螺塞，如图 14-104 所示。

（11）使用 6mm 六角套筒扳手，拆下溢流塞和衬垫，如图 14-105 所示。注意：由于从溢流塞孔流出的自动传动桥油很烫，操作时应小心。小心：拆下溢流塞前，确保自动传动桥油液温度在 85~90℃之间且发动机怠速转速在步骤 3 中的规定范围内。加注自动传动桥油（步骤 3）时，根据发动机怠速转速加注规定量的油液。如果自动传动桥油未流出，则安装溢流塞，向加注孔加注自动传动桥油直至油液流出，并从步骤 4 开始再次执行该程序。

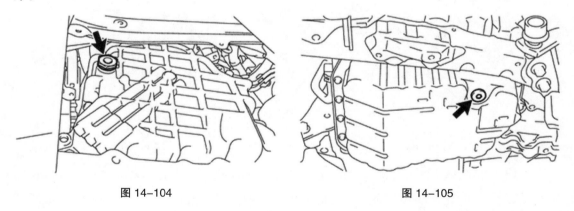

图 14-104   图 14-105

（12）确保自动传动桥油温和发动机转速保持在适当范围内（如图 14-106 所示），直至在步骤 2 中紧固溢流塞。

（13）等待直至自动传动桥油溢流减缓成滴流，如图 14-107 所示。提示：因为自动传动桥油随着温度升高而膨胀，所以，如果自动传动桥油温度升高，则溢流不会完全停止。

（14）使用 6mm 六角套筒扳手，用新衬垫安装溢流塞。扭矩：40N·m。

（15）降下车辆。

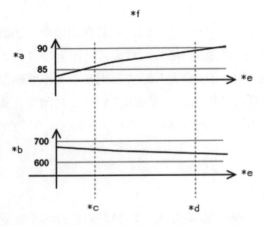

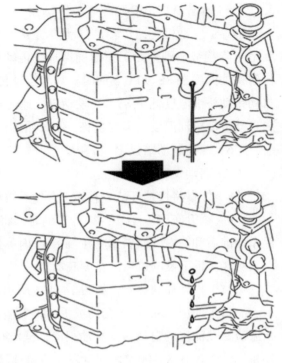

*a.油液温度（℃） *b.发动机怠速转速（r/min）
*c.拆下溢流塞 *d.安装溢流塞 *e.时间 *f.示例：发动
机怠速转速在600~700/min之间的情况下调节时

图 14-106

（16）将发动机开关置于 OFF 位置。

（17）拆下加油螺塞和衬垫，如图 14-108 所示。

图 14-107

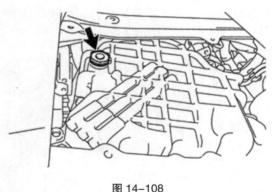

图 14-108

图 14-109

（18）如图 14-109 所示将软管和漏斗安装到加注孔上。小心：自动传动桥油位正确且自动传动桥油温约为 40℃时，自动传动桥总成的设计可使自动传动桥油位与溢流管端部的高度相同。自动传动桥油温为 85~90℃的情况下调节自动传动桥油位时，排空因受热而膨胀的自动传动桥油（步骤 1）。已排空自动传动桥油后，确保加注如表 14-13 所示规定的自动传动桥油量。因为加注过多成不足量的自动传动桥油可能导致自动传动桥总成故障，因此，加注自动传动桥油时应格外小心。不要过多地将软管插入加注孔内。务必使用胶带或同等产品固定，以防止软管下垂。提示：确保使用长度为 1250mm 且外径为 16mm 的软管。

向加注孔加注规定量的自动传动桥油：

（1）如果需要确认要加注的规定自动传动桥油量。

小心：如果软管内留有自动传动桥油，则自动传动桥油量将超出规定范围。因此，加注自动传动桥油时，应确保没有自动传动桥油留在软管内。加注自动传动桥油时的允许误差范围为 ±20g 或 ±25mL。加注自动传动桥油的温度在 10~30℃之间时，表中括号内的值仅供参考,使用丰田原厂 ATF WS。如果自动传动桥油流出(自动传动桥油量不符合规定)，则从步骤 4 开始再次执行该程序。

（2）如果需确认规定的自动传动桥油加注量，则根据不同温度下的重量和密度计算，如图 14-111 所示。

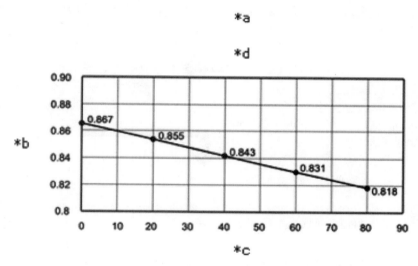

*a.该示例显示自动传动桥油温度为10~30℃时的自动传动桥油加注容量　*b.密度（g/mL）　*c.待测量的自动传动桥油温度（℃）　*d.丰田原厂ATF WS温度和密度之间的关系

图 14-110

（3）用新衬垫安装加油螺塞。扭矩 49N·m。

（4）从 DLC3 上拆下 GTS。

重新作业：

（1）举升车辆。

（2）清洁各零部件。

（3）检查自动传动桥油是否泄漏。

（4）安装发动机后部左侧底罩。

（5）降下车辆。

2. 自动传动桥油调节

小心：注意事项和作业描述。U761F 自动传动桥总成未配有加油管和机油尺。加注自动传动桥油时，从传动桥后盖分总成上的加油孔加注自动传动桥油。可通过自动传动桥油底壳分总成的变速器 1 号加油管排空多余的自动传动桥油（使多余的自动传动桥油溢流）来调节自动传动桥油油位。调节自动传动桥油油位前，在发动机冷机状态下加规定量的自动传动桥油，然后使发动机暖机以使自动传动桥总成内的自动传动桥油循环。确保自动传动桥油温在规定范围内，且发动机怠速运转。U761F 自动传动桥总成要求使用丰田原厂ATF WS。应根据程序和注意事项进行调节，如图 14–111 所示。提示："溢流"表示自动传动桥油从溢流塞孔中流出的状态。

1. 执行初始加注

给传动桥油底壳分总成加注自动传动桥油至规定液位。

2. 加注规定量的自动传动油

加注进行操作所需的规定量的自动传动桥油。

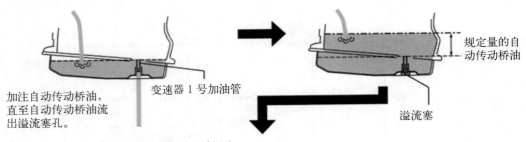

加注自动传动桥油，直至自动传动桥油流出溢流塞孔。

变速器 1 号加油管

规定量的自动传动桥油

溢流塞

3. 调节自动传动桥油温度

启动发动机，使自动传动桥油循环。启用油温检测模式和发动机怠速控制模式，并将自动传动桥油温度调整到规定值。

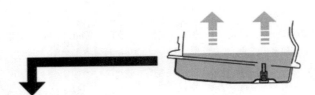

4. 调节自动传动桥油油位

在规定油液温度下排空多余自动传动桥油。

如果没有自动传动桥油流出，则加注自动传动桥油直至油液流出溢流塞孔。

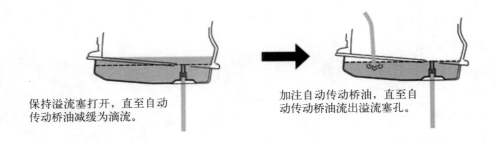

保持溢流塞打开，直至自动传动桥油减缓为滴流。

加注自动传动桥油，直至自动传动桥油流出溢流塞孔。

图 14–111

332

提示：必须按照以下工作流程中所规定的程序进行调节，如图 14-112 所示。

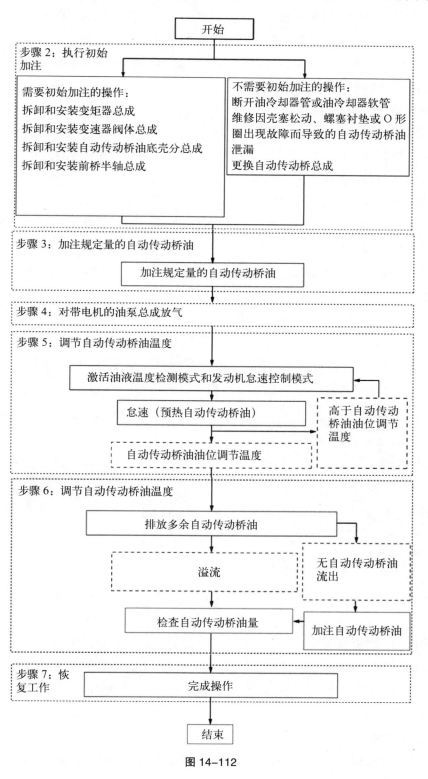

图 14-112

（1）准备工作。

小心：如果自动传动桥总成很热（ATF 温度高），则在开始以下程序前，等待自动传动桥油温度降至与环境温度一致（推荐的 ATF 温度为 20℃左右）。

①举升车辆。小心：举升车辆时，将车辆固定在举升机上以使车辆保持水平（确保车辆前后和左右的倾斜角度在 ±1° 以内）。

②拆下发动机后部左侧底罩。

（2）执行初始加注。

小心：如果自动传动桥总成很热（ATF 温度高），则在开始以下程序前，等待自动传动桥油温度降至与环境温度一致（推荐的 ATF 温度为 20℃左右）。

①从自动传动桥总成上拆下加油螺塞和衬垫，如图 14-113 所示。小心：执行以下任一操作后，不必再执行初始加注程序。转至加注规定量的自动传动桥油程序。不需要初始加注的操作。断开油冷却器管或冷却器软管。维修因壳塞松动、塞衬垫或 O 形圈出现故障而导致的自动传动桥油泄漏。安装带变矩器离合器的新自动传动桥总成（预注自动传动桥油液的零件）。

②使用 6mm 六角套筒扳手，从自动传动桥总成上拆下溢流塞和衬垫，如图 14-114 所示。小心：如果在拆下溢流塞后 ATF 流出，则等待直至自动传动桥油溢流减为滴流。如果 ATF 流出，则不必执行初始加注程序。检查变速器 1 号加油管的紧固扭矩后，暂时安装溢流塞。

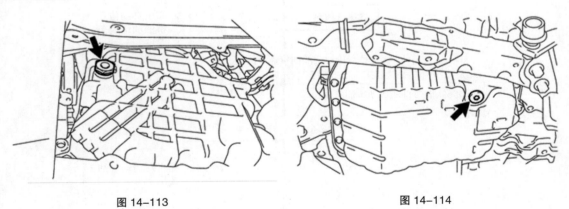

图 14-113　　　　　　　　　　　　　　　　　图 14-114

③使用 6mm 六角套筒扳手，检查并确认变速器 1 号加油管已紧固至规定扭矩，如图 14-115 所示。扭矩：0.8N·m。小心：如果变速器 1 号加油管未紧固至规定扭矩，则无法精确调节自动传动桥油量。提示：要检查变速器 1 号加油管的扭矩，将 6mm 六角套筒扳手插入溢流塞孔内。

④执行初始加注。

通过加注孔向自动传动桥总成中加注油液，直至自动传动桥油开始从溢流塞孔滴出，

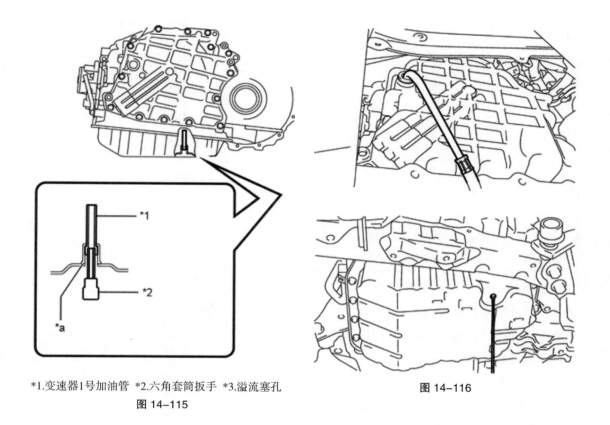

*1.变速器1号加油管 *2.六角套筒扳手 *3.溢流塞孔

图 14-115

图 14-116

如图 14-116 所示。小心：使用丰田原厂 ATF WS。

⑥等待直至自动传动桥油溢流减缓成滴流，如图 14-117 所示。

⑦暂时安转溢流塞和衬垫，如图 14-118 所示。提示：重新使用旧衬垫。溢流塞将会再次被拆下以调节自动传动桥油位。

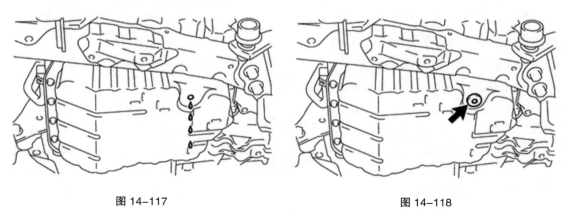

图 14-117

图 14-118

（3）加注规定量的自动传动桥油。

①根据表 14-14 所示，在自动传动桥总成中加注正确量的自动传动桥油。小心：执行

335

的操作不同，加注量也不同。

表 14-14

相关程序	加注量
更换自动传动桥总成（带新变矩器总成）	5.1L
更换自动传动桥总成（重复使用变矩器总成时）	3.5L
拆卸和安装变矩器总成	3.4L
拆卸和安装变速器阀体总成	3.7L
拆卸和安装自动传动桥油底壳分总成	3.2L
拆卸和安装前桥半轴总成	3.2L
断开油冷却器管或油冷却器软管	0.5L
维修因壳塞松动、螺塞衬垫或 O 形圈出现故障而导致的自动传动桥油泄漏	0.5L

②暂时安装加油螺塞和衬垫以避免自动传动桥油溅出，如图 14-119 所示。提示：重新使用旧衬垫。溢流塞将会再次被拆下以调节自动传动桥油位。

③降下车辆。

（4）调节自动传动桥油温度。

①使用 GTS 时。

提示：可以使用 GTS 的数据表检查实际 ATF 温度。

发动机开关置于 OFF 位置时，将 GTS 连接到 DLC3。

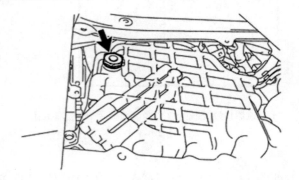

图 14-119

将发动机开关置于 ON（IG）位置并打开 GTS。小心：检查并确认电气系统（例如空调系统、音响系统、照明系统）已关闭。

进入以下菜单 Powertrain/Engine and ECT/Active Test/Connect the TC and TE1。

Powertrain Engine and ECT Active Test，如图 14-120 所示，执行。

主动测试显示
Connect the TC and TE1
数据表显示
A/T Oil Temperature 1

图 14-120

根据 GTS 上的显示，读取数据表"A/T Oil Temperature1"。

根据 GTS 上的显示，进行主动测试"Connect the TC and TE1/ON"。

检查 ATF 温度。小心：如果自动传动桥油温度低于 45℃，则转至下一步（推荐的 ATF 温度：低于 40℃。如果自动传动桥油温度高于 45℃，则将发动机开关置于 OFF 位置，等至自动传动桥油温度降至 35℃以下。

踩住制动踏板。

启动发动机。

缓慢地将换挡杆从 P 移至 D，然后再移回 P（使换挡杆在各位置保持约 3s）。提示：缓慢移动换挡杆，使自动传动桥油在自动传动桥总成的部位循环。

观察组合仪表上的 D 挡指示灯的同时，在 6s 或更长时间内以 1.5s 的间隔在 N 和 D 之间来回移动换挡杆。小心：不要停顿 1.5s 以上。提示：执行该操作将会使车辆进入自动传动桥油温度检测模式。

检查并确认 D 挡指示灯点亮 2s。提示：启用自动传动桥油温度检测模式后，组合仪表上的 D 挡指示灯点亮 2s。如果 D 挡指示灯不亮 2s，则返回最初启动主动测试"Connect the TC and TE1"时的步骤，并再次执行程序。

将换挡杆从 N 移至 D。

松开制动踏板。

进入以下菜单：Connect the TC and TE1/OFF。小心：确保主动测试"Connect the TC and TE1"未启动。如果主动测试启动，则发动机转速波动会导致无法精确调节自动传动桥油油位。提示：断开主动测试"Connect the TC and TE1"可以用发动机怠速控制模式。

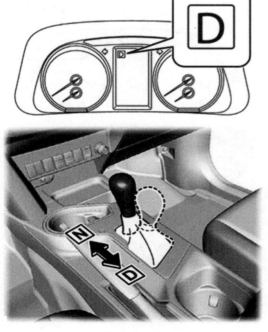

在发动机怠速控制模式下，自动传动桥油油温达到 30℃或更高且发动机转速保持在约 800r/min 时，发动机怠速控制开始。即使停止主动测试"Connect the TC and TE1"后，在发动机开关置于 OFF 位置前仍会一直保持自动传动桥油温度检测模式，如图 14-121 所示。

发动机怠速运转时使发动机暖机，直到自动传动桥油温度达到自动传动桥油位调节温度（35~45℃），如表 14-15 所示。

小心：如果自动传动桥油温度在正常工作温度范围内，则立即转至"调节自动传动桥油油位"程序。如果自动传动桥油温度高于 45℃，则停止发动机，等至自动传动桥油温度降至 35℃以下。然后重新开始再次执行"调节自动传动桥油温度"程序。

图 14-121

表 14-15

低于自动传动桥油位调节温度	自动传感桥油油位调节温度	高于自动传动桥油油位调节温度
35℃或更低	35~45℃	45℃或更高
D 挡指示灯熄灭	D 挡指示灯点亮	D 挡指示灯闪烁

提示：在自动传动桥油温度检测模式下，根据自动传动桥油温，D 栏指示灯会点亮、熄灭或闪烁。

②不使用 GTS 时。

发动机开关置于 OFF 位置时，使用 SST 连接 DLC3 的端子 13（TC）和 4（CG）。SST 09843-18040。

踩住制动踏板。

启动发动机。小心：检查并确认电气系统（例如空调系统、音响系统、照明系统）已关闭。

提示：组合仪表上的指示灯闪烁表示端子 TC 和 CG 连接时输出 DTC，如图 14-122 所示。

缓慢将换挡杆从 P 移至 D，然后再移回 P（使换挡杆在各位置保持约 3s）。提示：缓慢移动换挡杆，使自动传动桥油在自动传动桥总成的各个部位循环。

观察组合仪表上的 D 挡指示灯的同时，在 6s 或更长时间内以 1.5s 的间隔在 N 和 D 挡之间来回移动换挡杆。小心：不要停顿 1.5s 以上。提示：执行该操作将会使车辆进入自动传动桥油温度检测模式。

检查并确认 D 挡指示灯点亮 2s。提示：启用自动传动桥油温检测模式后，组合仪表上的 D 挡指示灯点亮 2s。如果 D 挡指示灯不亮 2s，则返回最初连接端子 13（TC）和 4（CG）的步骤，并再次执行程序。

将换挡杆从 N 移至 D，如图 14-123 所示。

松开制动踏板。

*a

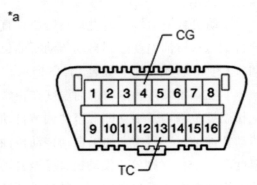

*a.DLC3

图 14-122

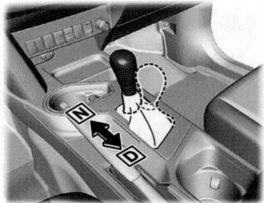

图 14-123

从端子 13（TC）和 4（CG）上拆下 SST，如图 14-124 所示。小心：确保端子 TC 和 CG 未连接。如果端子连接，发动机转速波动会导数无法精确调节自动传动桥油油位。提示：断开端子 TC 和 CG 可以启用发动机怠速控制模式。在发动机怠速控制模式下，自动传动桥油油温达到 35℃或更高且发动机转速保持在约 800r/min 时，发动机怠速控制开始。即使断开端子 TC 和 CG 后，将发动机开关置于 OFF 位置前会一直保持自动传动桥油温度检测模式。

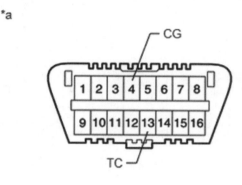

*a.DLC3

图 14-124

使发动机怠速运转直至 D 挡指示灯再次点亮。

小心：如果 D 挡指示灯点亮，则立即转至调节自动传动桥油油位程序，如图 14-125 所示。如果 D 挡指示灯闪烁，则停止发动机，等至自动传动桥油温度降至 35℃或更低（指示灯熄灭）。然后从开始再次执行调节自动传动桥油温度程序。提示：在自动传动桥油温度检测模式下，根据自动传动桥油温，D 挡指示灯会点亮、熄灭或闪烁。D 挡指示灯点亮时（自动传动桥油液温度在正常工作温度范围内），应执行调节自动传动桥油油位程序。

（5）调节自动传动桥油油位。

注意：发动机怠速运转且热器风扇运转时操作应小心。

①举升车辆。小心：举升车辆时，将车辆固定在举升机上以使车辆保持水平（确保车辆前后的倾斜角度在 ±1°以内）。

②调节自动传动桥油油位。

使用 6mm 六角套筒扳手，拆下溢流塞和衬垫，如图 14-126 所示。注意：由于从溢流孔流出的自动传动桥油很烫，操作时应小心。

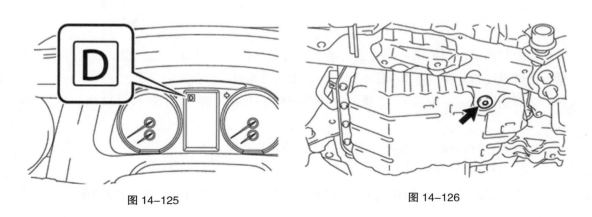

图 14-125

图 14-126

检查从溢流塞孔流出的自动传动桥油量。如果大量自动传动桥油流出溢流塞孔，则转至步骤 1。如果没有自动传动桥油从溢流塞孔流出，则转至步骤 2。小心：如果仅有少量自动传动桥油（约 1mL）流出溢流塞孔，则表示仅残留在变速器 1 号加油管的自动传动桥油流出。这一状态不能视为溢流，因此需要加注自动传动桥油。如果大量自动传动桥油流出溢流塞孔，则应等待直至溢流减缓为滴流，如图 14-127、图 14-128 所示。

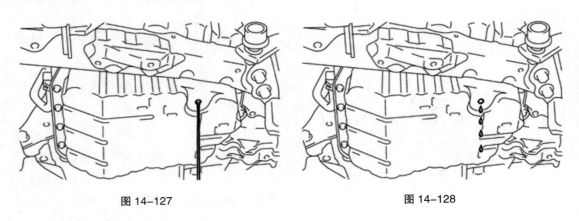

图 14-127　　　　　　　　　　　　　　图 14-128

如果没有自动传动桥油从溢流塞孔流出，则拆下加油螺塞和衬垫。然后通过加注孔加注自动传动桥油，直至自动传动桥油从溢流塞孔流出，如图 14-129、图 14-130 所示。等待直至自动传动桥油溢流减缓为滴流。小心：使用丰田原场 ATF WS。

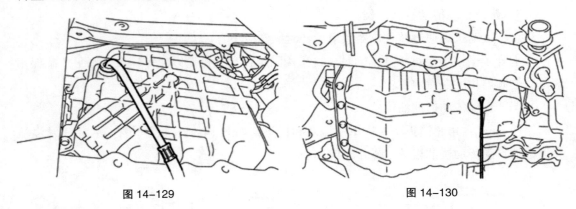

图 14-129　　　　　　　　　　　　　　图 14-130

检查并确认自动传动桥油溢流已减缓为滴流，如图 14-131 所示。提示：因为自动传动桥油随温度的升高而体积膨胀，因比自动传动桥油溢流不会完全停止。

③使用 6mm 六角套筒扳手，安装新衬垫和溢流塞，如图 14-132 所示。扭矩 40N·m。

④安装新衬垫和加油螺塞，如图 14-133 所示。扭矩 49N·m。

⑤降下车辆。

⑥将发动机开关置于 OFF 位置。提示：将发动机开关置于 OFF 位置以退出自动传动

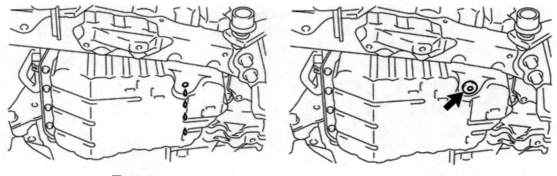

图 14-131　　　　　　　　　　　图 14-132

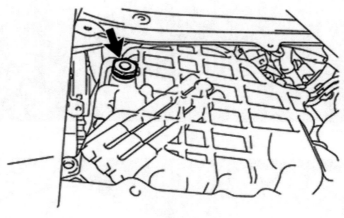

图 14-133

桥油温度检测模式。

　　⑦从 DLC3 上断开 GTS（使用 GTS 时）。

　　（6）重新作业。

　　①举升车辆

　　②清洁零件。

　　③检查自动传动桥油是否泄漏。

　　④安装发动机后部左侧底罩。

　　⑤降下车辆。

　　（八）P410 驱动桥加注方法

　1. 加油塞和放油塞

　位置如图 14-134 所示。

　2. 加注方法

　与常见的手动变速器驱动桥液加注方法相同，如图 14-135 所示。

　　（九）P710 混合动力传动桥油更换

　　（1）拆卸前轮框右侧加长板。

341

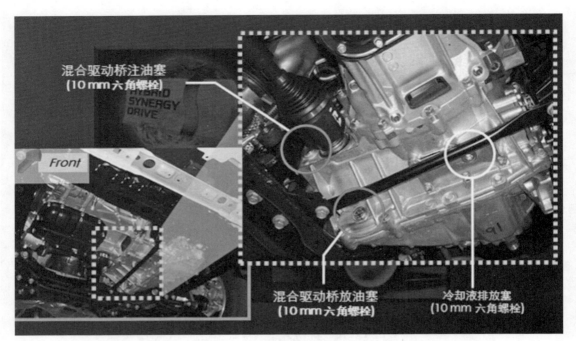

混合驱动桥注油塞
(10 mm 六角螺栓)

Front

混合驱动桥放油塞
(10 mm 六角螺栓)

冷却液排放塞
(10 mm 六角螺栓)

图 14–134

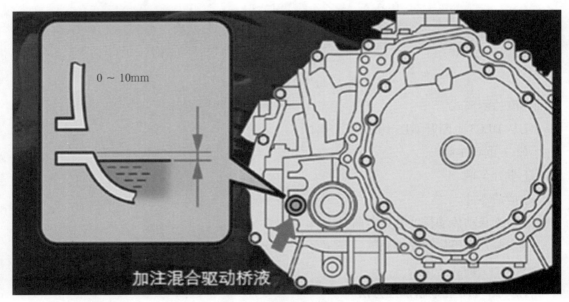

0 ~ 10mm

加注混合驱动桥液

图 14–135

（2）拆卸前轮框左侧加长板。

（3）拆卸 1 号发动机下盖。

（4）拆卸 2 号发动机下盖总成。

（5）更换混合动力传动桥油。

①举升车辆。注意：举升车辆时，将车辆固定在举升机上，这样可使车辆在举升时保

持水平（确保车辆前后倾斜角度在 ±1° 范围内）。

②用 10mm 六角套筒扳手，从混合动力车辆传动桥总成上拆下加注塞和垫片。

③用 10mm 六角套筒扳手，从混合动力车辆传动桥总成上拆下排放塞和垫片并排放混合动力推动桥油。

④用 10mm 六角套筒扳手，暂时将放油螺塞和垫安装到混合动力车辆传动桥总成上。

⑤加注混合动力传动桥油直至混合动力传动桥油位在注油螺塞开口下 0~10mm。

注意：使用本田纯正 ATF WS。确保完全将注油喷插入注油螺塞开口。确保缓慢加注混合动力传动桥油，如果混合动力传动桥油加注过快，则混合动力传动桥油可能撞到内部部件并被溅回，导致混合动力传动桥油从注油螺塞开口流出。确保直接检查并确认混合动力传动桥油油位在规定范围内。混合动力传动桥油不足或过量可能损坏混合动力车辆传动桥总成。

⑥用 10mm 六角套筒扳手，暂时将加注塞和垫片安装到混合动力车辆传动桥总成上。
提示：重复使用旧垫片，因为加注塞会再次被拆下。

⑦降低车辆。

⑧将发动机置于检查模式（保养模式）。

⑨在电源开关转到 ON（READY）的情况下怠速运转发动机 30s。

⑩将电源开关转到 OFF。

⑪重复步骤①至⑩。

⑫重复步骤①至③。

⑬用 10mm 六角套筒扳手，将排放塞和新垫片安装到混合动力车辆传动总成上。扭矩：50N·m。

⑭用 10mm 六角套筒扳手，暂时将加注塞和垫片安装到混合动力车辆传动桥总成上。
提示：重复使用旧垫片，因为加注塞会再次被拆下。

（6）添加混合动力传动桥油。

（7）检查混合动力传动桥油。

（8）检查混合动力传动桥油是否泄漏。

（9）安装 2 号发动机下盖总成。

（10）安装 1 号发动机下盖总成。

（11）安装前轮框左侧加长板。

（12）安装前轮框右侧加长板。

（十）K120 CVT 无级变速传动桥调节程序

1. 注意事项和作业描述

（1）K120 无级变速传动桥总成未配有加油管或油位计。加注油液时，从无级变速传动桥总成上的加油孔加注油液。可通过传动桥壳分总成的变速器 1 号加油管排出多余的油液（使多余的油液溢流）来调节油液油位。提示："溢流"表示油液从溢流塞孔中流出的状态。

（2）加油时，在发动机总成冷机状态下加注规定量的油液。然后，使发动机总成暖机以使油液在无级变速传动桥总成内循环，并在规定油温且发动机怠速运转时调节油位。

（3）K120无级变速传动桥总成要求使用丰田原厂CVT油。

（4）调节油位时，将车辆停在水平地面上（确保车辆前后的倾斜角度在±1°范围内）。

（5）调节油位时，关闭所有电气系统（例如空调、照明系统、电动风扇和音响系统），以减少负载。

（6）文中涉及的油温在GTS上显示为" A/T Oil Temperature1"。

（7）应根据以下程序和注意事项进行油位调节，如图14-136所示。

1. 初始加注（必要时）

　　加注油液至规定油位。

2. 加注规定量的油液

　　加注进行操作所需的规定量的油液。

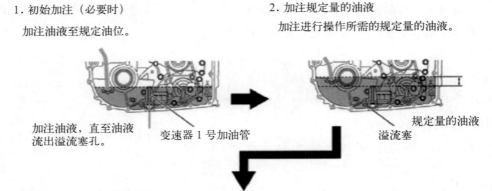

加注油液，直至油液
流出溢流塞孔。 　　变速器1号加油管

规定量的油液
溢流塞

3. 调节油液温度

　　启动发动机，使油液循环。进入油液温度检测模式和发动机怠速控制模式，并将自动传动桥油温调整到规定值。

4. 调节油位

在规定油液温度下排空多余油液。

如果无油液排出，则加注油液至油液流出溢流塞孔。

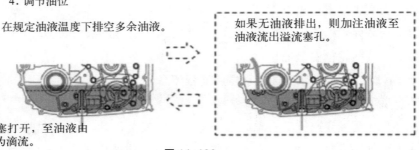

保持溢流塞打开，至油液由
溢流减缓为滴流。

图14-136

2. 工作流程

（1）必须按照以下工作流程中所规定的程序进行调节，如图 14-137 所示。

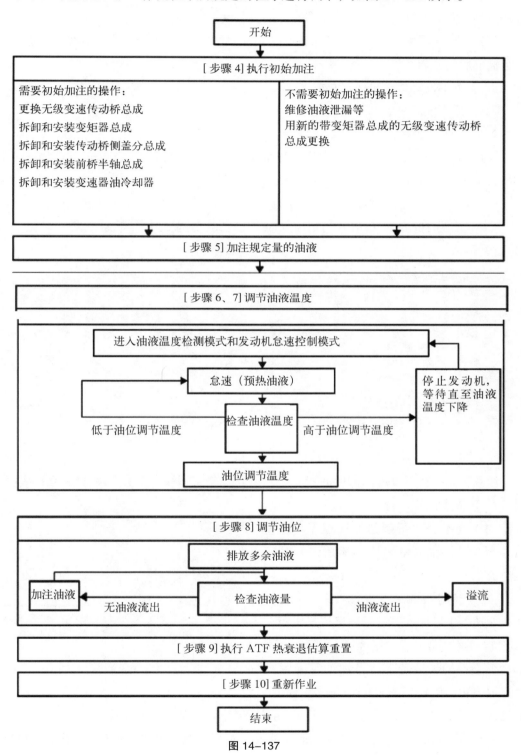

图 14-137

3. 准备工作

注意：如果无级变速传动桥总成很烫（油液温度高），则在开始执行以下程序前，等待油液温度降至与环境温度一致（推荐的油液温度20℃左右）。

（1）举升车辆。注意：举升车辆时，将车辆固定在举升机上以使车辆保持水平（确保车辆前后的倾斜角度在±1°以内）。

（2）拆下发动机1号底罩总成。

（3）拆下发动机后部左侧底罩。

4. 执行初始加注

执行以下任一操作后，不必再执行初始加注程序。转至加注规定量的油液程序（步骤5）。

（1）从无级变速传动桥总成上拆下加油螺塞和衬垫，如图14-138所示。

（2）使用10mm的六角套筒扳手，从传动桥壳分总成上拆下溢流塞和衬垫，如图14-139所示。

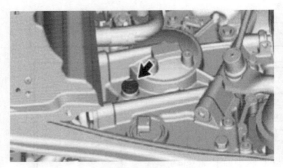

图14-138

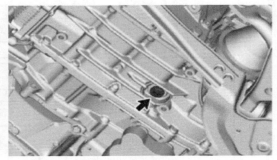

图14-139

注意：如果在拆下溢流塞后油液流出，则等待直至油液溢流减缓为滴流。如果油液流出，则不必执行初始加注程序。检查变速器1号加油管的紧固扭矩后，暂时安装溢流塞。

（3）使用6mm六角套筒扳手，检查并确认变速器1号加油管已紧固至规定扭矩，如图14-140所示。扭矩：0.8N·m。

小心：如果变速器1号加油管未紧固至规定扭矩，则无法精确调节油液量。提示：

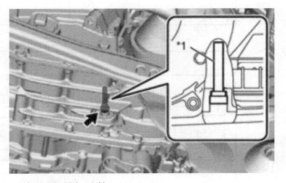

*1.变速器1号加油管

图14-140

要检查变速器1号加油管的扭矩，将6mm六角套筒扳手插入溢流塞孔内。

（4）执行初始加注。向加注孔加注油液，直至油液流出溢流塞孔，如图14-141、图

14–142 所示。小心：使用丰田原厂 CVT 油。

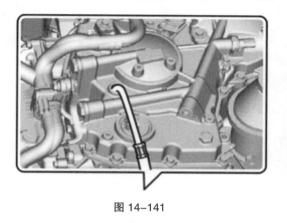

图 14–141

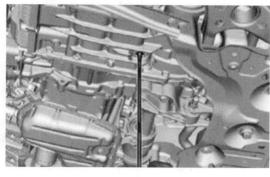

图 14–142

（5）等待直至油液溢流减缓成滴流，如图 14–143 所示。

（6）使用 10mm 六角套筒扳手，将衬垫和溢流塞暂时安装到传动桥壳分总成上。提示：溢流塞将会再次被拆下以调节油液位，因此可重复使用旧衬垫，如图 14–144 所示。

（7）将衬垫和加油螺塞暂时安装到无级变速传动桥总成上，如图 14–145 所示。提示：加油螺塞将会再次被拆下以调节油液位，因此可重复使用旧衬垫。

5. 加注规定量的油液

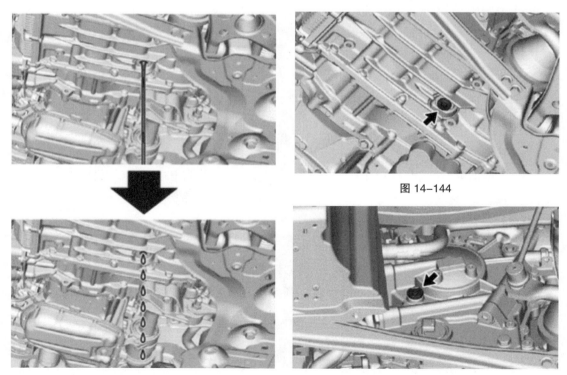

图 14–143

图 14–144

图 14–145

（1）在无级变速传动桥总成上拆下加油螺塞和衬垫。

（2）按照表 14-16 所示列出的正确油量，向加注孔加注油液，如图 14-146 所示。

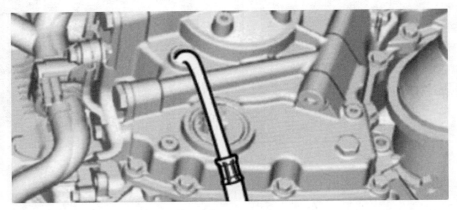

图 14-146

小心：使用丰田原厂 CVT 油。提示，执行的操作不同，加注量也不同。

表 14-16

相关程序		加注量
更换无级变速传动桥总成（不带变矩器总成）或重新装配的传动桥	（安装了新变矩器总成）	5.0L
	（重复使用了旧变矩器总成）	4.5L
拆卸和安装传动桥侧盖分总成		2.0L
拆卸和安装前桥半轴总成		3.0L
拆卸和安装变矩器总成		2.5L
拆卸和安装变速器油冷却器		0.6L
维修油液泄漏等		0.6L

（3）将加油螺塞和衬垫暂时安装到无级变速传动桥总成上以避免油液溅出。提示：由于加油螺塞将再次拆下以调节油位，因此可重复使用旧衬垫。

（4）降下车辆。

6. 调节油液温度（使用 GTS 时）

（1）发动机开关置于 OFF 位置时，将 GTS 连接到 DLC3。

（2）将发动机开关置于 ON 位置并打开 GTS。小心：要减少负载，确保诸如空调、照明系统、电动风扇和音响系统的所有电气系统关闭。

（3）进入以下菜单，如图 14-147 所示。

（4）根据 GTS 上的显示，进行主动测试 "Activate the TC Terminal"。提示：组合仪表上的指示灯闪烁表示执行主动测试 "Activate the TC Terminal" 时已储存 DTC。

主动测试显示
Activate the TC Terminal
数据表显示
A/T Oil Temperature No.1

图 14-147

（5）根据数据表项目"A/T Oil Temperature1"。

（6）踩住制动踏板。

（7）启动发动机。小心：减少负载，检并确认（例如空调系统、音响系统、照明系统、电动风扇）电气系统已关闭。

（8）缓慢将换挡杆从 P 移至 D，然后再移回 P（使换挡杆在各位置保持约 3s）。提示：缓慢移动换挡杆，使油液在无级变速传动桥总成的各个部位循环。

（9）观察组合仪表上的 D 挡指示灯的同时，在 6s 或更长时间内以小于 1.5s 的间隔在 N 和 D 之间来回移动换挡杆，如图 14-149、图 14-150 所示。小心：不要停顿 1.5s 以上或更长时间。提示：执行该操作将会使车辆进入油液温度检测模式。

图 14-148

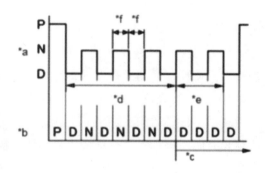

*a.换挡杆位置 *b.换挡杆位置的指示 *c.油液温度检测模式 *d.6s或更长时间 *e.2s *f.小于1.5s

图 14-149

（10）检查并确认 D 挡指示灯点亮 2s，如图 14-150 所示。提示：启用油液温检测模式后，组合仪表上的 D 挡指示灯点亮 2s。如果 D 挡指示灯不亮 2s，则返回至第一步，并再次执行程序。

（11）将换挡杆移至 P。

（12）松开制动踏板。

（13）根据 GTS 上的显示，进行主动

图 14-150

测试"Connect the TC and TE1/OFF"。小心：确保端子未连接。如果端子连接，则会由于发动机转速波动而无法准确调节油位。提示：断开端子将启用发动机怠速控制模式。在发动机怠速控制模式下，油液温度达到规定温度且发动机转速保持不变时，发动机怠速控制开始。即使断开端子后，在点火开关置于 OFF 位置前油液温度检测模式保持启用。

（14）将油液温度调节至液位调节温度。

（15）通过临视 D 挡指示灯检查油液温度。提示：在油液温度检测模式下，根据油液温度，D 挡指示灯会点亮、熄灭或闪烁。D 挡指示灯点亮时（油液温度在油位调节温度范围内），应执行油液加注程序。如果 D 挡指示灯点亮（油位调节温度 35~45℃）：立即转至调节油位（步骤 8）。调节油液温度。如果 D 挡指示灯熄灭（低于油位调节温度：35℃或更低）：使发动机在怠速控制模式下怠速运转时暖机，直至 D 挡指示灯点亮。如果 D 挡指示灯点亮（油位调节温度 35~45℃）：立即转至调节油位（步骤 8）。如果 D 挡指示灯闪烁（超出油位调节温度 45℃或更高）：停止发动机并等待直至油温降至 35℃或更低（D 挡指示灯熄灭）。然后从开始再次执行调节油液温度程序，油位调节温度和 D 挡指示灯之间的关系。

7. 调节油液油位（不使用 GTS 时）

（1）踩住制动踏板。

（2）启动发动机。小心：要减少负载，确保诸如空调、照明系统、电动风扇和音响系统的所有电气系统关闭。

（3）缓慢将换挡杆从 P 移至 D，然后再移回 P（使换挡杆在各位置保持约 3s）。提示：缓慢移动换挡杆，使油液在无级变速传动桥总成内各部位循环。

（4）观察组合仪表上的 D 挡指示灯的同时，在 12s 或更长时间内以小于 1.5s 的间隔在 N 和 D 之间来回移动换挡杆，如图 14-151、图 14-152 所示。小心：不要停顿 1.5s 以上或更长时间。提示：执行该操作将会使车辆进入油液温度检测模式。

在 60s 内执行（1）和（3）。

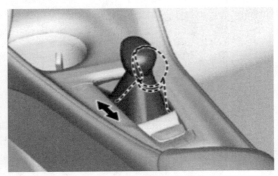

图 14-151

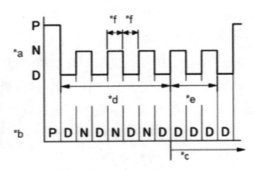

*a.换挡杆位置 *b.换挡杆位置的指示 *c.油液温度检测模式 *d.12s或更长时间 *e.2s *f.小于1.5s

图 14-152

图 14-153

（5）检查并确认 D 挡指示灯点亮 2s，如图 14-153 所示。提示：启用油液温度检测模式后，组合仪表上的 D 挡指示灯点亮 2s。在发动机怠速控制模式下，油液温度达到规定温度且发动机转速保持不变时，发动机怠速控制开始。油液温度检测模式激活，直至将点火开关置于 OFF 位置。

（6）将换挡杆移至 P。

（7）松开制动踏板。

（8）将油液温度调节至液位调节温度。

（9）通过临视 D 挡指示灯检查油液温度。提示：在油液温度检测模式下，根据油液温度，D 挡指示灯会点亮、熄灭或闪烁。D 挡指示灯点亮时（油液温度在油位调节温度范围内），应执行油液加注程序。如果 D 挡指示灯点亮（油位调节温度 35~45℃）：立即转至调节油位（步骤 8）。

①调节油液温度

如果 D 挡指示灯熄灭（低于油位调节温度 35℃或更低）：使发动机在怠速控制模式下怠速运转时暖机，直至 D 挡指示灯点亮。如果 D 挡指示灯点亮（油位调节温度 35~45℃）：立即转至调节油位（步骤 8）。如果 D 挡指示灯闪烁（超出油位调节温度 45℃或更高）：停止发动机并等待直至油温降至 35℃或更低（D 挡指示灯熄灭），然后从开始再次执行调节油液温度程序。

8. 调节油位

注意：确保不要使手上沾上任何排放的油液等。油液温度高时，小心不要烫伤自己。发动机运转或发动机开关置于 ON 位置的情况下对发动机室实施作业时，为防止与工作中的多楔带或冷却风扇接触而造成伤害，双手和衣物应远离多楔带和冷却风扇。

（1）举升车辆。小心：举升车辆时，将车辆固定在举升机上以使车辆保持水平（确保车辆前后和左右的倾斜角度在 ±1° 以内）。

图 14-154

（2）使用 10mm 六角套筒扳手，从传动桥油底壳（CVT）分总成上拆下溢流塞和衬垫，如图 14-154 所示。注意：由于从溢流塞孔流出的油液很烫，操作时应小心。

（3）检查从溢流塞孔流出的油液量。小心：如果仅有少量油液（约 5mL）流出溢流塞孔，则表示仅残留在变速器 1 号加油管的油液流出。这不表示溢流。如果大量

图 14-156

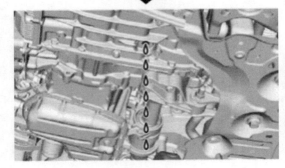

图 14-155

油液流出溢流塞孔，则说明油液够。如果没有油液从溢流塞孔流出，则继续加油液。如果大量油液流出溢流塞孔，则应等待直至溢流减缓为滴流。提示：因为油液随温度的升高而体积膨胀，因此油液溢流不会完全停止，如图 14-155 所示。

①如果没有油液从溢流塞孔流出，则拆下加油螺塞和衬垫，如图 14-156 所示。

②然后通过加注孔加注油液，直至油液从溢流塞孔流出，如图 14-157 所示。小心：使用丰田原场 CVT 油。

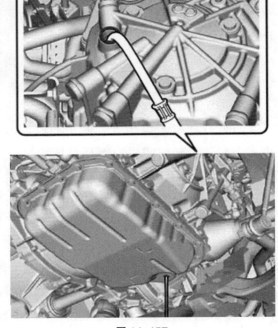

图 14-157

（4）等待溢流减缓成滴流，如图 14-158 所示。提示：因为油液随温度的升高而体积膨胀，因此油液溢流不会完全停止。

（5）使用 10mm 六角套筒扳手，将新衬垫和溢流塞安装到传动桥壳分总成上，如图 14-159 所示。扭矩 49N·m。小心：为防止衬垫在紧固时变形，在衬垫上涂抹丰田原厂 CVT 油。

（6）将安装新衬垫和加油螺塞安装到后传动桥分总成上，如图 14-160 所示。扭矩 49N·m。小心：为防止衬垫在紧固时变形，在衬垫上涂抹丰田原厂 CVT 油。

（7）降下车辆。将点火开关置于 OFF 位置。提示：将点火开关置于 OFF 位置以退出油液温度检测模式。

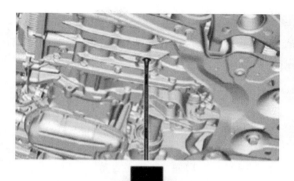

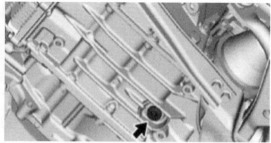

图 14-159

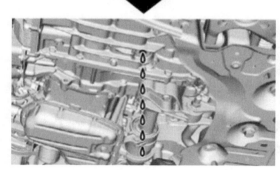

图 14-158

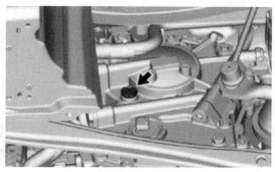

图 14-160

（8）从 DLC3 上拆下 GTS（使用 GTS 时）。

9. 进行油液热衰退估算重置

小心：维修传动桥或类似操作中如果更换了 50% 或者更多的 CVT 油，则进行 ATF 热衰退估算重置。

10. 重新作业

（1）举升车辆。

（2）清洁零件。

（3）检查油液是否泄漏。

（4）安装发动机后部左侧底罩。

（5）安装发动机 1 号底罩总成。

（6）降下车辆。

（十一）UB80E 自动变速器 / 传动桥调节程序

1. 注意事项和作业描述

（1）UB80E 自动传动桥总成未配有加油管或油尺。加注自动传动桥油液时，从传动桥后盖分总成上的加油孔加注自动传动桥油液。可通过传动桥油底壳分总成的溢流塞排出多余的自动传动桥油液（使多余的自动传动桥油液溢流）来调节自动传动桥油液油位。提示："溢流"表示自动传动桥油液从溢流塞孔中流出的情况。

（2）调整自动传动桥油油位前，发动机冷机时加注规定量的自动传动桥油，并使发动机暖机以使自动传动桥油在自动传动桥总成内循环。确保自动传动桥油温符合规定且发动机怠速运转。自动传动桥油加注程序如图 14–161 所示。

1. 执行初次加注

向自动传动桥总成加注自动传动桥油至规定液位。

2. 加注规定量的自动传动桥油

加注执行操作所需的规定量的自动传动桥油。

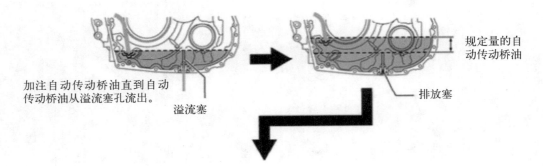

加注自动传动桥油直到自动传动桥油从溢流塞孔流出。　溢流塞

规定量的自动传动桥油

排放塞

3. 调整自动传动桥油温度

启动发动机，使自动传动桥油循环。启用自动传动桥油温度检测模式和发动机怠速控制模式，并将自动传动桥油温度调节至规定值。

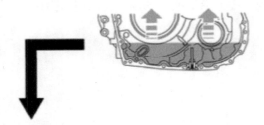

4. 调整自动传动桥油油位

在规定自动传动桥油温度下排空多余的自动传动桥油。　如果未排出自动传动桥油，则加注自动传动桥油直至油液流出溢流塞孔。

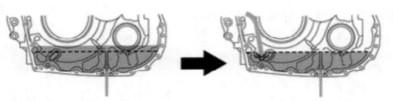

保持溢流塞打开，直到油液缓慢流动和仅滴流。　加注自动传动桥油直到自动传动桥油从溢流塞孔流出。

图 14–161

（3）UB80E 自动传动桥总成要求使用丰田纯正 ATF WS。

（4）应根据以下程序和注意事项进行油位调节。

2. 工作流程

（1）必须按照以下工作流程中所规定的程序进行调节，如图 14-162 所示。

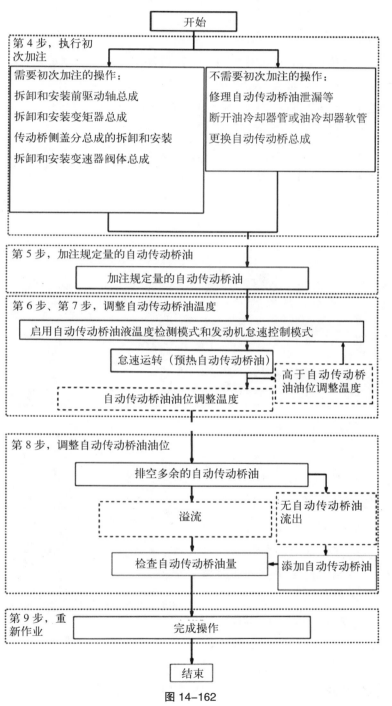

图 14-162

3. 准备工作

（1）举升车辆。注意：举升车辆时，将车辆固定在举升机上以使车辆保持水平（确保车辆前后的倾斜角度在 ±1° 以内）。

（2）拆下 2 号发动机下盖。

（3）拆下前翼子板挡泥板密封件 LH。

4. 执行初始加注

注意：如果自动传动桥总成很热（自动传动桥油温度高），则等到自动传动桥油温与环境温度相同后再进行下列步骤。推荐的自动传动桥油温度约 20℃。

（1）从自动传动桥壳分总成上拆下加油螺塞和垫片，如图 14-163 所示。

注意：执行以下任一操作后，无须进行初始加注步骤。

（2）使用 10mm 的六角套筒扳手，从自动传动桥油底壳上拆下溢流塞和垫片。注意：如果在拆下溢流塞后油液流出，则等待直至油液溢流减缓为滴流。如果油液流出，则不必执行初始加注程序。检查变速器 1 号加油管的紧固扭矩后，暂时安装溢流塞，如图 14-164 所示。

图 14-163

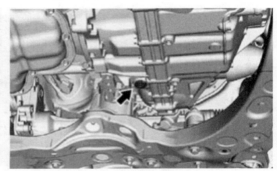

图 14-164

（3）使用 6mm 六角套筒扳手，检查并确认变速器 1 号加油管已紧固至规定扭矩。扭矩：1.7N·m。小心：如果变速器 1 号加油管未紧固至规定扭矩，则无法精确调节油液量。提示：要检查变速器 1 号加油管的扭矩，将 6mm 六角套筒扳手插入溢流塞孔内，如图 14-165 所示。

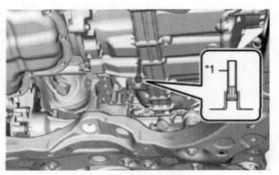

*1.1 号变速器加油管

图 14-165

（4）执行初始加注，如图 14-166 所示。通过加油孔向自动传动桥总成加注油液，直至油液流出溢流塞孔。小心：使用丰田纯正 ATF WS。

（5）等待直至油液溢流减缓成滴流，如图 14-167 所示。

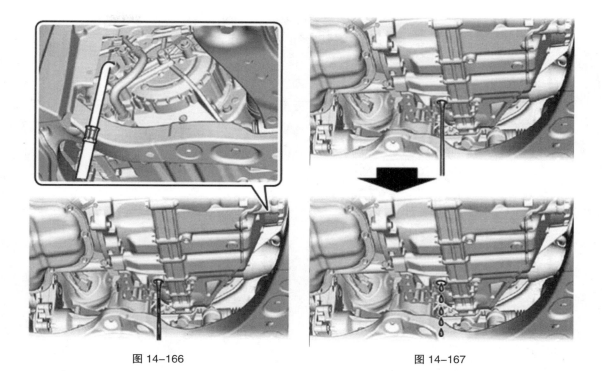

图 14-166　　　　　　　　　　　　　　　图 14-167

（6）使用 10mm 六角套筒扳手，将衬垫和溢流塞暂时安装到传动桥外壳上，如图 14-168 所示。提示：溢流塞将会再次拆下以调节油液位，因此可重复使用旧衬垫。

（7）将衬垫和加油螺塞暂时安装到自动传动桥分总成上，如图 14-169 所示。提示：加油螺塞将会再次被拆下以调节油液位，因此可重复使用旧衬垫。

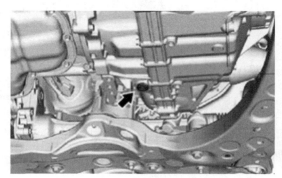

图 14-168　　　　　　　　　　　　　　　图 14-169

5. 加注规定量的自动传动桥油

（1）在自动传动桥后盖分总成上拆下加油螺塞和垫片。

（2）按照表 14-17 所示列出的正确油量，向加注孔加注油液，如图 14-170 所示。小心：使用丰田纯正 ATF WS。提示：执行的操作不同，加注量也不同。

（3）加油螺塞和垫片暂时安装以避免油液溅出。提示：由于加油螺塞将再次被拆下

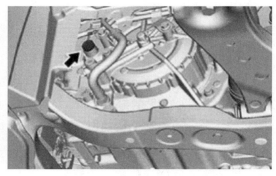

表 14-17

执行的维修	加注量
更换自动传动桥总成（带新变矩器总成）	5.4L
更换自动传动桥总成（重复使用变矩器总成时）	5.0L
拆卸和安装传动桥侧盖分总成	3.2L
拆卸和安装前驱动轴总成	3.2L
拆卸和安装变速器阀体总成	3.2L
拆卸和安装变矩器总成	3.2L
修理因壳塞松动、螺塞垫片或 O 形圈出现故障而导致的自动传动桥油泄漏	0.5L

以调节油位，因此可重复使用旧垫片。

（4）降下车辆。

6. 调节自动传动桥油液温度（使用 GTS 时）

提示：使用 GTS 在数据表中可检查实际自动传动桥油温度。

（1）发动机开关置于 OFF 位置时，将 GTS 连接到 DLC3。

（2）将发动机开关置于 ON 位置并打开 GTS。小心：要减少负载，确保诸如空调、照明系统、电动风扇和音响系统的所有电气系统关闭。

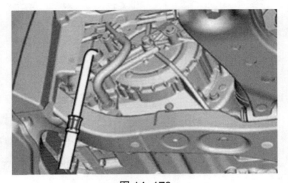

图 14-170

传动系 > 变速器 > 主动测试

主动测试显示
Activate the TC Terminal
数据表显示
A/T Oil Temperature No.1

图 14-171

（3）进入以下菜单，如图 14-171 所示。

（4）根据 GTS 上的显示，进行数据表项目 "A/T Oil Temperature No.1"。

（5）根据 GTS 上的显示，进行主动测试 "Activate The TC Terminal" 并将其设定为 "ON"。

（6）检查自动传动桥油温度。小心：如果自动传动桥油温度低于 45℃，则转至下一步。（推荐自动传动桥油温度：35℃ 或更低）。如果自动传动桥油温度为 45℃ 或更高，则将发动机开关置于 OFF 位置，等待直至自动传动桥油温度降至 45℃ 以下。

（7）踩住制动踏板。

（8）启动发动机

（9）缓慢地将换挡杆从 P 移至 D，然后再移回 P。提示：缓慢移动换挡杆，使自动传动桥油在自动传动桥总成的各部位循环。将换挡杆保持在各位置约 3s。

（10）观察组合仪表上的 D 挡指示灯的同时，在 6s 或更长时间内以 1.5s 的间隔在 N 和 D 之间来回移动换挡杆，如图 14-172 所示。小心：不要停顿 1.5s 以上。提示：该操作

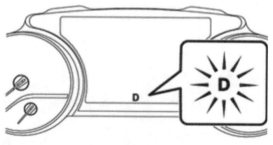

图 14-172

将会使车辆进入自动传动桥油温度检测模式。

（11）检查并确认 D 挡指示灯点亮 2s。提示：激活自动传动桥油温度检测模式后，组合仪表上的 D 挡指示灯点亮 2s。如果 D 挡指示灯没有点亮 2s，则返回到最初步骤，并再次执行程序。

（12）换挡杆移至 P。

（13）松开制动踏板。

（14）根据 GTS 上的显示，进行主动测试项目：Activate the TC Terminal 并将其设定为 OFF。注意：确保主动测试切换为"OFF"。否则，发动机转速波动会导致无法精确调节自动传动桥油油位。提示：

①将主动测试切换为"OFF"将激活发动机怠速转速控制模式。

②在发动机怠速控制模式中，自动传动桥油温度达到规定温度时发动机怠速控制启动并保持发动机转速。

③即使主动测试切换为"OFF"后，在点火开关转到 OFF 前自动传动桥油温检测模式会一直处于激活状态。

（15）将自动传动桥油温度调节至自动传动桥油位调整温度。注意：如果自动传动桥油温在自动传动桥油位调整温度范围内，则立即进到"调节自动传动桥油油位"步骤。如果自动传动桥油温度为 45℃ 或更高，则将发动机开关置于 OFF 位置，等待直至自动传动桥油温度降至 40℃ 或更低。然后从头开始再次进行"调整自动传动桥油温度"步骤，如表 14-18 所示。提示：在自动传动桥油温检测模式中，D 挡指示灯根据自动传动桥油温亮起、熄灭或闪烁，如表 14-19 所示。

表 14-18

低于自动传动桥油位调整温度	自动传动桥油油位调整温度	高于自动传动桥油位调整温度
35℃或更低	35~45℃	45℃或更高

表 14-19

低于自动传动桥油位调整温度（35℃或更低）	自动传动桥油位调整温度（35~45℃）	高于自动传动桥油位调整温度（45℃或更高）
熄灭	亮起	闪烁

7. 调整自动传动桥油温度（不使用 GTS 时）

（1）发动机开关置于 OFF 位置时，使用 SST 连接 DLC3 的端子 13（TC）和 4（CG），如图 14-173 所示。SST 09843-18040。

（2）踩住制动踏板。

（3）启动发动机。小心：减少负载，确保诸如空调系统、音响系统、照明系统、电动风扇和音响系统的所有电气系统已关闭。

（4）缓慢将换挡杆从 P 移至 D，然后再移至 P。提示：缓慢移动换挡杆，使自动传动桥油液在自动传动桥总成的各个部位循环。将换挡杆保持在各个位置约 3s。

（5）观察组合仪表上的 D 挡指示灯的同时，在 6s 或更长时间内以 1.5s 的间隔在 N和 D 之间来回移动换挡杆，如图 14-174 所示。小心：不要停顿 1.5s 以上。提示：执行该

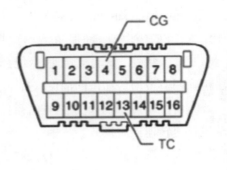

图 14-173

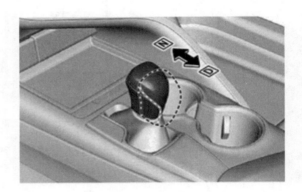

操作将会使车辆进入油液温度检测模式。

（6）检查并确认 D 挡指示灯点亮 2s。提示：启用自动传动桥油液温检测模式后，组合仪表上的 D 挡指示灯点亮 2s。如果 D挡指示灯不亮 2s，则返回至第一步，并再次执行程序。

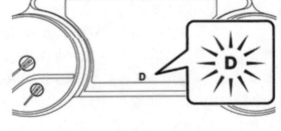

图 14-174

（7）将换挡杆移至 P。

（8）松开制动踏板。

（9）从端子 13（TC）和 4（CG）上拆下 SST。SST 09843-18040。小心：确保端子TC 和 CG 未连接。如果端子连接，发动机转速波动而无法准确调节自动传动桥油油位。提示：断开端子 TC 和 CG 将启用发动机怠速控制模式。即使断开端子 TC 和 CG 后，在发动机开关置于 OFF 位置前自动传动桥油液温度检测模式保持启用。

（10）使发动机怠速直到 D 挡指示灯再次亮起。注意：如果 D 挡指示灯亮起，则立即进到"调整自动传动桥油油位"步骤。如果 D 挡指示灯闪烁，则停止发动机并等待直至自动传动桥油油温降到 35℃或更低（指示灯熄灭）。然后从头开始再次进行"调整自动

传动桥油温度"步骤。提示：在自动传动桥油温检测模式中，D挡指示灯根据自动传动桥油油温亮起、熄灭或闪烁。D挡指示灯亮起（自动传动桥油温在自动传动桥油油位调整温度范围内）时，进行自动传动桥油加注步骤。

8.调整自动传动桥油油位

注意：发动机怠速运转且散热器风扇运转时操作应小心。

（1）举升车辆。小心：举升车辆时，将车辆固定在举升机上以使车辆保持水平（确保车辆前后的倾斜角度在 ±1° 以内）。

（2）使用10mm六角套筒扳手，从自动传动桥油底壳上拆下溢流塞和垫片。注意：由于从溢流孔流出的油液很烫，操作时应小心。

（3）检查从溢流孔流出的自动传动桥油量。如果大量自动传动桥油流出溢流塞孔，则转至前面步骤。如果没有自动变速器油从溢流塞孔流出，则转至前面步骤。小心：如果仅有少量自动变速器油（约1mL）流出溢流塞孔，则表示仅残留在变速器1号变速器加油管的自动变速器油流出。这一状态不能视为溢流，因此需要加注自动传动桥油。

（4）如果大量自动传动桥油流出溢流塞孔，应等待直至溢流减缓为滴流，如图14-175所示。提示：因为自动变速器油随温度升高而体积继续增大，因此溢流不会完全停止。

（5）如果没有自动传动桥油从溢流塞孔流出。

①拆下加油螺塞和垫片，如图14-176所示。

②通过加注孔加注自动传动桥油，直至自动传动桥油从溢流塞孔流出，如图14-177

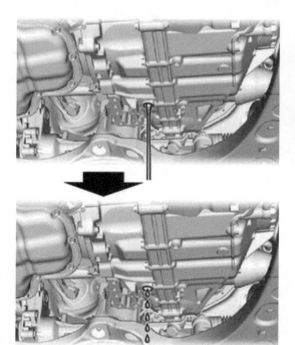

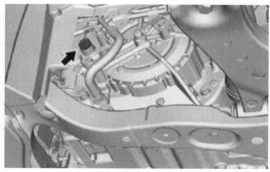

图 14-176

所示。注意：使用丰田纯正 ATF WS。

③等待直至自动传动桥油溢流减缓为滴流，如图14-178所示。

（6）使用10mm六角套筒扳手，将安装新垫片和溢流塞安装到自动传动桥外壳上，如图14-179所示。扭矩：50N·m。

（7）将加油螺塞和新垫片安装到传

图 14-175

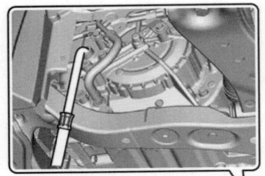

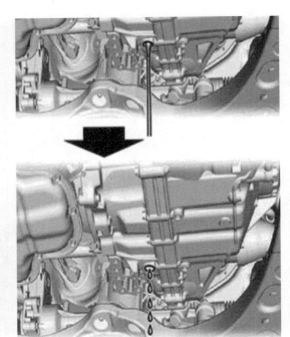

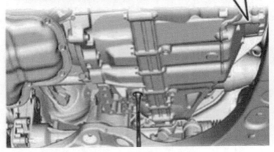

图 14-177

图 14-178

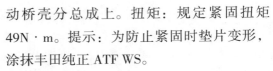

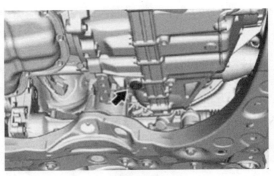

图 14-179

动桥壳分总成上。扭矩：规定紧固扭矩 49N·m。提示：为防止紧固时垫片变形，涂抹丰田纯正 ATF WS。

（8）降下车辆。

（9）将发动机开关置于 OFF 位置。提示：将发动机开关置于 OFF 位置以退出自动传动桥油温检测模式。

（10）从 DLC3 上断开 GTS（使用 GTS 时）。

9. 重新工作

（1）举升车辆。

（2）清洁零件。

（3）检查自动传动桥油是否泄漏。

（4）安装前翼子板挡泥板密封件 LH。

（5）安装 2 号发动机下盖总成。

（6）降低车辆。

二、一汽丰田车系换油规格（表 14-20）

表 14-20

项目/车型	年款	发动机型号	排量	发动机机油量（维修机油加注与滤清器更换）(L)	发动机机油量（干式加注，包括滤清器）(L)	发动机机油型号	自动变速器型号	变速器容量 (L)	变速器油型号	分动箱型号	分动箱油容量	分动箱油型号
新威驰 1.3L	2013—2019年	4NR-FE	1.3L	3.3	3.9	0W20 5W20 5W30 10W30	K111 CVT	7.1（容量）	丰田原厂 CVT 油			
新威驰 1.5L	2014—2019年	5NR-FE	1.5L	3.3	3.9	0W20 5W20 5W30 10W30	K111 CVT	7.1（容量）	丰田原厂 CVT 油			
新威驰 FS 1.3L	2017—2019年	4NR-FE	1.3L	3.3	3.9	0W20 5W20 5W30 10W30	K312 CVT	7.47（容量）	丰田原厂 CVT 油			
新威驰 FS 1.5L	2017—2019年	5NR-FE	1.5L	3.3	3.9	0W20 5W20 5W30 10W30	K312 CVT	7.47（容量）	丰田原厂 CVT 油			
卡罗拉 1.2T S-CVT	2017—2019年	9NR-FTS	1.2T	4.0	4.4	0W20 5W20 5W30	K120 CVT	8.2（容量）	丰田原厂 CVT 油			
卡罗拉混动 1.8L E-CVT	2017—2019年	8ZR-FXE	1.8L	4.2	4.7	0W20 5W20 5W30 10W30	P410	3.4（容量）	丰田原厂 ATF WS			
卡罗拉双擎 E+ 1.8L	2019年	8ZR-FXE	1.8L	4.2	4.7	0W20 5W20 5W30 10W30	P410	3.4（容量）	丰田原厂 ATF WS			
卡罗拉 1.6L	2011—2018年	1ZR-FE	1.6L	4.2	4.7	0W20 5W20 5W30 10W30	K313 CVT	1.2（保养时）7.6（容量）	丰田原厂 CVT 油			
卡罗拉 1.8L	2011—2018年	1ZR-FE	1.8L	4.2	4.7	0W20 5W20 5W30 10W30	K313 CVT	1.2（保养时）7.6（容量）	丰田原厂 CVT 油			
亚洲龙 2.0L	2019年	M20A-FKS	2.0L	4.6	5.4	0W20 5W20 5W30 10W30	K120 CVT	8.2（容量）	丰田原厂 CVT 油			

（续表）

车型＼项目	年款	发动机型号	排量	发动机油量（维修机油加注与滤清器更换）(L)	发动机机油量（干式加注，包括滤清器）(L)	发动机机油型号	自动变速器型号	变速器容量 (L)	变速器油型号	分动箱型号	分动箱油容量	分动箱油型号
亚洲龙 2.5L	2019 年	A25A-FKS	2.5L	4.5	5.4	0W20 5W20 5W30 10W30	UB80E	7.3（容量）	丰田原厂 ATF WS			
亚洲龙双擎 2.5L	2019 年	A25B-FKS	2.5L	4.5	5.4	0W20 5W20 5W30 10W30	P710	3.9（容量）	丰田原厂 ATF WS			
皇冠 2.0T	2015—2019 年	8AR-FTS	2.0T	4.6	5.5	0W20 5W20 5W30 10W30	AA81E	8.7（容量）	丰田原厂 ATF WS			
奕泽 2.0L	2018—2019 年	M20A-FKS	2.0L	4.6	5.4	0W20 5W20 5W30 10W30	K120 CVT	8.2（容量）	丰田原厂 CVT 油			
荣放 2.0L	2016—2019 年	6ZR-FE	2.0L	4.2	4.7	0W20 5W20 5W30 10W30	K313 CVT	1.2（保养时）7.6（容量）	丰田原厂 CVT 油	GF1A	0.4~0.5	LT API GL-5 75W85
荣放 2.5L	2016—2019 年	5AR-FE	2.5L	4.2	4.7	0W20 5W20 5W30 10W30	U761F	6.6（容量）	丰田原厂 ATF WS			
RAV4 2.0L	2014—2016 年	6ZR-FE	2.0L	4.2	4.7	0W20 5W20 5W30 10W30	K111 CVT	5.0（容量）	丰田原厂 CVT 油	GF1A	0.4~0.5	LT API GL-5 75W85
RAV4 2.5L	2014—2016 年	5AR-FE	2.5	4.2	4.7	0W20 5W20 5W30 10W30	U760F	6.5 容量	丰田原厂 ATF WS			
普拉多 2.7L	2015—2019 年	2TR-FE	2.7L	5.9	6.4	0W20 5W20 5W30 10W30	AC60F	1.5（换油）	丰田原厂 ATF WS			
普拉多 3.5L	2016—2019 年	7GR-FKS	3.5L	5.9	6.5	0W20 5W20 5W30 10W30	AC60F	1.5（换油）	丰田原厂 ATF WS	VF2CM	1.0（容量）	丰田原厂分动齿轮 75W

（续表）

车型 \ 项目	年款	发动机型号	排量	发动机机油量（维修机油加注与滤清器更换）(L)	发动机机油量（干式加注，包括滤清器）(L)	发动机机油型号	自动变速器型号	变速器容量(L)	变速器油型号	分动箱型号	分动箱油容量	分动箱油型号
进口普拉多2.7L	2010—2019年	2TR-FE	2.7L	5.9	6.4	5W30 5W40 10W30	AC60F	1.5（换油）	丰田原厂 ATF WS			
兰德酷路泽4.0L	2012—2019年	1GR-FE	4.0L	6.1	7.1	0W20 5W20 5W30 10W30	A750F	1.7（换油） 10.9（容量）	丰田原厂 ATF WS			
兰德酷路泽4.6L	2012—2019年	1UR-FE	4.6	7.5	9.3	0W20 5W20 5W30 10W30	AB60F	2.1（换油） 6.1（容量）	丰田原厂 ATF WS			
进口丰田兰德酷路泽570 5.7L	2012—2019年	3UR-FE	5.7	7.5	9.3	0W20 5W20 5W30 10W30	AB60F	2.1（换油） 6.1（容量）	丰田原厂 ATF WS			
进口丰田埃尔法3.5L	2015—2018年	2GR-FE	3.5L	6.1	6.8	0W20 5W20 5W30 10W30	U660E	6.5	丰田原厂 ATF WS			

第十五章　广汽丰田车系

一、自动变速器油位检查

广汽丰田车系自动变速器与一汽丰田车系使用相同型号，油位检查方法请参见一汽丰田车系。

二、广汽丰田车系换油规格（表 15-1）

表 15-1

车型	年款	发动机型号	排量	发动机机油量（维修机油加注与滤清器更换）（L）	发动机机油量（干式加注，包括滤清器）（L）	发动机机油型号	自动变速器型号	变速器容量（L）	变速器油型号	分动箱型号	分动箱油容量	分动箱油型号
YARis 致享 1.3L	2017—2019年	6NR-FE	1.3L	3.3	3.9	0W20 5W20 5W30 10W30	K312 CVT	7.47（容量）	丰田原厂 CVT油			
YARis 致享 1.5L	2017—2019年	7NR-FE	1.5L	3.3	3.9	0W20 5W20 5W30	K312 CVT	7.47（容量）	丰田原厂 CVT油			
YARis 致炫 1.3L	2016—2019年	6NR-FE	1.3L	3.3	3.9	0W20 5W20 5W30 10W30	K312 CVT	7.47（容量）	丰田原厂 CVT油			
YARis 致炫 1.5L	2016—2019年	7NR-FE	1.5L	3.3	3.9	0W20 5W20 5W30	K312 CVT	7.47（容量）	丰田原厂 CVT油			
雷凌 185T	2017—2019年	9NR-FTS	1.2T	4.0	4.4	0W20 5W20 5W30	K120 CVT	8.2（容量）	丰田原厂 CVT油			
雷凌双擎 1.8H CVT混动	2016—2019年	8ZR-FXE	1.8L	4.2	4.7	0W20 5W20 5W30 10W30	P410	3.4（容量）	丰田原厂 ATF WS			
雷凌双擎 E+ 1.8HP	2019年	8ZR-FXE	1.8L	4.2	4.7	0W20 5W20 5W30 10W30	P410	3.4（容量）	丰田原厂 ATF WS			
雷凌 1.6L	2014—2016年	1ZR-FE	1.6L	4.2	4.7	0W20 5W20 5W30 10W30	K313 CVT	7.6（容量）	丰田原厂 CVT油			
雷凌 1.8GS	2014—2018年	2ZR-FE	1.8L	4.2	4.7	0W20 5W20 5W30 10W30	K313 CVT	7.6（容量）	丰田原厂 CVT油			

（续表）

车型	年款	发动机型号	排量	发动机机油量（维修机油加注与滤清器更换）(L)	发动机机油量（干式加注，包括滤清器）(L)	发动机机油型号	自动变速器型号	变速器容量(L)	变速器油型号	分动箱型号	分动箱油容量	分动箱油型号
逸致 1.6L	2011—2018 年	1ZR-FE	1.6L	4.2	4.7	0W20 5W20 5W30 10W30						
逸致 1.8 GS	2011—2018 年	2ZR-FE	1.8L	4.2	4.7	0W20 5W20 5W30 10W30	K311 CVT	7.9（容量）	丰田原厂 CVT 油			
凯美瑞 2.0L	2019 年以后	M20C	2.0L	4.3	5.4	0W16 0W20 5W20 5W30	K120 CVT	8.2（容量）	丰田原厂 CVT 油			
凯美瑞 2.5L	2018—2019 年	A25A	2.5L	4.5	5.4	0W20 5W20 5W30 10W30	UB80E	7.3（容量）	丰田原厂 ATF WS			
凯美瑞 2.5HG 混动	2018—2019 年	A25B	2.5L	4.5	5.4	0W20 5W20 5W30 10W30	P710	3.9（容量）	丰田原厂 ATF WS			
凯美瑞 2.0L	2015—2018 年	6AR-FSE	2.0L	4.4	5.3	0W20 5W20 5W30 10W30	U760E U761E	6.6（容量）	丰田原厂 ATF WS			
凯美瑞 2.5L	2012—2017 年	5AR-FE	2.5L	4.4	5.3	0W20 5W20 5W30 10W30	U760E U761E	6.6（容量）	丰田原厂 ATF WS			
凯美瑞双擎	2012—2017 年	4AR-FXE	2.5L	4.4	5.3	0W20 5W20 5W30 10W30	P314	3.7（容量）	丰田原厂 ATF WS			
丰田 C-HR2.0L	2018—2019 年	M20A	2.0L	4.6	5.4	0W20 5W20 5W30 10W30	K120 CVT	8.2（容量）	丰田原厂 CVT 油			

项目\车型	年款	发动机型号	排量	发动机机油量（维修机油加注与滤清器更换）（L）	发动机机油量（干式加注，包括滤清器）（L）	发动机机油型号	自动变速器型号	变速器容量（L）	变速器油型号	分动箱型号	分动箱油容量	分动箱油型号
汉兰达 2.0T	2015—2019年	8AR-FTS	2.0T	4.9	6.0	0W20 5W20 5W30	U660F U661F	2.8（换油）5.3（容量）	丰田原厂 ATF WS	MF1A	0.8	LT GL-5 75W85
汉兰达 3.5L	2015—2019年	2GR-FE	3.5L	6.1	6.8	0W20 5W20 5W30 10W30	U660F U661F	2.8（换油）5.3（容量）	丰田原厂 ATF WS	MF1A	0.8	LT GL-5 75W85

（续表）

车型 \ 项目	车款	发动机型号	排量	发动机机油油量（维修机油加注与滤清器更换）(L)	发动机机油油量（干式加注，包括滤清器）(L)	发动机机油型号	自动变速器型号	变速器容量(L)	变速器油型号	分动箱型号	分动箱容量(L)	分动箱油型号
LS600hL	2010—2018年	2UR-FSE	5.0L	9.0	9.8	0W-20 5W-20 5W-30 10W-30	CVT	5.5	丰田原厂ATF WS	LF1A	0.7	原厂分动箱齿轮油LL80
NX200	2015—2020年	3ZR-FAE	2.0L	4.2	4.7	0W-20 5W-20 10W-30	K114F	7.1	丰田原厂CVT油FE	GF1A	0.4~0.5	LT API GL-5
NX300	2018—2020年	8AR-FTS	2.0T	4.9	6.0	0W-20 5W-20 5W-30 10W-30	U661F	6.78	丰田原厂CVT油FE	GF1A	0.4~0.5	LT API GL-5
RX300	2016—2020年	8AR-FTS	2.0T	4.9	6.0	0W-20 5W-20 5W-30 10W-30	6挡					
UX200	2019—2020年	M20A-FKS	2.0L	4.3	5.3	0W-20 0W-16 5W-20 5W-30 10W-30	CVT	5.0	丰田原厂CVT油FE			
UX260h	2019—2020年	M20A-FKS	2.0L	4.3	5.3	0W-20 0W-16 5W-20 5W-30 10W-30	E-CVT	5.0	丰田原厂ATF WS			
LX570	2016—2019年	3UR-FE	5.7L	7.5	9.3	0W-20 5W-20 5W-30 10W-30 15W-40 20W-50	8挡	6.1	丰田原厂ATF WS	GF2A	1.5	SAE 75W
RC300	2018—2020年	8AR-FTS	2.0T	4.9	6.0	0W-20 5W-20 5W-30 10W-30	8挡					
RC200t	2016—2018年	8AR-FTS	2.0T	4.9	6.0	0W-20 5W-20 5W-30 10W-30	8挡					

第十七章 广汽本田车系

一、自动变速器油位检查

（一）变速器类型

·CE1A：CVT（不带发动机节能自动启停系统）

·CE2A：CVT（带发动机节能自动启停系统）

变速器油（HCF-2）油位检查：

注意：防止异物进入变速器。操作换挡杆后，在不花费太长时间的情况下，检查变速器油位。

（1）发动机暖机。启动发动机，并暖机至正常工作温度（散热器风扇运转两次）。

（2）换挡杆操作。

①施加驻车制动器。

②踩下制动踏板时，将换挡杆在 P→R→N→D→S→L→S→D→N→R→P 位置 / 模式之间往复几次，每个位置保持约 3s。

③关闭发动机。

（3）车辆举升。

举升和支撑点注意：如果准备将较重的部件（如悬架或燃油箱）从车辆后部拆下，首先用较高的安全支架将车辆前部支撑起来。从车辆后部拆下重物后，车辆重心发生变化，从而可能导致车辆在举升机上前倾。

①将举升盘（图 17-1 中 A）置于车辆的前支撑点（图 17-1 中 B）和后支撑点（图 17-1 中 C）之下。确保正确放置举升盘，以避免损坏车辆。

②将举升机升高十几厘米，然后轻轻晃动车辆，确保车辆支撑稳固。

③将举升机升至最高，并检查车辆支撑点与举升机举升盘是否牢固接触。用安全支架支撑车辆时，可使用车辆被举升机支撑时的支撑点。在仅由千斤顶支撑的任何车辆上或车辆下作业时，始终应使用安全支架。

④如果举升车辆前部，请拉起驻车制动器。如果举升车辆后部，请将换挡杆置于倒挡位置（M/T 车型）或 P（CVT 车型）。

⑤使未举升的车轮止动。

⑥将千斤顶置于前千斤顶托架（图 17-2 中 A）或后千斤顶托架（图 17-2 中 B）下。将千斤顶托架置于千斤顶升降平台（图 17-2 中 C）中心，并将车辆顶得足够高以便将安

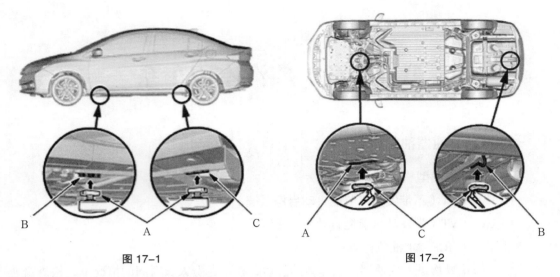

图 17-1   图 17-2

全支架置于其下。确保正确放置千斤顶以避免损坏车辆。

⑦将安全支架放在支撑点下，并对其进行调节，以使车辆左右保持水平。

⑧将车辆降到安全支架上。

（4）拆卸发动机底盖，如图 17-3 所示。

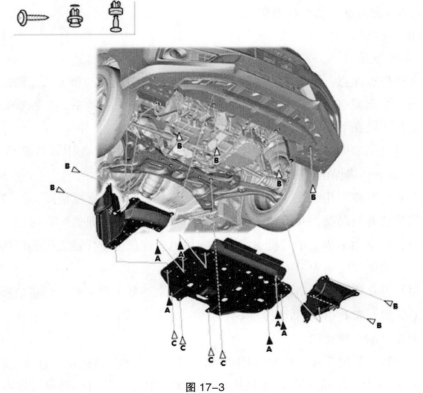

图 17-3

（5）检查变速器油位。

①拆下防松螺栓（图 17-4 中 A）和密封垫圈（图 17-4 中 B）。注意：由于限位螺栓和变速器油（HCF-2）可能温度很高，请务必小心。

②检查变速器油油位（图 17-5 中 A）。注意：在换挡杆操作后，立即执行变速器油油位检查。

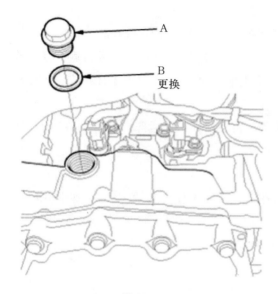

图 17-4

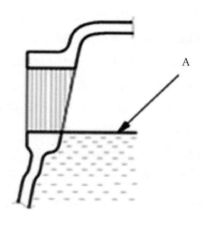

图 17-5

③当变速器油不足时，检查变速器油是否泄漏。

④用推荐的变速器油以合适的量重新注入变速器检查孔，务必使用纯正的本田 HCF-2 无级变速器油。注意：防止异物进入变速器。

⑤检查变速器油油位后，安装限位螺栓（图 17-6 中 A）和新的密封垫圈（图 17-6 中 B）。

（6）安装发动机底盖。按照与拆卸相反的顺序安装零件。

（二）CY1A CVT 变速器油（HCF-2）油位检查

注意：防止异物进入变速器。

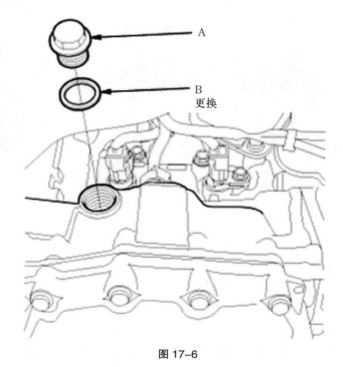

图 17-6

1. 举升车辆

注意：如果准备将较重的部件（如悬架）从车辆后部拆下，首先用较高的安全支架将车辆前部支撑起来。从汽车后部拆卸重物后，汽车重心发生变化，因而可能导致汽车在举升机上前倾。

（1）将举升盘（图 17-7 中 A）置于车辆的前支撑点（图 17-7 中 B）和后支撑点（图 17-7 中 C）之下。确保正确放置举升盘，以避免损坏车辆。

（2）将举升机升高十几厘米，然后轻轻晃动车辆，确保车辆支撑稳固。

（3）将举升机升至最高，并检查车辆支撑点与举升机举升盘是否牢固接触。用安全支架支撑车辆时，可使用车辆举升机支撑车辆时使用的支撑点。在仅由千斤顶支撑的任何车辆上或车辆下作业时，始终应使用安全支架。

（4）如果举升汽车前部，请使用驻车制动器。如果举升车辆后部，对于手动变速器，请将换挡杆置于倒挡；对于自动变速器，请将换挡杆置于 P 位置。

（5）使未举升的车轮止动。

（6）将千斤顶置于前千斤顶托架（图 17-8 中 A）或后千斤顶托架（图 17-8 中 B）下。将千斤顶托架置于千斤顶升降平台（图 17-8 中 C）中心，并将车辆顶得足够高以便将安全支架置于其下。务必正确放置千斤顶以免损坏车辆。

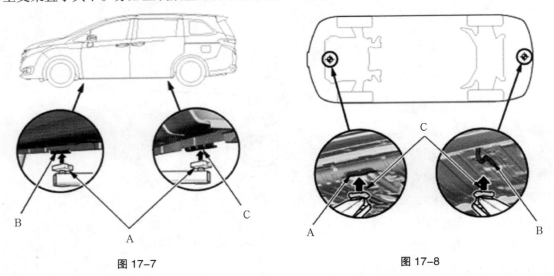

图 17-7   图 17-8

（7）将安全支架放在后支撑点下，并对其进行调节，以使车辆左右保持水平。

（8）将车辆降到安全支架上。

2. 检查变速器油位

在检查螺栓处检查变速器油油位时，通常会发现油位过高或过低。变速器油位维修极限如图 17-9 所示。

注意：在换挡杆操作后，立即执行变速器油油位检查。由于限位螺栓和变速器油液可能温度很高，请务必小心。

（1）施加驻车制动并启动发动机。

（2）踩下制动踏板时，将换挡杆在 P→R→N→D→S→D→N→R→P 之间往复几次，每个位置保持约 3s。

（3）将换挡杆换至 P 位置。

（4）关闭发动机。

（5）拆下限位螺栓（图 17-10 中 A）和密封垫圈（图 17-10 中 B）。

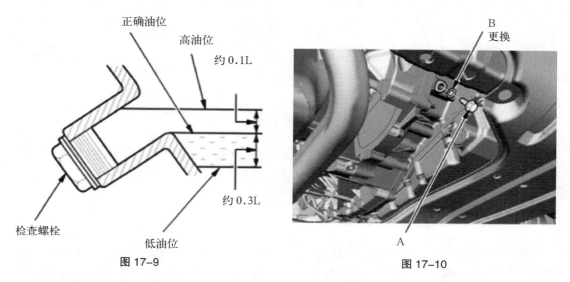

图 17-9　　　　　　　　　　　　　　　图 17-10

（6）检查变速器油油位。注意：如果变速器油逐渐从检查孔中滴下，则变速器油处于正确的油位。在换挡杆操作后，立即执行变速器油（HCF-2）油位检查。由于限位螺栓和变速器油（HCF-2）可能温度很高，请务必小心。如果变速器油未从检查孔中滴下，则检查变速器、变速器油底壳、变速器油加热器、变速器油加热器软管和变速器油加热器管路处的变速器油是否泄漏。如果发现故障，将其修理后再用变速器油加注变速器，转至步骤（8）。如果变速器油从检查孔中流出，则转至步骤（14）。

（7）松松地安装限位螺栓和旧的密封垫圈，然后通过合适支座上变速器上部的加注口盖孔向变速器加注变速器油（HCF-2）。注意：务必通过变速器上部的加注口盖孔向变速器加注变速器油（HCF-2），不要使用变速器前部的加注口盖。防止异物进入变速器。

（8）降下车辆。

（9）拆下滤清器盖（图 17-11 中 A）。

（10）用推荐的变速器油以合适的量重新注入变速器加注孔（图 17-12 中 A）。务必使用纯正的本田 HCF-2 无级变速器油。注意：使用错误类型的油液会损坏变速器。

（11）按照所示方向安装滤清器盖（图 17-13 中 A）。

（12）转至步骤（1），然后重新检查。

图 17-11

图 17-12

（13）举升车辆。

（14）等待直至变速器油至正确油位。

（15）检查变速器油油位后，用新的密封垫圈（图 17-14 中 B）安装限位螺栓（如图 17-14 中 A）。注意：不要重复使用旧的密封垫圈。

（16）降下汽车。

图 17-13

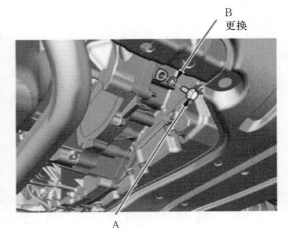

20N · m

图 17-14

（三）SR0A CVT 变速器油（HCF-2）油位检查

注意：防止异物进入变速器。操作换挡杆后，在不花费太长时间的情况下，检查变速器油位。

1. 举升车辆

注意：如果准备将较重的部件（如悬架或燃油箱）从车辆后部拆下，首先用较高的安全支架将车辆前部支撑起来。从车辆后部拆下重物后，车辆重心发生变化，从而可能导致车辆在举升机上前倾。

（1）将举升盘（图17-15中A）置于车辆的前支撑点（图17-15中B）和后支撑点（图17-15中C）之下。确保正确放置举升盘，以避免损坏车辆。

（2）将举升机升高十几厘米，然后轻轻晃动车辆，确保车辆支撑稳固。

（3）将举升机升至最高，并检查车辆支撑点与举升机举升盘是否牢固接触。用安全支架支撑车辆时，可使用车辆被举升机支撑时的支撑点。在仅由千斤顶支撑的任何车辆上或车辆下作业时，始终应使用安全支架。

（4）如果举升车辆前部，请拉起驻车制动器。如果举升车辆后部，请将换挡杆置于倒挡位置（M/T车型）或P（CVT车型）。

（5）使未举升的车轮止动。

（6）将千斤顶置于前千斤顶托架（图17-16中A）或后千斤顶托架（图17-16中B）下。将千斤顶托架置于千斤顶升降平台（图17-16中C）中心，并将车辆顶得足够高以便将安全支架置于其下。确保正确放置千斤顶以避免损坏车辆。

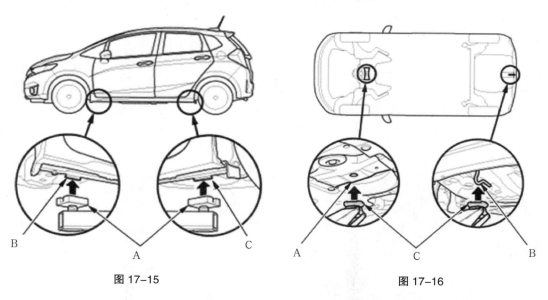

图17-15　　　　　　　　　　　　　　图17-16

（7）将安全支架放在支撑点下，并对其进行调节，以使车辆左右保持水平。

（8）将车辆降到安全支架上。

2.拆卸发动机底盖

（1）拆下发动机底盖（图17-17中A）。

（2）从发动机底盖（图17-17中B）拆下前挡泥板（图17-17中A）。

（3）拆卸发动机后底盖，如图17-18所示。

3.检查变速器油位

（1）启动发动机，并暖机至正常工作温度（散热器风扇运转两次）。

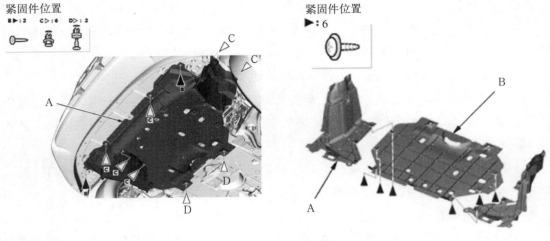

图 17-17

（2）牢牢踩住制动踏板，依次将变速器换至 P → R → N → D → S → L → S → D → N → R → P 位置 / 模式，并在每个位置等待至少 3s。

（3）熄灭发动机。

（4）拆下注油螺塞（图 17-19 中 A）及密封垫圈（图 17-19 中 B）。注意：小心不要被高温零件灼伤。

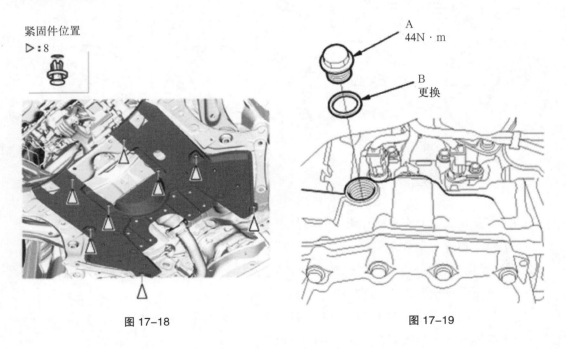

图 17-18

图 17-19

（5）务必将变速器油加注到正确油位（图 17-20 中 A）。注意：如果液位在正确的液位下方，检查油液变速器和油液管路是否泄漏。如果发现问题，则在向后变速器加注变

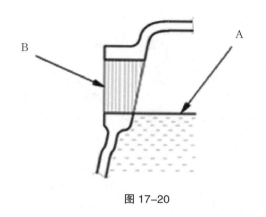

图 17-20

速器油之前应将其修复。

（6）如有必要，使用推荐的油液加注变速器的注油螺塞孔（图 17-20 中 B）中，直至变速器油溢出。务必使用本田 HCF-2 无级变速器油。

（7）用新的密封垫圈重新安装注油螺塞。

4. 安装所有拆下零件

按照与拆卸相反的顺序安装零件。

（四）广汽本田冠道 CVT 变速器油（HCF-2）油位检查和更换

1. 检查

注意：如何读取规定扭矩。防止异物进入变速器。避免被热的部件烫伤。

（1）举升车辆。

（2）拆卸发动机底盖。

（3）检查变速器油油位。

注意：换挡杆操作后，立即进行变速器油位检查。

①启动发动机。

②牢牢踩下制动踏板，换挡至 P → R → N → D → S 开关（ON/OFF）→ D → N → R → P 位置 / 模式，并在各位置 / 模式等待至少 3s。

③关闭发动机。

④拆下检查螺栓（图 17-21 中 A）与密封垫圈（图 17-21 中 B）。

⑤在检查孔（图 17-21 中 C）处检查变速器油油位。注意：如果变速器油慢慢地从检查孔滴出，则变速器油位正常。如果变速器油没有从检查孔滴出，检查变速器、变速器油底壳、变速器油软管和变速器油管路是否存在泄漏。如果发现问题，则在对变速器加注变速器油之前应将其解决，转至步骤③~⑥。如果变速器油从检查孔流出，转至步骤③~⑫。

⑥暂时安装检查螺栓与密封垫圈。

⑦降下车辆。

⑧拆下加注口盖（图 17-22 中 B）。

⑨用推荐的适量的自动变速器油重新注入加注口（图 17-22 中 A）。始终使用本田 HCF-2 无级变速器油液。注意：使用错误型号的自动变速器油会损坏变速器。

⑩安装加注口盖（图 17-22 中 B），并将杆朝向车辆前部。

⑪重新检查。

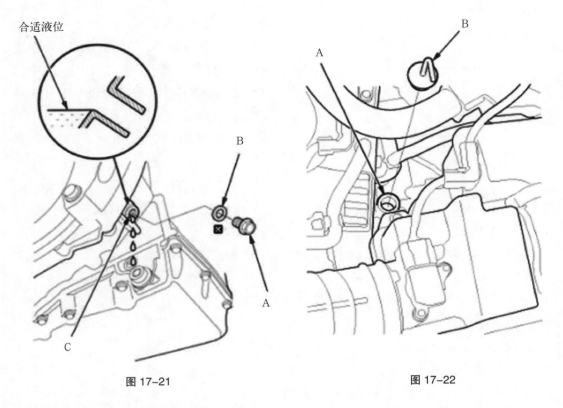

图 17-21   图 17-22

⑫等待，直到变速器油慢慢从检查孔（图 17-23 中 A）中滴出。

⑬检查完变速器油位后，安装检查螺栓（图 17-23 中 B）和新的密封垫圈（图 17-23 中 C）。

（4）安装所有拆下的零件，按照与拆卸相反的顺序安装零件。

2. 更换

注意：如何读取规定扭矩。防止异物进入变速器。小心别灼伤自己。

（1）举升车辆。

（2）拆卸发动机底盖。

（3）暖机发动机。

①启动发动机，并暖机至正常工作温度（散热器风扇运转两次）。

②熄灭发动机。

（4）排空变速器油。

①拆下放油螺塞（图 17-24 中 A）和密封垫圈（图 17-24 中 B），然后排空变速器油至少 5min。注意：在放油螺塞的金属表面清除金属碎屑。

②重新安装带新密封垫圈的放油螺塞。

（5）加注变速器油。

①降下车辆。

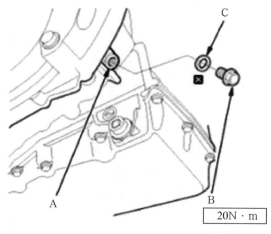

图 17-23

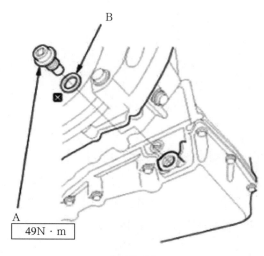

图 17-24

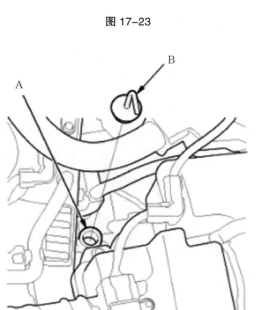

图 17-25

②拆下加注口盖（图 17-25 中 B）。

③用推荐的自动变速器油重新注入加注口（图 17-25 中 A）。始终使用本田 HCF-2 无级变速器油液。注意：使用错误型号的自动变速器油会损坏变速器。变速器油液换油容量 3.7L，更换时油底壳、阀体总成和变速器油泵拆卸、安装和更换时容量 5.8L，大修时容量 7.6L。注意：工作时间为 20min 时，推荐变速器油容量。根据变速器油底壳离开变速器的时间长短，实际变速器油容积会和规定容积有差异。避免变速器油底壳的离开时间超过规定时间。

④安装加注口盖（图 17-25 中 B），并将杆朝向车辆前部。

（6）辅助变速器油泵放气。

（7）检查变速器油油位。

（8）安装所有拆下的零件，按照与拆卸相反的顺序安装零件。

（五）广汽本田冠道 9 速自动变速器 ATF 更换和油位检查

1. 检查

注意：如何读取扭矩规格。防止异物进入变速器。小心不要被温度较高的部件烫伤自己。

（1）举升车辆。

（2）拆卸发动机底盖。

（3）连接 HDS。

（4）检查 ATF 液位。

①将车辆转为 ON 模式。

②进入 VSA 保养模式。

③启动发动机。

④将变速器换挡至 D 位置 / 模式，然后按下集成动态系统开关，选择 Sport+ 模式。

⑤以 1 挡、2 挡、3 挡和 4 挡行驶车辆，并在各个挡位等待至少 10s。减速并使车轮停止转动。注意：切勿在举升机上以超过 4 挡运行变速器，否则变速器将损坏。

⑥将变速器换至 P 位置 / 模式，然后提升发动机转速至 2000r/min 以确保变矩器 ATF 充足。

⑦使用 HDS 怠速运转发动机直至 ATF 温度达到 40℃（允许调节范围：37~45℃）。

⑧拆下液位塞（图 17-26 中 A），并在发动机仍运转时确保 ATF 液位处于正常的液位（图 17-26 中 B）。正常的 ATF 液位：变速器在 40℃时预热时，ATF 从液位塞孔滴落。注意：如果 ATF 液位低于正常的液位，检查变速器和 ATF 管路是否漏油。如果发现问题，则在向变速器加注 ATF 之前应将其修复。

⑨如有必要，通过液位塞孔（图 17-26 中 C）向变速器加注推荐的油液直至 ATF 溢出，然后等待 ATF 滴落。务必使用本田 ATF 3 号。注意：使用错误类型的 ATF 会影响换挡质量。

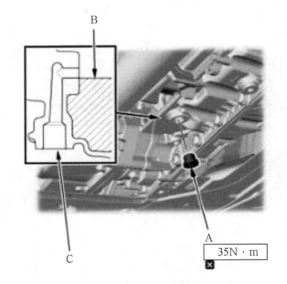

图 17-26

⑩安装新的液位塞。

⑪关闭发动机。

（5）安装所有拆下的零件。按照与拆卸相反的顺序安装零件。

2. 更换

注意：如何读取扭矩规格。防止异物进入变速器。小心不要烫伤自己。

（1）举升车辆。

（2）拆卸发动机底盖。

（3）连接 HDS。

（4）排空 ATF。

①拆下放油螺栓（图 17-27 中 A），并排空 ATF。

②安装新的放油螺栓。

（5）重新加注 ATF。

①拆下液位塞（图 17-28 中 A）。

②用推荐的油液通过液位塞孔（图 17-28 中 B）重新加注变速器。务必使用本田 ATF 3 号。注意：使用错误类型的 ATF 会影响换挡质量。自动变速器油容量不带 AWD：更换油液时 3.2~3.3L，大修时 5.8~6.2L；带 AWD 更换油液时 3.2~3.3 L，大修时 6.8~7.2 L。

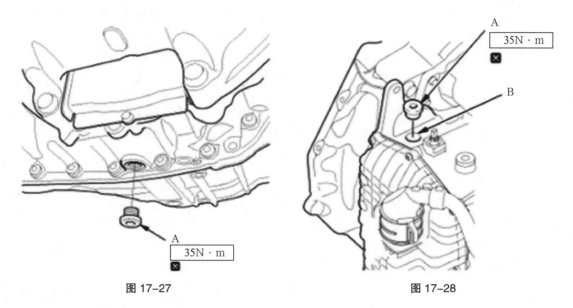

图 17-27　　　　　　　　　　　　　　图 17-28

③暂时安装旧的液位塞。

（6）检查 ATF 液位。

①将车辆转为 ON 模式。

②进入 VSA 保养模式。

③启动发动机。

④将变速器换挡至 D 位置 / 模式，然后按下集成动态系统开关，选择 Sport+ 模式。

⑤以 1 挡、2 挡、3 挡和 4 挡行驶车辆，并在各个挡位等待至少 10s。减速并使车轮停止转动。注意：不要在举升机上以 4 挡以上的速度操作变速器，否则将会损坏变速器。

⑥将变速器换至 P 位置 / 模式，然后提升发动机转速至 2000r/min 以确保变矩器 ATF 充足。

⑦使用 HDS 怠速运转发动机直至 ATF 温度达到 40℃（允许调节范围：37~45℃）。

⑧拆下液位塞（图 17-29 中 A），并在发动机仍运转时确保 ATF 从液位塞孔（图 17-29 中 B）滴落。如果 ATF 溢出，等待直至 ATF 滴落。如果 ATF 未滴落，通过液位塞

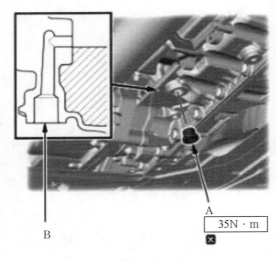

B

A

35N·m

图 17-29

孔加注 ATF 直至 ATF 溢出，然后等待 ATF 滴落。注意：错误的 ATF 液位将影响换挡质量。

⑨安装新的液位塞。

⑩关闭发动机。

（7）安装所有拆下的零件，按照与拆卸相反的顺序安装零件。

（六）2018—2020 年广汽本田雅阁 CA0A CVT 变速器油（HCF-2）油位检查和更换

1. 更换

注意：如何读取扭矩规格。防止异物进入变速器。将变速器油排入拆下的部件时、在不加热发动机时排出油液以确保安全。由于附近的零件可能变烫，小心不要烫伤。

（1）举升车辆。

（2）拆卸发动机内罩板。

（3）暖机发动机。

①启动发动机，并暖机至正常工作温度（散热器风扇运转两次）。

②熄灭发动机。

（4）排空变速器油。

①拆下放油螺塞（图 17-30 中 A）和密封垫圈（图 17-30 中 B），然后排空变速器油至少 5min。注意：在放油螺塞的金属表面消除金属碎屑。

②重新安装带新密封垫圈的放油螺塞。

（5）重新加注变速器油。

①降下车辆。

②拆下滤清器盖（图 17-31 中 A）。此图示为不带发动机节能自动启停系统。

③用推荐的变速器油重新注入加注口。务必使用本田 HCF-2 无级变速器油。注意：使用错误类型的油液会损坏变速器。变速器油（HCF-2）容量：更换时 3.7L，拆卸、安装和更换油底壳、阀体总成和变速器油泵时 5.8L，大修时 7.6L。注意：作业时间为 20min 时变速器油 HCF-2 的参考容量，根据变速器油底壳与变速器分离的时间长短、变速器油（HCF-2）实际容量将与规定容量有所不同。避免拆下变速器油底壳过长时间。

④用操纵杆朝向车辆前部安装加注口盖。

（6）辅助变速器油泵放气（带发动机节能自动启停系统）。

（7）变速器油油位检查。

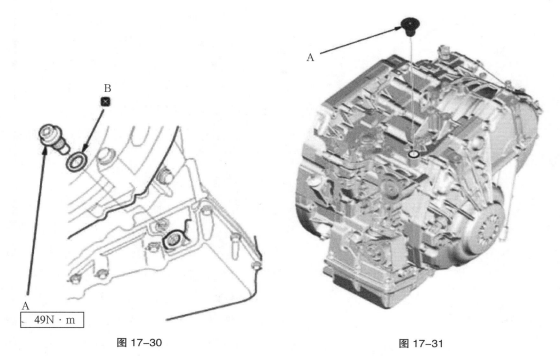

A

B

49N·m

图 17-30　　　　　　　　　　　　　　图 17-31

（8）安装所有拆下的零件，按照与拆卸相反的顺序安装零件。

2. 检查

注意：如何读取规定扭矩。防止异物进入变速器。避免被热的部件烫伤。

（1）车辆举升

（2）拆卸发动机内罩板。

（3）检查变速器油位。

注意：在换挡杆操作后，立即执行变速器油油位检查。

①启动发动机。

②牢牢踩下制动踏板时，依次将变速器换至 P–R–N–D–S–L–S–D–N–R–P 位置模式，并在各个位置模式等待至少 3s。

③关闭发动机。

④集成垫圈型：拆下限位螺栓（图 17-32 中 A）。独立垫圈型：拆下限位螺栓（图 17-32 中 A）和密封垫圈（图 17-32 中 B）。

⑤检查检查孔（图 17-32 中 C）处的变速器油位。注意：如果变速器油逐渐从检查孔中滴下，则变速器油处于正确的油位（图 17-32 中 D）。如果变速器油未从检查孔中滴下，则检查变速器、变速器油底壳、变速器油软管和变速器油管路处的变速器油是否泄漏，如果发现故障，将其修理后再用变速器油加注变速器，然后转至步骤③～⑫。

⑥集成垫圈型：暂时安装限位螺栓。独立垫圈型：用密封垫圈暂时安装限位螺栓。

⑦降下车辆。

387

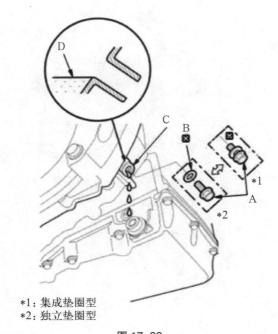

*1：集成垫圈型
*2：独立垫圈型

图 17-32

⑧拆下滤清器盖（图 17-33 中 A）。

⑨用推荐的变速器油以合适的量重新注入变速器加注孔（图 17-33 中 B）（务必使用木田 HCF-2 无级变速器油）。注意：使用错误类型的油液会损坏变速器。

⑩用操纵杆朝向车辆前部安装加注口盖。

⑪然后重新检查。

⑫等到变速器油处于正确的油位。注意：如果变速器油逐渐从检查孔中滴下，则变速器油处于正确的油位（图 17-34 中 A）。

⑬集成垫圈型：检查变速器油位后，安装新的限位螺栓（图 17-35 中 A）。独立垫圈型：检查变速器油位后，用新的密封垫圈（图 17-35 中 B）安装限位螺栓（图 17-35 中 A）。

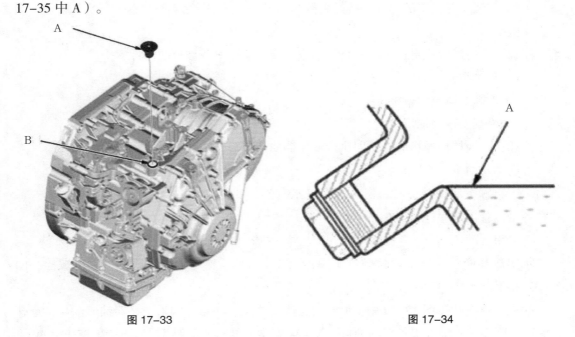

图 17-33   图 17-34

（4）安装所有拆下的零件，按照与拆卸相反的顺序安装零件。

（七）2019—2020 年广汽本田奥德赛混动 CW1E E-CVT 变速器 ATF 液位检查和更换

ATF 维修螺塞位置图如图 17-36 所示。

388

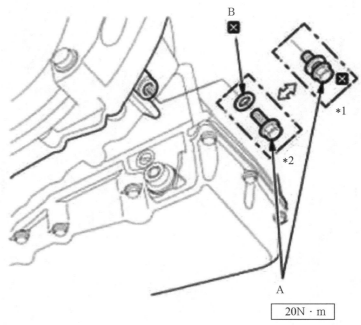

*1：集成垫圈型
*2：独立垫圈型

图 17-35

1. 检查

警戒：小心不要被温度较高的部件烫伤自己。注意：如何读取扭矩规格。防止异物进入变速器（e-CVT）。关闭发动机后，在 60~90s 内检查液位。如果散热器风扇启动三次或更多次，则将显示更高的液位。

（1）举升车辆。

（2）预热发动机。

①进入保养模式，然后启动发动机。

②提高发动机转速至约 3000r/min 预热发动机，直至散热器风扇运转。

③关闭发动机。

（3）拆卸挡泥板。

（4）ATF 液位检查

①拆下注油螺塞（图 17-37 中 A）和密封垫圈（图 17-37 中 B）。

②确保 ATF 油处于合适的液位（图 17-37 中 C）。如果 ATF 加注过量，则从注油螺塞孔（图 17-37 中 D）排放 ATF 至合适液位。如果 ATF 过低，则检查并修理任一外部泄漏。如果没有泄漏则将推荐的变速器油（E-CVT）通过注油螺塞孔加注到合适的液位。务必使用纯正的 Honda ATF DW-1。注意：使用错误型号的自动变速器油会损坏变速器（E-CVT）。

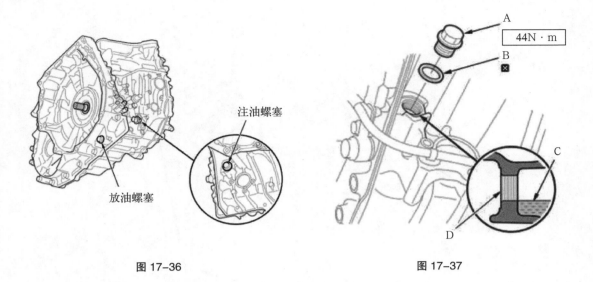

图 17-36

图 17-37

（5）安装所有拆下的零件，按照与拆卸相反的顺序安装零件。

2.更换

警戒：小心不要被温度较高的部件烫伤自己。注意：如何读取扭矩规格。防止异物进入变速器（E-CVT）

（1）举升车辆。

（2）发动机预热，拆卸安装变速器（E-CVT）时除外。

①进入保养模式，然后启动发动机。

②提高发动机转速预热发动机，直至散热器风扇运转。

③关闭发动机。

（3）拆卸挡泥板。

（4）排放 ATF。

①用密封垫圈（图 17-38 中 B）拆下放油螺塞（图 17-38 中 A）。

②排放 ATF。

③重新安装带新密封垫圈的放油螺塞。

（5）ATF 重新加注

①拆下注油螺塞（图 17-39 中 A）和密封垫圈（图 17-39 中 B）。

②通过注油螺塞孔（图 17-39 中 C）用推荐的油液重新加注变速器（E-CVT）至正确的油位（图 17-39 中 D）。务必使用纯正的本田 ATF DW-1。注意：使用错误类型的油液会损坏变速器（E-CVT）。变速器油液（AT）容量：更换时 2.2L，大修时 3.2L。

（6）安装所有拆下的零件，按照与拆卸相反的顺序安装零件。

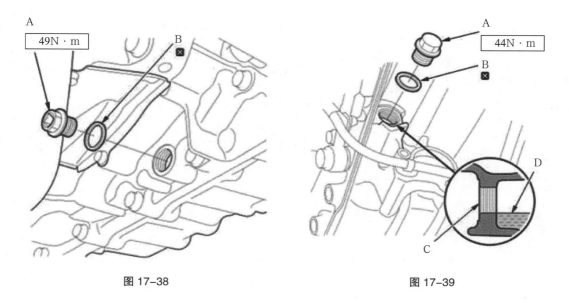

图 17-38　　　　　　　　　　　　　　图 17-39

二、保养灯复位

（一）车型

· 2019—2020 年广汽本田凌派

1. 重置发动机机油监视器系统（带综合信息显示屏）

（1）发动机机油监视器系统结构和功能一般说明。

注意：根据行驶状态，实际的距离可能比发动机机油监视器显示的可行驶距离要短。

仪表如图 17-40 所示，方向盘如图 17-41 所示。

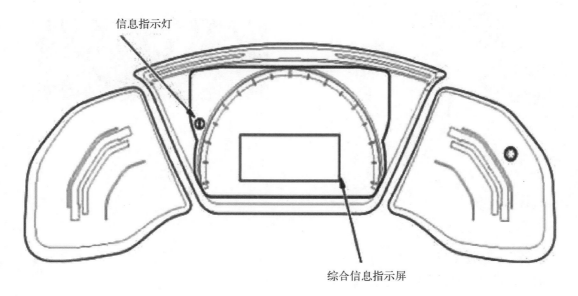

图 17-40

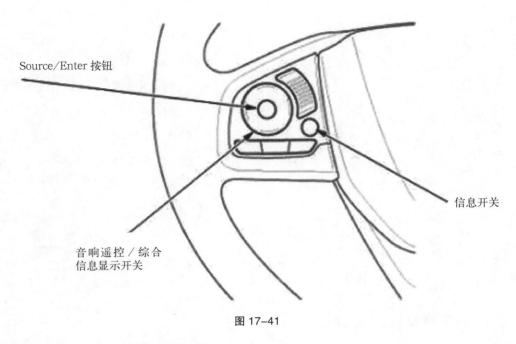

Source/Enter 按钮

信息开关

音响遥控／综合
信息显示开关

图 17-41

（2）如何进入发动机机油监视器。

①将车辆转为 ON 模式。

②重复按下信息开关，直到综合信息显示屏上出现"保养（图 17-42 中 A）"。

③按下 Source/Enter 按钮，然后画面上出现发动机机油监视器（图 17-42 中 B）。

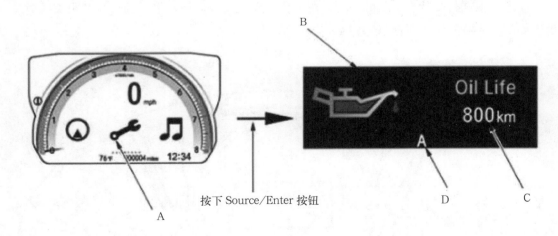

按下 Source/Enter 按钮

C.可持续行驶距离　D.保养项目

图 17-42

注意：可持续行驶距离达到 0 时，发动机机油监视器根据以往行驶距离进行显示，如显示屏显示 10 km 且以往行驶距离将开始闪烁。

（3）重置发动机机油监视器系统。

注意：必须停车且重置发动机机油监视器系统。如果进行了需要的维修但没有重置系统，或如果系统重置但没有进行维修，则系统将无法显示正确的保养时间。这样会导致严重的发动机故障，因为车辆无法进行准确的需要保养的记录。即时放大警告（现在需要保养）没有出现（可持续行驶距离没有达到"0"），显示距上次保养1年的时间后需要的保养项目，并执行这些需要保养的项目。

① 将车辆转为 ON 模式。

②参看"如何进入发动机机油监视器"，综合信息显示屏上显示发动机机油监视器。

③按住 Source/Enter 按钮至少 10s，显示重置模式。若要取消重置模式，通过音响遥控／综合信息显示屏开关选择"取消"（图 17-43 中 A），然后按下 Source/Enter 按钮。

④若要重置发动机机油监视器系统，通过音响遥控／综合信息显示屏开关选择"重置"（图 17-44 中 A），然后按下 Source/Enter 按钮。

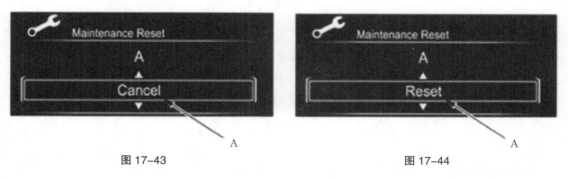

图 17-43   图 17-44

⑤画面将返回至发动机机油监视器。可看到下一步需要保养项目及可持续行驶距离，如图 17-45 所示。

2. 重置发动机机油监视器系统（不带综合信息显示屏）

（1）发动机机油监视器系统结构和功能一般说明。

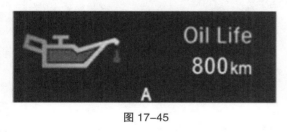

图 17-45

注意：根据车型、类型和车辆装饰件不同，信息显示屏的图示可能不同。根据行驶状态，实际的距离可能比发动机机油监视器显示的可行驶距离要短。仪表如图 17-46 所示。

（2）如何进入发动机机油监视器。

①将车辆转为 ON 模式。

②重复按下 SEL/RESET 按钮，直到出现发动机机油监视器信息。

③系统在显示屏上显示可持续行驶距离（图 17-47 中 A）和保养项目（图 17-47 中 B）需要服务。注意：可持续行驶距离达到 0 时，发动机机油监视器根据以往行驶距离进行显示，如显示屏显示 10 km 且以往行驶距离将开始闪烁。

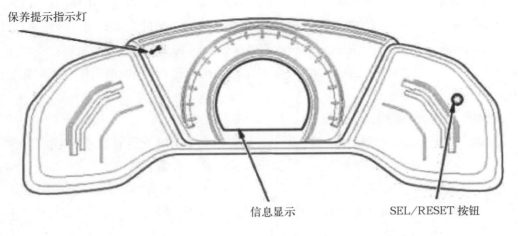

保养提示指示灯

信息显示　　　　　　　　SEL/RESET 按钮

图 17-46

（3）重置发动机机油监视器系统。

注意：必须停车且重置发动机机油监视器系统。如果进行了需要的维修但没有重置系统，或如果系统重置但没有进行维修，则系统将无法显示正确的保养时间。这样会导致严重的发动机故障，因为车辆无法进行准确的需要保养的记录。即使发动机机油监视器的可持续行驶距离没有达到 0，但距离上次保养时间超过 1 年时，也请执行保养项目显示的需要保养项目。

①将车辆转为 ON 模式。

②重复按下 SEL/RESET 按钮，直到出现发动机机油监视器信息，如图 17-48 所示。

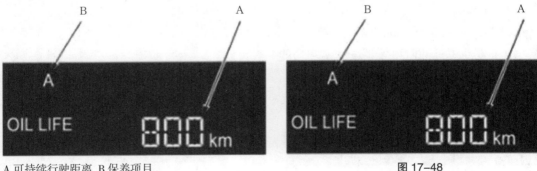

A.可持续行驶距离　B.保养项目

图 17-47

图 17-48

③按住 SEL/RESET 按钮 10s 或更久，监视器开始闪烁，如图 17-49 所示。注意：如果取消了"重置发动机机油监测器"的步骤，监测器闪烁时，将车辆转至 OFF 模式或持续 30s 或更久不进行操作。

图 17-49

394

④按下开关超过 5s，显示屏将切换至正常显示。可看到发动机机油监测器上显示的下一步需要保养项目及可持续行驶距离。

（二）车型

·2018—2020 年广汽雅阁

1.重置发动机机油监视器系统（带综合信息显示屏）

（1）发动机机油监视器系统结构和功能一般说明。

注意：根据行驶状态，实际的距离可能比发动机机油监视器显示的可行驶距离要短。仪表如图 17-50 所示，方向盘如图 17-51 所示。

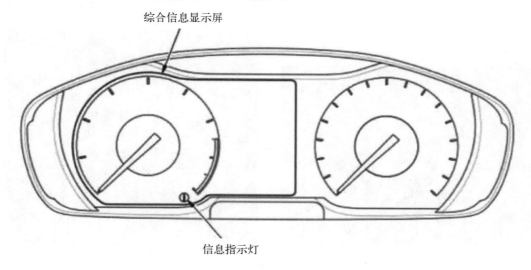

图 17-50

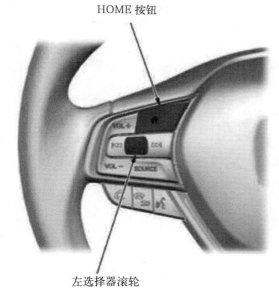

图 17-51

（2）如何进入发动机机油监视器。

①将车辆转为 ON 模式。

②按下 HOME 按钮，然后滚动左选择器滚轮选择"保养"。

③按下左选择器滚轮，多信息显示屏上出现发动机机油监视器（图 17-52 中 A）。

注意：可持续行驶距离达到"0"时，发动机机油监视器根据以往行驶距离进行显示，如显示屏显示"10km"，且以往行驶距离将开始闪烁。

（3）重置发动机机油监视器系统。

注意：必须停车且重置发动机机油监视器系统。如果进行了需要的维修但没有重置系统或如果系统重置但没有进行维修，则系统将无法显示正确的保养时间。这样会导致严重的发动机故障，因为车辆无法进行准确的需要保养的记录。即时放大警告（现在需要保养）没有出现（可持续行驶距离没有达到"0"），显示距上次保养1年的时间后需要的保养项目，并执行这些需要保养的项目。

①将车辆转为 ON 模式。

②参看"如何进入发动机机油监视器"，综合信息显示屏上显示发动机机油监视器。

③按住左选择器滚轮选择至少 10s 或更长时间。若要取消重置模式，滚动左选择器滚轮选择"取消"（图 17-53 中 A），并按下滚轮。

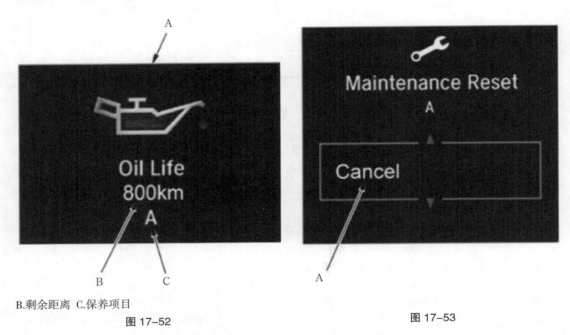

B.剩余距离 C.保养项目

图 17-52　　　　　　　　　　　　　　　　　　图 17-53

④若要重置发动机机油监视器系统，滚动左选择器滚轮选择重置，然后按下滚轮。

⑤画面将返回至发动机机油监视器。

2. 重置发动机机油监视器系统（不带综合信息显示屏）

（1）发动机机油监视器系统结构和功能一般说明。

注意：根据车型、类型和车辆装饰件不同，信息显示屏的图示可能不同。根据行驶状态，实际的距离可能比发动机机油监视器显示的可行驶距离要短。仪表如图 17-54 所示。驾驶员侧仪表板外侧开关装饰件如图 17-55 所示。

（2）如何进入发动机机油监视器。

①将车辆转为 ON 模式。

②重复按下 SEL/RESET 按钮，直到出现发动机机油监视器信息。

③系统在显示屏上显示可持续行驶距离（图 17-56 中 A）和保养项目（图 17-56 中 B）

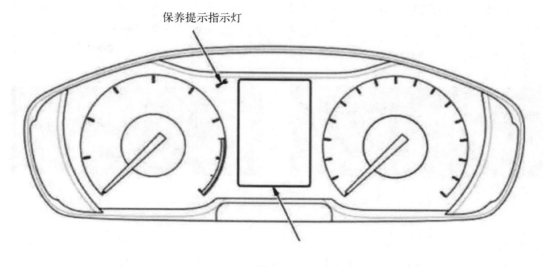

保养提示指示灯

图 17-54

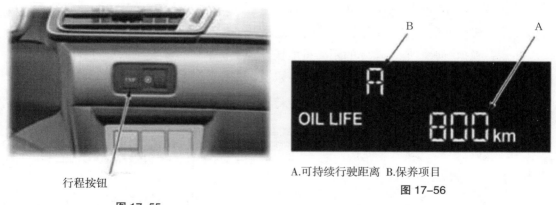

行程按钮

图 17-55

A.可持续行驶距离 B.保养项目

图 17-56

需要服务。

注意：可持续行驶距离达到"0"时，发动机机油监视器根据以往行驶距离进行显示，如显示屏显示"10km"，且以往行驶距离将开始闪烁。

（3）重置发动机机油监视器系统。

注意：必须停车且重置发动机机油监视器系统。如果进行了需要的维修但没有重置系统或如果系统重置但没有进行维修，则系统将无法显示正确的保养时间。这样会导致严重的发动机故障，因为车辆无法进行准确的需要保养的记录。即使发动机机油监视器的可持续行驶距离没有达到"0"，距离上次保养时间超过 1 年时，请执行保养项目显示的需要保养项目。

①将车辆转为 ON 模式。

②重复按下 SEL/RESET 按钮，直到出现发动机机油监视器信息，如图 17-57 所示。

③按住 SEL/RESET 按钮 10s 或更久，监视器开始闪烁，如图 17-58 所示。注意：如果取消了"重置发动机机油监测器"的步骤，监测器闪烁时，将车辆转至 OFF 模式或持续 30s 或更久不进行操作。

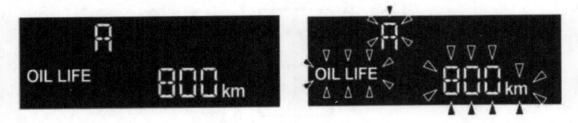

图 17-57　　　　　　　　　　　　　　图 17-58

（4）按下开关超过 5s，显示屏将切换至正常显示。

（三）车型

·2017—2020 年广汽本田冠道

1. 发动机机油监视器系统结构和功能

注意：根据行驶状态，实际的距离可能比发动机机油监视器显示的可行驶距离要短。仪表如图 17-59 所示，方向盘如图 17-60 所示。

综合信息显示屏　　　　　　　　　　　　　　　　信息指示灯

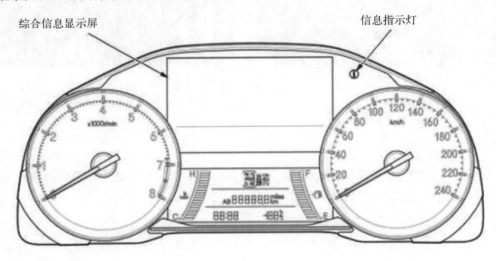

图 17-59

2. 如何进入发动机机油监视器

（1）车辆转为 ON 模式。

（2）滚动多功能方向盘控制器，直到综合信息显示屏上显示"发动机机油监视器（图 17-61）"。

多功能方向
控制器

图 17-60

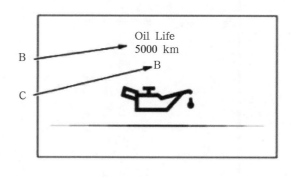

B.剩余距离　C.保养项目

图 17-61

注意：当剩余距离到达"0"时，发动机机油监视器会显示过期距离，例如在显示屏上显示"10km"，并且过期距离会开始闪烁。

3. 重置发动机机油监视器系统

注意：必须停车且重置发动机机油监视器系统。如果进行了需要的维修但没有重置系统或如果系统重置但没有进行维修，则系统将无法显示正确的保养时间。这样会导致严重的发动机故障，因为车辆无法进行准确的需要保养的记录。即时放大警告（现在需要保养）没有出现（可持续行驶距离没有达到"0"），显示距上次保养1年的时间后需要的保养项目，并执行这些需要保养的项目。

（1）将车辆转为 ON 模式。

（2）看"如何进入发动机机油监视器"，综合信息显示屏上显示发动机机油监视器。

（3）按下中央显示屏单元上的 Home 按钮显示主菜单，然后选择"设定（图 17-62 中 A）"显示设定菜单。

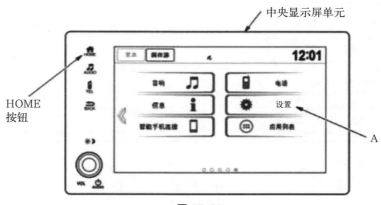

图 17-62

399

（4）选择"车辆（图 17-63 中 A）"显示车辆设定菜单。

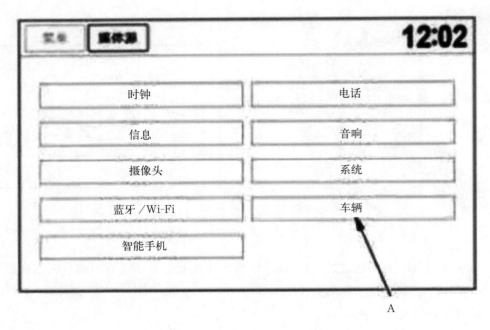

图 17-63

（5）选择"保养信息（图 17-64 中 A）"以显示保养重设菜单。

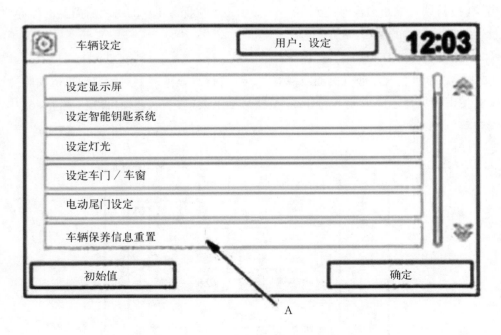

图 17-64

（6）选择"重新设定（图 17–65 中 A）"，然后显示确认对话框。

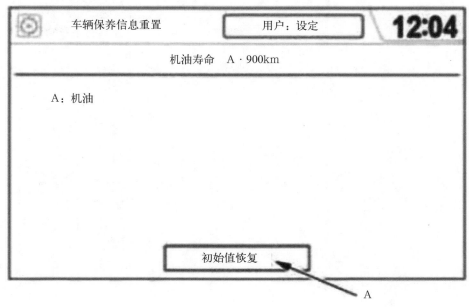

图 17–65

（7）为重设发动机机油监测系统，选择"重设（图 17–66 中 A）"。

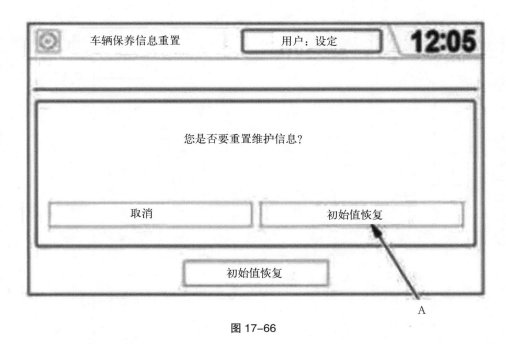

图 17–66

（8）如果发动机机油监视器系统的重新设定成功完成，显示将返回车辆设定菜单。

三、广汽本田车系换油规格（表 17–1）

表 17-1

车型 / 项目	年款	发动机型号	排量	发动机油量（维修滤清器器更换）(L)	发动机油量（干式加注，包括滤清器）(L)	发动机机油型号	自动变速器型号	变速器容量 (L)	变速器油型号
锋范 1.5L	2015—2019年	L15B2	1.5L	3.3	4.0	0W20 10W30	CE1A（不带发动机节能自动启停系统）CE2A（带发动机节能自动启停系统）CVT	4.2（油底壳、下阀体和变速器油泵拆卸、安装和更换时）3.4（换油时）5.7（大修）	务必使用纯正的本田 HCF-2
飞度 1.5L	2014—2019年	L15B2	1.5L	3.3	4.0	0W20	SR0A CVT	4.2（油底壳、下阀体和变速器油泵拆卸、安装和更换时）3.4（换油时）5.7（大修）	务必使用纯正的本田 HCF-2
缤智 1.5L	2015—2019年	L15B2	1.5L	3.3	4.0	0W20	CH2A CVT	4.2（油底壳、下阀体和变速器油泵拆卸、安装和更换时）3.4（换油时）5.7（大修）	务必使用纯正的本田 HCF-2
缤智 1.8L	2015—2017年	R18Z7	1.8L	3.7	4.5	0W20	CH7A（2WD）CVT C2GA（AWD）CVT	4.3（油底壳、下阀体和变速器油泵拆卸、安装和更换时）3.5（换油时）5.8（大修） 4.0（油底壳、下阀体和变速器油泵拆卸、安装和更换时）4.8（换油时）6.8（大修）	务必使用纯正的本田 HCF-2
缤智 220Turbo	2019—2020年		1.5T	3.5	4.0	0W20	CVT	5.8（油底壳、下阀体和变速器油泵拆卸、安装和更换时）3.7（换油时）7.6（大修）	使用纯正的本田 HCF-2
凌派 1.8L	2016—2019年	R18Z5	1.8L	3.7	4.5	0W20 5W30 5W40 10W30 10W40	CVT	4.3（油底壳、下阀体和变速器油泵拆卸、安装和更换时）3.5（换油时）5.8（大修）	使用纯正的本田 HCF-2
凌派 180Turbo	2019—2020年	P10A3	1.0T	3.8	4.5	0W20 0W30 5W30 10W30	CP6A CVT CP7A CVT CP8A CVT CP9A CVT	4.2（油底壳、下阀体和变速器油泵拆卸、安装和更换时）3.4（换油时）5.7（大修）	使用纯正的本田 HCF-2

（续表）

车型＼项目	年款	发动机型号	排量	发动机机油油量（维修机油加注与滤清器更换）（L）	发动机机油油量（干式加注，包括滤清器）（L）	发动机机油型号	自动变速器型号	变速器容量（L）	变速器油型号
雅阁230Turbo	2018—2020年	L15BM	1.5T	3.5	4.0	0W20	CA0A CVT CA1A CVT	3.7（换油时） 5.8（油底壳、下阀体和变速器油泵拆卸、安装和更换时） 7.6（大修）	使用纯正的本田 HCF-2
雅阁260Turbo	2018—2020年	L15BN	1.5T	3.5	4.0	0W20	CA0A CVT CA1A CVT	3.7（换油时） 5.8（油底壳、下阀体和变速器油泵拆卸、安装和更换时） 7.6（大修）	使用纯正的本田 HCF-2
雅阁混动2.0L	2016—2019年	LFA11	2.0L	3.8	4.5	0W20	E-CVT	2.11（换油时） 3.15（大修时）	ATF DW1
雅阁混动2.0L	2020年	LFB11	2.0L	3.8	4.5	0W20	CD5E E-CVT	2.2（换油时） 3.35（大修时）	ATF DW1
雅阁2.0L	2014—2017年	R20A	2.0L	3.7	4.5	0W20 0W30 5W30 10W30	CF8A CVT	3.7（换油时） 5.8（油底壳、下阀体和变速器油泵拆卸、安装和更换时） 7.6（大修）	使用纯正的本田 HCF-2
雅阁2.4L	2014—2017年	K24W5	2.4L	4.2	5.4	0W20 0W30 5W30 10W30	CY8A CVT	3.7（换油时） 5.8（油底壳、下阀体和变速器油泵拆卸、安装和更换时） 7.6（大修）	使用纯正的本田 HCF-2
奥德赛2.4L	2014—2019年	K24W5	2.4L	4.2	5.4	0W20	CY1A CVT	3.7（换油时） 5.8（油底壳、下阀体和变速器油泵拆卸、安装和更换时） 7.6（大修）	使用纯正的本田 HCF-2
奥德赛混动2.0L	2019年	LFB11	2.0L	3.8	4.5	0W20	CW1E E-CVT	2.3（换油时） 3.2（大修时）	ATF DW1
冠道240Turbo	2017—2020年	L15BD	1.5T	3.5	4.0	0W20 0W30 5W30 10W30	CVT	3.7（换油时） 5.8（油底壳、下阀体和变速器油泵拆卸、安装和更换时） 7.6（大修）	务必使用纯正的本田 HCF-2
冠道370Turbo	2017—2019年	K20C3	2.0T	5.0	6.2	0W30 0W20 5W30 10W30	9档	2WD 3.2~3.3（大修时） 5.8~6.2（换油时） AWD 3.2~3.3（换油时） 6.8~7.2（大修时）	ATF 3 号

第十八章 东风本田车系

一、自动变速器油位检查

（一）变速器型号

1. COSA CVT 变速器油（HCF-2）更换

注意：防止异物进入变速器。

（1）举升车辆。

（2）拆卸发动机内罩板。

（3）暖机发动机。

①启动发动机，并暖机至正常工作温度（散热器风扇运转两次）。

②熄灭发动机。

（4）排空变速器油。

①拆下放油螺塞（图18-1中A）和密封垫圈（图18-1中B），然后排空变速器油。注意：在放油螺塞的金属表面清除金属碎屑。

②重新安装带新密封垫圈的放油螺塞，如图18-2所示。

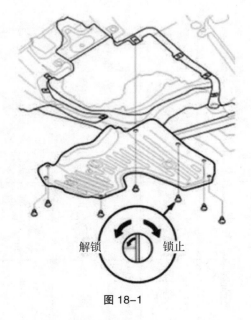

图 18-1

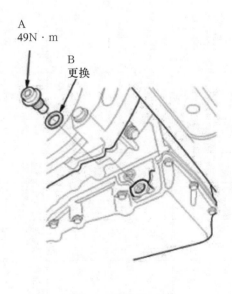

图 18-2

（5）加注变速器油。

①降下车辆。

②拆下加注口盖（图18-3中A）。

③用推荐的自动变速器油重新注入加注口 （图18-3中B）。始终使用本田HCF-2无级变速器油液。注意：使用错误型号的自动变速器油会损坏变速器。变速器油（HCF-2）容量：更换时3.7L，油底壳、下阀体和变速器油泵拆卸、安装和更换时5.8L，大修时7.6L。注意：工作时间为20min时，推荐变速器油（HCF-2）容量。根据变速器油底壳离开变速器的时间长度，实际变速器油（HCF-2）容积会和规定容积有差异。避免变速器油底壳的离开时间超过规定时间。

④按照图示方向安装加注口盖。

（6）辅助变速器油泵放气。

（7）检查变速器油位。

2. 变速器油（HCF-2）油位检查

注意：防止异物进入变速器。

（1）举升车辆。

（2）拆卸发动机内罩板。

（3）检查变速器油油位。注意：在检查螺栓处检查变速器油位时，不难看到油位是在上液位还是下液位，如图18-4所示。换挡杆操作后，立即进行变速器油位检查。在过高温度条件区域工作时，要小心操作。

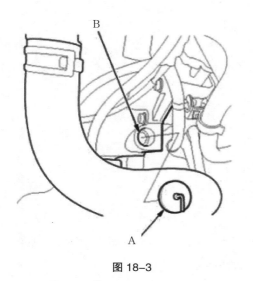

图18-3

变速器油（HCF-2）油位使用极限

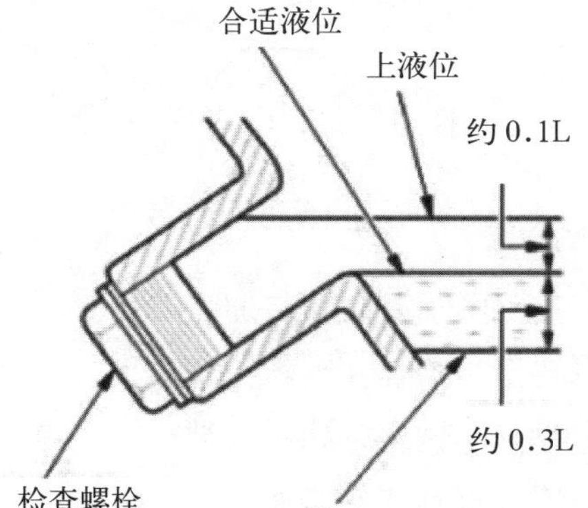

合适液位
上液位
约0.1L
检查螺栓
下液位
约0.3L

图18-4

①施加驻车制动。

②启动发动机。

③牢牢踩下制动踏板，换挡至P→R→N→D→S→D→N→R→P位置/模式，并在各位置/模式等待至少3s。

④关闭发动机。

⑤拆下检查螺栓（图18-5中A）与密封垫圈（图18-5中B）。

⑥检查变速器油油位。注意：如果变速器油慢慢地从检查孔滴出，则变速器油位正常。如果变速器油没有从检查孔滴出，检查变速器、变速器油底壳、变速器油软管和变速器油管路是否存在泄漏。如果发现问题，则在对变速器加注变速器油之前应将其解决，转至步骤⑦。如果变速器油从检查孔流出，转至步骤⑭。

⑦松松地安装检查螺栓与密封垫圈。

⑧降下车辆。

⑨拆下加注口盖（图18-6中A）。

⑩用推荐的适量的自动变速器油重新注入加注口（图18-6中B）。始终使用本田HCF-2无级变速器油液。注意：使用错误型号的自动变速器油会损坏变速器。

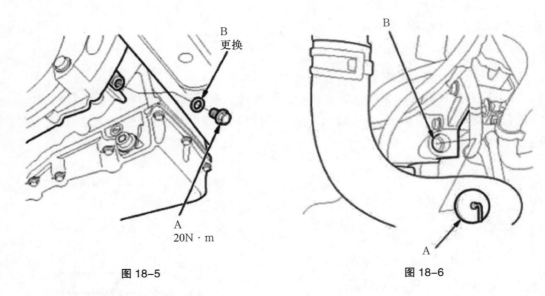

图18-5　　　　　　　　　　　　　　　　　图18-6

⑪按照图示方向安装加注口盖。

⑫转至步骤②并重新检查。

⑬举升车辆，并确保其被牢固支撑。

⑭等待直到变速器油油位正常。

⑮检查完变速器油位后，安装检查螺栓（图18-7中A）和新的密封垫圈（图18-7中B）。

（4）安装所有拆下的零件。按照与拆卸相反的顺序安装零件。

（二）CC0A变速器

1.CC0A变速器油（HCF-2）更换

注意：防止异物进入变速器。

（1）举升车辆。

（2）拆卸发动机内罩板。

（3）暖机发动机。

①启动发动机，并暖机至正常工作温度（散热器风扇运转两次）。

②熄灭发动机。

（4）排空变速器油。

①拆下放油螺塞（图18-8中A）和密封垫圈（图18-8中B），然后排空变速器油至少5min。注意：避免被热的部件烫伤。在放油螺塞的金属表面清除金属碎屑。

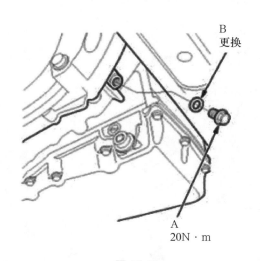

图18-7　　　　　　　　　　　　　图18-8

②重新安装带新密封垫圈的放油螺塞。

（5）加注变速器油。

①降下车辆。

②拆下加注口盖（图18-9中B）。

③用推荐的自动变速器油重新注入加注口（图18-9中A）。始终使用本田HCF-2无级变速器油液。注意：使用错误型号的自动变速器油会损坏变速器。变速器油（HCF-2）容量：更换时3.7L，油底壳、阀体总成和变速器油泵拆卸、安装和更换时5.8L，大修时7.6L。注意：工作时间为20min时，推荐变速器油（HCF-2）容量。根据变速器油底壳离开变速器的时间长短，实际变速器油（HCF-2）容积会和规定容积有差异。避免变速器油底壳的离开时间超过规定时间。

④安装加注口盖（图18-9中B），并将杆朝向车辆前部。

（6）辅助变速器油泵放气。

（7）检查变速器油位。

（8）安装所有拆下的零件，按照与拆卸相反的顺序安装零件。

2.CC0A变速器油（HCF-2）油位检查

注意：防止异物进入变速器。

（1）举升车辆。

（2）拆卸发动机内罩板。

（3）检查变速器油油位。

注意：避免被热的部件烫伤。换挡杆操作后，立即进行变速器油位检查。

①启动发动机。

②牢牢踩下制动踏板，换挡至 P→R→N→D→S→L→S→D→N→R→P 位置 / 模式，并在各位置 / 模式等待至少 3s。

③关闭发动机。

④拆下检查螺栓（图 18-10 中 A）与密封垫圈（图 18-10 中 B）。

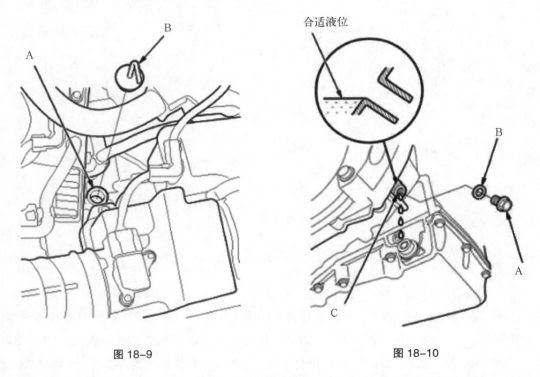

图 18-9　　　　　　　　　　　　　　　　图 18-10

⑤在检查孔（图 18-10 中 C）处检查变速器油油位。注意：如果变速器油慢慢地从检查孔滴出，则变速器油位正常。 如果变速器油没有从检查孔滴出，检查变速器、变速器油底壳、变速器油软管和变速器油管路是否存在泄漏。如果发现问题，则在对变速器加注变速器油之前应将其解决，转至步骤③～⑥。 如果变速器油从检查孔流出，转至步骤③～⑫。

⑥暂时安装检查螺栓与密封垫圈。

⑦降下车辆。

⑧拆下加注口盖（图 18-11 中 B）。

⑨用推荐的适量的自动变速器油重新注入加注口（图18-11中A）。始终使用本田HCF-2无级变速器油液。注意：使用错误型号的自动变速器油会损坏变速器。

⑩安装加注口盖（图18-11中B），并将杆朝向车辆前部。

⑪转至步骤③～⑪并重新检查。

⑫等待，直到变速器油慢慢从检查孔（图18-12中A）滴出。

⑬检查完变速器油位后，安装检查螺栓(图18-12中B)和新的密封垫圈(图18-12中C)。

（4）安装所有拆下的零件，按照与拆卸相反的顺序安装零件。

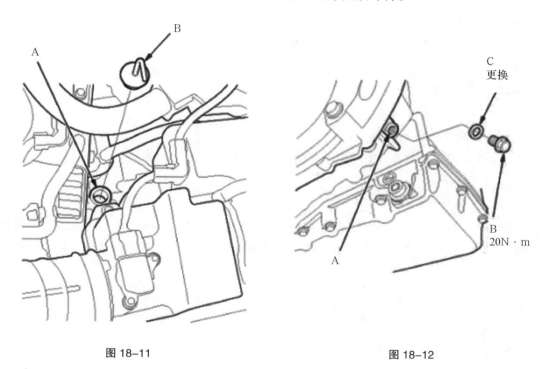

图18-11   图18-12

（三）CDHA 变速器油（HCF-2）油位检查和更换

1. 检查

注意：如何读取规定扭矩。防止异物进入变速器。无须太多时间，操作换挡杆后检查变速器油位。

（1）举升车辆。

（2）拆卸发动机底盖。

（3）检查变速器油油位。

①启动发动机，并暖机至正常工作温度（散热器风扇运转两次）。

②牢牢踩下制动踏板，换挡至 P→R→N→D→S→L→S→D→N→R→P 位置/模式，并在各位置/模式等待至少 3s。

③关闭发动机。

④拆下注油螺塞（图 18-13 中 A）和密封垫圈（图 18-13 中 B）。注意：避免被热的部件烫伤。

⑤确保变速器油液处于合适的液位（图 18-13 中 C）。注意：如果液位低于合适液位，则检查变速器和管路是否有油液泄漏。如果发现问题，则在对变速器加注变速器油之前应将其解决。

⑥如有必要，用推荐的适量的自动变速器油重新注入注油螺塞孔（图 18-13 中 D），直到变速器油溢出。始终使用本田 HCF-2 无级变速器油液。

⑦重新安装带新密封垫圈的注油螺塞。

（4）安装所有拆下的零件，按照与拆卸相反的顺序安装零件。

2. 更换

（1）举升车辆。

（2）拆卸发动机底盖。

（3）暖机发动机。

①启动发动机，并暖机至正常工作温度（散热器风扇运转两次）。

②熄灭发动机。

（4）排空变速器油。

①拆下放油螺塞（图 18-14 中 A）和密封垫圈（图 18-14 中 B），然后排空变速器油至少 5min。注意：避免被热的部件烫伤。在放油螺塞的金属表面清除金属碎屑。

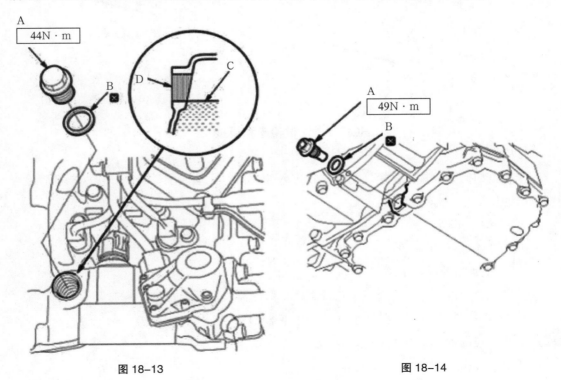

图 18-13　　　　　　　　　　　　　　图 18-14

②重新安装带新密封垫圈的放油螺塞。

（5）加注变速器油。

①拆下注油螺塞（图 18-15 中 A）和密封垫圈（图 18-15 中 B）。注意：避免被热的部件烫伤。

②用推荐的适量的自动变速器油重新注入注油螺塞孔（图 18-15 中 C），直到变速器油溢出。始终使用本田 HCF-2 无级变速器油液。注意：使用错误型号的自动变速器油会损坏变速器。变速器油（HCF-2）容量：更换时 3.4L，油底壳、阀体总成和变速器油泵拆卸、安装和更换时 4.2L，大修时 6.1L。注意：工作时间为 30min 时，推荐变速器油（HCF-2）容量。根据变速器油底壳离开变速器的时间长短，实际变速器油（HCF-2）容积会和规定容积有差异。避免变速器油底壳的离开时间超过规定时间。

③临时安装带密封垫圈的注油螺塞。

（6）加注变速器油。

（7）辅助变速器油泵放气。

3. 液位检查

注意：无须太多时间，操作换挡杆后加注变速器油。

（1）降下车辆。

（2）启动发动机，并暖机至正常工作温度（散热器风扇运转两次）。

（3）牢牢踩下制动踏板，换挡至 P→R→N→D→S→L→S→D→N→R→P 位置 / 模式，并在各位置 / 模式等待至少 3s。

（4）关闭发动机。

（5）拆下注油螺塞（图 18-16 中 A）和密封垫圈（图 18-16 中 B）。注意：避免被热的部件烫伤。

（6）用推荐的适量的自动变速器油重新注入注油螺塞孔（图 18-16 中 C），直到变速器油溢出。始终使用本田 HCF-2 无级变速器油液。

（7）重新安装带新密封垫圈的注油螺塞。

（8）安装所有拆下的零件，按照与拆卸相反的顺序安装零件。

（四）CF1A 变速器

1. 变速器油（HCF-2）油位检查

注意：防止异物进入变速器。操作换挡杆后，在不花费太长时间的情况下，检查变速器油位。

（1）暖机发动机。启动发动机，并暖机至正常工作温度（散热器风扇运转两次）。

（2）操作换挡杆。

①施加驻车制动器。

②踩下制动踏板时，将换挡杆在 P→R→N→D→S→L→S→D→N→R→P 位

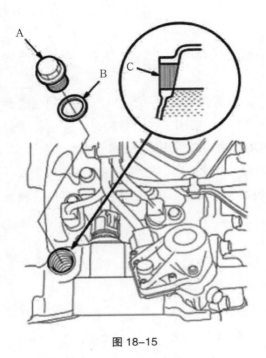

图 18-15

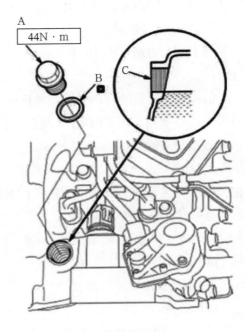

图 18-16

置 / 模式之间往复几次，每个位置保持约 3s。

③关闭发动机。

（3）举升车辆。

（4）拆卸发动机底盖。

（5）检查变速器油位。

①拆下防松螺栓（图 18-17 中 A）和密封垫圈（图 18-17 中 B）。注意：由于限位螺栓和变速器油（HCF-2）可能温度很高，请务必小心。

②检查变速器油油位（图 18-18 中 A）。注意：在换挡杆操作后，立即执行变速器油油位检查。

③当变速器油不足时，检查变速器油是否泄漏。

④用推荐的变速器油以合适的量重新注入变速器检查孔，务必使用纯正的本田 HCF-2 无级变速器油。注意：防止异物进入变速器。

⑤检查变速器油油位后，安装限位螺栓（图 18-19 中 A）和新的密封垫圈（图 18-19 中 B）。

（6）安装发动机底盖。

（五）CF3A 变速器

1. 变速器油（HCF-2）更换

注意：防止异物进入变速器。

（1）暖机发动机。启动发动机，并暖机至正常工作温度（散热器风扇运转两次），

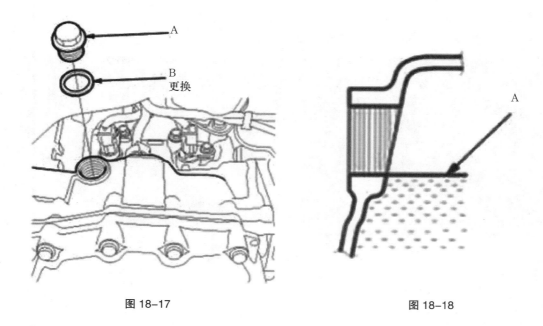

图 18-17　　　　　　　　　　　　　　　图 18-18

然后关闭发动机。

　　（2）举升车辆。

　　（3）拆卸发动机内罩前板，如图 18-20 所示。

　　（4）排空变速器油。

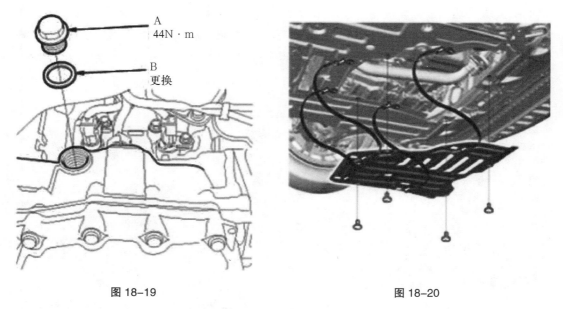

图 18-19　　　　　　　　　　　　　　　图 18-20

　　①拆下放油螺塞（图 18-21 中 A），并排空变速器油。注意：在放油螺塞的金属表面清除金属碎屑。

②重新安装带新密封垫圈（图 18-21 中 B）的放油螺塞。

（5）安装发动机内罩前板，如图 18-22 所示。

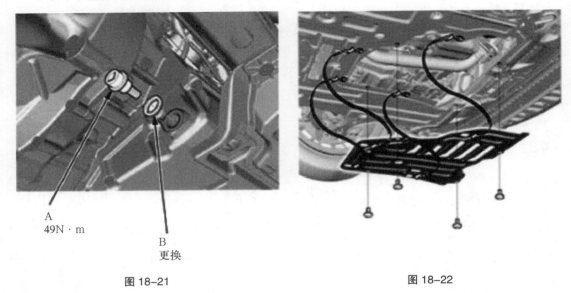

A
49N·m

B
更换

图 18-21　　　　　　　　　　　　　　图 18-22

（6）举升车辆。降下车辆。

（7）加注变速器油。

①拆下加注口盖（图 18-23 中 A）。

②用推荐的自动变速器油重新注入加注口（图 18-24 所示 A）。始终使用纯正的本田 HCF-2 无级变速器油液。注意：使用错误型号的自动变速器油会损坏变速器。无级变速器油容量：更换时 3.7L，油底壳、下阀体和变速器油泵拆卸、安装和更换时 5.8L，大修时 7.6L。注意：拆卸油底壳时，必须小心加注变速器的变速器油（HCF-2）容量。与固定容量相比较，实际变速器油（HCF-2）容量可能会因为拆下油底壳后经过的时间而增加。

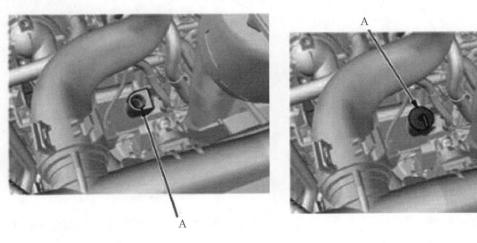

A

A

图 18-23　　　　　　　　　　　　　　图 18-24

③按照所示方向安装加注口盖（图 18-24 中 A）。

（8）检查变速器油油位。

2. 变速器油（HCF-2）油位检查

注意：防止异物进入变速器。

（1）举升车辆。

（2）拆卸发动机内罩前板。

（3）检查变速器油油位。

注意：在检查螺栓处检查变速器油位时，不难看到油位是在上液位还是下液位，如图 18-25 所示。换挡杆操作后，立即进行变速器油位检查。小心操作！检查螺栓和变速器油可能很烫。

①施加驻车制动，启动发动机。

②踩下制动踏板时，依次将换挡杆换到 P→R→N→D→S→D→N→R→P 各个位置 3s。

③将换挡杆换回 P 位置。

④关闭发动机。

⑤拆下检查螺栓和密封垫圈（图 18-26 中 A）。

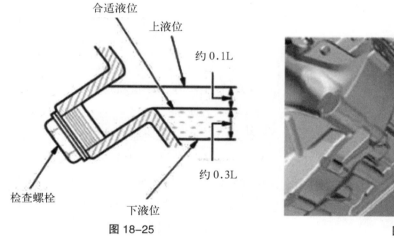

图 18-25

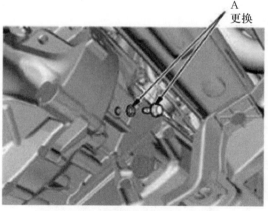

图 18-26

⑥检查变速器油油位。注意：如果变速器油慢慢地从检查孔滴出，则变速器油位正常。换挡杆操作后，立即进行变速器油（HCF-2）油位检查。小心操作！检查螺栓和变速器油（HCF-2）可能很烫。如果变速器油没有从检查孔滴出，检查变速器、变速器油底壳、变速器油加热器、变速器油加热器软管和变速器油加热器管路是否存在泄漏。如果发现问题，则在对变速器加注变速器油之前应将其解决，转至步骤⑧。如果变速器油从检查孔流出，转至步骤⑭。

⑦松松地安装检查螺栓和密封垫圈，然后通过变速器上部的加注口盖孔向变速器添加适量的变速器油（HCF-2）。注意：从变速器上部的加注口盖孔向变速器添加变速器油（HCF-2），而不是变速器前部的加注口盖。防止异物进入变速器。

　　⑧降下车辆。

　　⑨拆下加注口盖（图18-27中A）。

　　⑩用推荐的适量的自动变速器油重新注入加注口（图18-28中A）。始终使用纯正的本田HCF-2无级变速器油液。注意：使用错误型号的自动变速器油会损坏变速器。

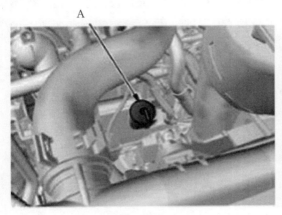

图18-27

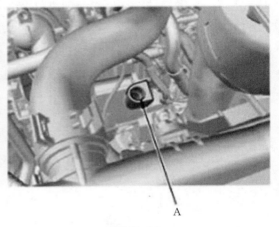

图18-28

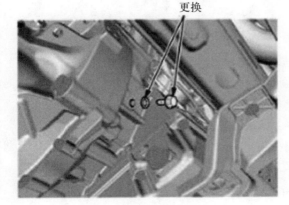

A
20N·m
更换

图18-29

　　注意：如何读取规定扭矩。防止异物进入变速器。避免被热的部件烫伤。

　　⑪按照所示方向安装加注口盖。

　　⑫转至步骤①并重新检查。

　　⑬举升车辆。

　　⑭等待直到变速器油油位正常。

　　⑮检查完变速器油位后，安装新的检查螺栓和密封垫圈（图18-29中A）。

　　（4）安装发动机内罩前板。

　　（5）降下车辆。

（六）CK0A变速器油（HCF-2）油位检查和更换

　1.检查

　　（1）举升车辆。

　　（2）拆卸发动机底盖。

　　（3）检查变速器油油位。

注意：换挡杆操作后，立即进行变速器油位检查。

①启动发动机。

②牢牢踩下制动踏板，换挡至 P→R→N→D→S→D→N→R→P 位置 / 模式，并在各位置 / 模式等待至少 3s。

③关闭发动机。

④拆下检查螺栓（图 18-30 中 A）与密封垫圈（图 18-30 中 B）。

⑤在检查孔（图 18-30 中 C）处检查变速器油油位。注意：如果变速器油慢慢地从检查孔滴出，则变速器油位正常。如果变速器油没有从检查孔滴出，检查变速器、变速器油底壳、变速器油软管和变速器油管路是否存在泄漏。如果发现问题，则在对变速器加注变速器油之前应将其解决，转至步骤③~⑥。如果变速器油从检查孔流出，转至步骤③~⑫。

⑥暂时安装检查螺栓与密封垫圈。

⑦降下车辆。

⑧拆下加注口盖（图 18-31 中 B）。

⑨用推荐的适量的自动变速器油重新注入加注口（图 18-31 中 A）。始终使用本田HCF-2 无级变速器油液。注意：使用错误型号的自动变速器油会损坏变速器。

⑩安装加注口盖（图 18-31 中 B），并将杆朝向车辆前部。

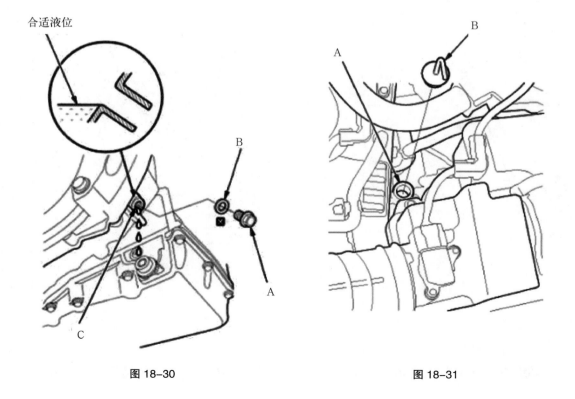

图 18-30　　　　　　　　　　　　　　图 18-31

⑪重新检查。

⑫等待，直到变速器油慢慢地从检查孔（图18-32中A）滴出。

⑬检查完变速器油位后，安装检查螺栓（图18-32中B）和新的密封垫圈（图18-32中C）。

（4）安装所有拆下的零件，按照与拆卸相反的顺序安装零件。

2. 更换

注意：如何读取规定扭矩。防止异物进入变速器。小心别灼伤自己。

（1）举升车辆。

（2）拆卸发动机底盖。

（3）暖机发动机。

①启动发动机，并暖机至正常工作温度（散热器风扇运转两次）。

②熄灭发动机。

（4）排空变速器油。

①拆下放油螺塞（图18-33中A）和密封垫圈（图18-33中B），然后排空变速器油至少5min。注意：在放油螺塞的金属表面清除金属碎屑。

②重新安装带新密封垫圈的放油螺塞。

（5）加注变速器油。

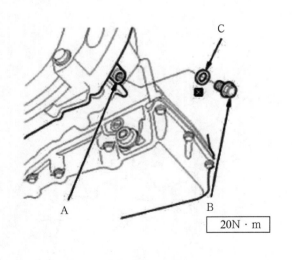

图 18-32

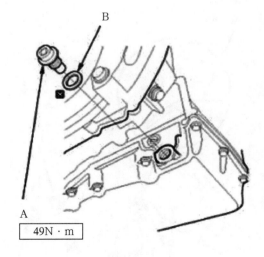

图 18-33

①降下车辆。

②拆下加注口盖（图18-34中B）。

③用推荐的自动变速器油重新注入加注口（图18-34中A）。始终使用本田HCF-2

图 18-34

无级变速器油液。注意：使用错误型号的自动变速器油会损坏变速器。变速器油液容量：更换时 3.7L，油底壳、阀体总成和变速器油泵拆卸、安装和更换时 5.8L，大修时 7.6L。注意：工作时间为 20min 时，推荐变速器油容量。根据变速器油底壳离开变速器的时间长短，实际变速器油容积会和规定容积有差异。避免变速器油底壳的离开时间超过规定时间。

④安装加注口盖（图 18-34 中 B），并将杆朝向车辆前部。

（6）辅助变速器油泵放气。

（7）检查变速器油油位。

（8）安装所有拆下的零件，按照与拆卸相反的顺序安装零件。

（七）CLSA 或 CLRA 变速器油（HCF-2）油位检查

注意：防止异物进入变速器。

（1）举升车辆。

（2）检查变速器油油位。

注意：在检查螺栓处检查变速器油位时，不难看到油位是在上液位还是下液位，如图 18-35 所示。换挡杆操作后，立即进行变速器油位检查。小心操作！检查螺栓和变速器油可能很烫。

①施加驻车制动，启动发动机。

②牢牢踩下制动踏板，换挡至 P→R→N→D→S→L→S→D→N→R→P 位置 / 模式，并在各位置 / 模式等待至少 3s。

③换挡至 P 位置 / 模式。

④关闭发动机。

⑤拆下检查螺栓（图 18-36 中 A）与密封垫圈（图 18-36 中 B）。

⑥检查变速器油油位。注意：如果变速器油慢慢地从检查孔滴出，则变速器油位正常。换挡杆操作后，立即进行变速器油（HCF-2）油位检查。小心操作！检查螺栓和变速器油（HCF-2）可能很烫。如果变速器油没有从检查孔滴出，检查变速器、变速器油底壳、变速器油加热器、变速器油加热器软管和变速器油加热器管路是否存在泄漏。如果发现问题，则在对变速器加注变速器油之前应将其解决，转至步骤⑧。如果变速器油从检查孔流出，转至步骤⑭。

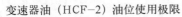

变速器油（HCF-2）油位使用极限

合适液位

上液位

约 0.1L

检查螺栓

下液位

约 0.3L

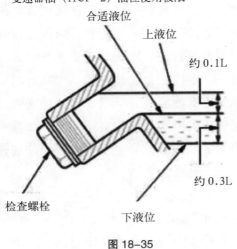

图 18-35

B
更换
A

图 18-36

⑦松松地安装检查螺栓与旧的密封垫圈。

⑧降下车辆。

⑨拆下加注口盖（图 18-37 中 A）。

2.0L 发动机

2.4L 发动机

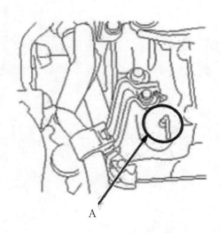

A

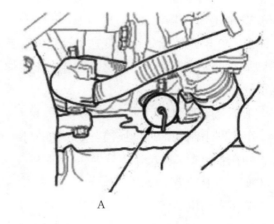

A

图 18-37

⑩用推荐的适量的自动变速器油重新注入加注口（图 18-38 中 A）。始终使用纯正的本田 HCF-2 无级变速器油液。注意：使用错误型号的自动变速器油会损坏变速器。

⑪按照所示方向安装加注口盖（图 18-39 中 A）。

⑫转至步骤①并重新检查。

⑬举升车辆。

2.0L 发动机   2.4L 发动机

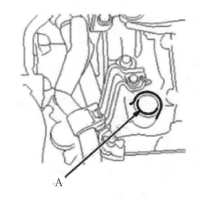 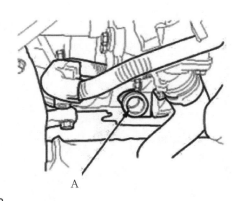

图 18-38

2.0L 发动机   2.4L 发动机

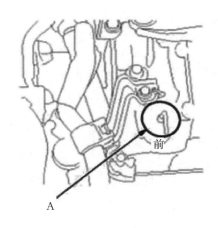 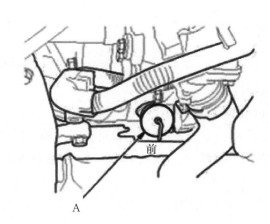

图 18-39

⑭等待直到变速器油油位正常。

⑮检查完变速器油位后，安装检查螺栓（图 18-40 中 A）和新的密封垫圈（图 18-40 中 B）。说明：不要重复使用旧的密封垫圈。

（八）M0PA 变速器

1.ATF 更换

注意：防止异物进入变速器。避免被热的部件烫伤。若要加注的 ATF 的数量合适，排空后尽快加注 ATF。

（1）举升车辆。

（2）拆卸发动机内罩板，如图 18-41 所示。

（3）暖机发动机。

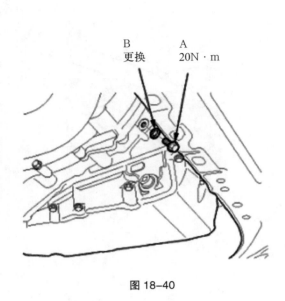

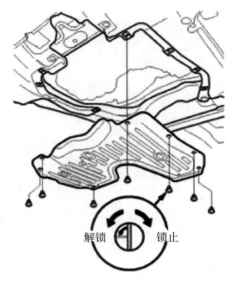

解锁　　　锁止

图 18-40　　　　　　　　　　　　　　图 18-41

①启动发动机，并暖机至正常工作温度（散热器风扇运转两次）。

②熄灭发动机。

（4）ATF 更换。

注意：若要加注的 ATF 的数量合适，排空后尽快加注 ATF。

①拆下注油螺塞（图 18-42 中 A）和密封垫圈（图 18-42 中 B）。

②拆下放油螺塞（图 18-42 中 C）和密封垫圈（图 18-42 中 D），然后排空 ATF 直到 ATF 从涌出变为滴落。注意：在放油螺塞的金属表面清除金属碎屑。

③重新安装带新密封垫圈的放油螺塞。

④用推荐的适量的自动变速器油重新注入注油螺塞孔（图 18-42 中 E），直到 ATF 溢出。务必使用 Acura ATF 类型 2。说明：使用错误型号 ATF 会影响换挡性能。变速器油容积（参考容积）：更换时 4.1L，大修时 7.3L。合适 ATF 液位：变速器变热后，ATF 会从注油螺塞孔滴出。

⑤临时安装带密封垫圈的注油螺塞。

⑥降下车辆。

⑦启动发动机。

⑧牢牢踩下制动踏板，换挡至 P → R → N → D → S → D → N → R → P 位置 / 模式，并在各位置 / 模式等待至少 3s。

⑨关闭发动机。

⑩举升车辆。

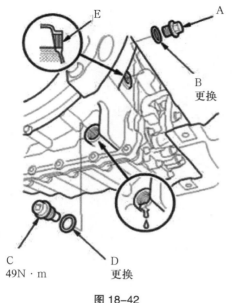

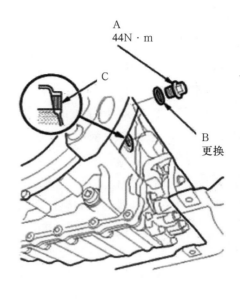

图 18-42   图 18-43

⑪拆下注油螺塞（图 18-43 中 A）和密封垫圈（图 18-43 中 B）。

⑫确保 ATF 从注油螺塞孔（图 18-43 中 C）滴落。如果 ATF 仍是涌出，等待直到 ATF 滴落。如果 ATF 不再滴落，加注 ATF 到注油螺塞孔直到 ATF 溢出，然后等待直到 ATF 滴落。

⑬重新安装带新密封垫圈的注油螺塞。

（5）ATF 液位检查。

（6）自动怠速停止系统操作检查。

①启动发动机，并暖机至正常工作温度（散热器风扇运转两次）。

②车速超过 5km/h，变速器位于 D 位置 / 模式，进行路试。

③慢慢踩下制动踏板，慢慢停车。

④牢固踩下制动踏板，确认发动机节能自动启停系统运行了至少 15s。注意：如果发动机节能自动启停系统至少 15s 未工作，则重复该操作检查。

（7）安装所有拆下的零件，按照与拆卸相反的顺序安装零件。

2.ATF 液位检查

注意：防止异物进入变速器。

（1）举升车辆。

（2）拆卸发动机内罩板。

（3）ATF 液位检查。

①启动发动机，并暖机至正常工作温度（散热器风扇运转两次）。

②牢牢踩下制动踏板，换挡至 P → R → N → D → S → D → N → R → P 位置 / 模式，

并在各位置/模式等待至少3s。

③关闭发动机。

④拆下注油螺塞（图18-44中A）和密封垫圈（图18-44中B）。注意：避免被热的部件烫伤。

⑤确保ATF油处于合适的液位（图18-44中C）。合适ATF液位：变速器变热后，ATF会从注油螺塞孔滴出。注意：如果ATF液位低于合适液位，则检查变速器和ATF管路是否有油液泄漏。如果发现问题，则在对变速器加注ATF之前应将其解决。

⑥如有必要，添加推荐的变速器油到注油螺塞孔（图18-44中D）直到ATF溢出，然后等待ATF滴落。务必使用Acura ATF类型2。说明：使用错误型号ATF会影响换挡性能。

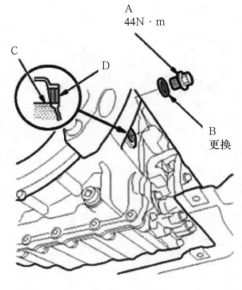

图18-44

⑦重新安装带新密封垫圈的注油螺塞。

（4）安装所有拆下的零件，按照与拆卸相反的顺序安装零件。

（九）Q5MT和Q5MV 9速自动变速器ATF更换和油位检查

1. 检查

注意：如何读取扭矩规格。防止异物进入变速器。小心不要被温度较高的部件烫伤自己。

（1）举升车辆。

（2）拆卸发动机底盖。

（3）连接HDS。

（4）检查ATF液位。

①将车辆转为ON模式。

②进入VSA保养模式。

③启动发动机。

④将变速器换挡至D位置/模式，然后按下集成动态系统开关，选择Sport+模式。

⑤以1挡、2挡、3挡和4挡行驶车辆，并在各个挡位等待至少10s。减速并使车轮停止转动。注意：切勿在举升机上以超过4挡运行变速器，否则变速器将损坏。

⑥将变速器换至P位置/模式，然后提升发动机转速至2000r/min以确保变矩器ATF充足。

⑦使用HDS怠速运转发动机直至ATF温度达到40℃（允许调节范围：37~45℃）。

⑧拆下液位塞（图18-45中A），并在发动机仍运转时确保ATF液位处于正常的液

位（图 18-45 中 B）。正常的 ATF 液位：变速器在 40℃ 预热时，ATF 从液位塞孔滴落。注意：如果 ATF 液位低于正常的液位，检查变速器和 ATF 管路是否漏油。如果发现问题，则在向变速器加注 ATF 之前应将其修复。

⑨如有必要，通过液位塞孔（图 18-45 中 C）向变速器加注推荐的油液直至 ATF 溢出，然后等待 ATF 滴落。务必使用本田 ATF 3 号。注意：使用错误类型的 ATF 会影响换挡质量。

⑩安装新的液位塞。

⑪关闭发动机。

（5）安装所有拆下的零件，按照与拆卸相反的顺序安装零件。

2. 更换

注意：如何读取扭矩规格。防止异物进入变速器。小心不要烫伤自己。

（1）举升车辆。

（2）拆卸发动机底盖。

（3）连接 HDS。

（4）排空 ATF。

①拆下放油螺栓（图 18-46 中 A），并排空 ATF。

②安装新的放油螺栓。

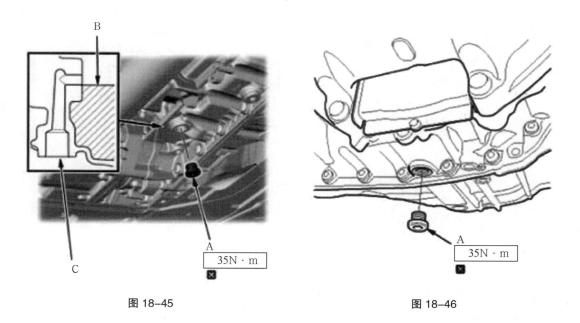

图 18-45　　　　　　　　　　　　　图 18-46

（5）重新加注 ATF。

①拆下液位塞（图 18-47 中 A）。

②用推荐的油液通过液位塞孔（图 18-47 中 B）重新加注变速器。务必使用本田 ATF 3 号。注意：使用错误类型的 ATF 会影响换挡质量。自动变速器油容量不带 AWD：更换

油液时 3.2~3.3L，大修时 5.8~6.2L；带 AWD 更换油液时 3.2~3.3L，大修时 6.8~7.2L。

③暂时安装旧的液位塞。

（6）检查 ATF 液位。

①将车辆转为 ON 模式。

②进入 VSA 保养模式。

③启动发动机。

④将变速器换挡至 D 位置 / 模式，然后按下集成动态系统开关，选择 Sport+ 模式。

⑤以 1 挡、2 挡、3 挡和 4 挡行驶车辆，并在各个挡位等待至少 10s。减速并使车轮停止转动。注意：不要在举升机上以 4 挡以上的速度操作变速器，否则将会损坏变速器。

⑥将变速器换至 P 位置 / 模式，然后提升发动机转速至 2000 r/min 以确保变矩器 ATF 充足。

⑦使用 HDS 怠速运转发动机直至 ATF 温度达到 40℃（允许调节范围：37~45℃）。

⑧拆下液位塞（图 18-48 中 A），并在发动机仍运转时确保 ATF 从液位塞孔（图 18-48 中 B）滴落。如果 ATF 溢出，等待直至 ATF 滴落。如果 ATF 未滴落，通过液位塞孔加注 ATF 直至 ATF 溢出，然后等待 ATF 滴落。注意：错误的 ATF 液位将影响换挡质量。

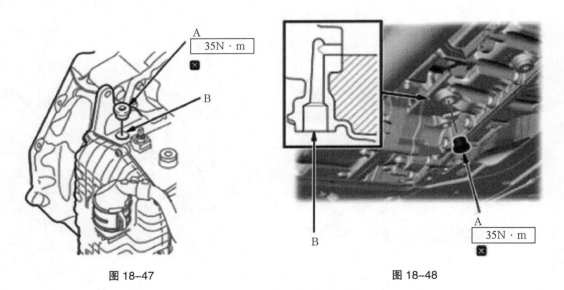

图 18-47　　　　　　　　　　　　图 18-48

⑨安装新的液位塞。

⑩关闭发动机。

（7）安装所有拆下的零件，按照与拆卸相反的顺序安装零件。

（十）MZLE E-CVT 变速器

1.ATF 更换

注意：防止异物进入变速器（E-CVT）。

（1）举升车辆。

（2）拆卸发动机内罩板。

（3）ATF 排放。

①拆下放油螺塞（图 18-49 中 A）。

②排放 ATF。

③重新安装带新密封垫圈（图 18-49 中 B）的放油螺塞。

（4）ATF 重新加注。

①拆下注油螺塞（图 18-50 中 A）和密封垫圈（图 18-50 中 B）。

②用推荐的油液重新加注变速器（E-CVT）至正确的液位（图 18-50 中 C）。务必使用纯正的本田 ATF DW-1。注意：使用非本田 ATF 会影响换挡质量。自动变速器油容量：更换时 2.11L，大修时 3.15L。

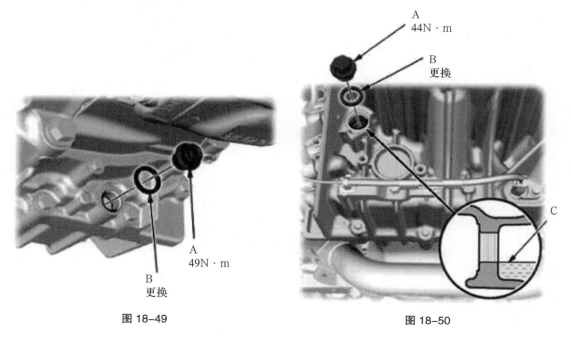

图 18-49　　　　　　　　　　　　　　图 18-50

（5）安装所有拆下的零件，按照与拆卸相反的顺序安装零件。

（十一）2017—2019 年东风本田 CRV 混动 MTBE E-CVT 变速器 ATF 液位检查和更换

ATF 维修螺塞位置图如图 18-51 所示。

1. 检查

注意：如何读取扭矩规格。防止异物进入变速器（E-CVT）。关闭发动机后，在 60~90s 内检查液位。如果散热器风扇启动三次或更多次，则将显示更高的液位。

（1）举升车辆。

（2）拆卸底盖。注意：拆下必要部件。

（3）ATF液位检查。

①拆下注油螺（图18-52中A）和密封垫圈（图18-52中B）。

②确保ATF油处于合适的液位（图18-52中C）。如果ATF过低，则检查并修理任一外部泄漏。如果没有泄漏则将推荐的变速器油（E-CVT）通过注油螺塞孔加注到合适的液位。如果ATF加注过量，则从注油螺塞孔（图18-52中D）排放ATF至合适液位。务必使用纯正的Honda ATF DW-1。注意：使用错误型号的自动变速器油会损坏变速器（E-CVT）。

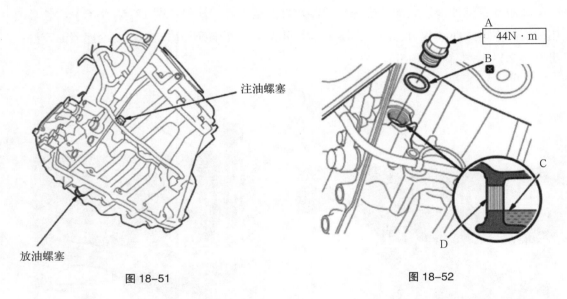

图18-51

图18-52

（5）安装所有拆下的零件，按照与拆卸相反的顺序安装零件。

2. 更换

注意：如何读取扭矩规格。防止异物进入变速器（E-CVT）。

（1）举升车辆。

（2）拆卸底盖。

（3）排放ATF。

①用密封垫圈（图18-53中B）拆下放液螺塞（图18-53中A）。

②排放ATF。

③重新安装带新密封垫圈的放油螺塞。

（4）ATF重新加注。

①拆下注油螺塞（图18-54中A）和密封垫圈（图18-54中B）。

②用推荐的重新加注变速器（E-CVT）油液通过注油螺塞孔（图18-54中C）至正确的油位（图18-54中D）。务必使用纯正的本田ATF DW-1。注意：使用错误类型的油液

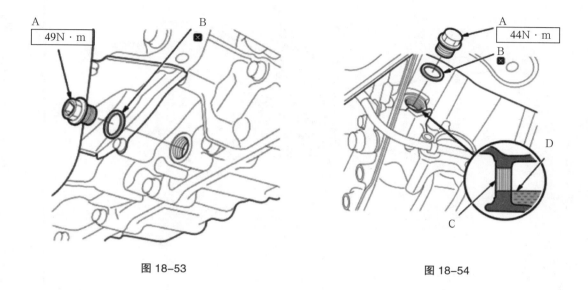

图 18-53   图 18-54

会损坏变速器（E-CVT）。变速器油液（AT）容量：更换时 2.11L，大修时 3.15L。

（5）安装所有拆下的零件，按照与拆卸相反的顺序安装零件。

二、保养复位

（一）车型

· 2016—2020 年东风本田思域

1. 重置发动机机油监视器系统（带综合信息显示屏）。

（1）发动机机油监视器系统结构和功能一般说明。

注意：根据行驶状态，实际的距离可能比发动机机油监视器显示的可行驶距离要短。

仪表如图 18-55 所示，方向盘如图 18-56 所示。

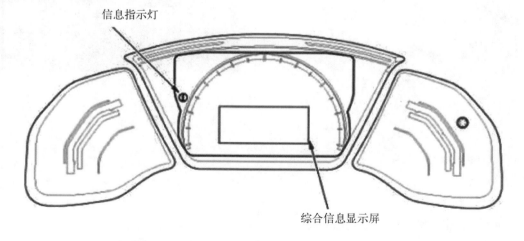

图 18-55

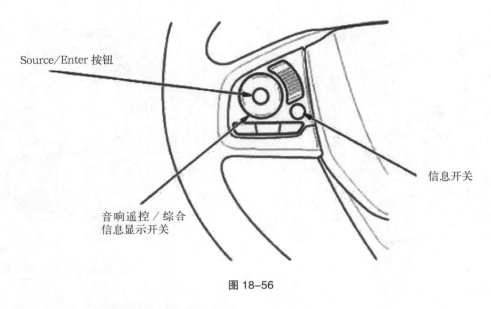

Source/Enter 按钮

信息开关

音响遥控／综合
信息显示开关

图 18-56

（2）如何进入发动机机油监视器。

①将车辆转为 ON 模式。

②重复按下信息开关，直到综合信息显示屏上出现"保养（图 18-57 中 A）"。

③按下 Source/Enter 按钮，然后画面上会出现发动机机油监视器（图 18-57 中 B）。

注意：可持续行驶距离达到"0"时，发动机机油监视器根据以往行驶距离进行显示，如显示屏显示"10km"，且以往行驶距离将开始闪烁。

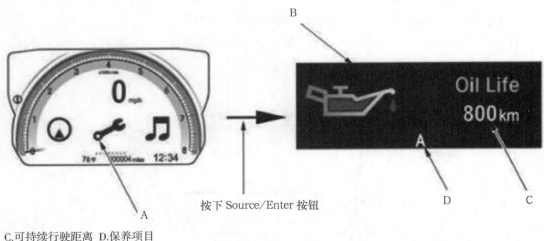

按下 Source/Enter 按钮

C.可持续行驶距离 D.保养项目

图 18-57

（3）重置发动机机油监视器系统。

注意：必须停车且重置发动机机油监视器系统。如果进行了需要的维修但没有重置系统或如果系统重置但没有进行维修，则系统将无法显示正确的保养时间。这样会导致严重的发动机故障，因为车辆无法进行准确的需要保养的记录。即时放大警告（现在需要保养）没有出现（可持续行驶距离没有达到"0"），显示距上次保养1年的时间后需要的保养项目，并执行这些需要保养的项目。

①将车辆转为 ON 模式。

②参看"如何进入发动机机油监视器"，综合信息显示屏上显示发动机机油监视器。

③按住 Source/Enter 按钮至少10s，显示重置模式。若要取消重置模式，通过音响遥控/综合信息显示屏开关选择"取消"（图18-58中A），然后按下 Source/Enter 按钮。

④若要重置发动机机油监视器系统，通过音响遥控/综合信息显示屏开关选择"重置"（图18-59中A），然后按下 Source/Enter 按钮。

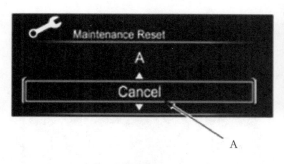

图18-58　　　　　　　　　　　　　　　图18-59

⑤画面将返回至发动机机油监视器，如图18-60所示。可看到下一步需要保养项目及可持续行驶距离。

2. 重置发动机机油监视器系统（不带综合信息显示屏）

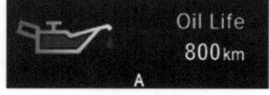

图18-60

（1）发动机机油监视器系统结构和功能一般说明。

注意：根据车型、类型和车辆装饰件不同，信息显示屏的图示可能不同。根据行驶状态，实际的距离可能比发动机机油监视器显示的可行驶距离要短。仪表如图18-61所示。

（2）如何进入发动机机油监视器。

①将车辆转为 ON 模式。

②重复按下 SEL/RESET 按钮，直到出现发动机机油监视器信息。

③系统在显示屏上显示可持续行驶距离（图18-62中A）和保养项目（图18-62中B）需要服务。

注意：可持续行驶距离达到"0"时，发动机机油监视器根据以往行驶距离进行显示，如显示屏显示"10km"，且以往行驶距离将开始闪烁。

（3）重置发动机机油监视器系统。

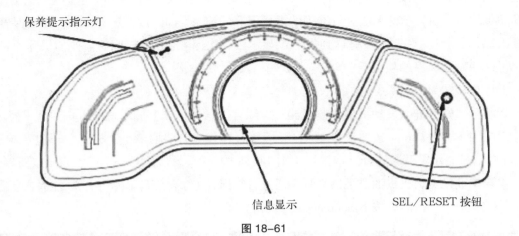

保养提示指示灯

信息显示

SEL/RESET 按钮

图 18-61

注意：必须停车且重置发动机机油监视器系统。

如果进行了需要的维修但没有重置系统或如果系统重置但没有进行维修，则系统将无法显示正确的保养时间。这样会导致严重的发动机故障，因为车辆无法进行准确的需要保养的记录。即使发动机机油监视器的可持续行驶距离没有达到"0"，距离上次保养时间超过 1 年时，请执行保养项目显示的需要保养项目。

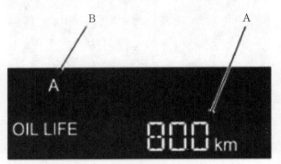

A.可持续行驶距离　B.保养项目

图 18-62

①将车辆转为 ON 模式。

②重复按下 SEL/RESET 按钮，直到出现发动机机油监视器信息，如图 18-63 所示。

③按住 SEL/RESET 按钮 10 s 或更久，监视器开始闪烁，如图 18-64 所示。注意：如果取消了"重置发动机机油监测器"的步骤，监测器闪烁时，将车辆转至 OFF 模式或持续 30s 或更久不进行操作。

④按下开关超过 5s，显示屏将切换至正常显示。可看到发动机机油监测器上显示的下

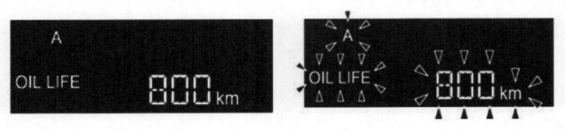

图 18-63　　　　　　　　　　　图 18-64

432

一步需要保养项目及可持续行驶距离。

（二）车型

·2017—2019 年东风本田 UR-V

1. 发动机机油监视器系统结构和功能

注意：根据行驶状态，实际的距离可能比发动机机油监视器显示的可行驶距离要短。

仪表如图 18-65 所示，方向盘如图 18-66 所示。

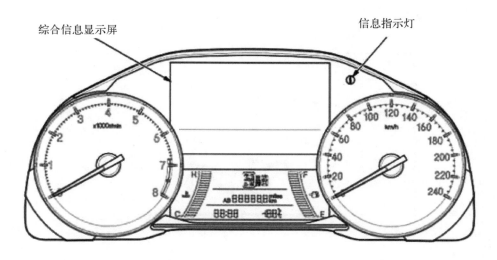

图 18-65

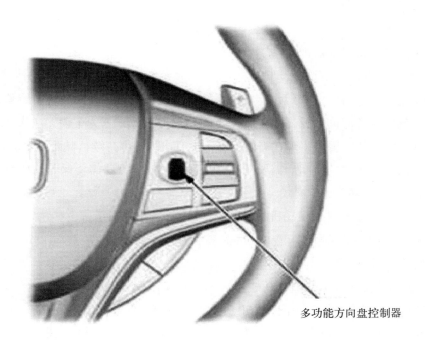

图 18-66

2. 如何进入发动机机油监视器

（1）将车辆转为 ON 模式。

（2）滚动多功能方向盘控制器，直到综合信息显示屏上显示"发动机机油监视器（图18-67）"。

注意：当剩余距离到达"0"时，发动机机油监视器会显示过期距离，例如在显示屏上显示"10km"，并且过期距离会开始闪烁。

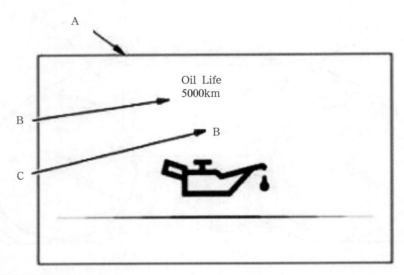

B.剩余距离　C.保养项目

图 18-67

3. 重置发动机机油监视器系统

注意：必须停车且重置发动机机油监视器系统。

如果进行了需要的维修但没有重置系统或如果系统重置但没有进行维修，则系统将无法显示正确的保养时间。这样会导致严重的发动机故障，因为车辆无法进行准确的需要保养的记录。即时放大警告（现在需要保养）没有出现（可持续行驶距离没有达到"0"），显示距上次保养 1 年的时间后需要的保养项目，并执行这些需要保养的项目。

（1）将车辆转为 ON 模式。

（2）参看"如何进入发动机机油监视器"，综合信息显示屏上显示发动机机油监视器。

（3）按下中央显示屏单元上的 Home 按钮显示主菜单，然后选择"设定（图18-68中A）"显示设定菜单。

（4）选择"车辆（图18-69中A）"以显示车辆设定菜单。

（5）选择"保养信息（图18-70中A）"以显示保养重设菜单。

（6）选择"重新设定（图18-71中A）"，然后显示确认对话框。

（7）为重设发动机机油监测系统，选择"重设（图18-72中A）"。

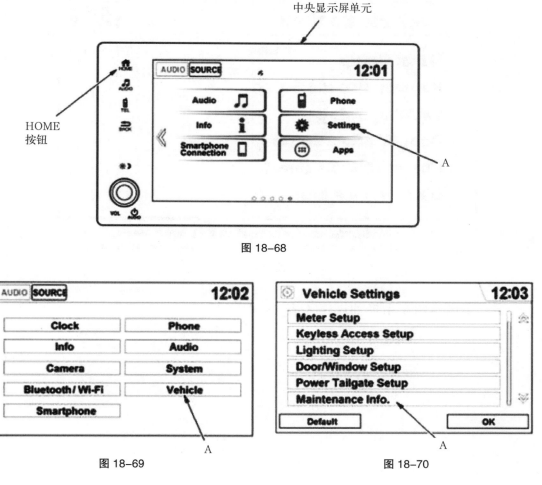

中央显示屏单元

HOME
按钮

图 18-68

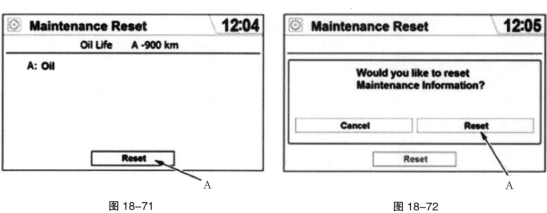

图 18-69

图 18-70

图 18-71

图 18-72

（8）如果发动机机油监视器系统的重新设定成功完成，显示将返回车辆设定菜单，如图 18-73 所示。

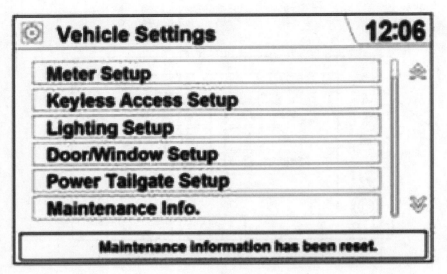

图 18-73

三、东风本田车系换油规格（表 18-1）

表 18-1

车型	年款	发动机型号	排量	发动机机油量（维修注入与滤清器更换）(L)	发动机机油量（干式加注，包括滤清器）(L)	发动机机油型号	自动变速器型号	变速器容量 (L)	变速器油型号	分动箱型号	分动箱容量	分动箱油型号
哥瑞 1.5L	2016—2019年	L15B5	1.5L	3.3	4.0	0W20	CF1A CVT	3.4（换油时）4.2（油底壳、下阀体和变速器油泵拆卸、安装和更换时）5.7（大修）	务必使用纯正的本田HCF-2			
竞瑞 1.5L	2017—2019年	L15B5	1.5L	3.3	4.0	0W20	CF1A CVT	3.4（换油时）4.2（油底壳、下阀体和变速器油泵拆卸、安装和更换时）5.7（大修）	务必使用纯正的本田HCF-2			
杰德 1.8L	2014—2020年	R18Z6	1.8L	3.7	4.5	0W20 0W30 5W30 10W30	CM2A 5档	2.4（换油时）5.75（大修）	ATF DW-1			
杰德 210Turbo	2017—2020年	L15BF	1.5T	3.5	4.0	0W20 0W30 5W30 10W30	CF3A CVT CFHA CVT	3.7（换油时）5.8（油底壳、下阀体和变速器油泵拆卸、安装和更换时）7.6（大修）	务必使用纯正的本田HCF-2			
思域 180Turbo	2016—2020年	P10A1	1.0T	4.1	4.5	0W20 0W30 5W30 10W30	CDHA CVT	4.2（换油时）6.1（油底壳、下阀体和变速器油泵拆卸、安装和更换时）（大修）	务必使用纯正的本田HCF-2			
思域 220Turbo	2016—2020年	L15B8	1.5T	3.5	4.0	0W20 0W30 5W30 10W30	CC0A CVT	3.7（换油时）5.8（油底壳、下阀体和变速器油泵拆卸、安装和更换时）7.6（大修）	务必使用纯正的本田HCF-2			
思铂睿 2.0L	2015—2019年	R20Z8	2.0L	3.7	4.5	0W20 0W30 5W30 10W30	C0SA CVT	3.7（换油时）5.8（油底壳、下阀体和变速器油泵拆卸、安装和更换时）7.6（大修）	务必使用纯正的本田HCF-2			
思铂睿 2.4L	2015—2019年	K24V4	2.4L	4.2	5.4	0W20 0W30 5W30 10W30	M0PA 8DCT	4.1（换油时）7.3（大修）	ATF 类型2			

项目　　车型	年款	发动机型号	排量	发动机机油量（维修机油注与滤清器更换）(L)	发动机机油量（干式加注，包括滤清器）(L)	发动机机油型号	自动变速器型号	变速器容量 (L)	变速器油型号	分动箱型号	分动箱容量	分动箱油型号
思铂睿混动 2.0L	2017—2019年	LFA11	2.0L	3.8	4.5	0W20	MZLE E-CVT	2.11（换油时）3.15（大修时）	ATF DW-1			
INSPIRE 260Turbo	2018—2020年	L15BR	1.5T	3.5	4.0	0W20	CVT	3.7（换油时）5.8（油底壳、下阀体和变速器油泵拆卸、安装和更换时）7.6（大修）	务必使用纯正的本田 HCF-2			
INSPIRE 锐混动 2.0L	2018—2020年	LFA11	2.0L	3.8	4.5	0W20	MZLE E-CVT	2.11（换油时）3.15（大修时）	ATF DW-1			
XR-V 1.5L	2015—2019年	L15B5	1.5L	3.3	4.0	0W20	CK2A CVT	3.4（换油时）4.2（油底壳、下阀体和变速器油泵拆卸、安装和更换时）5.7（大修）	务必使用纯正的本田 HCF-2			
XR-V 1.8L	2015—2019年	R18Z	1.8L	3.7	4.5	0W20	CK7A CVT	3.5（换油时）4.3（油底壳、下阀体和变速器油泵拆卸、安装和更换时）5.8（大修）	务必使用纯正的本田 HCF-2			
XR-V 220Turbo	2019年	L15BS	1.5T	3.5	4.0	5W30	CVT	3.7（换油时）5.8（油底壳、下阀体和变速器油泵拆卸、安装和更换时）7.6（大修）	务必使用纯正的本田 HCF-2			
CR-V 2.0L	2015—2017年	R20A7	2.0L	3.7	4.5	0W20 0W30 5W30 10W30	CLSA CVT（2WD）/ CIRA CVT（AWD）	3.7（换油时）5.8（油底壳、下阀体和变速器油泵拆卸、安装和更换时）7.6（大修）4.3（换油时）6.8（油底壳、下阀体和变速器油泵拆卸、安装和更换时）8.4（大修）	务必使用纯正的本田 HCF-2			

（续表）

车型	年款	发动机型号	排量	发动机油量（维修机油加注与滤清器更换）(L)	发动机油量（干式加注、包括滤清器）(L)	发动机机油型号	自动变速器型号	变速器容量（L）	变速器油型号	分动箱型号	分动箱容量	分动箱油型号
CR-V 2.4L	2015—2017年	K24V6	2.4L	4.4	5.4	0W20 0W30 5W30 10W30	CLPA CVT（2WD）/ CLHA CVT（AWD）	3.7（换油时）5.8（油底壳、下阀体和变速器油泵拆卸、安装和更换时）7.6（大修）4.3（换油时）6.8（油底壳、下阀体和变速器油泵拆卸、安装和更换时）8.4（大修）	务必使用纯正的本田 HCF-2			
CR-V 240Turbo	2017—2019年	L15BL	1.5T	3.5	4.0	0W20	CVT	3.7（换油时）5.8（油底壳、下阀体和变速器油泵拆卸、安装和更换时）7.6（大修）	务必使用纯正的本田 HCF-2			
CR-V 混动 2.0L	2017—2019年	LFA11	2.0L	3.8	4.5	0W20	MTBE E-CVT	2.11（换油时）3.15（大修时）	ATF DW-1			
UR-V 240Turbo	2017—2019年	L15BD	1.5T	3.5	4.0	0W20 0W30 5W30 10W30	CK0A CVT	3.7（换油时）5.8（油底壳、下阀体和变速器油泵拆卸、安装和更换时）7.6（大修）	务必使用纯正的本田 HCF-2		0.41（换油）0.42-0.48（大修时）	SAE75W-85 或 SAE 90（API GL4 或 GL5）
UR-V 370Turbo	2017—2019年	K20C3	2.0T	5.0	6.2	0W20 0W30 5W30 10W30	Q5MT（2WD）9挡 / Q5MV（AWD）9挡	3.2-3.3（换油时）5.8-6.2（大修时）3.2-3.3（换油时）6.8-7.2（大修）	ATF 类型 3		0.41（换油）0.42-0.48（大修时）	SAE75W-85 或 SAE 90（API GL4 或 GL5）
艾力绅 2.4L	2016—2019年	K24V6	2.4L	4.2	5.4	0W30	CEPA CVT	3.7（换油时）5.8（油底壳、下阀体和变速器油泵拆卸、安装和更换时）7.6（大修）	务必使用纯正的本田 HCF-2			

车型 \ 项目	年款	发动机型号	排量	发动机机油量加注与滤清器更换）（L）	发动机机油量（干式加注，包括滤清器）（L）	发动机机油型号	自动变速器型号	变速器容量（L）	变速器油型号	分动箱型号	分动箱油容量	分动箱油型号
艾力绅混动2.0L	2019年	LFB12	2.0L	3.8	4.5	0W20	E-CVT	2.11（换油时）3.15（大修时）	ATF DW-1			
享域180 Turbo	2018—2019年	P10A5	1.0T	4.1	4.5	0W20	CVT	3.4（换油时）4.2（油底壳、下阀体和变速器油泵拆卸、安装和更换时）5.7（大修）	务必使用纯正的本田HCF-2			

第十九章 讴歌车系

一、自动变速器液位检查方法

（一）广汽讴歌 CDX 双离合变速器油位检查和更换

1. 检查

注意：如何读取扭矩规格。防止异物进入变速器。

（1）ATF 液位检查。

①启动发动机，并暖机至正常工作温度（散热器风扇运转）。

②牢牢踩下制动踏板，将变速器换挡至 P→R→N→D→N→P 位置模式，并在各个位置模式等待至少 3s。

③关闭发动机。

④拆下注油螺塞（图 19–1 中 A）和密封垫圈（图 19–1 中 B）。注意：小心不要被高温零件灼伤。

⑤确保 ATF 液位处于合适的液位（图 19–1 中 C）。变速器预热后，ATF 通过注油螺塞孔滴落。注意：如果 ATF 液位低于合适的液位，检查变速器和管路是否漏油。如果发现问题，则在对变速器加注 ATF 应将其解决。

⑥如有必要，通过注油螺塞孔（图 19–1 中 D）向变速器加注推荐的油至 ATF 溢出，然后等待直至 ATF 滴落。务必使用 Acura ATF2 号。注意：使用错误类型的 ATF 会影响换挡质量。

⑦重新安装带新密封垫圈的注油螺塞。

2. 更换

注意：如何读取扭矩规格。防止异物进入变速器。小心不要被高温零件灼伤。为了加注适量的 ATF，排空后尽快加注 ATF。

（1）举升车辆。

（2）拆卸发动机底盖。

（3）发动机暖机。

①启动发动机，并暖机至正常工作温度（散热器风扇运转）。

②熄灭发动机。

（4）ATF 更换。

注意：为了加注适量的 ATF，排空后尽快加注 ATF。

①拆下注油螺塞（图 19-2 中 A）和密封垫圈（图 19-2 中 B）。

②拆下放油螺塞（图 19-2 中 C）和密封垫圈（图 19-2 中 D），并排空 ATF 直至溢流 ATF 开始滴落。注意：从放油螺塞的磁面清除金属碎屑。

③重新安装带新密封垫圈的放油螺塞。

④通过注油螺塞孔（图 19-2 中 E）向变速器加注推荐的油液，直至 ATF 溢出。务必使用 Acura ATF 2 号。注意：使用错误类型的 ATF 会影响换挡质量。自动变速器油容量，不带 AWD：更换时 4.2L，大修时 7.5~79L；带 AWD：更换时 4.7L，大修时 8.1~8.5L。合适的 ATF 液位：变速器预热后，ATF 通过注油螺塞孔滴落。

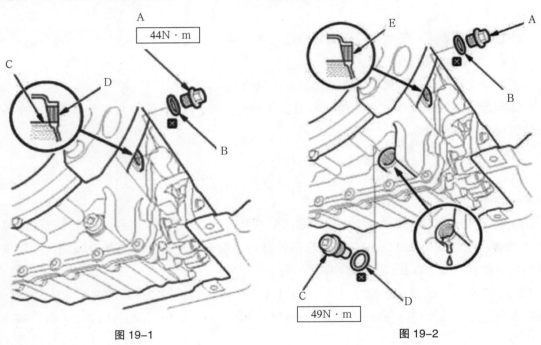

图 19-1　　　　　　　　　　　　　　　　图 19-2

⑤暂时安装带密封垫圈的注油螺塞。

⑥降下车辆。

⑦启动发动机。

⑧牢牢踩下制动踏板。将变速器换挡至 P→R→N→D→N→R→P 位置模式，并在各个位置模式等待至少 3s。

⑨关闭发动机。

⑩举升车辆。

⑪拆下注油螺塞（图 19-3 中 A）和密封垫圈（图 19-3 中 B）。

⑫确保 ATF 通过注油螺栓孔（图 19-3 中 C）滴落。如果 ATF 溢出，等待直至 ATF 滴落。如果 ATF 未滴落，通过注油螺塞孔加注 ATF 直至 ATF 溢出，然后等待 ATF 滴落。

⑬重新安装带新密封垫圈的注油螺塞。

（5）ATF 液位检查。

（6）自动怠速停止系统，操作检查。

①启动发动机，并暖机至正常工作温度（散热器风扇运转两次）。

②车速超过 5km/h，变速器位于 D 位置模式，进行路试。

③慢慢踩下制动踏板，慢慢停车。

④牢固踩下制动踏板，确认发动机节能自动启停系统运行了至少 15s。注意：如果发动机节能自动启停系统至少 15s 未工作，则重复该操作检查。

（7）安装所有拆下的零件，按照与拆卸相反的顺序安装零件。

（二）广汽讴歌 RDX 更换自动变速器油

注意：防止异物进入变速器。

（1）暖车发动机。

（2）举升车辆。

（3）拆卸空气滤清器。

（4）拆卸进气管。

（5）拆卸进气管总成。

（6）ATF 排放。

①拆下放油螺塞（图 19-4 中 A）。

②排放 ATF。

③重新安装带新密封垫圈（图 19-4 中 B）的放油螺塞。

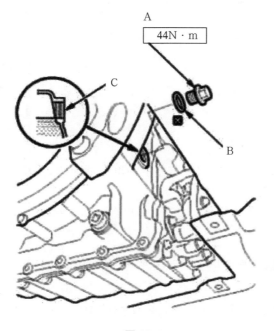

图 19-3

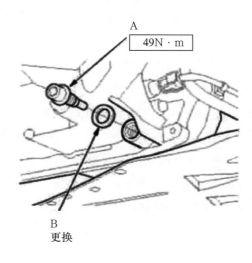

图 19-4

（7）ATF 重新加注。

①用推荐的自动变速器油重新注入加注口（图 19-5 中 A），务必使用 Acura ATF DW-1。注意：使用非 Acura ATF 会影响换挡质量。自动变速器油容量：更换时 3.1L，大修时 7.0L。

②安装带新密封垫圈（图 19-5 中 C）的 ATF 加注口螺栓（图 19-5 中 B）。

③拆下 ATF 油尺（图 19-6 中 A）。

④确保 ATF 液位在 ATF 油尺的上标记（图 19-6 中 B）和下标记（图 19-6 中 C）之间。

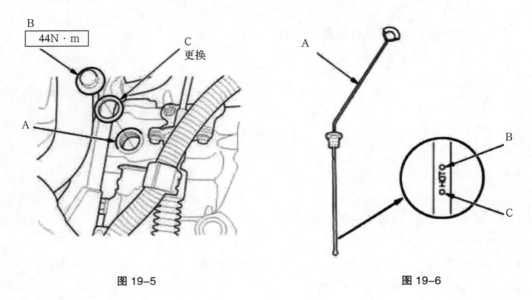

图 19-5　　　　　　　　　　　　　　　　图 19-6

⑤将 ATF 油尺插回到 ATF 油尺导管中。

（8）安装所有拆下的零件，按照与拆卸相反的顺序安装零件。

二、保养复位方法

（一）广汽讴歌 CDX 保养归零

1. 发动机机油监视器系统结构和功能

注意：根据行驶状态，实际的距离可能比发动机机油监视器显示的可行驶距离要短。仪表如图 19-7 所示，方向盘如图 19-8 所示。

2. 如何进入发动机机油监视器

（1）将车辆转为 ON 模式。

（2）滚动多功能方向盘控制器，直到综合信息显示屏上显示"发动机机油监视器（图 19-9）"。

注意：当剩余距离到达"0"时，发动机机油监视器会显示过期距离，例如在显示屏上显示"10km"，并且过期距离会开始闪烁。

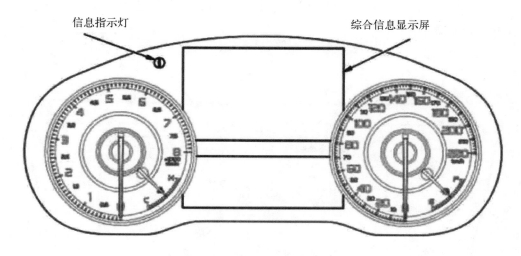

信息指示灯　　　　　　　　　　　　　　综合信息显示屏

图 19-7

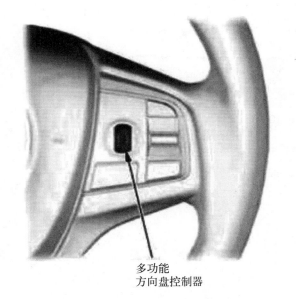

多功能
方向盘控制器

图 19-8

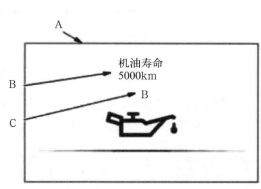

机油寿命
5000km

B.剩余距离　C.保养项目

图 19-9

3. 重置发动机机油监视器系统

注意：必须停车且重置发动机机油监视器系统。如果进行了需要的维修但没有重置系统或如果系统重置但没有进行维修，则系统将无法显示正确的保养时间。这样会导致发动机故障，因为车辆无法进行准确的需要保养的记录。即时放大警告（现在需要保养）没有出现（可持续行驶距离没有达到"0"），显示距上次保养 1 年的时间后需要的保养项目。

（1）将车辆转为 ON 模式。

（2）参看"如何进入发动机机油监视器"，综合信息显示屏上显示发动机机油监视器。

（3）按下中央显示屏单元上的 Home 按钮显示主菜单，然后选择"设定"（图 19-10中 A）显示设定菜单。

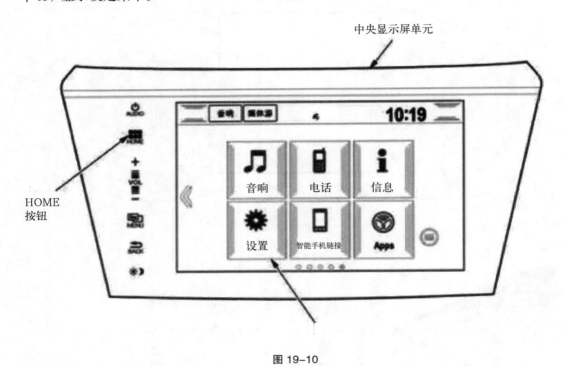

图 19-10

（4）选择"车辆"（图 19-11 中 A）显示车辆设定菜单。

（5）选择"保养信息"（图 19-12 中 A）显示保养重新设定菜单。

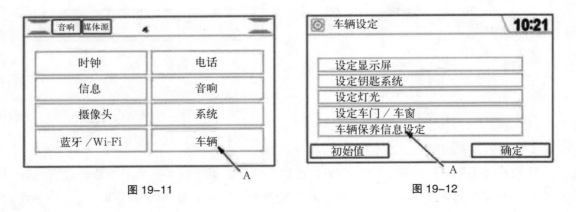

图 19-11   图 19-12

（6）选择"重新设定"（图 19-13 中 A），然后显示确认对话框。

（7）若要重新设定发动机机油监视器系统，选择"重新设定"（图 19-14 中 A）。

（8）如果发动机机油监视器系统的重新设定成功完成，显示将返回车辆设定菜单，如图 19-15 所示。

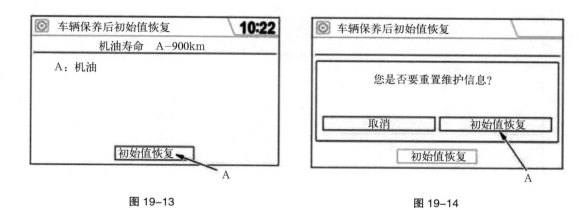

图 19-13

图 19-14

图 19-15

三、讴歌车系换油规格（表 19-1）

表 19-1

车型 / 项目	年款	发动机型号	排量	发动机机油油量（维修机油加注与滤清器更换）(L)	发动机机油油量（干式加注、包括滤清器）(L)	发动机机油型号	自动变速器型号	变速器容量 (L)	变速器油型号
讴歌 TL	2012—2015 年	J35Z6	3.5L	4.3	5		BK3A5	3.1（换油时）	
讴歌 RLX	2013—2016 年	J35Y4	3.5L	4.3	5		6 挡手自一体	3.1（换油时）	
讴歌 ILX	2014—2016 年	R20A5	2.0L	4.3	5		5 挡手自一体	3.1（换油时）	
讴歌 MDX	2013—2016 年	J35Y5	3.5L	5.4	6.1		6 挡手自一体	3.1（换油时）	
讴歌 ZDX	2012—2016 年	J37AS	3.7L	4.3	5		MT4A 手自一体	3.1（换油时）	
广汽讴歌 CDX	2017—2019 年	L15B9	1.5L	3.5	4.0	0W20 0W30 5W30 10W30	8DCT	不带 AWD: 4.2（换油时）7.5~7.9（大修时）带 AWD: 4.7（更换时）8.1~8.5（大修时）	ATF 2 类型
讴歌 RDX	2017—2019 年	J30A6	3.0L	4.3	5.0	0W20 0W30 5W30 10W30	6AT	3.1（换油时）7.0（大修时）	ATF DW-1

第二十章　日产车系

一、自动变速器油位检查

（一）RE0F10D CVT 变速器

1. 液体泄漏

检查变速驱动桥周围区域（油封和排放塞等）有无液体泄漏，如图 20-1 所示。如果发现任何状况，请修理或更换损坏的零件并调整 CVT 油油位。

2. 更换

注意：务必使用车间纸巾。切勿使用车间布。在安装的最后操作阶段，用新的排放塞密封垫更换旧的。在观察排放孔时必须小心，因为可能会有油滴进入眼睛的危险。更换后，务必执行 CVT 油泄漏检查。

（1）使用 CONSULT 在"变速器"中选择"数据监控"。

（2）选择"油温"，然后确认 CVT 油温度处于 40℃或以下。

（3）检查换挡杆置于 P 挡，然后完全接合驻车制动。

（4）顶起车辆。

（5）拆下排放塞，然后排出油底壳的 CVT 油。

（6）在油底壳上安装排放塞。注意：使用旧的排放塞密封垫。

（7）从变矩器壳体上拆下溢流塞（图 20-2 中 1）。

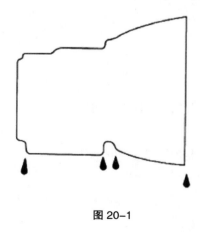

图 20-1

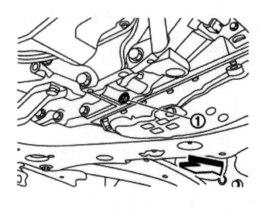

图 20-2

（8）把加注管（KV311039S0）（图 20-3 中 A）安装到溢流塞孔上。注意：用手拧紧加注管。

（9）将 ATF 油更换器软管（图 20-3 中 B）安装到加注管上。注意：将 ATF 油更换器软管一直按压在加油管上直至停止。

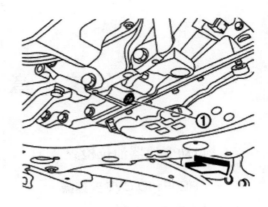

图 20-3

（10）添加约 3L CVT 油。

（11）拆下 ATF 更换器软管及加油管，然后安装溢流塞。注：如果 CVT 油泄漏，请迅速执行此操作。

（12）降下车辆。

（13）启动发动机。

（14）在踩制动踏板的同时，将换挡杆完全从 P 挡转换到 D 挡，再转换到 P 挡。注：使换挡杆在每个挡位停留 5s。

（15）检查并确认"油温"中的 CONSUL "数据监控"处于 35~45℃。

（16）关闭发动机。

（17）顶起车辆。

（18）拆下排放塞，然后排出油底壳的 CVT 油。

（19）重复步骤（6）~（18）（一次）。

（20）以规定扭矩拧紧排放塞。

（21）拆下溢流塞。

（22）把加注管（KV311039S0）安装到溢流塞孔上。注意：用手拧紧加注管。

（23）将 ATF 更换器软管安装到加注管上。注意：将 ATF 油更换器软管一直按压在加油管上直至停止。

（24）添加约 3L CVT 油。

（25）拆下 ATF 更换器软管及加油管，然后安装溢流塞。注：如果 CVT 油泄漏，请迅速执行此操作。

（26）降下车辆。

（27）启动发动机。

（28）在踩制动踏板的同时，将换挡杆完全从 P 挡转换到 D 挡，再转换到 P 挡。

注：使换挡杆在每个挡位停留 5s。

（29）检查并确认"油温"中的 CONSULT "数据监控"处于 35~45℃。

（30）顶起车辆。

（31）拆下溢流塞，确认从溢流塞孔中排出了 CVT 油。注意：车辆怠速时，执行此操作。注：如 CVT 油未排出，请参见"调节"，并重新加注 CVT 油。

（32）CVT 油流动速度变慢到滴油时，将溢流塞拧紧到规定的扭矩。注意：切勿重复使用 O 形圈。

（33）降下车辆。

（34）使用 CONSULT 在"变速器"中选择"数据监控"。

（35）选择"确认 CVT 油劣化"。

（36）选择"清除"。

（37）关闭发动机。

3. 调整

注意：在调节 CVT 油位期间，检查 CONSULT，使油温可保持在 35~45℃ 之间。调节 CVT 油位期间，保持指定发动机怠速。在观察排放孔时必须小心，因为可能会有油滴进入眼睛的危险。

（1）检查换挡杆置于 P 挡，然后完全接合驻车制动。

（2）启动发动机。

（3）调节 CVT 油温至约 40℃。注：CVT 油受温度影响很大。因此调整时务必使用 CONSULT，检查"数据监控"中"变速器"下的"油温"。

（4）在踩制动踏板的同时，将换挡杆完全从 P 挡转换到 D 挡，再转换到 P 挡。注：使换挡杆在每个挡位停留 5s。

（5）顶起车辆。

（6）检查并确认无 CVT 油泄漏。

（7）从变矩器壳体上拆下溢流塞（图 20-4 中 1）。

（8）把加注管（KV311039S0）（图 20-5 中 A）安装到溢流塞孔上。注意：用手拧紧加注管。

（9）将 ATF 油更换器软管（图 20-5 中 B）安装到加注管上。注意：将 ATF 油更换器软管一直按压在加油管上直至停止。

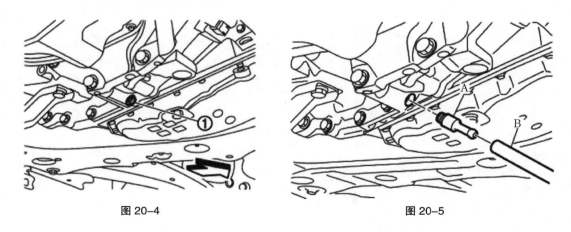

图 20-4　　　　　　　　　　　　图 20-5

（10）添加约 0.5L CVT 油。

（11）拆下加注管的 ATF 油更换器软管，确认 CVT 油从加注管排出。如果没有排出，再次加注。注意：车辆怠速时，执行此操作。

（12）当 CVT 油流动速度变慢至滴油时，从变矩器壳体上拆下加注管。

（13）以规定扭矩拧紧溢流塞。注意：切勿重复使用 O 形圈。

（14）降下车辆。

（15）关闭发动机。

（二）RE0F11B CVT 变速器

1. 检查

液体泄漏：检查变速驱动桥周围区域（油封和排放塞等）有无液体泄漏，如图 20-6 所示。如果发现任何状况，请修理或更换损坏的零件并调整 CVT 油油位。

2. 更换

注意：仅使用正品 CVT 油。使用正品 CVT 油以外的变速器油将损坏 CVT，该情况不在保险范围内。务必使用车间纸巾。切勿使用车间布。在安装的最后操作阶段，用新的排放塞密封垫更换旧的。在观察排放孔时必须小心，因为可能会有油滴进入眼睛的危险。更换后，务必执行 CVT 油泄漏检查。

（1）使用 CONSULT 在"变速器"中选择"数据监控"。

（2）选择"油温"，然后确认 CVT 油温度处于 40℃或以下。

（3）检查换挡杆置于 P 挡，然后完全接合驻车制动。

（4）顶起车辆。

（5）拆下排放塞和溢流管，然后从油底壳排出 CVT 油。

（6）把加注管（KV311039S0）（图 20-7 中 A）安装到排放孔上。注意：用手拧紧加注管。

（7）将自动变速器油更换器软管（图 20-7 中 B）安装到加注管上。注意：将自动变速器油更换器软管一直按压在加油管上直至停止。

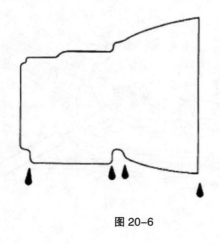

图 20-6

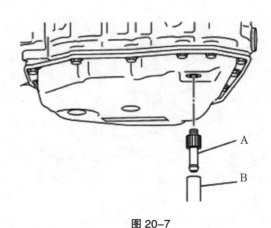

图 20-7

（8）添加约 3L CVT 油。

（9）拆下自动变速器油更换器软管及加油管，然后安装排放塞。注：如果 CVT 油泄漏，请迅速执行此操作。

（10）降下车辆。

（11）启动发动机。

（12）在踩制动踏板的同时，将换挡杆完全从 P 挡转换到 L 挡，再转换到 P 挡。注：使换挡杆在每个挡位停留 5s。

（13）检查并确认"油温"中的 CONSULT "数据监控"处于 35~45℃。

（14）关闭发动机。

（15）顶起车辆。

（16）拆下排放塞，然后排出油底壳的 CVT 油。

（17）重复步骤（6）~（16）（一次）。

（18）安装溢流管。注意：务必拧紧至规定扭矩。如果没有拧紧至规定扭矩，溢流管可能会被损坏。

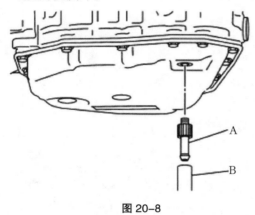

图 20-8

（19）把加注管（KV311039S0）（图 20-8 中 A）安装到排放孔上。注意：用手拧紧加注管。

（20）将自动变速器油更换器软管（图 20-8 中 B）安装到加注管上。注意：将自动变速器油更换器软管一直按压在加油管上直至停止。

（21）添加约 3L CVT 油。

（22）拆下自动变速器油更换器软管及加油管，然后安装排放塞。注：如果 CVT 油泄漏，请迅速执行此操作。

（23）降下车辆。

（24）启动发动机。

（25）在踩制动踏板的同时，将换挡杆完全从 P 挡转换到 L 挡，再转换到 P 挡。注：使换挡杆在每个挡位停留 5s。

（26）检查并确认"油温"中的 CONSULT "数据监控"处于 35~45℃。

（27）顶起车辆。

（28）拆下排放塞，确认从溢流管排出了 CVT 油。注意：车辆怠速时，执行此操作。注：如 CVT 油未排出。

（29）CVT 油流动速度变慢到滴油时，将排放塞拧紧到规定的扭矩。注意：切勿重复使用排放塞密封垫。

（30）降下车辆。

（31）使用选择"变速器"中的"工作支持"。

（32）选择"确认 CVT 油劣化"。

（33）触摸"清除"。

（34）执行电气油泵排气。（带怠速停止系统的车辆）。

（35）关闭发动机。

3. 调整

注意：仅使用正品 CVT 油。使用正品 CVT 油以外的变速器油将损坏 CVT，该情况不在保险范围内。在调节 CVT 油位期间，检查 CONSULT，使油温可保持在 35~45℃之间。在观察排放孔时必须小心，因为可能会有油滴进入眼睛的危险。

（1）检查换挡杆置于 P 挡，然后完全接合驻车制动。

（2）启动发动机。

（3）调节 CVT 油温至约 40℃。注 CVT 油受温度影响很大。因此调整时务必使用CONSULT，检查"数据监控"中"变速器"下的"油温"。

（4）在踩制动踏板的同时，将换挡杆完全从 P 挡转换到 L 挡，再转换到 P 挡。注：使换挡杆在每个挡位停留 5s。

（5）顶起车辆。

（6）检查并确认无 CVT 油泄漏。

（7）拆下排放塞。

（8）把加注管（KV311039S0）（图20-9 中 A）安装到排放塞孔上。注意：用手拧紧加注管。

（9）将自动变速器油更换器软管（图20-9 中 B）安装到加注管上。注意：将自动变速器油更换器软管一直按压在加油管上直至停止。

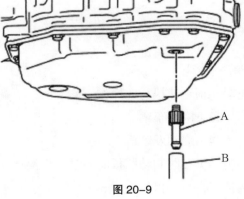

图 20-9

（10）添加约 0.5L CVT 油。

（11）拆下加注管的自动变速器油更换器软管，确认 CVT 油从加注管排出。如果没有排出，再次加注。注意：车辆怠速时，执行此操作。

（12）CVT 油液流动速度变慢到滴油时，从油底壳拆除加注管。

（13）以规定扭矩拧紧排放塞。注意：切勿重复使用排放塞密封垫。

（14）降下车辆。

（15）关闭发动机。

（三）RE5R05A 5挡自动变速器

1. 液体泄漏

检查变速器周围区域（油封和塞等）有无液体泄漏，如图20-10所示。如发现任何异常，对受损的零件进行维修或者更换，并且调整A/T液位。

2. 更换

注意：假如没有正品日产Matic S ATF，也可使用正品日产Matic J ATF。使用正品日产Matic S（或J）ATF之外的ATF会降低驾驶性能以及A/T的耐用性，并可能损坏A/T且这不属于保修范围内。注入ATF时，注意不要飞溅到发热零件上，例如排放系统。

（1）步骤1。

将O形圈（315268E000）（A）安装到加注管（310811EA5A）（图20-11中B）上。

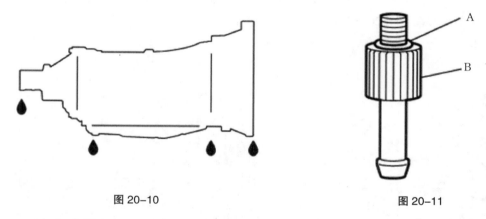

图20-10   图20-11

（2）步骤2。

①使用CONSULT检查确认ATF温度是否在40℃或以下。

②顶起车辆。

③从油底壳上拆下排放塞，然后排放ATF。

④当ATF开始滴下时，暂时将排放塞拧紧到油底壳上。注：不要更换排放塞和排放塞衬垫。

⑤从油底壳上拆下溢流塞。

⑥将加注管（A）安装到溢流塞孔上。注意：用手拧紧加注管。

⑦将活塞式泵软管（图20-12中B）安装到加注管上。注意：将活塞式泵软管一直插到加注管底部。

⑧添加约3L ATF。

⑨拆下活塞式泵软管以拆下加注管，然后暂时将溢流塞拧紧到油底壳上。注意：迅速执行此步骤，以防ATF从油底壳泄漏。

⑩降下车辆。

⑪启动发动机并等待大约 3min。

⑫关闭发动机。

（3）重复步骤 2。

（4）最后步骤。

①使用 CONSULT 检查确认 ATF 温度是否在 40℃或以下。

②顶起车辆。

③从油底壳上拆下排放塞，然后排放 ATF。

④当 ATF 开始滴下时，将排放塞按规定扭矩拧紧到油底壳上。注意：切勿重复使用排放塞和排放塞衬垫。

⑤从油底壳上拆下溢流塞。

⑥将加注管（图 20-13 中 A）安装到溢流塞孔上。注意：用手拧紧加注管。

⑦将活塞式泵软管（图 20-13 中 B）安装到加注管上。注意：将活塞式泵软管一直插到加注管底部。

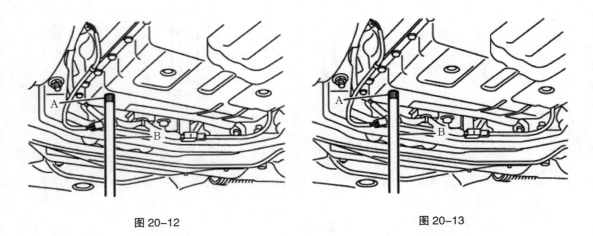

图 20-12　　　　　　　　　　　　　　图 20-13

⑧添加约 3L ATF。

⑨拆下活塞式泵软管以拆下加注管，然后暂时将溢流塞拧紧到油底壳上。注意：迅速执行此步骤，以防 ATF 从油底壳泄漏。

⑩降下车辆。

⑪启动发动机。

⑫使 ATF 温度大约为 40℃。注：ATF 液位受温度影响极大。务必用 CONSULT 在"数据监控"的"ATF 温度 1"上检查 ATF 温度。

⑬将车辆停放在水平地面上，并设置驻车制动。

⑭移动换挡杆通过各个挡位。最后将换挡杆置于 P 挡。

⑮当 ATF 温度达到 40℃时，顶起车辆，然后从油底壳上拆下溢流塞。

⑯当 ATF 开始滴下时，将排放塞按规定扭矩拧紧到油底壳上。注意：切勿重复使用溢流塞。

3. 调整

注意：假如没有正品日产 Matic S ATF，也可使用正品日产 Matic J ATF。使用正品日产 Matic S（或 J）ATF 之外的 ATF 会降低驾驶性能以及 A/T 的耐用性，并可能损坏 A/T 且这不属于保修范围内。注入 ATF 时，注意不要飞溅到发热零件上，例如排放系统。在进行 ATF 液位调整时，使用 CONSULT 检查期间，一定要保持 ATF 温度在 35~45℃之间。

（1）将 O 形圈（315268E000）（图 20-14 中 A）安装到加注管（310811EA5A）（图 20-14 中 B）上。

（2）启动发动机。

（3）使 ATF 温度大约为 40℃。注：ATF 液位受温度影响极大。务必用 CONSULT 在"数据监控"的"ATF 温度 1"上检查 ATF 温度。

（4）将车辆停放在水平地面上，并设置驻车制动。

（5）移动换挡杆通过各个挡位。最后将换挡杆置于 P 挡。

（6）顶起车辆。

（7）检查变速器 ATF 泄漏。

（8）从油底壳上拆下溢流塞。

（9）将加注管（图 20-15 中 A）安装到溢流塞孔上。注意：用手拧紧加注管。

（10）将活塞式泵软管（图 20-15 中 B）安装到加注管上。注意：将活塞式泵软管一直插到加注管底部。

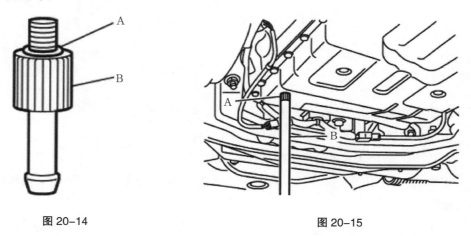

图 20-14   图 20-15

（11）添加约 0.5L ATF。

（12）确认在拆下加注管和活塞式泵软管时 ATF 泄漏。如果 ATF 不泄漏，继续加注 ATF。

（13）当 ATF 开始滴下时，将排放塞按规定扭矩拧紧到油底壳上。注意：切勿重复使用溢流塞。

（四）RE7R01B7AT 自动变速器

1. 检查液体泄漏

检查变速器周围区域（油封和塞等）有无液体泄漏，如图 20-16 所示。如发现任何异常，对受损的零件进行维修或者更换，并且调整 A/T 液位。

2. 更换

注意：仅使用推荐的 ATF。切勿与其他 ATF 混合。使用推荐 ATF 之外的 ATF 会降低驾驶性能以及 A/T 的耐用性，并可能损坏 A/T，且这不属于保修范围内。注入 ATF 时，注意不要飞溅到发热零件上，例如排放系统。

（1）步骤 1。

①将 O 形圈（315268E000）（图 20-17 中 A）安装到加注管（310811EA5A）（图 20-17 中 B）上。

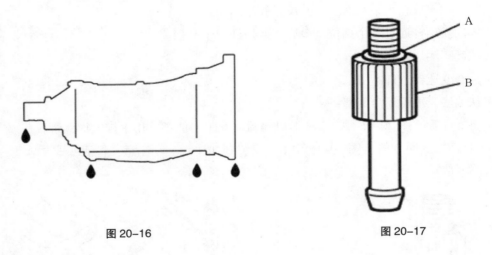

图 20-16　　　　　　　　　　图 20-17

（2）步骤 2。

①使用 CONSULT 检查确认 ATF 温度是否在 40℃或以下。

②顶起车辆。

③从油底壳上拆下排放塞，然后排放 ATF。

④当 ATF 开始滴下时，暂时将排放塞拧紧到油底壳上。注：不要更换排放塞和排放塞衬垫。

⑤从油底壳上拆下溢流塞。

⑥将加注管（图 20-18 中 A）安装到溢流塞孔上。注意：用手拧紧加注管。

⑦将活塞式泵软管（图 20-18 中 B）安装到加注管上。注意：将活塞式泵软管一直插到加注管底部。

⑧添加约 3L ATF。

⑨拆下活塞式泵软管以拆下加注管，然后暂时将溢流塞拧紧到油底壳上。注意：迅速执行此步骤，以防 ATF 从油底壳泄漏。

⑩降下车辆。

⑪启动发动机并等待大约 3min。

⑫关闭发动机。

（3）重复步骤 2。

（4）最后步骤。

①使用 CONSULT 检查确认 ATF 温度是否在 40℃或以下。

②顶起车辆。

③从油底壳上拆下排放塞，然后排放 ATF。

④当 ATF 开始滴下时，将排放塞按规定扭矩拧紧到油底壳上。注意：切勿重复使用排放塞和排放塞衬垫。

⑤从油底壳上拆下溢流塞。

⑥将加注管（图 20-18 中 A）安装到溢流塞孔上。注意：用手拧紧加注管。

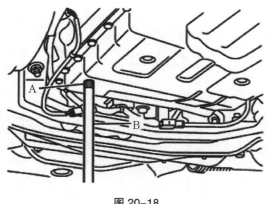

图 20-18

⑦将活塞式泵软管（图 20-18 中 B）安装到加注管上。注意：将活塞式泵软管一直插到加注管底部。

⑧添加约 3L ATF。

⑨拆下活塞式泵软管以拆下加注管，然后暂时将溢流塞拧紧到油底壳上。注意：迅速执行此步骤，以防 ATF 从油底壳泄漏。

⑩降下车辆。

⑪启动发动机。

⑫使 ATF 温度大约为 40℃。注：ATF 液位受温度影响极大。务必用 CONSULT 在"数据监控"的"ATF 温度1"上检查 ATF 温度。

⑬将车辆停放在水平地面上，并设置驻车制动。

⑭移动换挡杆通过各个挡位。最后将换挡杆置于 P 挡。

⑮当 ATF 温度达到 40℃时，顶起车辆，然后从油底壳上拆下溢流塞。

⑯当 ATF 开始滴下时，将排放塞按规定扭矩拧紧到油底壳上。注意：切勿重复使用溢流塞。

3. 调整

注意：仅使用推荐的 ATF。切勿与其他 ATF 混合。使用推荐 ATF 之外的 ATF 会降低驾驶性能以及 A/T 的耐用性，并可能损坏 A/T，且这不属于保修范围内。注入 ATF 时，注意不要飞溅到发热零件上，例如排放系统。在进行 ATF 液位调整时，使用 CONSULT 检查期间，一定要保持 ATF 温度在 35~45℃之间。

（1）将 O 形圈（315268E000）（图 20-19 中 A）安装到加注管（310811EA5A）（图 20-19 中 B）上。

（2）启动发动机。

（3）使 ATF 温度大约为 40℃。注：ATF 液位受温度影响极大。务必用 CONSULT 在"数据监控"的"ATF 温度 1"上检查 ATF 温度。

（4）将车辆停放在水平地面上，并设置驻车制动。

（5）移动换挡杆通过各个挡位。最后将换挡杆置于 P 挡。

（6）顶起车辆。

（7）检查变速器 ATF 泄漏。

（8）从油底壳上拆下溢流塞。

（9）将加注管（图 20-20 中 A）安装到溢流塞孔上。注意：用手拧紧加注管。

（10）将活塞式泵软管（图 20-20 中 B）安装到加注管上。注意：将活塞式泵软管一直插到加注管底部。

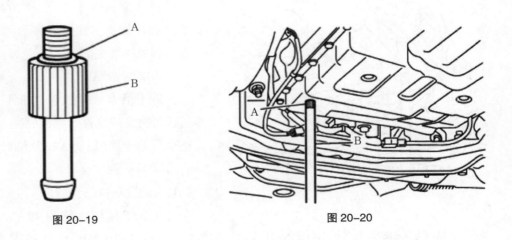

图 20-19   图 20-20

（11）添加约 0.5L ATF。

（12）确认在拆下加注管和活塞式泵软管时 ATF 泄漏。如果 ATF 不泄漏，继续加注 ATF。

（13）当 ATF 开始滴下时，将排放塞按规定扭矩拧紧到油底壳上。注意：切勿重复使用溢流塞。

（五）RE0F10B 自动变速器油液更换

1. 更换

注意：

・务必使用工作纸巾。切勿使用工作布

・安装时，在操作的最后阶段更换新的排放塞垫片

・在观察排放孔时必须小心，因为滴下的油滴可能会掉进眼睛里

・更换后，务必执行 CVT 油泄漏检查

（1）使用 CONSULT 在"变速器"中选择"数据监控"。

（2）选择"液温"，然后确认 A/T 液温处于 40℃或以下。

（3）检查换挡杆置于 P 挡，然后完全接合驻车制动。

（4）顶起车辆。

（5）拆下排放塞，然后从油底壳中排出 CVT 油。

（6）将排放塞安装到油底壳上。注意：用旧的排放塞密封垫。

（7）从变矩器壳体上拆下溢流塞（图 20-21 中 1 所示）。

（8）把加注管组件（KV311039S0）（图 20-22 中 A）安装到溢流塞孔上。注意：用手拧紧加注管。

（9）将自动变速器油更换器软管（图 20-22 中 B）安装到加注管上。注意：将自动变速器油更换器软管压在加油管上直至停止。

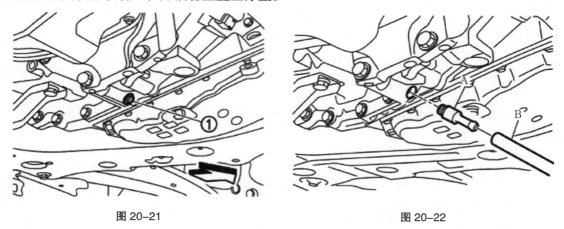

图 20-21　　　　　　　　　　　　图 20-22

（10）添加约 3L 的 CVT 油。

（11）拆下自动变速器油更换器软管和加注管，然后安装溢流塞。注：如果 CVT 油泄漏，请迅速执行此操作。

（12）降下车辆。

（13）启动发动机。

（14）在踩制动踏板的同时，将换挡杆完全从 P 挡换到 D 挡，再换到 P 挡。注：使换挡杆在每个挡位停留 5s。

（15）检查并确认 CONSULT "液温"中的"数据监控"为 35~45℃。

（16）关闭发动机。

（17）顶起车辆。

（18）拆下排放塞，然后从油底壳中排出 CVT 油。

（19）重复步骤（6）~（18）（一次）。

（20）将排放塞拧紧至规定扭矩。

（21）拆下溢流塞。

（22）把加注管组件（KV311039S0）安装到溢流塞孔上。注意：用手拧紧加注管。

（23）将 ATF 更换器软管安装到加注管上。注意：将自动变速器油更换器软管压在加油管上直至停止。

（24）添加约 3L 的 CVT 油。

（25）拆下自动变速器油更换器软管和加注管，然后安装溢流塞。注：如果 CVT 油泄漏，请迅速执行此操作。

（26）降下车辆。

（27）启动发动机。

（28）在踩制动踏板的同时，将换挡杆完全从 P 挡换到 D 挡，再换到 P 挡。注：使选挡杆在每个挡位停留 5s。

（29）检查并确认 CONSULT "液温" 中的 "数据监控" 为 35~45℃。

（30）顶起车辆。

（31）拆下溢流塞，并确认 CVT 油是否从溢流塞孔中排出。注意：车辆怠速时，执行此操作。注：如 CVT 油未排出，请参见 "调整"，并重新加注 CVT 油。

（32）CVT 油流速减慢到滴状时，将溢流塞拧紧至规定扭矩。注意：切勿重复使用 O 形圈。

（33）降下车辆。

（34）使用 CONSULT 在 "变速器" 中选择 "数据监控"。

（35）选择 "符合 CVT 油变质"。

（36）选择 "清除"。

（37）关闭发动机。

2. 调整

注意：

· 在调整 CVT 油位期间，检查 CONSULT，使油温可保持在 35~45℃之间

· 调整 CVT 油位期间，检查发动机转速是否保持 500r/min

· 在观察排放孔时必须小心，因为滴下的油滴可能会掉进眼睛里

（1）检查换挡杆置于 P 挡，然后完全接合驻车制动。

（2）启动发动机。

（3）调整 CVT 油温至约 40℃。注：CVT 油受温度影响很大。因此调整时务必使用

CONSULT，检查"数据监控"中"变速器"下的"液温"。

（4）在踩制动踏板的同时，将换挡杆完全从P挡换到D挡，再换到P挡。注：使换挡杆在每个挡位停留5s。

（5）顶起车辆。

（6）检查CVT油是否无泄漏。

（7）从变矩器壳体上拆下溢流塞。

（8）把加注管组件（KV311039S0）安装到溢流塞孔上。注意：用手拧紧加注管。

（9）将自动变速器油更换器软管安装到加注管上。注意：将自动变速器油更换器软管压在加油管上直至停止。

（10）添加约0.5L的CVT油。

（11）从加注管上拆下自动变速器油更换器软管，并检查CVT油是否从加注管中排出。如果没有排出，请再次加注。注意：车辆怠速时，执行此操作。

（12）CVT油流速减慢到滴状时，从变矩器壳体上拆下加注管。

（13）将溢流塞拧紧至规定扭矩。注意：切勿重复使用O形圈。

（14）降下车辆。

（15）关闭发动机。

（六）REOF11A自动变速器油位检查

1. 检查

·仅使用正品NISSANCVT液NS–2。使用非正品NISSANCVT液NS–2的变速器液会损坏CVT，这不在（日产新车有限）保修范围之内

·在调节CVT油位期间，检查CONSULT，使油温可保持在35~45℃之间

·在观察排放孔时必须小心，因为滴下的油滴可能会掉进眼睛里

（1）检查换挡杆置于P挡，然后完全接合驻车制动。

（2）启动发动机。

（3）调节CVT液温至约40℃。注：CVT受温度影响很大。因此调节时务必使用CONSULT，检查"数据监控"中"变速器"下的"液温"。

（4）在踩制动踏板的同时，将换挡杆完全从P挡转换到L挡，再转换到P挡。注：使换挡杆在每个挡位停留5s。

（5）顶起车辆。

（6）检查并确认无CVT泄漏。

（7）拆下排放塞。

（8）把加注管（KV311039S0）（图20–23中A）安装到排放塞孔上。

注意：用手拧紧加注管。

（9）将自动变速器油更换器软管（图20–23中B）安装到加注管上。注意：将自动

变速器油更换器软管一直按压在加油管上直至停止。

（10）添加约 0.5L 的 CVT 液。

（11）拆下加注管的自动变速器油更换器软管，确认 CVT 油液从加注管排出。如果没有排出，再次加注。注意：车辆怠速时，执行此操作。

（12）CVT 流速减慢到滴状时，从油底壳拆除加注管。

（13）以规定扭矩拧紧排放塞。注意：切勿重复使用排放塞衬垫。

（14）降下车辆。

（15）关闭发动机。

（七）REOF09B 自动变速器油位

1. 检查油液

应在将液体加热至 50~80℃ 的情况下检查液位。液位检查步骤如下：

（1）检查是否漏油。

（2）在发动机暖机的情况下，在市内驾驶车辆。当环境温度为 20℃ 时，需要约 10min 让 CVT 液温度上升至 50~80℃。

（3）将车辆停在水平地面上。

（4）使用驻车制动器。

（5）在发动机怠速时，同时踩下制动踏板，将换挡杆移动通过所有挡位。

（6）在按下 CVT 液位计上的凸耳松开锁止后，从 CVT 液加注管中拔出 CVT 液位计，如图 20-24 所示。

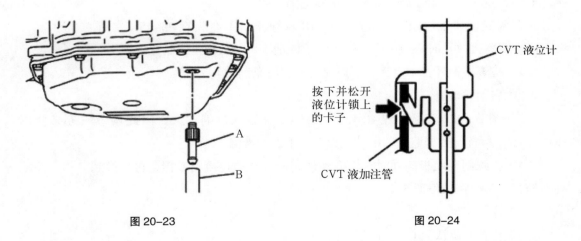

图 20-23　　　　　　　　　　　　　　图 20-24

（7）擦净 CVT 液位计上的液体。将 CVT 液位计相对原始安装位置旋转 180° 并插入，然后用力推 CVT 液位计，直至它碰到 CVT 液加注管的顶端，如图 20-25 所示。

注意：擦净 CVT 液位计时，始终要使用无绒纸，而非任何其他的布。

（8）将换挡杆置于 P 或 N，并检查液位是否处于规定位置内，如图 20-26 所示。

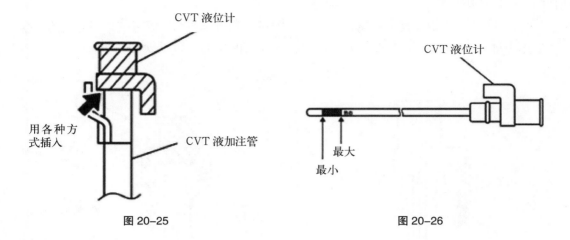

图 20-25   图 20-26

注意：安装 CVT 液位计时，将其插入 CVT 液加注管并转动至原始安装位置，直至完全锁止。

2. 改变

注意：安装时，在操作的最后步骤更换新 O 形圈。

（1）从油底壳上拆下排放塞。

（2）从排放塞上拆下 O 形圈。

（3）安装排放塞上的 O 形圈。注意：切勿重复使用 O 形圈。

（4）在油底壳上安装排放塞。

（5）从 CVT 液加注管注入 CVT 液至规定液位。

（6）在发动机暖机的情况下，在市内驾驶车辆。注：当环境温度为 20℃时，需要约 10min 让 CVT 液温度上升至 50~80℃。

（7）检查 CVT 液位和状态。

（8）如果 CVT 液已经污染，则重复步骤（1）~（5）。

（八）REOF10A 自动变速器油位检查

1. 检查 CVT 液

应在将液体加热至 50~80℃的情况下检查液位。液位检查步骤如下：

（1）检查是否漏油。

（2）在发动机暖机的情况下，在市内驾驶车辆。当环境温度为 20℃时，需要约 10min 让 CVT 液温度上升至 50~80℃。

（3）将车辆停在水平地面上。

（4）使用驻车制动器。

（5）在发动机怠速时，同时踩下制动踏板，将换挡杆移动通过所有挡位。

（6）在按下 CVT 液位计上的凸耳松开锁止后，从 CVT 液加注管中拔出 CVT 液位计，如图 20-27 所示。

（7）擦净 CVT 液位计上的液体。将 CVT 液位计相对原始安装位置旋转 180° 并插入，然后用力推 CVT 液位计，直至它碰到 CVT 液加注管的顶端，如图 20-28。

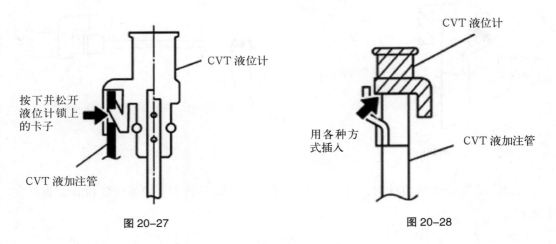

图 20-27   图 20-28

注意：擦净 CVT 液位计时，始终要使用无绒纸，而非任何其他的布。

（8）将换挡杆置于 P 或 N，并检查液位是否处于规定位置内，如图 20-29 所示。

注意：安装 CVT 液位计时，将其插入 CVT 液加注管并转动至原始安装位置，直至安全锁止。

2. 改变

注意：在安装的最后操作阶段，用新的排放塞垫片更换旧的。

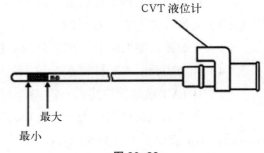

图 20-29

（1）从油底壳上拆下排放塞。

（2）从排放塞中拆下排放塞垫。

（3）在排放塞中安装排放塞垫。注意：切勿重复使用排放塞衬垫。

（4）在油底壳上安装排放塞。

（5）从 CVT 液加注管注入 CVT 液至规定液位。

（6）在发动机暖机的情况下，在市内驾驶车辆。注：当环境温度为 20℃时，需要约 10min 让 CVT 液温度上升至 50~80℃。

（7）检查 CVT 液位和状态。

（8）如果 CVT 液已经污染，则重复步骤（1）~（5）。

二、日产车系换油规格（表 20-1 所示）

表 20-1

项目 车型	年款	发动机型号	排量	发动机机油量（维修机油加注与滤清器更换）(L)	发动机机油量（干式加注，包括滤清器）(L)	发动机机油型号	自动变速器型号	变速器容量 (L)	变速器油型号
骊威 1.6L	2007—2019年	HR16DE	1.6L	3.0	3.5	0W20	RE4F03B CVT	7.7（容量）	NISSAN Matic D ATF
轩逸 1.6L	2007—2019年	HR16DE	1.6L	3.0	3.5	0W20	RE0F11A CVT	7.0（容量）	原装日产 CVT 油 NS-3
新轩逸 1.8L	2012—2019年	MRA8DE	1.8L	3.9	4.8	5W30	RE0F11A CVT	6.9（容量）	原装日产 CVT 油 NS-3
新骐达 1.6L	2006—2018年	HR16DE	1.6L	3.0	3.5	0W20	RE0F11B CVT	7.0（容量）	原装日产 CVT 油 NS-3
LANNIA 蓝鸟 1.6L	2015—2019年	HR16DE	1.6L	3.0	3.5	0W20	RE0F11B CVT	7.0（容量）	原装日产 CVT 油 NS-3
新天籁 2.0L	2016—2020年	MR20DD	2.0L	3.8	4.4	5W30	RE0F10D CVT8	7.4（容量）	原装日产 CVT 油 NS-3
新天籁 2.5L	2013—2019年	QR25DE	2.5L	4.6	5.3	5W30	RE0F10D CVT8	7.4（容量）	原装日产 CVT 油 NS-3
西玛 2.5L	2016—2019年	QR25DE	2.5L	4.6	5.3	5W30	RE0F10D CVT7	7.4（容量）	原装日产 CVT 油 NS-3
新逍客 1.2T	2016—2019年	HRA2DDT	1.2T	4.6	5.6	5W40	RE0F10D CVT7	7.4（容量）	原装日产 CVT 油 NS-3
新逍客 2.0L	2016—2019年	MR20DD	2.0L	3.8	4.4	5W40	RE0F10D CVT7	7.4（容量）	原装日产 CVT 油 NS-3
奇骏 2.0L	2014—2019年	MR20DD	2.0L	3.8	4.4	5W30	RE0F10D CVT7	7.9（容量）	原装日产 CVT 油 NS-3
奇骏 2.5L	2014—2019年	QR25DE	2.5L	4.6	5.3	5W30	RE0F10D CVT7	7.9（容量）	原装日产 CVT 油 NS-3
楼兰 2.5L	2011—2019年	QR25DE	2.5L	4.6	5.4	5W30	RE0F10D CVT7	7.9（容量）	原装日产 CVT 油 NS-3
楼兰 3.5L	2011—2013年	VQ35DE	3.5L	4.6	5.3	5W30	RE0F10A	7.3（容量）	原装日产 CVT 油 NS-2
楼兰 2.5L 混动	2015—2019年	QR25DER	2.5L	5.8	6.5	0W20	RE0F02H	5.9（容量）	原装日产 CVT 油 NS-3

项目 车型	年款	发动机 型号	排量	发动机机油量 （维修机油加注与滤 清器更换）（L）	发动机机油量 （干式加注，包括 滤清器）（L）	发动机 机油型号	自动变速器 型号	变速器 容量（L）	变速器油 型号
阳光 1.5L	2011—2019 年	HR15DE	1.5L	3.0	3.5	0W20	RE0F11A	6.9（容量）	原装日产 CVT 油 NS-3
新天籁 2.0T	2019—2020 年	KR20	2.0T	4.8		5W30	RE0F10D CVT8	7.4（容量）	原装日产 CVT 油 NS-3
劲客	2017—2019 年	HR15DE	1.5L	4.3	4.8	0W20	CVT6	7.0（容量）	原装日产 CVT 油 NS-3
途达 2.5L	2018—2019 年	QR25DE	2.5L	4.7	5.3	0W20	RE7R01B 7 挡	10（容量）	Matic S ATF
途达 2.5L	2017—2019 年	QR25DE	2.5L	4.7	5.3	0W20	RE7R01B 7 挡	10（容量）	Matic S ATF
启辰 T60 1.6L	2018—2019 年	HR16DE	1.6L	3.0	3.5	0W20	CVT	7.0（容量）	东风启辰 CVT 液
启辰 D60 1.6L	2018—2019 年	HR16DE	1.6L	3.0	3.5	0W30	CVT	7.0（容量）	东风启辰 CVT 液
启辰 T70 1.6L	2015—2019 年	HR16DE	1.6L	4.3	4.8	5W30	RE0F10A CVT	8.3（容量）	东风启辰 CVT 液 NS-3
启辰 M50V 1.6L	2017—2019 年	HR16DE	1.6L	3.0	3.5	0W20	CVT	8.3（容量）	东风启辰 CVT 液 NS-3
启辰 T70 2.0L	2015—2019 年	MR20DE	2.0L	3.8	4.4	5W30	RE0F10A CVT	8.3（容量）	东风启辰 CVT 液 NS-3
启辰 T90 2.0L	2017—2019 年	MR20	2.0L	3.8	4.4	5W30	CVT	8.3（容量）	东风启辰 CVT 液 NS-3

第二十一章 英菲尼迪车系

一、自动变速器油位检查

（一）RE0F10E CVT 变速器油液更换

1.更换

注意：

·务必使用工作纸巾。切勿使用工作布。

·安装时，在操作的最后阶段更换新的排放塞垫片。

·在观察排放孔时必须小心，因为滴下的油滴可能会掉进眼睛里。

·更换后，务必执行 CVT 油泄漏检查。

（1）使用 CONSULT 在"变速器"中选择"数据监控"。

（2）选择"液温"，然后确认 A/T 液温处于 40℃或以下。

（3）检查换挡杆置于 P 挡，然后完全接合驻车制动。

（4）顶起车辆。

（5）拆下排放塞，然后从油底壳中排出 CVT 油。

（6）将排放塞安装到油底壳上。注意：用旧的排放塞密封垫。

（7）从变矩器壳体上拆下溢流塞（图 21-1 中 1）。

（8）把加注管组件（KV311039S0）（图 21-2 中 A）安装到溢流塞孔上。注意：用手拧紧加注管。

（9）将自动变速器油更换器软管（图 21-2 中 B）安装到加注管上。注意：将自动变速器油更换器软管压在加油管上直至停止。

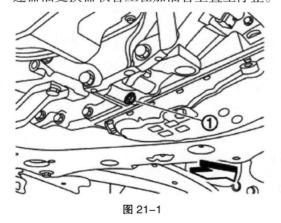

图 21-1

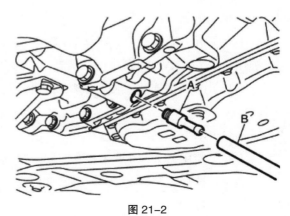

图 21-2

（10）添加约 3L 的 CVT 油。

（11）拆下自动变速器油更换器软管和加注管，然后安装溢流塞。注：如果 CVT 油泄漏，请迅速执行此操作。

（12）降下车辆。

（13）启动发动机。

（14）在踩制动踏板的同时，将换挡杆完全从 P 挡换到 D 挡，再换到 P 挡。注：使换挡杆在每个挡位停留 5s。

（15）检查并确认 CONSULT "液温" 中的 "数据监控" 为 35~45℃。

（16）关闭发动机。

（17）顶起车辆。

（18）拆下排放塞，然后从油底壳中排出 CVT 油。

（19）重复步骤（6）~（18）（一次）。

（20）将排放塞拧紧至规定扭矩。

（21）拆下溢流塞。

（22）把加注管组件（KV311039S0）安装到溢流塞孔上。注意：用手拧紧加注管。

（23）将 ATF 更换器软管安装到加注管上。注意：将自动变速器油更换器软管压在加油管上直至停止。

（24）添加约 3L 的 CVT 油。

（25）拆下自动变速器油更换器软管和加注管，然后安装溢流塞。注：如果 CVT 油泄漏，请迅速执行此操作。

（26）降下车辆。

（27）启动发动机。

（28）在踩制动踏板的同时，将换挡杆完全从 P 挡换到 D 挡，再换到 P 挡。注：使换挡杆在每个挡位停留 5s。

（29）检查并确认 CONSULT "液温" 中的 "数据监控" 为 35~45℃。

（30）顶起车辆。

（31）拆下溢流塞，并确认 CVT 油是否从溢流塞孔中排出。注意：车辆怠速时，执行此操作。注：如 CVT 油未排出，请参见 "调整"，并重新加注 CVT 油。

（32）CVT 油流速减慢到滴状时，将溢流塞拧紧至规定扭矩。注意：切勿重复使用 O 形圈。

（33）降下车辆。

（34）使用 CONSULT 在 "变速器" 中选择 "数据监控"。

（35）选择 "符合 CVT 油变质"。

（36）选择 "清除"。

（37）关闭发动机。

2. 调整

注意：

· 在调整 CVT 油位期间，检查 CONSULT，使油温可保持在 35~45℃之间

· 调整 CVT 油位期间，检查发动机转速是否保持 500r/min

· 在观察排放孔时必须小心，因为滴下的油滴可能会掉进眼睛里

（1）检查换挡杆置于 P 挡，然后完全接合驻车制动。

（2）启动发动机。

（3）调整 CVT 油温至约 40℃。注 :CVT 油受温度影响很大。因此调整时务必使用 CONSULT，检查"数据监控"中"变速器"下的"液温"。

（4）在踩制动踏板的同时，将换挡杆完全从 P 挡换到 D 挡，再换到 P 挡。注 : 使换挡杆在每个挡位停留 5s。

（5）顶起车辆。

（6）检查 CVT 油是否无泄漏。

（7）从变矩器壳体上拆下溢流塞。

（8）把加注管组件（KV311039S0）安装到溢流塞孔上。注意 : 用手拧紧加注管。

（9）将自动变速器油更换器软管安装到加注管上。注意 : 将自动变速器油更换器软管压在加油管上直至停止。

（10）添加约 0.5L 的 CVT 油。

（11）从加注管上拆下自动变速器油更换器软管，并检查 CVT 油是否从加注管中排出。如果没有排出，请再次加注。注意 : 车辆怠速时，执行此操作。

（12）CVT 油流速减慢到滴状时，从变矩器壳体上拆下加注管。

（13）将溢流塞拧紧至规定扭矩。注意 : 切勿重复使用 O 形圈。

（14）降下车辆。

（15）关闭发动机。

（二）RE7R01A 和 RE7R01B 7 挡自动变速器油液更换和调整

1. 更换

（1）第一步。

将 O 形圈（315268E000）（图 21-3 中 A）安装到加入管（310811EA5A）上（图 21-3 中 B）。

（2）第二步。

①用 CONSULT Ⅲ检查自动变速器油液温度小于 40℃。

②举升车辆。

③从油底壳上拆下放油塞，然后排放自动变速器油液。

④当油液开始滴答，暂时拧上放油塞到油底壳上。

⑤从油底壳上拆下溢流塞。

⑥将加注管（图21-4中A）安装在溢流塞孔上。注意：用手拧紧加注管。

⑦安装桶状软管（图21-4中B）到加注管上。注意：尽最大可能地将桶状软管插入到加注管上。

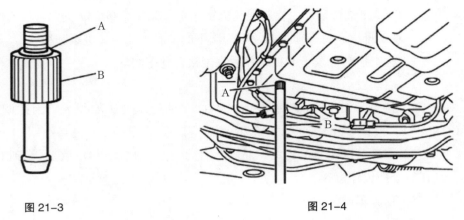

图 21-3　　　　　　　　　　　　　图 21-4

⑧加注大约3L自动变速器油液。

⑨拆下桶状软管，然后拆下加注管。再暂时拧紧溢流塞到油底壳上。注意：请迅速执行此程序，避免油液泄漏到油底壳中。

⑩降下车辆。

⑪启动发动机并等待大约3min。

⑫停止发动机。

（3）重复第二步。

（4）最后一步。

①使用CONSULT Ⅲ检查自动变速器油液温度低于40℃。

②举升车辆。

③从油底壳上拆下放油塞，排放油液。

④当油液开始滴答，按规定的力矩拧上放油塞到油底壳上。

⑤从油底壳上拆下溢流塞。

⑥将加注管安装在溢流塞孔上。注意：用手拧紧加注管。

⑦安装桶状软管到加注管上。注意：尽最大可能地将桶状软管插入到加注管上。

⑧加注大约3L自动变速器油液。

⑨拆下桶状软管，然后拆下加注管。再暂时拧紧溢流塞到油底壳上。注意：请迅速执行此程序，避免油液泄漏到油底壳中。

⑩降下车辆。

⑪启动发动机。

⑫使自动变速器油温大约40℃。注意：自动变速器油位受油温影响比较大。通常使用CONSULT Ⅲ中DATAMONITOR的ATFTEMP1来检查。

⑬将车停放在水平地面上，设置驻车制动。

⑭将换挡杆移置每个挡位，最后置于P挡。

⑮举升车辆。当自动变速器油温接近40℃，从油底壳上拆下溢流塞。注意：发动机怠速。

⑯当自动变速器油液开始滴答，按规定力矩拧紧溢流塞到油底壳上。注意：不要重复使用溢流塞。

2. 调整

（1）将O形圈（315268E000）安装到加入管（310811EA5A）上。

（2）启动发动机。

（3）使自动变速器油温大约40℃。注意：自动变速器油位受油温影响比较大。通常使用CONSULT Ⅲ中DATAMONITOR的ATFTEMP1来检查。

（4）将车停放在水平地面上，设置驻车制动。

（5）将换挡杆移置每个挡位，最后置于P挡。

（6）举升车辆。

（7）检查自动变速器油液是否泄漏。

（8）在油底壳上拆下溢流塞。

（9）安装加注管到溢流塞孔上。

（10）安装桶状软管到加注管上。

（11）加注大约0.5L自动变速器油液。

（12）当拆下加注管和桶状软管时候，检查油液是否泄漏。假如不泄漏，重新加注油液。

（13）当自动变速器油液开始滴答，按规定力矩拧紧溢流塞到油底壳上。注意：不要重复使用溢流塞。

（三）RE0F10D CVT变速器

1. 液体泄漏

检查变速驱动桥周围区域（油封和排放塞等）有无液体泄漏，如图21-5所示。如果发现任何状况，请修理或更换损坏的零件并调整CVT油油位。

2. 更换

注意：务必使用车间纸巾。切勿使用车间布。在安装的最后操作阶段，用新的排放塞密封垫更换旧的。在观察排放孔时必须小心，因为可能会有油滴进入眼睛的危险。更换后，务必执行CVT油泄漏检查。

（1）使用CONSULT在"变速器"中选择"数据监控"。

（2）选择"油温"，然后确认CVT油温度处于40℃或以下。

（3）检查换挡杆置于P挡，然后完全接合驻车制动。

（4）顶起车辆。

（5）拆下排放塞，然后排出油底壳的CVT油。

（6）在油底壳上安装排放塞。注意：使用旧的排放塞密封垫。

（7）从变矩器壳体上拆下溢流塞（如图21-6中1所示）。

图21-5

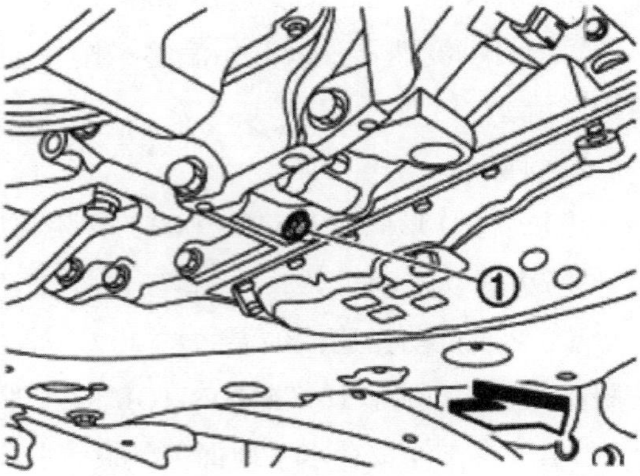

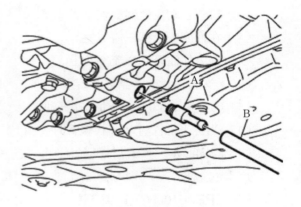

图21-6

（8）把加注管（KV311039S0）（图21-7中A）安装到溢流塞孔上。注意：用手拧紧加注管。

（9）将ATF油更换器软管（图21-7中B）安装到加注管上。注意：将ATF油更换器软管一直按压在加油管上直至停止。

（10）添加约3L的CVT油。

（11）拆下ATF更换器软管及加油管，然后安装溢流塞。注：如果CVT油泄漏，请迅速执行此操作。

（12）降下车辆。

（13）启动发动机。

图21-7

（14）在踩制动踏板的同时，将换挡杆完全从P挡转换到D挡，再转换到P挡。注：使换挡杆在每个挡位停留5s。

（15）检查并确认"油温"中的CONSUL"数据监控"处于35~45℃。

（16）关闭发动机。

（17）顶起车辆。

（18）拆下排放塞，然后排出油底壳的CVT油。

（19）重复步骤（6）~（18）（一次）。

（20）以规定扭矩拧紧排放塞。

（21）拆下溢流塞。

（22）把加注管（KV311039S0）安装到溢流塞孔上。注意：用手拧紧加注管。

（23）将 ATF 更换器软管安装到加注管上。注意：将 ATF 油更换器软管一直按压在加油管上直至停止。

（24）添加约 3L 的 CVT 油。

（25）拆下 ATF 更换器软管及加油管，然后安装溢流塞。注：如果 CVT 油泄漏，请迅速执行此操作。

（26）降下车辆。

（27）启动发动机。

（28）在踩制动踏板的同时，将换挡杆完全从 P 挡转换到 D 挡，再转换到 P 挡。
注：使换挡杆在每个挡位停留 5s。

（29）检查并确认"油温"中的 CONSULT"数据监控"处于 35～45℃。

（30）顶起车辆。

（31）拆下溢流塞，确认从溢流塞孔中排出了 CVT 油。注意：车辆怠速时，执行此操作。注：如 CVT 油未排出，请参见"调节"，并重新加注 CVT 油。

（32）CVT 油流动速度变慢到滴油时，将溢流塞拧紧到规定的扭矩。注意：切勿重复使用 O 形圈。

（33）降下车辆。

（34）使用 CONSULT 在"变速器"中选择"数据监控"。

（35）选择"确认 CVT 油劣化"。

（36）选择"清除"。

（37）关闭发动机。

3. 调整

注意：在调节 CVT 油位期间，检查 CONSULT，使油温可保持在 35~45℃之间。调节 CVT 油位期间，保持指定发动机怠速。在观察排放孔时必须小心，因为可能会有油滴进入眼睛的危险。

（1）检查换挡杆置于 P 挡，然后完全接合驻车制动。

（2）启动发动机。

（3）调节 CVT 油温至约 40℃。注：CVT 油受温度影响很大。因此调整时务必使用 CONSULT，检查"数据监控"中"变速器"下的"油温"。

（4）在踩制动踏板的同时，将换挡杆完全从 P 挡转换到 D 挡，再转换到 P 挡。注：使换挡杆在每个挡位停留 5s。

（5）顶起车辆。

（6）检查并确认无 CVT 油泄漏。

（7）从变矩器壳体上拆下溢流塞（图 21-8 中 1）。

（8）把加注管（KV311039S0）（图 21-9 中 A）安装到溢流塞孔上。注意：用手拧紧加注管。

（9）将 ATF 油更换器软管（图 21-9 中 B）安装到加注管上。注意：将 ATF 油更换器软管一直按压在加油管上直至停止。

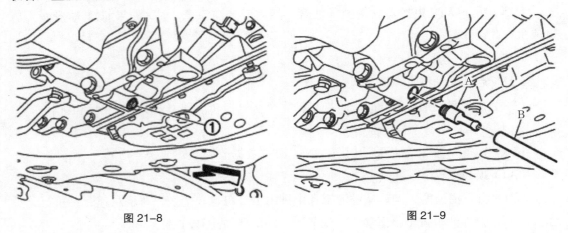

图 21-8　　　　　　　　　　　　　图 21-9

（10）添加约 0.5L 的 CVT 油。

（11）拆下加注管的 ATF 油更换器软管，确认 CVT 油从加注管排出。如果没有排出，再次加注。注意：车辆怠速时，执行此操作。

（12）当 CVT 油流动速度变慢至滴油时，从变矩器壳体上拆下加注管。

（13）以规定扭矩拧紧溢流塞。注意：切勿重复使用 O 形圈。

（14）降下车辆。

（15）关闭发动机。

二、英菲尼迪车系换油规格（表 21-1）

表 21-1

车型 项目	年款	发动机型号	排量	发动机油量加注与更换（维修机油滤清器更换）（L）	发动机油量（干式加注，包括滤清器）（L）	发动机机油型号	自动变速器型号	变速器容量（L）	变速器油型号
英菲尼迪 ESQ	2014—2019 年	HR16DE	1.6L	3.8		5W30	RE0F10E CVT	9.2（容量）	原装日产 CVT 油 NS-3
英菲尼迪 ESQ	2014—2019 年	MR16	1.6T	4.5		5W30	RE0F10E CVT	9.2（容量）	原装日产 CVT 油 NS-3
东风英菲尼迪 Q50L 2.0T	2014—2019 年	274930	2.0T	5.6		5W40	7AT	9.2（容量）	Matic S ATF
东风英菲尼迪 QX50 2.0T	2018—2019 年	KR20DDT	2.0T	4.8		5W30	RE0F10D CVT8	7.9（容量）	原装日产 CVT 油 NS-3
东风英菲尼迪 QX50 2.5L	2015—2017 年	VQ25HR	2.5L	4.9	5.7	5W30	RE7R01A 7 档	9.2（容量）	Matic S ATF
英菲尼迪 Q50 3.7L	2014—2019 年	VQ37VHR	3.7L	4.9	5.7	5W30	RE7R01A 7 档	9.2（容量）	Matic S ATF
英菲尼迪 Q50 混动 3.5L	2014—2019 年	VQ35HEV	3.5L	6.0		5W30	7AT	9.2（容量）	Matic S ATF
英菲尼迪 Q60 3.7L	2014—2016 年	VQ37VHR	3.7L	6.0		5W30	7AT	9.2（容量）	Matic S ATF
英菲尼迪 Q60 2.0T	2017—2019 年	274930	2.0T	5.6		0W40	7AT	9.2（容量）	Matic S ATF
英菲尼迪 Q70L 2.5L	2013—2018 年	VQ25HR	2.5L	4.7		5W30	7AT	9.2（容量）	Matic S ATF
英菲尼迪 QX50 3.7L	2013—2016 年	VQ37VHR	3.7L	4.9	5.7	5W30	RE7R01A 7 档	9.2（容量）	Matic S ATF
英菲尼迪 QX50 3.7L	2013—2016 年	VQ25HR	2.5L	4.6		5W30	RE7R01A 7 档	9.2（容量）	Matic S ATF
英菲尼迪 Q70L 混动 3.5L	2013—2018 年	VQ35HR	3.5L	6.0		5W30	7AT	9.2（容量）	Matic S ATF
英菲尼迪 Q70L 2.0T	2019 年	274930	2.0T	5.6		0W40	7AT	9.2（容量）	Matic S ATF
英菲尼迪 QX30 1.6T	2016—2019 年	M270910	1.6T	5.8		0W40	724.011	油液更换 5.3	

477

（续表）

车型\项目	年款	发动机型号	排量	发动机机油量（维修机油加注与滤清器更换）（L）	发动机机油量（干式加注，包括滤清器）（L）	发动机机油型号	自动变速器型号	变速器容量（L）	变速器油型号
英菲尼迪 QX30 2.0T	2016—2019年	M270920	2.0T	5.6		0W40	724.011	油液更换 5.3	
英菲尼迪 QX60 3.5L	2014—2018年	VQ35	3.5L	4.9	5.7	5W30	REOF10E CVT7	9.2（容量）	原装日产 CVT 油 NS-3
英菲尼迪 QX70 3.7L	2013—2018年	VQ37VHR	3.7L	5.0		5W30	7AT	9.2（容量）	Matic S ATF
英菲尼迪 QX80 5.6L	2013—2019年	VK56DE	5.6L	6.5	7.6	5W30	RE7R01B 7 档	10（容量）	Matic S ATF

第二十二章　沃尔沃车系

一、自动变速器油位检查

（一）TG-81SC 变速器油位检查

1. 拆卸

（1）拆下空气滤清器外壳。

（2）小心！确保组件处于指定的温度，如图 22-1 所示。

（3）小心！确保表面干净且无异物。拆下螺丝，如图 22-2 所示。

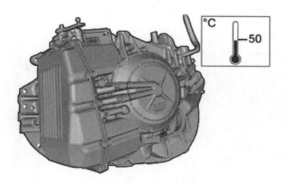

图 22-1

图 22-2

（4）拆下螺丝。拆下夹扣，如图 22-3 所示。

（5）踩下制动踏板，如图 22-4 所示。

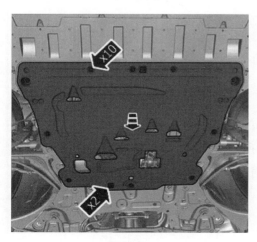

图 22-3

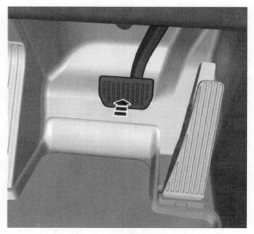

图 22-4

（6）拉紧手制动按钮，如图 22-5 所示。

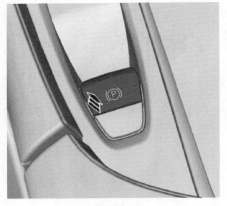

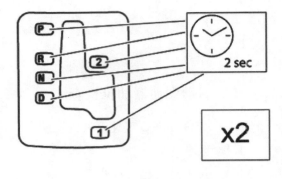

图 22-5   图 22-6

（7）把车辆设定为使用者模式内所述的驱动（Drive）模式，如图 22-6 和图 22-7 所示。

（8）警告！准备收集流出的液体。小心！如果变速器油溢出，并不表明油位正确。拆下螺丝，如图 22-8 所示。

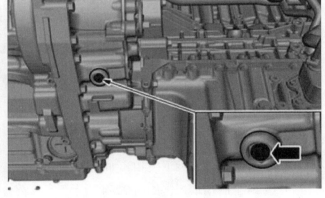

图 22-7   图 22-8

（9）填充口如图 22-9 所示。

（10）警告！准备收集流出的液体。

2. 安装

（1）注意！在本阶段，只能用手拧紧螺丝。安装螺丝，如图 22-10 所示。

（2）把车辆设定为使用者模式内所述的停用（Inactive）模式。

（3）从加注口加入变速器油，如图 22-11 所示。

（4）注意！使用新的密封。安装充油塞，扭力：35 N·m，如图 22-12 所示。

3. 检查

（1）按下手制动按钮，如图 22-13 所示。

（2）踩下制动踏板，如图 22-14 所示。

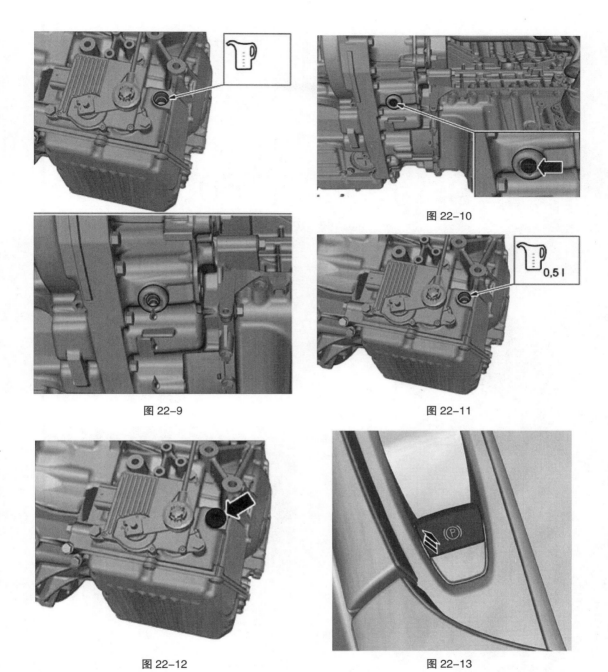

图 22-9　　　　　　　　　　　　　　　图 22-11

图 22-12　　　　　　　　　　　　　　图 22-13

（3）把车辆设定为使用者模式内所述的驱动（Drive）模式，按照如图 22-15 所示换挡杆循环换挡两次。

（4）通过诊断仪诊断 / 组件 / 参数 /TCM/ 油温，使油温符合如图 22-16 所示。

（5）小心！确保组件处于指定的温度。

（6）警告！热机油。警告！准备收集流出的液体。拆下螺丝，如图 22-17 所示。

（7）小心！确保组件处于指定的温度，观察口出现如图 22-18 所示滴流，说明油位

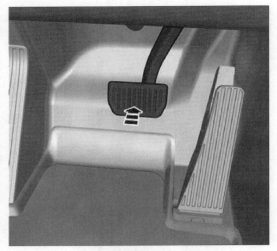

图 22-14

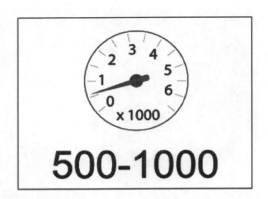

500-1000

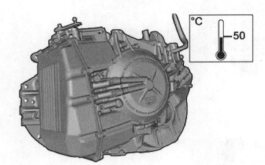

图 22-16

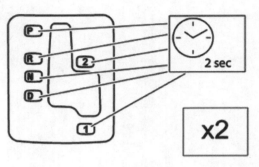

图 22-15

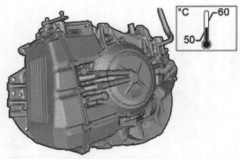

图 22-17

正常。

　　4. 安装

　　（1）注意！使用新的密封。油位塞扭力：8N·m。上紧螺丝如图 22-19 所示。

　　（2）安装螺丝，如图 22-20 所示。安

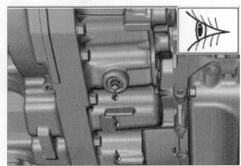

图 22-18

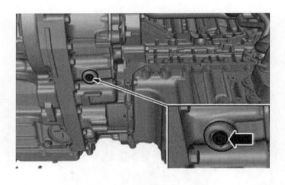

图 22-17

482

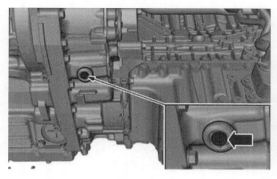

图 22-19

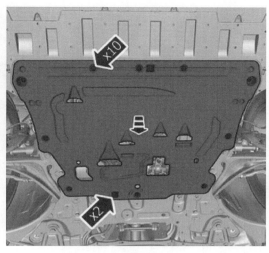

图 22-20

装夹子。

二、沃尔沃车系换油规格（表 22-1）

表 22-1

车型 项目	年款	发动机型号	排量	发动机机油量（维修机油加注与滤清器更换）(L)	发动机机油量（干式加注，包括滤清器）(L)	发动机机油型号	自动变速器型号	变速器容量（换油时约7容量）(L)	变速器油型号	分动箱型号	分动箱油容量	分动箱油型号
沃尔沃（亚太）S60L T3	2019年	B4154T4	1.5T	5.6		0W-20	TG-81SC 8速	4（换油时约7容量）	31256775		观察口检测	
沃尔沃（亚太）S60L T3	2016—2018年	B4154T4	1.5T	5.6		0W-20	6挡手自一体	4（换油时约7容量）	31325917		观察口检测	
沃尔沃（亚太）S60L T5	2016—2019年	B4204T11	2.0T	5.9		0W-20	TG-81SC 8速	4（换油时约7容量）	31256775		观察口检测	
沃尔沃（亚太）S60L T4	2016—2018年	B4204T19	2.0T	5.9		0W-20	6挡手自一体	4（换油时约7容量）	31325917		观察口检测	
沃尔沃（亚太）S60L 2.0T	2014—2015年		2.0T	5.5		0W-30	6挡手自一体	4（换油时约7容量）	31325917		观察口检测	
沃尔沃（亚太）S60L T5	2014—2015年	B5204T9	2.0T	5.5		0W-30	6挡手自一体	4（换油时约7容量）	31325917		观察口检测	
沃尔沃（亚太）S90 T4	2017—2020年		2.0T	5.9		0W-20	TG-81SC 8速	4（换油时约7容量）	31256775		观察口检测	
沃尔沃（亚太）S90 T5	2017—2020年		2.0T	5.9		0W-20	TG-81SC 8速	4（换油时约7容量）	31256775		观察口检测	
沃尔沃（亚太）S90 T8 E驱混动	2019—2020年		2.0T	5.9		0W-20	TG-81SC 8速	4（换油时约7容量）	31256775		观察口检测	
沃尔沃（亚太）XC40 T3	2020年	B3154T2	1.5T	5.6		0W-20	TG-81SC 8速	4（换油时约7容量）	31256775		观察口检测	
沃尔沃（亚太）XC40 T4	2020年	B4204T47	2.0T	5.6		0W-20	TG-81SC 8速	4（换油时约7容量）	31256775		观察口检测	
沃尔沃（亚太）XC40 T5	2020年	B4204T18	2.0T	5.6		0W-20	TG-81SC 8速	4（换油时约7容量）	31256775		观察口检测	
沃尔沃（亚太）XC60 T4	2018—2020年	B4204T44	2.0T	5.6		0W-20	TG-81SC 8速	4（换油时约7容量）	31256775		观察口检测	
沃尔沃（亚太）XC60 T5	2018—2020年	B4204T23	2.0T	5.6		0W-20	TG-81SC 8速	4（换油时约7容量）	31256775		观察口检测	
沃尔沃（亚太）XC60 T5	2015—2017年	B4204T11	2.0T	5.9		0W-20	TG-81SC 8速	4（换油时约7容量）	31256775		观察口检测	
沃尔沃（亚太）XC60 T5	2015—2016年	B5204T9	2.0T	5.9		0W-20	TG-81SC 8速	4（换油时约7容量）	31256775		观察口检测	

车型 \ 项目	年款	发动机型号	排量	发动机机油量（维修机油加注与滤清器更换）（L）	发动机机油量（干式加注，包括滤清器）（L）	发动机机油型号	自动变速器型号	变速器容量（L）	变速器油型号	分动箱型号	分动箱油容量	分动箱油型号
沃尔沃（亚太）XC60 T6	2015—2016年	B5254T12	2.5T	5.9		0W-20	TG-81SC 8速	4（换油时）约7（容量）	31256775		观察口检测	
沃尔沃（亚太）XC60 新能源 T8 E驱混动	2018—2019年	B4204T35	2.0T	5.6		0W-20	TG-81SC 8速	4（换油时）约7（容量）	31256775		观察口检测	
沃尔沃（亚太）S60L 新能源 T6 E驱混动	2015—2019年	B4204T32	2.0T	5.6		0W-20	TG-81SC 8速	4（换油时）约7（容量）	31256775		观察口检测	
沃尔沃（进口）V40 T3	2016—2019年	B4154T4	1.5T	5.9		0W-20	6挡手自一体	4（换油时）约7（容量）	31325917		观察口检测	
沃尔沃（进口）V40 T4	2016—2019年	B4204T19	2.0T	5.9		0W-20	6挡手自一体	4（换油时）约7（容量）	31325917		观察口检测	
沃尔沃（进口）V40 T5	2017—2019年		2.0T	5.9		0W-20	TG-81SC 8速	4（换油时）约7（容量）	31256775		观察口检测	
沃尔沃（进口）V60 T4	2016—2020年		2.0T	5.9		0W-20	TG-81SC 8速	4（换油时）约7（容量）	31256775		观察口检测	
沃尔沃（进口）V60 T5	2014—2020年		2.0T	5.9		0W-20	TG-81SC 8速	4（换油时）约7（容量）	31256775		观察口检测	
沃尔沃（进口）V90 T5	2017—2020年		2.0T	5.6		0W-20	TG-81SC 8速	4（换油时）约7（容量）	31256775		观察口检测	31367940
沃尔沃（进口）XC90 T5	2016—2020年	B4204T23	2.0T	5.6		0W-20	TG-81SC 8速	4（换油时）约7（容量）	31256775		观察口检测	
沃尔沃（进口）XC90 T6	2015—2020年	B4204T27	2.0T	5.6		0W-20	TG-81SC 8速	4（换油时）约7（容量）	31256775		观察口检测	
沃尔沃（进口）XC90 新能源 T8 E驱混动	2016—2020年		2.0T	5.6		0W-20	TG-81SC 8速	4（换油时）约7（容量）	31256775		观察口检测	
沃尔沃（进口）XC40 T4	2019年	B4204T47	2.0T	5.6		0W-20	TG-81SC 8速	4（换油时）约7（容量）	31256775		观察口检测	
沃尔沃（进口）XC40 T5	2019年	B4204T18	2.0T	5.6		0W-20	TG-81SC 8速	4（换油时）约7（容量）	31256775		观察口检测	

第二十三章　雷诺车系

一、自动变速器的油位检查

（一）FK0 和 FK8 自动变速器液位检查

1. 排空

（1）排空准备操作。将车辆置于四柱举升机上。拆下发动机底盘护板螺栓，拆下发动机底盘护板。一个机油回收托盘安装在变速器下方。

（2）排油操作。拆下排油塞（图23-1中1）。拆下排油塞密封。让变速器油流入机油回收托盘中。

（3）重新安装新的排油塞密封，重新安装排油塞。拧紧排油塞。

（4）拆下变速器下方的机油回收托盘。

2. 加注

（1）加注操作。

（2）拆下机油溢流塞（图23-2中2）。

 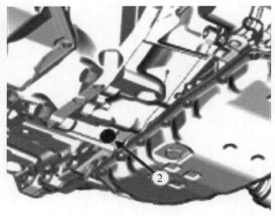

图 23-1　　　　　　　　　　　　　　图 23-2

（3）通过使用一把平头螺丝刀松开挂钩以拆下变速器里油计导向装置盖（图23-3中3）。使用已安装至漏斗（带有一个1/100过滤器）的绕性管并将其连接至变速器油计导管（图23-3中4）。

（4）给变速器加注约3.5L机油。

（5）加注的机油里要明显多于排出的机油量。应以油位测量操作方式执行最终液位量程。重新安装油位计（图23-4中3）。

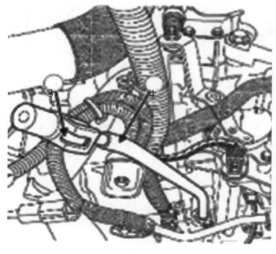

图23-3

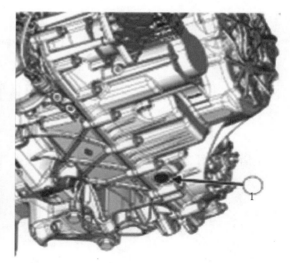

图23-4

3. 油位操作

（1）运行发动机。

（2）牢固应用驻车制动器。

（3）将换挡杆（一个）缓慢地切换至所有挡位，重复5次。

（4）连接诊断工具。

（5）与自动变速器电脑建立对话。

（6）在已连接诊断工具的情况下抬起车辆。注：当变速器机油温度迅速升高时，一旦已连接诊断工具，就抬起车辆。

（7）在机油溢流塞下方放置一个容器。

（8）监控变速器机油的温度参数。

（9）等待直至温度达到38℃。

（10）拆下机油溢流塞。

（11）当温度达到40℃时，让变速器机油流出，直至机油成滴滴下并拧紧溢流塞。

（12）如果机油未流出或收集到的油量低于0.1L，则停止发动机并加注0.5L机油，并且在变速器冷却之后重复油位测量流程。

（13）紧固扭矩溢流塞处于10N·m。

（14）断开诊断工具。

（15）最后操作，按照相反顺序拆除。

（二）DW5湿式双离合变速器排空

1. 排空

（1）排空准备操作：将车量置于两柱举升机上。拆下发动机底盘护板。将机油回收托盘置于变速器下方。

（2）排油操作。拆下排油塞（图23-4中1）。当机油温度最大为40℃时排空自动变速器机油，以尽可能地清除杂质，让机油完全流出。

2. 加注

（1）加注操作：重新安装排油塞。降低车辆。

（2）拆下加注口盖（图23-5中2）。

（3）使用一个漏斗和一根挠性管给变速器加注推荐的机油，直至机油从油位设置盖孔中溢出（图23-6中3）。重新安装油位设置塞。

图 23-5

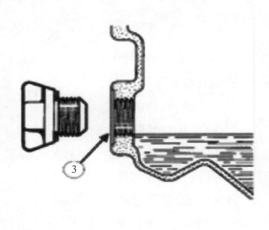

图 23-6

（4）用布擦掉溢出的任何机油。

3. 最后操作

按照相反顺序继续操作。

（三）DC4 干湿双离合变速器排空和加注

警告：在对配备了停止和启动功能系统的车辆进行任何操作之前，请一直遵照安全说明。为了避免对系统造成任何损坏的风险，请在任何维修前应用安全和清洁度说明及操作建议。请在此操作中带上密封手套。

1. 排空换油

（1）排空准备操作：将车量置于两柱举升机上。取下左前车轮。取下发动机底盘螺栓。取下发动机底盘。

（2）排空阶段。将机油回收托盘置于变速器下方。拆下排油塞（图23-7中1）。让机油流出。

2. 加注

（1）加注操作：重新安装排油塞。紧固排油塞扭矩。拆下加注口盖（图 23-8 中 2）。

（2）使用含有推荐机油的注射器加注变速器，直至机油从加注口盖孔中溢出，如图 23-9 所示。重新安装加注口盖。用布擦掉溢出的任何机油。

（3）最后操作：按照相反的顺序拆除。

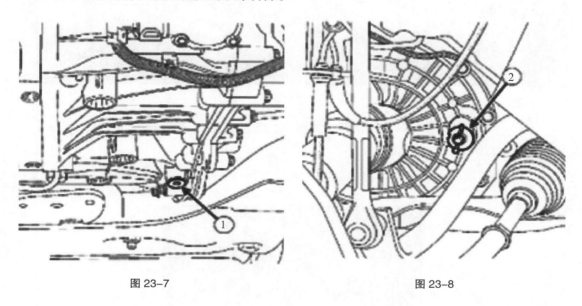

图 23-7   图 23-8

二、保养灯手工复位

国产科雷傲 / 科雷嘉保养灯归零手工复位方法：

（1）将发动机熄火，打开点火开关，方向盘右侧 OK 键为确认键，OK 键右侧为上下调整键，如图 23-10 所示。

（2）通过操作调整键，使仪表出现保养周期界面，如图 23-11 所示。

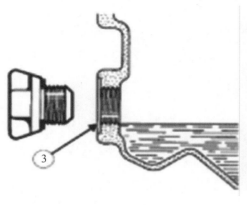

图 23-9

确认键 调整键

图 23-10

图 23-11

图 23-12

（3）然后长按 OK 键一直不松开，如图 13-12 区域开始闪烁，直到出现 5000km/6 个月的界面并且闪烁，松开 OK 键。

（4）当出现此界面（如图 23-13 所示），同时不再闪烁后，说明复位成功。

图 23-13

三、雷诺车系换油规格（表 23-1）

表 23-1

车型	年款	发动机型号	排量	发动机机油量（维修机油加注与滤清器更换）(L)	发动机机油量（干式加注，包括滤清器）(L)	发动机机油型号	自动变速器型号	变速器容量(L)	变速器油型号
东风雷诺科雷傲 2.0L	2017—2018年	M5R	2.0L	4.8	5.15	SM/GF-45W30; A3/B45W40; SN/GF-55W30	FK0，FK8（7速CVT）	7.9（总计）3.5（排空后加注）	CVT变速器油
东风雷诺科雷傲 2.5L	2017—2018年	QR25	2.5L	5.1	5.9	SM/GF-45W30; A3/B45W40; SN/GF-55W30	FK0，FK8（7速CVT）	7.9（总计）3.5（排空后加注）	CVT变速器油
东风雷诺科雷傲 SCe200	2019—2020年	M5R	2.0L	4.8	5.15	SM/GF-45W30; A3/B45W40; SN/GF-55W30	FK0，FK8（7速CVT）	7.9（总计）3.5（排空后加注）	CVT变速器油
东风雷诺科雷傲 SCe230	2019—2020年	QR25	2.5L	5.1	5.9	SM/GF-45W30; A3/B45W40; SN/GF-55W30	FK0，FK8（7速CVT）	7.9（总计）3.5（排空后加注）	CVT变速器油
东风雷诺科雷嘉 2.0L	2016—2018年	M5R	2.5L	4.8	5.15	SM/GF-45W30; A3/B45W40; SN/GF-55W30	FK0，FK8（7速CVT）	7.9（总计）3.5（排空后加注）	CVT变速器油
东风雷诺科雷嘉 SCe200（国V）	2019—2020年	M5R	2.0L	4.8	5.15	SM/GF-45W30; A3/B45W40; SN/GF-55W30	FK0，FK8（7速CVT）	7.9（总计）3.5（排空后加注）	CVT变速器油
东风雷诺科雷嘉 SCe200（国VI）	2019—2020年	M5R	2.0L	4.8	5.15	SM/GF-45W30; A3/B45W40; SN/GF-55W30	FK0，FK8（7速CVT）	7.9（总计）3.5（排空后加注）	CVT变速器油
东风雷诺科雷嘉 TCe190	2019—2020年	H5FF408	1.2T	4.6		SM/GF-45W30; A3/B45W40; SN/GF-55W30	手动变速器		
雷诺卡宾 1.2T	2015—2017年	H5FD403	1.2T	4.6		SM/GF-45W30; A3/B45W40; SN/GF-55W30	DC4（6速DCT）	1.7（总容量）1.4（排油后）	DC4变速器油
雷诺卡宾 TCe190	2018—2019年	H5FD403	1.2T	4.6		SM/GF-45W30; A3/B4 5W40; SN/GF-55W30	DC4（6速DCT）	1.7（总容量）1.4（排油后）	DC4变速器油
雷诺太空 TCe300	2018—2020年	M5PK401	1.8T	4.3		SM/GF-45W30; A3/B45W40; SN/GF-55W30	DW5（7速DCT）	4.0（总容量）3.3（油排空后）	DW5变速器油

第二十四章 领克车系

一、领克自动变速器油检查方法

（一）领克 01 车型 AWF-21 变速器油更换及油位检查方法

1. 拆卸

（1）抬升车辆。确保车辆处于水平面上。

（2）拆除发动机底护板，如图 24-1 所示。

（3）拆除溢流塞，如图 24-2 所示。收集溢出的机油。警告！待油温降低后，方可排放机油，以避免皮肤烧烫伤。切勿在高油温时排放 ATF。

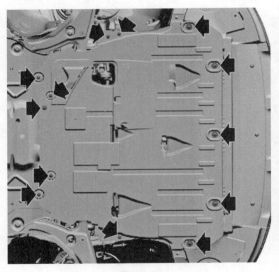

图 24-1

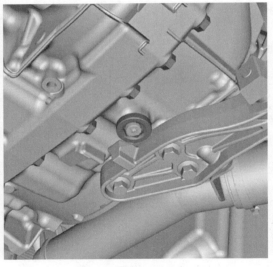

图 24-2

（4）拆除放油口堵塞并放油，更换垫片，如图 24-3 所示。准备收集溢出的机油。

（5）安装放油口堵塞，如图 24-4 所示。拧紧 47N·m 力矩。

（6）降下车辆。

（7）拆除发动机舱盖板，如图 24-5~ 图 24-7 所示。

（8）拆除空气导管（污染侧）和空气滤清器外壳，如图 24-8 所示。

（9）拆除注油口堵塞。更换 O 形圈，如图 24-9 所示。使用 ATF 油润滑新的 O 形圈。

2. 安装

（1）加注变速器油（图 24-10 中 A），直至溢出油位控制管（图 24-10 中 B），如

图 24-3

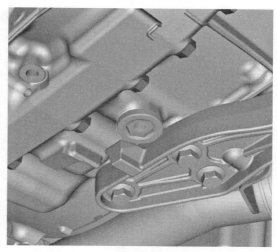

图 24-4

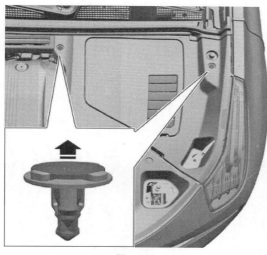

图 24-5

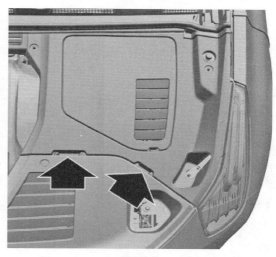

图 24-6

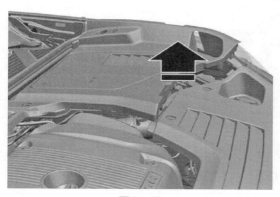

图 24-7

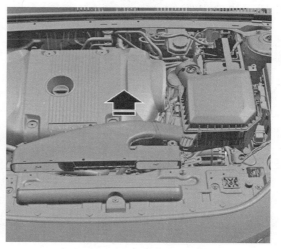

图 24-8

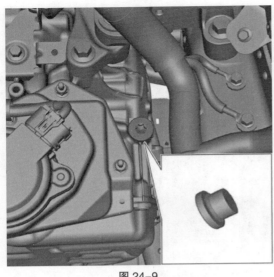

图 24-9

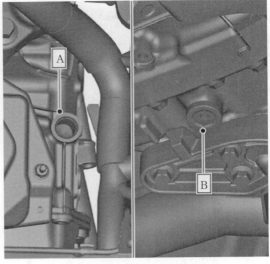

图 24-10

图 24-11 所示。仅使用干净的加油设备，否则可能污染变速器油。导致系统或部件故障。

（2）抬升车辆。

（3）安装溢流塞，如图 24-12 所示。拧紧 8N·m 力矩。

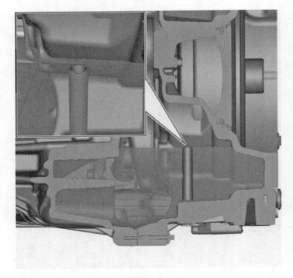

图 24-11

图 24-12

（4）降下车辆。

（5）在注油孔添加 0.5L ATF 油。

（6）安装注油口堵塞，如图 24-13 所示。拧紧 35N·m 力矩。

（7）安装空气导管（污染侧）和空气滤清器外壳，如图 24-14 所示。

（8）启动发动机，如图 24-15 所示。使用至少 2s 时间，从驻车挡依次切换至前进挡，

图 24-13

图 24-14

图 24-15

图 24-16

如图 24-16 所示，重复此操作两次，让温度上升至 58℃。

（9）关闭发动机，如图 24-17 所示。

（10）抬升车辆。

（11）拆除溢流塞，如图 24-18 所示，更换 O 形圈。使用 ATF 油润滑新的 O 形圈。
准备收集溢出的机油。检查是否滴油。确认 ATF 油温在 58~68℃范围内。让 ATF 从溢流

图 24-17

图 24-18

塞滴落，直至停止滴落。

（13）安装溢流塞，如图 24-19 所示。拧紧 8N·m 力矩。

（14）安装发动机底护板。

（二）7DCT 变速器油更换及油位检查方法

· 领克 01 四驱 /02

· 领克 03

图 24-19

1.拆卸

在处理润滑系统时，请保持工作场所、部件和工具清洁，导致系统或部件故障。

（1）举升车辆。确保车辆处于水平面上。

（2）拆除发动机下护板，如图 24-20 所示。

（3）拆除并弃用注油口堵塞，如图 24-21 所示。

（4）拆除变速器油油位控制管，直至油液呈滴落，如图 24-22 和图 24-23 所示。

2.安装

（1）安装机油油位控制管。拧紧至力矩 6N·m。

（2）通过进油阀加注变速器油。规格请参见：变速器油，8888821121，如图 24-24

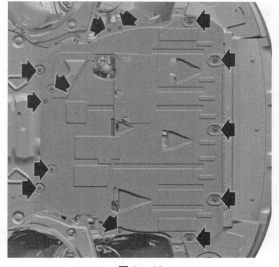

图 24-20

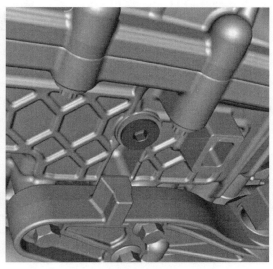

图 24-21

图 24-22

图 24-23

和图 24-25 所示。加注变速器油，直至溢出油位控制管。仅使用干净的加油设备，否则可能污染变速器油。导致系统或部件故障。

（3）拆除专用工具进油阀，8888733645。

（4）为新注油口堵塞安装新的密封圈，如图 24-26 所示。

（5）安装新注油口堵塞，如图 24-27 所示。拧紧至力矩 45N·m。

3. 检查油位

（1）启动车辆，使用至少 2s 时间，从驻车挡依次切换至前进挡。重复此操作两次。

抬升车辆，拆除注油口堵塞，检查是否滴油，确认 ATF 油温在 58~68℃范围内。让 ATF 从溢流塞滴落，直至停止滴落，此时变速器油液位在正常位置。

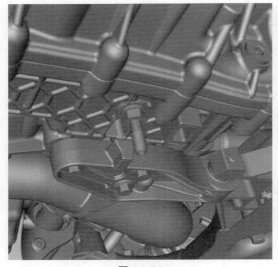

图 24-24

图 24-25

图 24-26

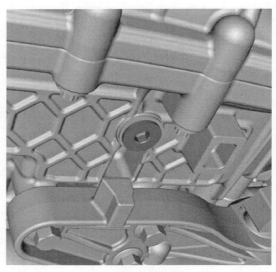

图 24-27

（2）安装发动机下护板。

二、领克 01/02/03 保养灯复位方法

1. 手动保养周期复位

无手动保养周期复位方法。

2. 诊断仪复位方法

（1）连接诊断仪 DS，进入诊断界面，如图 24-28 所示。

（2）选择维修功能菜单，如图 24-29 所示。

（3）选择重设维修提示指示灯（SRI）点击启动，如图 24-30 所示。

图 24-28

图 24-29

图 24-30

三、领克车系换油规格（表 24-1）

表 24-1

项目 车型	年款	发动机型号	排量	发动机机油油量（维修机油加注与滤清器更换）	发动机机油油量（干式加注，包括滤清器）	发动机机油型号	自动变速器型号	变速器容量	变速器油型号	分动箱型号	分动箱油容量	分动箱油型号
领克 01	通用	VEP4	2.0T	5.6L		AS-L 0W-20	AWF-21	6.2L，重力更换 3.2L	AW-1	免维护	免维护	免维护
领克 02	通用	GEP3	1.5T	5.6L		AS-L 0W-20	7DCT	4.5L	DCT-10	免维护	免维护	免维护
领克 02	通用	VEP4	2.0T	5.6L		AS-L 0W-20	7DCT	4.5L	DCT-10	免维护	免维护	免维护
领克 03	通用	GEP3	1.5T	5.6L		AS-L 0W-20	7DCT	4.5L	DCT-10	免维护	免维护	免维护

第二十五章　标致/雪铁龙车系

一、东风雪铁龙、东风标致自动变速器放油、加油、油面检查方法

（一）AL4、AT8 自动变速器

升高车辆并将其支撑在两柱举升机上，拆下发动机下护板。

1. 放油

说明：

（1）仅有拆卸操作时才放油（拆卸传动轴时不需要放自动变速器油）。

（2）只有自动变速器的油温上升到一定程度（60℃）时才能进行放油操作，升温过程中机械的运转搅拌有利于消除悬浮在油液中的沉渣。

（3）只能放出一部分油，大约3L，自动变速器变矩器内的油是不可能全部放出来的。

2. 放油操作

拆卸放油螺塞，应该可以放出大约3L自动变速器油。

3. 加油

重新安装放油螺塞（需要更换新的密封垫），拧紧至33N·m。拧下加油螺塞，安装专用工具0341（图25-1）：自动变速器专用加油筒加注指定型号的自动变速器油。

新的自动变速器油容量：5.85L。放油后自动变速器内部剩下的油量：3L（约）；需要添加的油：3L（约）；重新装上自动变速器加油螺塞（图25-2中3）（同时要用新的

图 25-1

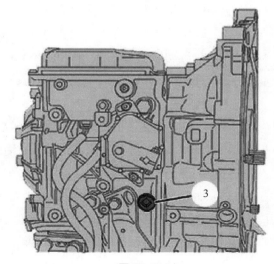

图 25-2

密封垫），拧紧至 24 N·m。重新设置自动变速器机油损耗计数器上的数值（用诊断仪按照提示进行相关参数测量操作）。

4. 自动变速器油面检查操作

前提条件：

（1）车辆水平放置。

（2）自动变速器不能处于备用降级模式状态。

（3）拆下加油螺塞（图25–3中2）。

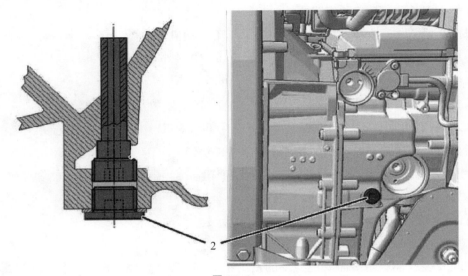

图 25–3

（4）加入 0.5L 指定型号的自动变速器油到变速器内部。

（5）踩下制动踏板，将所有挡位依次挂几遍。

（6）将变速器换挡杆置于 P 挡位置。

（7）启动发动机，保持发动机处于怠速运转状态。

（8）使自动变速器油温升到 60℃（58~68℃之间，用诊断仪进行自动变速器油温读取操作）。拧下自动变速器油面检查螺塞（图25–3中2）。

5. 检查油面

（1）如果自动变速器内部油面太高，这时会有大量的自动变速器油流出，然后减少，最后缓慢流出变成油滴。此时表明多余的油已经放出，油面高度正确，拧紧自动变速器油面检查螺塞，拧紧力矩：24N·m。

（2）如果油面太低，这时会有很少几滴或没有油流出，表明变速器内部油量不足。应该拧上油面检查螺塞，停止发动机运转，再加入 0.5L 变速器油到自动变速器内，重新进行上述油面高度检查步骤，直到油面高度正确为止。

（3）如果油面正好，当自动变速器油缓慢流出形成油滴，则表示自动变速器内部油面正确，重新拧上油面检查螺塞（需要更换新的密封垫），拧紧力矩24N·m。

（4）安装发动机下护板。

二、AT6、AT6 Ⅲ 自动变速器

1. 放油

（1）升高车辆并将其支撑在两柱举升机上，拆下发动机防护板。

（2）如图25-4所示，使用专用套筒扳手拆下自动变速器油位螺塞（图25-4中2）。用内六角扳手拆下放油螺塞（图25-4中1），应能流出大约3L自动变速器油。注意：自动变速器的放油过程应该在变速器油为热状况下进行（自动变速器油温最低60℃，这样可以减少在自动变速油中悬浮的杂质）。正常情况下只能放出一部分自动变速油，因为自动变速器变矩器里的变速器油是不可能完全排空的。

2. 加油

重新安装放油螺塞（图25-4中1），同时安装新的密封垫和自动变速器油位螺塞。拆卸进气谐振器总成(根据发动机类型而定),拆卸空气滤清器外壳(根据发动机类型而定),拆卸自动变速器加油螺塞（图25-5中3）。使用专用工具（0340），自动变速器加油筒加指定型号的自动变速器油（注意：发动机型号为 EURO 5/EURO 6 的 AT6 和 AM6 型变速器中的 AW-1 型号机油是专用的，不可用 JWS-3309 型号代替）；干性变速器油容量7L（近似值），变速器润滑油型号 AW-1；排空后剩余油量4L（近似值）；需要更换的变速器油量3L（近似值）；重新安装加油螺塞（图25-5中3）（需要更换新的密封件）。

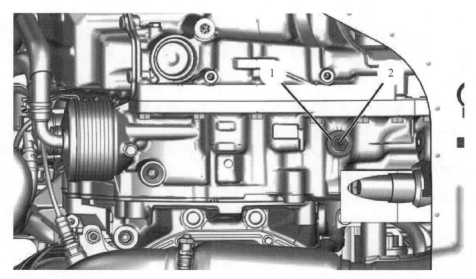

图 25-4

3. 对自动变速器机油损耗计数器进行初始化操作

用诊断仪按相关提示进行参数测量操作。

4. 变速器油面检查

（1）车辆水平停放。

（2）用诊断仪按相关提示操作，检查自动变速器未能处于降级模式状态。

（3）拆卸自动变速器加油螺塞。

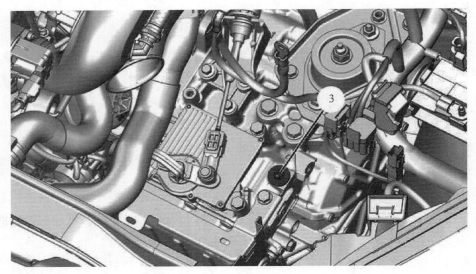

图 25-5

（4）在自动变速器中额外添加 0.5L 指定型号的自动变速器油。

（5）踩下制动踏板，将自动变速器换挡杆所有挡位进行依次转换。

（6）再将自动变速器换挡杆处于 P 挡位置。

（7）启动发动机，让发动机处于怠速运转状态。

（8）让自动变速器油温处于 58℃（用诊断仪进行变速器油温参数的读取操作）。

（9）拆卸自动变速器油位检查螺塞。

（10）当自动变速器油从油位检查螺塞处细流减少到呈滴状时，重新安排油位检查螺塞（需要更换新的密封件）。

（11）如果自动变速器油呈滴状流出油位检查螺塞处或者没有流出，重新安装自动变速器油位检查螺塞。

（12）关闭发动机。

（13）在变速器加油螺塞处额外添加 0.5L 指定型号的自动变速器油。

（14）重复加满步骤（当自动变速器油流动变为一滴一滴时机油液位正确）。

（15）重新安装：发动机下护板（根据车辆装备而定）；自动变速器加油螺塞（需要更换新的密封件）；空气滤清器外壳（根据发动机类型而定）和进气谐振器总成。

（16）自动变速器油面检查完成（注意：自动变速器油面太高可能导致自动变速器油温过高或者自动变速器油泄漏）。

（17）重新安装发动机下护板。

（三）6DCT 200 双离合变速器

1. 放油

（1）汽车必须处于水平位置。

（2）确保变速器油温在 10~45℃之间（用诊断仪进行变速器油温读取操作）。

（3）将合适的收集变速器油的油盘放在变速器排油孔下方。

（4）拆下放油螺塞。

图 25-6

（5）拆下 2 个 CAP 离合器驱动泵滤油器（必须拆卸并更换）（图 25-6 所示），依据放出的油液污染情况，决定是否拆卸和更换 1 个 CCP 吸入式离合器冷却泵滤油器。

（6）让变速器油排入油盘，直至连续油流变成一滴一滴下，拆卸全部滤油器，排出大约 3L。

（7）使用无绒布清除残留的变速器油，装上新的放油螺塞、新的机油滤油器。

（8）紧固放油螺塞，放油螺塞 1 拧紧扭矩为 6~8N·m，CAP 滤油器拧紧扭矩为 6±0.5N·m，CCP 拧紧滤油器扭矩为 10~12N·m，如图 25-7 所示。

注意：仅拆卸一个放油螺塞 1，排出容量大约为 2.5L，有剩余油未排出更换。排出的变速器油不能再次用于任何变速器。取下的放油螺塞也不能再次使用。

2 个离合器驱动泵滤油器   放油螺塞 1

图 25-7

2. 加油

（1）使用压缩空气清洁加油口周围，使用内六角扳手拆卸变速器注油螺塞。将变速器油加注工具安装到加注口上，如图 25-8 所示。

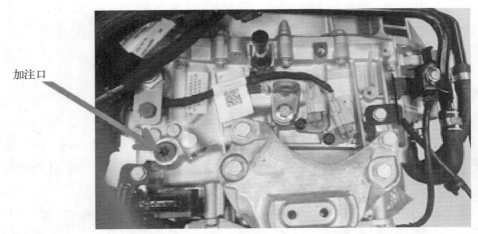

加注口

图 25-8

（2）向变速器加注指定型号的双离合变速器油，推荐双离合变速器油型号为 FFL7-LV。建议加注 3.7L 6DCT200 变速器油。

（3）装上新注油螺塞。

（4）紧固注油螺塞，拧紧力矩为 6~8N·m。

（5）进行车辆短距离行驶试车操作，至少升到 2 挡行驶。油温不得超过 40℃（见油温检查说明）。

（6）将合适的收集废机油的油盘放在变速器油检查孔下方（检查变速器是否保持水平）。

（7）拆下变速器油检查孔溢流螺塞。

（8）如果有变速器油正被排出检查孔，则让油流到不再外流为止。如果没有变速器油从检查孔逸出，重新向变速器加指定型号的变速器油，直到油从检查孔逸出。

（10）装上新溢流螺塞。

（11）紧固变速器油检查孔溢流螺塞，扭矩为 6~8N·m。

注意：检查时，变速器油温范围应为 20~40℃。空变速器的加注油量为 3.5+0.2L。取下的注油塞不能再次使用，排出的自动变速器油不能重复使用。完成变速器换油操作后，需要使用诊断仪进行相关操作，机油损耗计数器需要清零。

3. 变速器油温检查说明

（1）将变速器操纵杆从 P 挡到 D 挡将所有挡位依次切换，每挡至少停留 2s 且执行相同操作 2 次，最后回到 P 挡。

（2）使用诊断仪检查变速器油液温度保持在 20~40℃。变速器油参数如表 25-1 所示。

表 25-1

油型号	FFL7-LV
油容量	总容量：3.5+0.2L 6DCT 变速器油：每行驶 60000km 或 72 个月（以先达到者为限）必须更换

注意事项：

①在更换变速器油时，需要同时更换 2 个 CAP 执行泵滤油器。

②更换变速器油时，如果发现变速器有污染物，还需要更换 CCP 冷却泵滤油器总成。

③变速器加油螺塞、放油螺塞和检查口溢油塞均为一次性零件，拆卸后需要更换新的零件。

④变速器油位检查时处于冷车状态（变速器油温 40℃以内）且 DCT 为停机状态。

⑤变速器油是有机油损耗计数器的，以时间为计量单位，达到 72 个月（6 年）会报警，提示需要更换，与之相关的是用诊断仪读取的故障码是 P089700。

二、东风标致车系保养复位方法

（一）车型 508L

1. 保养信息提示

图 25-9

如图 25-9 所示组合仪表的相应位置按"00"按键几秒钟，显示屏上会显示距离下一次保养还有的里程和时间数据。

2. 保养提示器归零

每次保养后保养提示器必须归零，请按照以下程序进行相关操作：

（1）关闭点火开关。

（2）在组合仪表的相应位置按住"00"按键。

（3）接通点火开关，里程表开始倒计时。

（4）当组合仪表上的显示屏显示"初始化已经完成"或者"=0"时松开按键。

（5）组合仪表上的扳手符号消失。

（6）以上操作完成后，如果需要断开蓄电池，请先锁止车辆并等待 5min，归零操作生效后再断开蓄电池。

（二）车型 3008

1. 保养信息提示

按单次里程归零按键，保养信息就会显示几秒钟，随后消失。

2. 保养提示器归零

每次保养后，保养提示器必须归零。

请按以下程序进行操作：

（1）关闭点火开关。

（2）在如图25-10所示组合仪表的相应位置按住里程表单次按键。

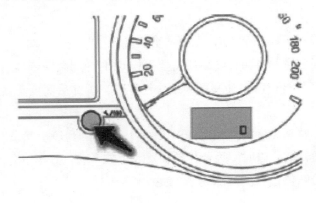

图25-10

（3）接通点火开关，里程表开始倒计时。

（4）当组合仪表上的显示屏显示"=0"时松开按键。

（5）组合仪表上的扳手符号消失。以上操作完成后，如果需要断开蓄电池，请先锁止车辆并等待5min，归零操作生效后再断开蓄电池。

（三）车型2008

1. 保养信息提示

按住如图25-11所示的组合仪表上的调节按钮，保养信息就会显示几秒钟，随后消失。每次保养后，保养提示器必须归零。

请按以下程序进行操作：

（1）关闭点火开关。

（2）在如图25-11所示组合仪表的相应位置按住调节按钮。

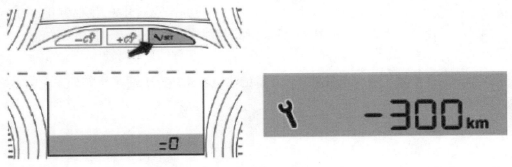

图25-11

（3）接通点火开关，里程表开始倒计时。

（4）当组合仪表上的显示屏显示"=0"时松开按键。

（5）组合仪表上的扳手符号消失。

（6）以上操作完成后，如果需要断开蓄电池，请先锁止车辆并等待 5min，归零操作生效后再断开蓄电池。

（四）车型 5008

1. 保养信息提示

可以随时查看保养提示信息。在如图 25-12 所示组合仪表的相应位置按"00"按键几秒钟，显示屏上会显示距离下一次保养还有的里程和时间数据。

2. 保养提示器归零

每次保养后保养提示器必须归零，请按照以下程序进行相关操作：

（1）关闭点火开关。

（2）在如图 25-12 所示组合仪表的相应位置按住"00"按键。

（3）接通点火开关，里程表开始倒计时。

（4）当组合仪表上的显示屏显示"初始化已经完成"或者"=0"时松开按键。

（5）扳手符号消失。

（6）以上操作完成后，如果需要断开蓄电池，请先锁止车辆并等待 5min，归零操作生效后再断开蓄电池。

（五）车型全新 408

1. 保养信息提示

可以随时查看保养信息。根据配置按下"CHECK"键或者"000"保养信息就会显示几秒钟，随后消失。

2. 保养提示器归零

每次保养后保养提示器必须归零，请按照以下程序进行相关操作：

（1）关闭点火开关。

（2）在如图 25-13 所示组合仪表的相应位置按住"000"按键。

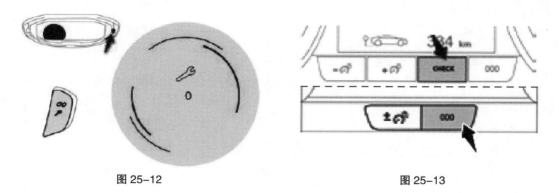

图 25-12　　　　　　　　　　　　　　　　图 25-13

（3）接通点火开关，里程表开始倒计时。

（4）当组合仪表上的显示屏显示"初始化已经完成"或者"=0"时松开按键。

（5）扳手符号消失。

（6）以上操作完成后，如果需要断开蓄电池，请先锁止车辆并等待 5min，归零操作生效后再断开蓄电池。

（六）车型新 308

1. 保养信息提示

可以随时查看保养信息。根据按下组合仪表上的"000"按键（根据配置不同，按键所在位置有所不同）保养信息就会显示几秒钟，随后消失。

2. 保养提示器归零

每次保养后保养提示器必须归零，请按照以下程序进行相关操作：

（1）关闭点火开关。

（2）在如图 25-14 所示组合仪表的相应位置按住"000"按键。

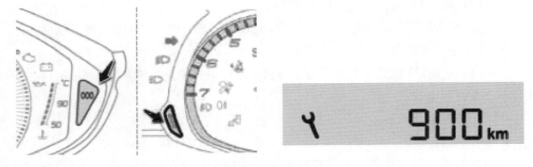

图 25-14

（3）接通点火开关，里程表开始倒计时。

（4）当组合仪表上的显示屏显示"初始化已经完成"或者"=0"时松开按键。

（5）如图 25-14 所示组合仪表上的扳手符号消失。

（6）以上操作完成后，如果需要断开蓄电池，请先锁止车辆并等待 5min，归零操作生效后再断开蓄电池。

（七）车型 301

1. 保养信息提示

可以随时查看保养信息。根据按如图 25-15 所示组合仪表上的调节按键，保养信息就会显示几秒钟，随后消失。

2. 保养提示器归零

每次保养后保养提示器必须归零，请按照以下程序进行相关操作：

（1）关闭点火开关。

（2）在如图 25-15 所示组合仪表的相应位置按住调节按键。

（3）接通点火开关，里程表开始倒计时。

（4）当组合仪表上的显示屏显示"=0"时松开按键。

（5）扳手符号消失。

以上操作完成后，如果需要断开蓄电池，请先锁止车辆并等待 5min，归零操作生效后再断开蓄电池。

（八）车型 4008

1. 保养信息提示

可以随时查看保养提示信息。在如图 25-16 所示组合仪表的相应位置按"00"按键几秒钟，显示屏上会显示距离下一次保养还有的里程和时间数据。

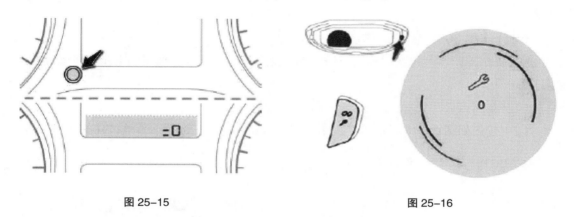

图 25-15　　　　　　　　　　　　　　图 25-16

2. 保养提示器归零

每次保养后保养提示器必须归零，请按照以下程序进行相关操作：

（1）关闭点火开关。

（2）在如图 25-16 所示组合仪表的相应位置按住"00"按键。

（3）接通点火开关，里程表开始倒计时。

（4）当组合仪表上的显示屏显示"初始化已经完成"或者"=0"时松开按键。

（5）扳手符号消失。

（6）以上操作完成后，如果需要断开蓄电池，请先锁止车辆并等待 5min，归零操作生效后再断开蓄电池。

（九）车型 307

保养提示器归零。每次保养完成后，保养提示灯必须归零。

按照以下步骤将保养提示灯归零：

（1）关闭点火开关。

（2）按住如图 25-17 所示的单次里程表归零按钮，并让它保持一直被按住的状态。

图 25-17

（3）打开点火开关组合仪表上的显示屏开始倒计时。

（4）显示屏显示"=0"松开按钮，如图 25-17 中的组合仪表上的保养提示灯"扳手"熄灭。

（十）车型 308

保养提示器归零。每次保养完成后，保养提示灯必须归零。按照以下步骤将保养提示灯归零：

（1）关闭点火开关。

（2）按住如图 25-18 所示的"扳手 /000"按钮，并让它保持一直被按住的状态。

图 25-18

（3）打开点火开关组合仪表上的显示屏开始倒计时。

（4）显示屏显示"=0"松开按钮，组合仪表上的保养提示灯"扳手"熄灭。

（5）以上操作完成后，如果需要断开蓄电池，请先锁止车辆并等待 5min，归零操作生效后再断开蓄电池。

（6）查看保养信息。根据按下组合仪表上的"扳手 /000"按键保养信息就会显示几秒钟，随后消失。

（十一）车型 207

保养提示器归零。每次保养完成后，保养提示灯必须归零。按照以下步骤将保养提示灯归零：

（1）关闭点火开关。

（2）按住如图 25-19 所示的单次里程表归零按钮。

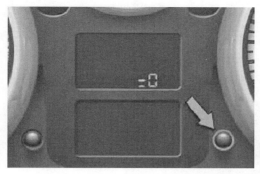

图 25-19

（3）打开点火开关组合仪表上的显示屏开始倒计时。

（4）显示屏显示 "=0" 松开按钮，组合仪表上的保养提示灯 "扳手" 熄灭。

（5）以上操作完成后，如果需要断开蓄电池，请先锁止车辆并等待 5min，归零操作生效后再断开蓄电池。

（十二）车型 308S

保养提示器归零。每次保养完成后，保养提示灯必须归零。按照以下步骤将保养提示灯归零：

（1）关闭点火开关。

（2）按住如图 25-20 所示的组合仪表板上的 "000" 按钮。

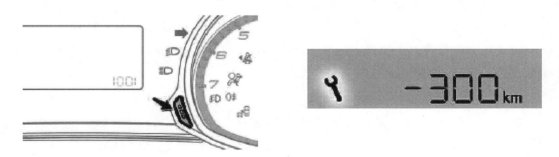

图 25-20

（3）打开点火开关组合仪表上的显示屏开始倒计时。

（4）显示屏显示 "初始化已完成" 或者 "=0" 松开按钮，组合仪表上的保养提示灯 "扳手" 熄灭。

（5）以上操作完成后，如果需要断开蓄电池，请先锁止车辆并等待 5min，归零操作生效后再断开蓄电池。

（6）查看保养信息。按下组合仪表上的 "000" 按键保养信息就会显示几秒钟，随后消失。

（十三）车型 408

保养提示器归零。每次保养完成后，保养提示灯必须归零。

按照以下步骤将保养提示灯归零：

（1）关闭点火开关。

（2）按住如图 25-21 所示的"CHECK（扳手 /000）"按钮，并让它保持一直被按住的状态。

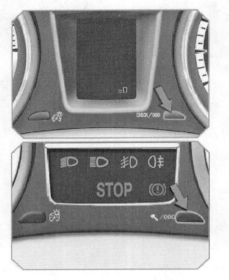

图 25-21

（3）打开点火开关组合仪表上的显示屏开始倒计时。

（4）显示屏显示"=0"松开按钮，小显示屏上的保养提示灯"扳手"熄灭。

（5）按下组合仪表上的"CHECK（扳手 /000）"按键保养信息就会在中央显示屏上显示几秒钟，随后消失。

（十四）车型 508

每次保养完成后，保养提示灯必须归零。按照以下步骤将保养提示灯归零：

（1）关闭点火开关。

（2）按如图 25-22 所示的组合仪表上的"000"按钮。

离保养还有
7400km或者
5周

图 25-22

（3）打开点火开关组合仪表上的显示屏开始倒计时。

（4）显示屏显示"初始化已完成"时松开按钮，组合仪表上的保养提示灯"扳手"熄灭。

（5）以上操作完成后，如果需要断开蓄电池，请先锁止车辆并等待 5min，归零操作生效后再断开蓄电池。

（十五）车型 206

每次保养完成后，保养提示灯必须归零。按照以下步骤将保养提示灯归零：

（1）关闭点火开关。

（2）按住组合仪表板上的按钮（图 25-23 中 1）。

图 25-23

（3）打开点火开关组合仪表上的里程表显示屏开始 10s 倒计时。

（4）按住按钮（图 25-23 中 1）10s，显示屏显示"=0"时，松开按钮，保养提示灯"扳手"熄灭。

三、东风雪铁龙车系保养归零

（一）车型新爱丽舍

手动复位方法：

（1）关闭点火开关。

（2）按下保养归零按钮如图 25-24 中 b（不要松开按钮）。

（3）打开点火开关到 M 挡。

（4）维修提示里程处出现 I<< I5 << I50 << I500 <<I5000 （每秒钟出现一个数字）。

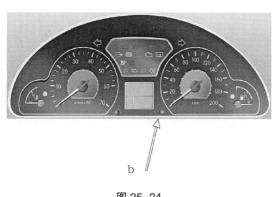

图 25-24

（5）不要松开按钮如图 25-24 中 b，一直到显示变成"15000"。

（6）松开按钮如图 25-24 中 b。

（7）关闭点火开关。

（二）车型 C2

（1）关闭点火开关。

（2）如图 25-25 所示按下保养归零按钮"c"（不要松开按钮）。

（3）打开点火开关。

（4）维修提示里程处开始享受 10s 的
倒数计数。

（5）不要松开按钮"c"，一直到显
示变成"0"。

（6）松开按钮"c"。

（7）关闭点火开关。

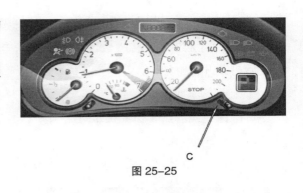

图 25-25

（三）车型毕加索

（1）关闭点火开关。

（2）如图 25-26 所示按下保养归零按钮"d"（不要松开按钮）。

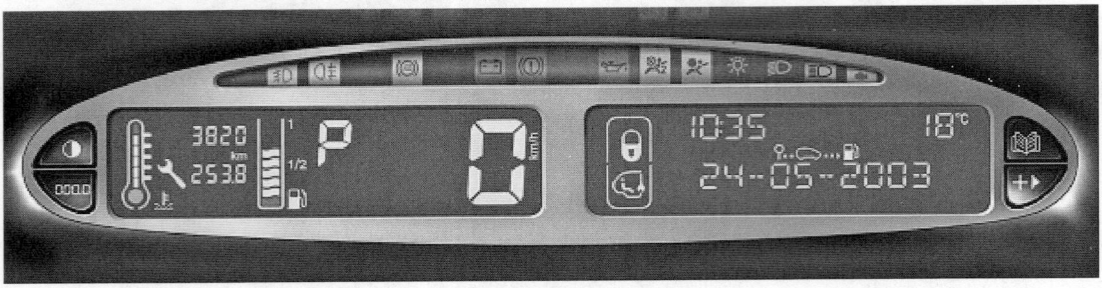

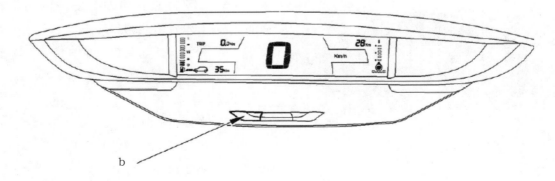

图 25-26

（3）打开点火开关。

（4）维修提示里程处开始享受 10s 的倒数计数。

（5）不要松开按钮"d"，一直到显示变成"0"。

（6）松开按钮"d"。

（7）关闭点火开关。

（四）车型凯旋

（1）关闭点火开关。

（2）按下保养归零按钮如图 25-27 中 b（不要松开按钮）。

图 25-27

（3）打开点火开关。

（4）维修提示里程处开始享受 10s 的倒数计数。

（5）不要松开按钮如图 25–27 中 b，一直到显示变成 "0"。

（6）松开按钮如图 25–27 中 b。

（7）关闭点火开关。

（五）车型世嘉

（1）关闭点火开关。

（2）如图 25–28 中所示按下保养归零按钮 "b"（不要松开按钮）。

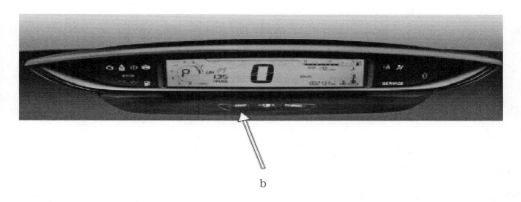

b

图 25–28

（3）打开点火开关。

（4）维修提示里程处开始享受 10s 的倒数计数。

（5）不要松开按钮 "b"，一直到显示变成 "0" 和扳手消失。

（6）松开按钮 "b"。

（7）关闭点火开关。

（六）车型 C5

（1）关闭点火开关。

（2）持续按下里程表归零按钮，如图 25–29 所示。

（3）打开点火开关，里程表显示开始倒计时。

（4）当显示出现 "=0" 时，放开按钮，扳手熄灭。

（5）关闭点火开关。

（七）车型 C4L

（1）关闭点火开关。

（2）持续按下里程表归零按钮（图 25–30 中箭头指示）。

（3）打开点火开关，里程表显示开始倒计时。

（4）当显示出现 "=0" 时，放开按钮，扳手熄灭。

图 25-29   图 25-30

（5）关闭点火开关。

（6）操作完成后，等待至少 5min，以保证归零设置完全储存。

（八）车型云逸

（1）每次保养后，保养提示器必须归零。

（2）请按以下程序操作：

①关闭点火开关。

②按住"CHECK"按键，如图 25-31所示。

③接通点火开关：里程表开始倒计时。

④当显示屏显示"初始化已完成"或"=0"时。

⑤松开按键。

⑥扳手符号消失。

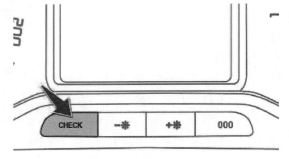

图 25-31

⑦该操作结束后，如果需要断开蓄电池，请先锁止车辆并等待 5min，归零操作生效后再断开蓄电池。

（九）车型天逸

（1）每次保养后，保养提示器必须归零。

（2）请按以下程序操作：

①关闭点火开关。

②按住"CHECK"或"000/CHECK"按键，如图 25-32 和图 25-33 所示。

③接通点火开关，里程表开始倒计时。

④当显示屏显示"初始化已完成"或"=0"时。

⑤松开按键。

⑥扳手符号消失。

（3）该操作结束后，如果需要断开蓄电池，请先锁止车辆并等待 5min，归零操作生

| 图 25-32 | 图 25-33 |

效后再断开蓄电池。

（十）车型 C3-XR

（1）每次保养后，保养提示器必须归零。

（2）请按以下程序操作：

①关闭点火开关。

②按住日里程表归零按键，如图 25-34 所示。

③打开点火开关：里程表开始倒计时。

④当显示屏显示"=0"并且扳手符号消失时，松开按键。

（3）在提示保养信息期间不能做这项操作。该操作结束后如果需要断开蓄电池，请先锁止车辆并等待至少 5min，归零操作先生效后再断开蓄电池。

（十一）车型 C6

（1）每次保养后，保养提示器必须归零。

（2）请按以下程序操作：

①关闭点火开关。

②按住"CHECK"按键，如图 25-35 所示。

③接通点火开关，里程表开始倒计时。

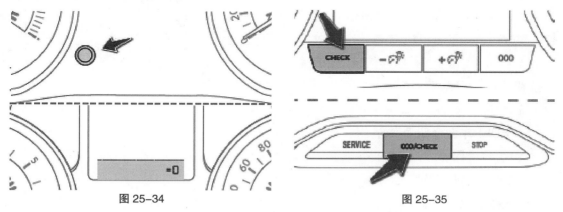

| 图 25-34 | 图 25-35 |

④当组合仪表上的显示屏显示"初始化已经完成"或"=0"时请松开按键。

⑤扳手符号消失，保养提示器归零完成。

（3）此操作结束后，如果需要断开蓄电池，请先锁止车辆并等待 5min 后，归零操作生效后再断开蓄电池。

（十二）车型第三代 C5

（1）每次保养后，保养提示器必须归零。

（2）请按以下程序操作：

①关闭点火开关。

②按住"CHECK"按键，如图 25-36 所示。

③接通点火开关，里程表开始倒计时。

④当组合仪表上的显示屏显示"初始化已经完成"或"=0"时请松开按键。

⑤扳手符号消失，保养指示器归零完成。

（3）此操作结束后，如果需要断开蓄电池，请先锁止车辆并等待 5min，归零操作生效后再断开蓄电池。另外，可以随时查看保养信息，按"CHECK"或"000"键，保养信息显示几秒钟，随后消失。

（十三）车型 C4 世嘉

（1）每次保养后，保养提示器必须归零。

（2）请按以下程序操作：

①关闭点火开关。

②按如图 25-36 所示住调节按钮按键。

③打开点火开关，里程表开始倒计时。

④当显示屏显示"=0"并且扳手符号消失时，松开调节按钮键（在提示保养信息期间不能这样操作）。

（3）该操作结束后，如果需要断开蓄电池，请先锁止车辆并等待 5min 后，归零操作生效后再断开蓄电池。

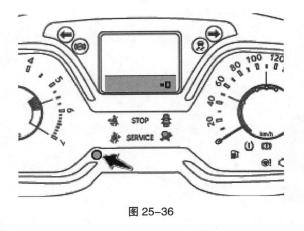

图 25-36

（4）可以随时查看保养信息，短按调节按钮按键，在总里程的位置，保养信息显示几秒钟。

（十四）车型全新爱丽舍

（1）每次保养后，保养提示器必须归零。

（2）请按以下程序操作：

①关闭点火开关。

②按住如图 25-37 所示日里程归零键。

③打开点火开关，里程表开始倒计时。

④当显示屏显示"=0"，并且扳手符号消失时，松开按键。

（3）在提示保养信息期间不能这样操作。注意：该操作结束后，如果需要断开蓄电池，

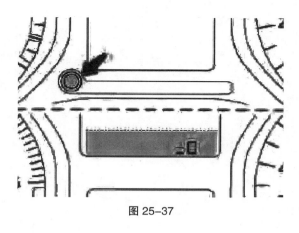

图 25-37

请先锁止车辆并等待 5min，归零操作生效后再断开蓄电池。

（4）可以随时查看保养信息。短按日里程归零按键，在总里程的位置，保养信息显示几秒后消失。

（十五）车型全新 C4L

（1）每次保养后，保养提示器必须归零。

（2）请按以下程序操作：

①关闭点火开关。

②按住日里程归零键。

③打开点火开关，里程表开始倒计时。

④当显示屏显示"=0"，并且扳手符号消失时，松开按键。

⑤在提示保养信息期间不能这样操作。可以随时查看保养信息。短按日里程归零按键，在总里程的位置，保养信息显示几秒后消失。

（十六）车型

（1）每次保养后，保养提示器必须归零。

（2）请按以下程序操作：

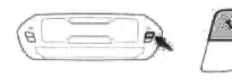

图 25-38

①关闭点火开关。

②按住如图 25-38 所示"000"键。

③打开点火开关，里程表开始倒计时。

④当显示屏显示"=0"，松开按键，扳手符号消失。

（3）注意：该操作结束后，如果需要断开蓄电池，请先锁止车辆并等待 5min，归零操作生效后再断开蓄电池。

（4）可以随时查看保养信息。按"000"键，保养信息显示几秒后消失。

四、标致／雪铁龙换油规格（表 25-1）

表 25-1

车型 \ 项目	年款	发动机型号	排量	发动机机油量（维修机油加注与滤清器更换）(L)	发动机机油量（干式加注，包括滤清器）(L)	发动机机油型号	自动变速器型号	变速器容量 (L)	变速器油型号	分动箱型号	分动箱油容量	分动箱油型号
东风标致 301	2013—2015 年	EC5（NFP）	1.6	3~3.2		A5B5 0W30 5W30	AT8 四速手自一体	3~4（换油时）5.85（容量）	ATF LT71141			
东风标致 301	2016—2019 年	EC5（NFP）	1.6	3~3.2		A5B5 0W30 5W30	AT6 六速手自一体	3~4（换油时）7（容量）	ATF AW-1/红			
东风标致 307	2013—2015 年	EC5（NFP）	1.6	3~3.2		A5B5 0W30 5W30	AT8 四速手自一体	3~4（换油时）6.0（容量）	ATF LT71141			
东风标致 308	2013—2019 年	EC5（NFP）	1.6	3		A5B5 0W30 5W30	AT6 六速手自一体	3~4（换油时）7（容量）	ATF AW-1/红			
东风标致 408 1.2T	2015—2016 年	EB2DTS（NN03）	1.2T	3.5		A5B5 0W30	AT6 六速手自一体	3~4（换油时）7（容量）	ATF AW-1/红			
东风标致 408 1.6T	2015—2016 年	EP6FDTM	1.6T	4.25		A5B5 0W30	AT6 六速手自一体	3~4（换油时）7（容量）	ATF AW-1/红			
东风标致 408 230THP	2017—2019 年	EB2DTS（NN03）	1.2T	3.5		A5B5 0W30	AT6 六速手自一体	3~4（换油时）7（容量）	ATF AW-1/红			
东风标致 408 350THP	2017—2019 年	EP6FDTM	1.6T	4.25		A5B5 0W30	AT6 六速手自一体	3~4（换油时）7（容量）	ATF AW-1/红			
东风标致 508 1.6 THP	2015—2016 年	EP6FDTM	1.6T	4.25		A5B5 0W30	AT6 六速手自一体	3~4（换油时）7（容量）	ATF AW-1/红			
东风标致 508 1.8 THP	2015—2016 年	EP8FDT	1.8T	4.25		A5B5 0W30	AT6 六速手自一体	3~4（换油时）7（容量）	ATF AW-1/红			
东风标致 508 2.0L	2015—2016 年	EW10A	2.0L	4~4.5		SM 5W40 SL 5W40	AT6 六速手自一体	3~4（换油时）7（容量）	ATF AW-1/红			
东风标致 508 350 THP	2017—2019 年	10UF015G02	1.6T	4.25		A5B5 0W30	AT6 六速手自一体	3~4（换油时）7（容量）	ATF AW-1/红			
东风标致 508 380 THP	2017—2019 年	EP8FDT	1.8T	4.25		A5B5 0W30	AT6 六速手自一体	3~4（换油时）7（容量）	ATF AW-1/红			
东风标致 508L 360 THP	2019 年后	10UF015G02	1.6T	4.25		A5B5 0W30	AT6 六速手自一体	3~4（换油时）7（容量）	ATF AW-1/红			
东风标致 2008 1.6THP	2015—2016 年	EP6FDTM	1.6T	4.25		A5B5 0W30	AT6 六速手自一体	3~4（换油时）7（容量）	ATF AW-1/红			

（续表）

车型 项目	年款	发动机型号	排量	发动机机油量（维修机油加注与滤清器更换）(L)	发动机机油量（干式加注，包括滤清器）(L)	发动机机油型号	自动变速器型号	变速器容量（L）	变速器油型号	分动箱型号	分动箱油容量	分动箱油型号
东风标致 2008 230THP	2016—2018年	EB2DTS(NN03)	1.2T	3.5		A5B5 0W30	AT6六速手自一体	3~4（换油时）7（容量）	ATF AW-1/红			
东风标致 3008 1.6THP	2013—2016年	EP6	1.6T	4.25		A5B5 0W30	AT6六速手自一体	3~4（换油时）7（容量）	ATF AW-1/红			
东风标致 3008 2.0L	2013—2018年	EW10A	2.0L	4~4.5		SM 5W40 SL 5W40	AT6六速手自一体	3~4（换油时）7（容量）	ATF AW-1/红			
东风标致 3008 350THP	2018—2019年	EP6	1.6T	4.25		A5B5 0W30	AT6六速手自一体	3~4（换油时）7（容量）	ATF AW-1/红			
东风标致 4008 350THP	2017—2019年	EP6	1.6T	4.25		A5B5 0W30	AT6六速手自一体	3~4（换油时）7（容量）	ATF AW-1/红			
东风标致 4008 380THP	2017—2019年	EP8	1.8T	4.25		A5B5 0W30	AT6六速手自一体	3~4（换油时）7（容量）	ATF AW-1/红			
东风标致 5008 350THP	2017—2019年	EP6	1.6T	4.25		A5B5 0W30	AT6六速手自一体	3~4（换油时）7（容量）	ATF AW-1/红			
东风标致 5008 380THP	2017—2019年	EP8	1.8T	4.25		A5B5 0W30	AT6六速手自一体	3~4（换油时）7（容量）	ATF AW-1/红			

第二十六章　吉普车系

一、自动变速器液位检查方法

（一）948TE/9HP48 自动变速器油液液位检查

（1）升起并支撑车辆。

（2）拆下左前轮胎和车轮总成。

（3）拆除腹板。

（4）将故障诊断仪连接到诊断接头上。

（5）使用故障诊断仪查看数据显示器并读取变速器油温度。

（6）启动发动机并允许其在变速器置于驻车挡位置时以怠速运转。

（7）验证油液温度高于50℃。注意：车辆必须保持水平从而确保变速器油读数准确。

（8）旋转方向盘至最左位置。

（9）从液位检查孔上拆卸螺塞。

（10）将工具 2000040963（EMEA）或机油尺 10323A（NAFTA）插入液位检查孔，并使其手柄靠在检查孔周围变速器壳体的平整表面上。

（11）从检查孔中取出 2000040963（EMEA）或机油尺 10323A（NAFTA），手柄应始终高于末梢，以使液位读数准确，如图 26-1 和图 26-2 所示。

图 26-1

图 26-2

（12）如有必要，使用适当的自动变速器油调整油液液位，如图 26-3 所示。

（13）将螺塞安装在液位检查孔中并紧固。

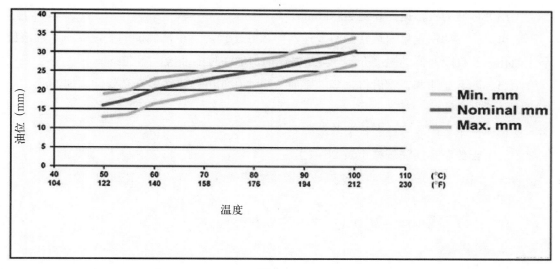

图 26-3

（14）安装腹板。

（15）安装左前方轮胎和车轮总成。

（二）8HP70 自动变速器检查油位

为了能够正常检查变速器并往变速器中加注油液，需进行下列程序：

发动机正在运行时，存在车辆意外移动的风险。固定车辆以防止其移动。如果您在发动机运转时将手插入发动机，存在挫伤和烧伤的风险。切勿触摸热的或者旋转的部件。务必穿戴合适的工作服。为此为变速器研制了专用的变遮器油液。此油液与 ATF+4 或任何其他当前克莱斯勒变速器油不兼容。在 8HP 变速器中无须使用润滑油染色剂进行检漏。润滑油染色剂会造成换挡质量问题，因此不做推荐。此油液具备发光度，在近紫外光下可见。

（1）在水平举升机上举起并支撑车辆。

（2）启动发动机。在整个测试中，发动机必须持续运行。

（3）用一个故障诊断仪或车辆信息中心，验证变速器油液温度低于 30℃。

（4）禁用电子稳定控制（ESC）。

（5）拆卸变速器右后方的注油塞。

（6）加入变速器油，直到油液从注油口流出。

（7）安装注油塞。

（8）放下车以便接近车内，但轮胎离地至少 8in（20.32cm）。

（9）施加制动的情况下将变速器换入倒挡并保持 5s。

（10）将变速器换入前进挡并保持 5s。

（11）释放制动器，缓慢地加速到 2 挡，并保持 5s。

（12）施加制动并将变速器换入空挡。

（13）将发动机转速提高到 2000r/min，5s。

（14）将发动恢复怠速运转并将变速器换入驻车挡。一个加满油的变速器，其油液位于注油孔，并且变速器的温度介于 30~50℃。切勿加注过多油液。

（15）卸下注油塞，然后将过多的燃油从注油孔放出，或者根据必要性添加油液。

（16）安装注油。

（17）使用专用故障诊断仪清除故障码。

（三）吉普车系换油规格（表 26-1）

表 26-1

车型	年款	发动机型号	排量	发动机机油量（维修加注与滤清器更换）（L）	发动机机油量（干式加注，包括滤清器）（L）	发动机机油型号	自动变速器型号	变速器容量（L）	变速器油型号
广汽菲克指南者 200T	2017—2019 年		1.4T	4.5		0W30	948TE	6.0（维修加注）免维护	使用 MOPAR ZF 8 速或 9 速自动变速器油
广汽菲克指南者 200TS	2017—2019 年		2.4L	5.2		0W20	C725DCT	6.0（维修加注）	使用 MOPAR ZF 8 速或 9 速自动变速器油
进口牧马人 3.6L	2014—2018 年		3.6L	5.6		5W20	NAG1	5.0（维修加注）7.7（大修加注）	MOPAR ATF+4 自动变速器油
进口牧马人 2.8TD	2014—2018 年		2.8D	6.6		5W40	NAG1	5.0（维修加注）7.7（大修加注）	使用 MOPAR ATF+4 自动变速器油
广汽菲克自由侠 180T	2017—2019 年	523A0027	1.4T	3.55		5W40	C725DCT	免维护	
广汽菲克自由侠 180TS	2017—2019 年		2.0L	4.7		0W20	948TE	6.0（维修加注）	使用 MOPAR ZF 8 速或 9 速自动变速器油
广汽菲克自由光 2.0	2017—2019 年		2.0L	4.7		0W20	948TE	6.35（维修加注）	使用 MOPAR ZF 8 速或 9 速自动变速器油
广汽菲克自由光 2.4L	2017—2019 年		2.4L	5.2		0W20	948TE	6.35（维修加注）	使用 MOPAR ZF 8 速或 9 速自动变速器油
广汽菲克指挥官	2018—2019 年	GMET4	2.0T	4.7		0W20	948TE	6.35（维修加注）	使用 MOPAR ZF 8 速或 9 速自动变速器油
广汽菲克大指挥官	2018—2019 年	GMET4	2.0T	4.7		0W20	948TE	6.35（维修加注）	使用 MOPAR ZF 8 速或 9 速自动变速器油
进口大切诺基 3.0TD	2017—2019 年		3.0D	7.7		5W40	8HP45 8HP70 8HP75	8.5（容量）8.3（容量）8.5（容量）	使用 MOPAR ZF 8 速或 9 速自动变速器油
进口大切诺基 3.0L	2017—2019 年		3.0L	5.6		0W20	8HP45 8HP70 8HP75	8.5（容量）8.3（容量）8.5（容量）	使用 MOPAR ZF 8 速或 9 速自动变速器油
进口大切诺基 3.6L	2017—2019 年		3.6L	5.6		0W20	8HP45 8HP70 8HP75	8.5（容量）8.3（容量）8.5（容量）	使用 MOPAR ZF 8 速或 9 速自动变速器油

第二十七章　道奇和克莱斯勒车系

一、自动变速器液位检查方法

（一）SI-EVT 油液液位检查

不必检查 SI-EVT 自动变速器内的油位，除非出现换挡问题和 / 或变速器漏油现象。发动机停机后车辆必须静止 5min，然后再检查变速器油位。

（1）连接故障诊断仪。

（2）使用故障诊断仪，确认变速器油温为 30~70℃。

（3）升起并支撑车辆。

（4）拆下加油塞（图 27-1 中 1）。

（5）使用油尺工具 SI-EVT 油尺 2045600210，将其插到变速器加油孔中，测量油位。油位检查过程中油尺工具应位于 12:00 点位置（图 27-2 中 1）。

图 27-1

图 27-2

（6）油位应在油尺工具的灰色区域内。油尺工具上的每一刻度代表 0.1L，如图 27-3 所示。必要时，添加变速器油。

（7）安装变速器加油塞（图 27-4 中 1），并紧固至适当的扭矩规格。

图 27-3 　　　　　　　　　　　　　　　图 27-4

二、道奇和克莱斯勒车系换油规格（表 27-1）

表 27-1

车型\项目	年款	发动机型号	排量	发动机机油量（维修机油加注与滤清器更换）（L）	发动机机油量（干式加注，包括滤清器）（L）	自动变速器型号	变速器容量（L）	变速器油型号
道奇酷威 2.4L	2013—2019 年	ED3/EDG	2.4L	4.26		62TE	5.2（保养加注）8.5（大修加注）	使用 MOPAR ATF+4 自动变速器油
道奇酷威 3.6L	2013—2019 年		3.6L	5.6		62TE	5.2（保养加注）8.5（大修加注）	使用 MOPAR ATF+4 自动变速器油
大捷龙 PHEV	2019 年		3.6L	4.7		SI-EVT	5.0（保养加注）	使用 MOPAR ZF 8 速或 9 速自动变速器油

（发动机机油型号：5W20、5W30、0W20）

第二十八章　马自达车系

一、自动变速器油位检查

（一）FS5A-EL 变速器油更换及油量测量

1. 变速器油更换步骤

图 28-1

（1）将车辆停在水平路面，发动发动机让发动机达到工作温度后将发动机熄火。

（2）待自动变速器温度冷却时，将车子顶起。

（3）拆开放油螺栓，让变速器油排出并将放油螺栓擦拭干净。

（4）当变速器油排放干净后，将放油螺栓锁回。

（5）拔出量油尺，注入适当油量后，再装上量油尺，如图 28-1 所示。

（6）将挡位换至 P 挡位置并拉起手刹车。

（7）踩下制动踏板，并将换挡杆换至各挡位，每个挡位停留大约 3s。

（8）将挡位换至 P 挡位置，并将发动机熄火。

（9）拔出量油尺，检查自动变速器油位。

（10）检查变速器油是否在量油尺的上限标记与下限标记位置中间，如果没有，再将油位补充至正确位置。

（11）将量油尺插回即可。

2. 变速器油测量步骤

（1）启动发动机让发动机达到工作温度。

（2）将车辆停在水平路面，让发动机怠速运转。

（3）将挡位换至 P 挡位置，拉起手刹车，并将车辆升起。

（4）踩下制动踏板，并将换挡杆换至各挡位，每个挡位停留大约 3s。

（5）将挡位换至 P 挡位置，并将发动机熄火。

（6）拔出量油尺，检查自动变速器油位。

（7）检查变速器油是否在量油尺的上限标记与下限标记位置中间，如果没有，再将油位补充至正确位置。

（8）将量油尺插回即可。放油孔锁紧扭力:35±5N·m。

（二）FW6A-EL 自动变速驱动桥油（ATF）调整

注意：只在 ATF 温度为 45~55℃时，才可调整 ATF 液位。如果 ATF 液位不正确，这样会使变速驱动桥受损。不要加注 ATF 超过规定值。否则，变速驱动桥性能可能会降低，ATF 可能会泄漏。

（1）拆下 2 号前底壳。

（2）从前横梁上断开线束连接，如图 28-2 所示（带 i-ELOOP 的车辆）。

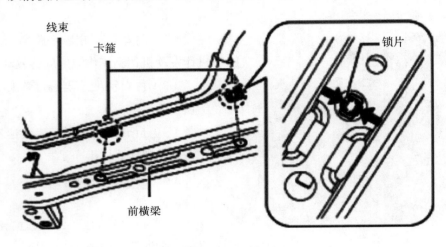

图 28-2

（3）拆下油标尺固定螺栓。

（4）拆下油标尺，如图 28-3 所示。

（5）调整 ATF 油位。

①将 M-MDS 连接至 DLC-2,显示 PID TFT。

②预热发动机，直至 ATF 温度为 50℃。

③发动机怠速时，拆下油标尺并用抹布擦去 ATF。

④插入油标尺并再次将其抽出。

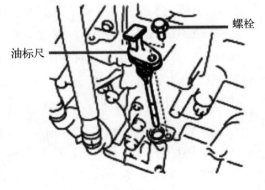

图 28-3

⑤确认 ATF 在油标尺的中心记号范围内，如图 28-4 所示。如果 ATF 不在油标尺的中心记号范围内，调整 ATF 液位至中心记号位置。说明：ATF 颜色为蓝色。仅将 ATF FZ 用于 FW6A-EL。

（6）插入油标尺，安装固定螺栓。拧紧扭矩 8~11N·m。

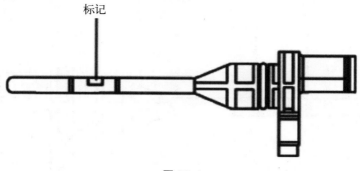

图 28-4

（7）将线束连接至前横梁。

（8）安装 2 号前底盖。

（三）FW6AX-EL 自动变速驱动桥液（ATF）的检查

注意：如果 ATF 液位不在规定范围内或发动机预热后油标尺上未沾有 ATF，则不要行驶车辆。否则，将会损坏变速驱动桥。

1. ATF 液位检查

（1）拆下 2 号前底盖。

（2）拆下油标尺固定螺栓。

（3）将 M-MDS 连接至 DLC-2，显示 PID TFT。

（4）预热发动机，直至 ATF 温度为 50℃。

（5）发动机熄火时，拆下油标尺并用尼龙布擦去 ATF。警告：即使冷却风扇没有运转时，手和工具也应远离风扇，以防止人员受伤或冷却风扇受损。不要触碰已变热的部件。否则，可能会导致严重烧伤或严重伤害。

（6）插入油标尺并再次将其抽出，如图 28-5 所示。

（7）确认 ATF 在油标尺的 L 和 F 范围内。如果 ATF 不在油标尺的 L 和 F 范围内，调整 ATF 液位，如图 28-6 所示。说明：ATF 颜色为蓝色。仅将 ATF FZ 用于 FW6A-EL 和 FW6AX-EL。

（8）插入油标尺，安装固定螺栓。拧紧扭矩 8~11N·m。

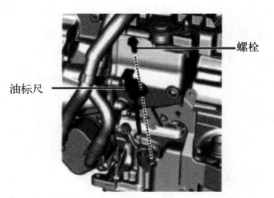

图 28-5

（9）安装 2 号前底盖。

2. 自动变速驱动桥液（ATF）的更换

警告：ATF 温度高时，请勿进行检修。否则，可能会导致严重烧伤或严重伤害。

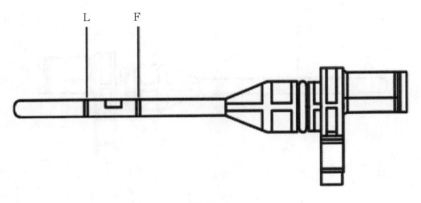

图 28-6

（1）拆下 2 号前底盖。

（2）拆下油标尺固定螺栓。

（3）拆下油标尺。

（4）拆下放油塞和垫圈并排出 ATF。

（5）安装一个新的垫圈和放油塞，如图 28-7 所示，ATF 从放油螺塞排出 3.3L。拧紧扭矩 30~41N·m。

（6）从油标尺安装孔处添加 ATF。说明：ATF 颜色为蓝色。仅将 ATF FZ 用于 FW6A-EL 和 FW6AX-EL。

（7）调整 ATF 油位。

（8）插入油标尺，安装固定螺栓。拧紧扭矩：8~11N·m。

（9）安装 2 号前底盖。

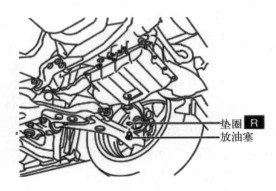

垫圈 R
放油塞

图 28-7

（四）AW6AX-EL 变速器油更换及油液测量

1. 变速器油更换步骤

（1）将车辆停在水平路面，启动发动机让发动机达到工作温度后，将发动机熄火。

（2）待自动变速器温度冷却时，将车子顶起。

（3）拆开放油螺栓，让变速器油排出，并将放油螺栓擦拭干净，如图 28-8 所示。

（4）当变速器油排放干净后，将放油螺栓锁回。

图 28-8

图 28-9

（5）拔出量油尺，注入适当油量后，再装上量油尺，如图 28-9 所示。

（6）将挡位换至 P 挡位置，拉起手刹车。

（7）踩下制动踏板，并将换挡杆换至各挡位，每个挡位停留大约 3s。

（8）将挡位换至 P 挡位置，并将发动机熄火。

（9）拔出量油尺，检查自动变速器油位。

（10）检查变速器油是否在量油尺的上限标记与下限标记位置中间，如果没有，再将油位补充至正确位置。

（11）将量油尺插回即可。

2. 变速器油量步骤

（1）启动发动机让发动机达到工作温度。

（2）将车辆停在水平路面，让发动机怠速运转。

（3）将挡位换至 P 挡位置，拉起手刹车，并将车辆升起。

（4）踩下制动踏板，并将换挡杆换至各挡位，每个挡位停留大约 3s。

（5）将挡位换至 P 挡位置，并将发动机熄火。

（6）拔出量油尺，检查自动变速器油位。

（7）检查变速器油是否在量油尺的上限标记与下限标记位置中间，如果没有，再将油位补充至正确位置。

（8）将量油尺插回即可。放油螺栓锁紧扭力：40±15N·m。

二、保养灯手工复位方法

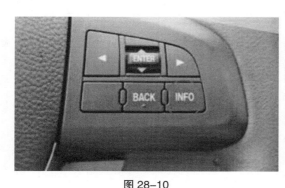

图 28-10

2014—2015 年长安马自达 CX-7 保养灯初始化设定操作步骤：

（1）打开点火开关。

（2）按着 INFO 直到显示 SETTING，如图 28-10 所示。

（3）选择保养按下 ENTER，选择定期保养按下 ENTER。

（4）出现选择天数或距离画面。

（5）按下 ENTER 即可归零。

三、马自达车系换油规格（表 28-1）

表 28-1

项目 车型	年款	发动机型号	排量	发动机机油量（维修机油加注与滤清器更换）(L)	发动机机油量（干式加注，包括滤清器）(L)	发动机机油型号	自动变速器型号	变速器容量（L）	变速器油型号
一汽马自达 CX-4 2.0L	2016—2020年	SKYACTIV-G 2.0	2.0L	4.2	4.9	10W30 10W40 10W50 5W20 5W30 5W40 0W20 0W30	FW6A-EL FW6X-EL 6速手自一体	3.3（换油时）7.8（容量）	ATF FZ
一汽马自达 CX-4 2.5L	2016—2020年	SKYACTIV-G 2.5	2.5L	4.5	5.4	10W30 10W40 10W50 5W20 5W30 5W40 0W20 0W30	FW6A-EL FW6X-EL 6速手自一体	3.3（换油时）7.8（容量）	ATF FZ
一汽马自达阿特兹 2.0L	2017—2020年	SKYACTIV-G 2.0	2.0L	4.2	4.9	10W30 10W40 10W50 5W20 5W30 5W40 0W20 0W30	FW6A-EL 6速手自一体	3.3（换油时）7.8（容量）	ATF FZ
一汽马自达阿特兹 2.0L	2017—2020年	SKYACTIV-G 2.5	2.5L	4.5	5.4（不带机油冷却器）5.5（带机油冷却器）	10W30 10W40 10W50 5W20 5W30 5W40 0W20 0W30	FW6A-EL 6速手自一体	3.3（换油时）7.8（容量）	ATF FZ
一汽马自达 CX-7 2.3T	2014—2015年	L3	2.3T	5.7	6.4	10W30 5W30 5W40	AW6AX-EL 6速手自一体	7.0（容量）	JWS 3309
一汽马自达 CX-7 2.5L	2014—2015年	L5	2.5L	5.0	5.5	10W30 5W30 5W40	FS5A-EL 5速手自一体	8.55（容量）	ATF M-V

（续表）

车型\项目	年款	发动机型号	排量	发动机机油量（维修机油加注与滤清器更换）（L）	发动机机油量（干式加注，包括滤清器）（L）	发动机机油型号	自动变速器型号	变速器容量（L）	变速器油型号
一汽马自达 M6 2.0L	2010—2015 年	LFX	2.0L	4.3	4.6	10W30 5W30	FS5A-EL 5 速手自一体	8.14（容量）	ATF M-V
长安马自达昂克赛拉 1.5L	2014—2019 年	SKYACTIV-G 1.5	1.5L	4.2	4.7	10W30 5W30 5W40	FW6A-EL 6 速手自一体	3.3（换油时） 7.8（容量）	ATF FZ
长安马自达昂克赛拉 2.0L	2014—2019 年	SKYACTIV-G 2.0	2.0L	4.2	4.9	10W30 5W30 5W40	FW6A-EL 6 速手自一体	3.3（换油时） 7.8（容量）	ATF FZ
长安马自达 CX-5 2.0L	2013—2020 年	SKYACTIV-G 2.0	2.0L	4.2	4.9	10W30 5W30 5W40	FW6A-EL 6 速手自一体	3.3（换油时） 7.8（容量）	ATF FZ
长安马自达星骋 1.6L	2011—2015 年	Z6	1.6L	3.9	4.2	10W30 5W30 5W40	FN4A-EL	7.0（容量）	ATF M-V
长安马自达星骋 2.0L	2011—2015 年	LF	2.0L	4.3	4.6	10W30 5W30 5W40	FS5A-EL	8.14（容量）	ATF M-V

第二十九章　宾利车系

一、发动机机油液位检查方法

（一）车型

·2012—2019 年欧陆 4.0T GT V8（第二代）

·2012—2019 年欧陆 4.0T GTC V8（第二代）

·2014—2019 年飞驰 4.0T V8（第二代）

发动机油检查：

1. 一般信息

在量油计上检查发动机油位时，确保汽车在水平面上。由于量油计在油槽内的位置，如果汽车不在水平面上，则会获得错误的读数。当心！不要尝试将此信息用于补偿计算。

以下只是典型实例。

如果汽车停放在 30mm 的斜坡上，量油计上的发动机油位读数将有 10mm 左右的误差，这样就会存在加油过度或不足的危险。

（1）汽车在水平面上，发动机油位读数正确。

（2）汽车在 30mm 斜坡上，读数错误。

2. 检查发动机油位

当心：确保汽车在水平面上。确保发动机是冷的。不要让发动机油接触发动机传动皮带。如果机油溅到传动皮带上，则必须更换。

（1）取出量油计并擦拭干净。

（2）将量油计放回管子中，确保其完全就位，如图 29-1 所示。

（3）从管子中取出量油计，确认油位将达到机油冷时的最高油位（图 29-2 中 3）。

（4）根据需要加满或排放机油。当加满机油时，等待 5min，让机油下沉到油槽中，然后重新检查油位。

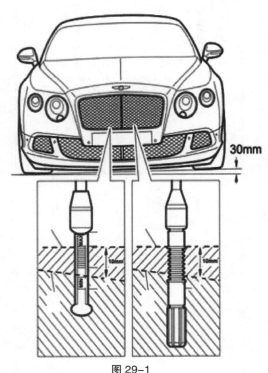

图 29-1

（二）车型

·2014—2019 年飞驰 6.0T W12（第二代）

发动机油位检查：

1. 一般信息

由于量油计在油槽内的位置，如果汽车不在水平面上，则会获得错误的读数。提示：图形仅用于说明目的，汽车外观可能会因规格不同而异。

2. 检查发动机油位

当心！确保汽车在水平面上。确保发动机是冷的。不要让发动机机油接触发动机传动带。如果机油溅到传动带上，则必须更换。

（1）取出量油计并擦拭干净。

（2）将量油计放回管子中，确保其完全就位，如图 29-3。

（3）根据需要加满或排放机油。提示：当加满机油时，等待 5min，让机油下沉到油槽中，然后重新检查油位。

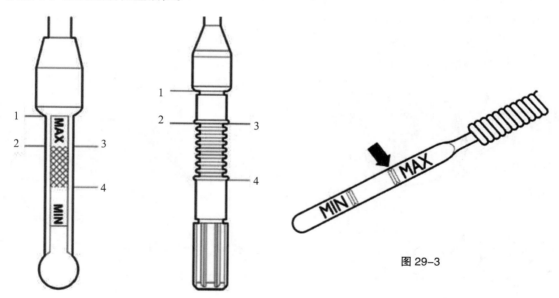

图 29-3

1.机油热时的最高油位 2.机油热时的最低油位 3.机油冷时的最高油位 4.机油冷时的最低油位

图 29-2

（三）车型

·2016—2019 年幕尚 6.8T（包括极速版和长轴距）

发动机油位检查：

1. 一般信息

当心：确保汽车在平整的水平面上。确保发动机的运行时间不超过 15min。

（1）拆下量油计并用清洁的无绒布擦拭干净。

（2）将量油计放回管子中，确保其完全就位。

（3）从管子上拆下量油计，并确认油位达到了"最大值"标记（图29-3中箭头所示）。

（4）通过量油计（图29-4中箭头）旁边的加注口可以加满油。提示：从最小值达到最大值标记需要的油量大约为0.5L。当心！切勿让任何发动机油或冷却剂接触发动机传动皮带。

（5）如果机油或冷却剂溅到传动皮带上，则必须更换。

（四）车型

· 2018—2019年添越4.0TDI

发动机油检查：

1. 一般信息

采用4.0L V8 TDI发动机的车辆未配备发动机机油尺。应始终通过（信息娱乐系统和导航单元RX1）检查发动机油油位。仅在怀疑油位传感器出现故障时，使用可调机油尺T40178检查油位。

2. 所需要的专用工具和维修设备

（1）可调机油尺T40178，如图29-5所示。

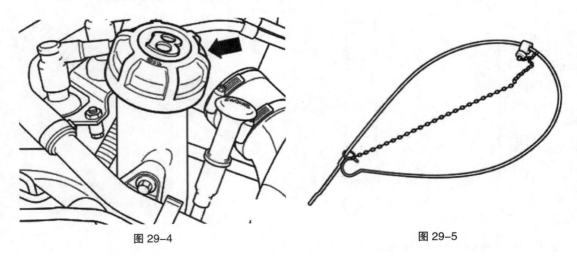

图29-4   图29-5

3. 在MMI上检查油位

（1）确保发动机罩完全关闭并关闭发动机。

（2）2min后，打开点火装置并启用信息娱乐系统和导航单元的屏幕，如图29-6所示。

（3）按下功能选择器的菜单按钮，选择车辆。

（4）按下左侧的控制按钮并浏览以下菜单结构：

①设置。

②保养和检查。

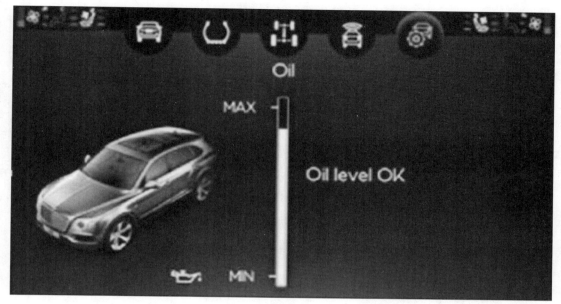

图 29-6

③油位。

（5）读取并评估显示屏上的油位数，必要时进行调整。必要时调整油位。

· 超过"MAX"（最高）处：排出发动机油直至达到最佳油位

· 略低于"MAX"（最高）处：最佳油位

· 严重低于"MAX"（最高）处：加注发动机油直至达到最佳油位（关闭发动机罩以使油位显示更新）

（6）提示：在打开发动机罩的情况下，信息娱乐和导航单元上的油位显示不会更新。驾驶员仪表 J285（DIP）中的警告灯会提示油位过低。显示屏上显示 10 个亮格则表示发动机当前已处于最高允许油位。

4. 使用可调机油尺 T40178 检查油位

（1）仅在怀疑油位传感器出现故障时，使用可调机油尺 T40178 检查油位。

（2）拆下空气滤清器总成。

（3）拆下左上部发动机盖。

（4）在发动机舱左侧，松开软管夹（图 29-7 中 2），断开通气软管（图 29-7 中 1）和"Eturbo"排气管道（图 29-7 中 3）。

（5）拆下增压空气管道总成。

（6）将左下部发动机盖（图 29-8 中 1）拉离安装位置（图 29-8 中箭头）将其拆下。

（7）从发动机左侧的机油尺导向管（图 29-9）拆下堵塞（图 29-9 中 1）。提示：堵塞为紧配件。

（8）将滑块（图 29-9 中 1）沿可调机油尺 T40178 移到相应位置（图 29-10）。

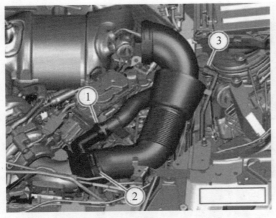

图 29-7

图 29-8

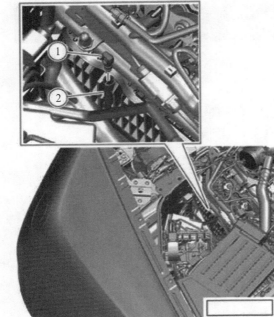

图 29-9

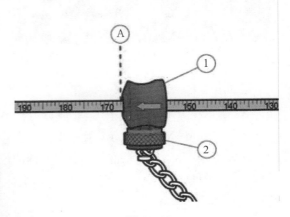

图 29-10

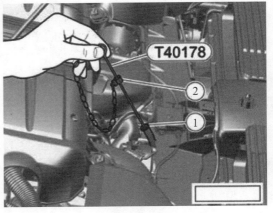

图 29-11

（8）机油尺的"滑块"深度为174mm。

（9）使用锁紧螺丝（图29-11）锁定滑块（图29-11中1）。将可调机油尺T40178插入机油尺导向管，直到滑块接触到机油尺导向管的顶部。提示：未显示4.0L V8 TDI发动机。

（10）抽出机油尺读取发动机油位。如图29-12A所示，油位必须介于0~11mm之间。必要时调整油位。

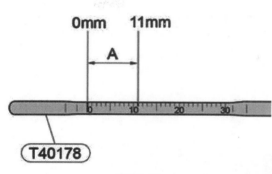

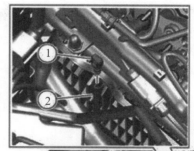

图 29-12

图 29-14

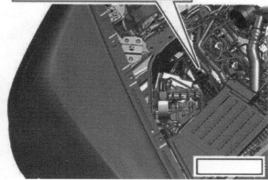

图 29-13

（11）检查堵塞（图 29-13）上的密封件是否损坏或磨损，必要时更换。

（12）重新安装堵塞。

（13）重新安装左增压空气管道总成。

检查"Eturbo"排气管道，连接通气软管并使用软管夹固定，如图 29-14 示。

（14）重新安装左上部发动机盖。

（15）重新安装空气滤清器总成。

二、自动变速器液位检查方法

（一）2012—2019 年欧陆和 2014—2019 年飞驰（第二代）8HP90 自动变速器液位排放、补充、更新、检查和加满

1. 一般信息

本程序被分成以下 4 个部分：

（1）自动变速器油排放从自动变速器中排放自动变速器油时，请参考本章节。

（2）自动变速器油补充。补充以下自动变速器或当自动变速器油回路受到影响而拆卸和再安装冷却回路部件时，请参考本章节。

（3）自动变速器油更换。更新自动变速器油时请参考本章节。

（4）自动变速器油检查和加满。补充或更新下列自动变速器油，或当自动变速器油

回路受到影响而进行常规检查时，请参考本章节。

如图 29-15 所示显示了自动变速器液体、前部和中央差速器油的各种加注和排放点。

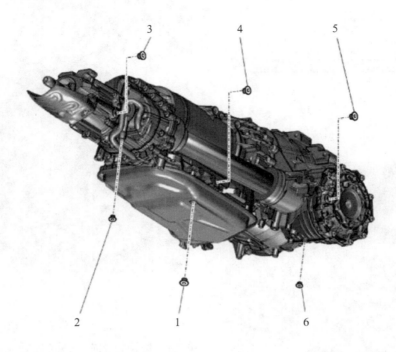

1.自动变速器油排放塞（包括组合密封件），扭矩数字12N·m，务必更换 2.中央差速器泄放塞（包括组合密封件），扭矩数字12N·m 3.中央差速器检查和加注塞（包括组合密封件），扭矩数字27N·m 4.自动变速器油位检查和加注塞（包括组合密封件），扭矩数字30N·m，务必更换 5.前差速器检查和加注塞（包括组合密封件），扭矩数字27N·m 6.前差速器泄放塞（包括组合密封件），扭矩数字10N·m

图 29-15　8 速自动变速器的排放和加注点

2. 所需要的专用工具和维修设备

（1）自动变速器油分配器 WT 10239，如图 29-16 所示。

（2）自动变速器油加油管 WT 10282，如图 29-17 所示。

（3）车辆测试仪，如图 29-18 所示。

3. 一次性零件

在此程序中，有一些一次性零件，必须予以更换且不能重复使用。开始执行此程序前，确保准备好用于更换的新零件。当心！禁止重新使用自动变速器油。使用新的油液加满自动变速器。在自动变速器无油的状况下禁止启动发动机和拖动汽车。注意！在发动机上及其周围开始工作之前，请确保发动机已充分冷却，否则，可能导致人员伤害。处理自动变速器油时，穿上具有防护作用的服饰和手套。提示：根据当地环保法规处理收集的机油。

（1）自动变速器油排放。

①将汽车置于举升机上。

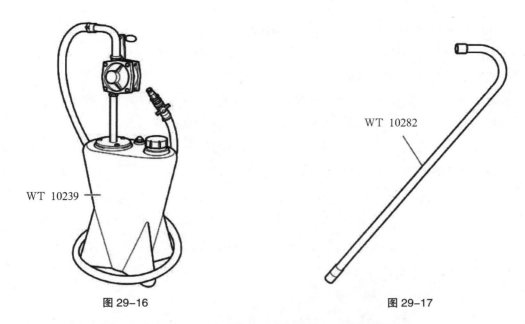

图 29-16   图 29-17

②确保变速器换挡杆在 P（停车）挡，并实施电动 / 机械停车制动。

③在下方放置一个合适的容器用来盛放排出的自动变速器油。

④拆下并保留位于自动变速器外壳右侧的自动变速器泄放塞和组合密封件（如图 29-19 中箭头）。

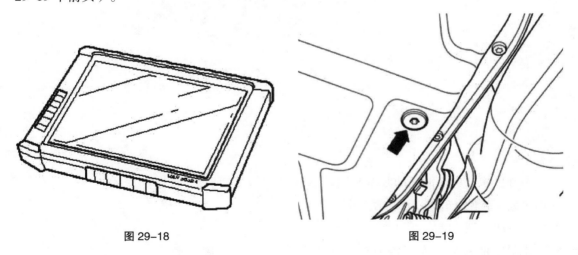

图 29-18   图 29-19

⑤排出自动变速器油至一个合适的容器。提示：根据当地环保法规处理收集的机油。

⑥继续本程序中的"自动变速器油补充"。

（2）自动变速器油补充。

如果自动变速器油排放完毕，或者当自动变速器油回路受到影响，而拆卸和再安装以下自动变速器或发动机冷却回路部件时，请执行此过程。

提示：在执行以下程序之前，自动变速器油温度必须低于 30℃。

①将汽车置于举升机上。

②确保变速器换挡杆在P（停车）挡，并实施电动／机械停车制动。

③把汽车诊断仪VAS 5052A连接至汽车。

④获取自动变速器油分配器WT10239，并安装自动变速器油加油管WT 10282到工具的阀门外壳中。当心！总是冲洗分配器工具，避免任何液体交叉污染。

⑤为自动变速器油分配器WT 10239加注正确规格的自动变速器油。

⑥拆下并保留位于自动变速器外壳车底右侧的自动变速器泄放塞和组合密封件（图29-20中4）。

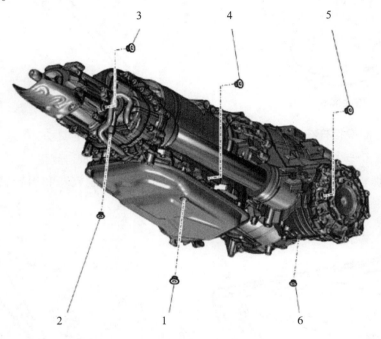

图29-20

⑦将自动变速器油加油管WT 10282插入加油口凹槽（图29-21中箭头），插入深度应以加油管不能脱落为准。

⑧稳定地将自动变速器油泵入自动变速器内，直至油液从注油孔冒出。提示：经自动变速器排放塞仅能排出4~5L。如果自动变速器油槽或变速器控制模块被拆除，则需要更多的自动变速器油。排干后自动变速器总油量约9.8L，这包括变矩器和自动变速器冷却回路中的油液。

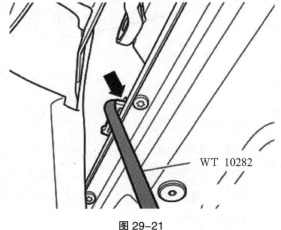

WT 10282

图29-21

⑨启动发动机并使其进入怠速（600~700r/min）。注意！使用汽车废气回收设备，从车间抽取废气。提示：如果发动机运行时间较长，则自动变速器油泵会吸入空气，并导致自动变速器油"起泡"。

⑩继续将自动变速器油注入自动变速器内，直至油液再次从注油孔冒出。

⑪让发动机怠速至少 1min，以确保自动变速器冷油器加好油。

⑫坐在驾驶员座椅时，切换变速器至"倒车"（R）。

⑬松开电气／机械停车制动和脚刹，以便所有 4 个车轮旋转。注意！确保没有任何人员在旋转的车轮和传动系统组件的附近。

⑭将变速器切换至"行驶"（D）。

⑮踩下脚刹后，等待 3s。

⑯松开脚刹并使所有 4 个车轮旋转后，在 10s 间隔内切换到第 4 挡。

⑰将变速器切换至"空挡"（N）。

⑱使其怠速 10s，然后将变速器切换至"停车挡"（P）。

⑲要确保变扭器装满自动变速器油，增加发动机速度到 2000r/min 时 1min。

⑳使其怠速 10s，继续使用自动变速器加注自动变速器，直到再次从注油孔溢出。

㉑重复步骤⑭至⑳，直到自动变速器油位稳定下来。提示：上述步骤①至㉑必须在自动变速器油温度不超过 50℃ 的情况下完成。

㉒安装注油塞。提示：只有检查过最终自动变速器油液面后才能安装新的注油塞。

㉓使发动机继续怠速。

㉔当自动变速器油达到 40℃ 时，拆下注油塞并允许排放。

㉕在机油流动降低到滴流时，重新安装注油塞并拧紧至 30N·m。

㉖关闭发动机。

㉗确保自动变速器冷却回路已被注满，自动变速器恒温器必须超过 80℃ 以允许自动变速器油进行完全循环。这将涉及进行简单的道路测试。

㉘驱动汽车，直到自动变速器油温度达到"至少"80℃ 为止。这将保证打开节温器并注满自动变速器冷却回路。进行道路测试时保证所有齿轮均啮合。提示：要导航至车辆诊断仪需要的数据，请转到：

· 指导功能

· 02 变速器电子装置 J127

· 测量值块

· 266 变速器油温

· 运行

㉙道路测试后，关闭发动机，并允许自动变速器油温冷却至 30℃ 以下。

（3）自动变速器油更换。

如果自动变速器需要完整的自动变速器油更换，请执行此过程。

提示：为了确保充足的新自动变速器油更换，需要排出并注满自动变速器 3 次。

如下所述执行此过程：

①排出自动变速器油，请参阅"自动变速器油排放"。

②请参阅"自动变速器油补充"，执行步骤①至㉕。

③重复上述步骤①和②（排放和补充）。

④排出自动变速器油，请参阅"自动变速器油排放"。

⑤请参阅"自动变速器油 – 补充"，执行步骤③至㉙。

⑥请参阅"自动变速器油 – 检查和加满"。

（4）自动变速器油检查和加满。

补充或更新下列自动变速器油，或当自动变速器油冷却回路受到影响而进行常规液位检查时，请执行此过程。在此步骤开始时，确保自动变速器油温冷却至 30℃以下，或在炎热气候时的环境温度下，使用车辆测试仪监测温度。提示：要导航至车辆测试仪需要的数据，请转到：

·指导功能

·02 变速器电子装置 J127

·测量值块

·266 变速器油温

提示：在任何时候如果自动变速器油温超过 50℃，必须中止此过程，并将允许的自动变速器油温冷却至 30℃以下。

①确保变速器变换挡杆在"停车"（P）挡，并实施电动 / 机械停车制动。

②启动发动机并使其"怠速"。注意！使用汽车废气回收设备，从车间抽取废气。

③当自动变速器油温达到 35℃时，拆下注油塞，并允许所有自动变速器油排放至一合适的容器内。在此阶段，如果自动变速器油不断地滴到注油孔外，则说明自动变速器油液位是正确的，并且应执行以下步骤。提示：发动机启动时，应只有少量自动变速器油流出注油孔。在自动变速器油温达到 45℃时或炎热气候下 50℃，必须再次安装注油塞。

④在发动机仍然运转的情况下，安装新的注油塞，并拧紧至 30N·m。当心！由于密封垫圈并不单独供应，应始终安装新的自动变速器注油塞。

⑤关闭发动机。如果当自动变速器油温达到 40℃时，自动变速器油没有稳定地滴到注油孔外，则说明需要进行调节，必须在发动机保持运转的情况下执行步骤 1 和步骤 2。

步骤 1：在发动机仍然运转的情况下，使用自动变速器油分配器 WT 10239 和自动变速器油加油管 WT 10282，加满自动变速器油到自动变速器，直到它从注油孔溢出（图 29–22 中箭头）。提示：在自动变速器油温达到 45℃时或炎热气候下 50℃，必须再次安

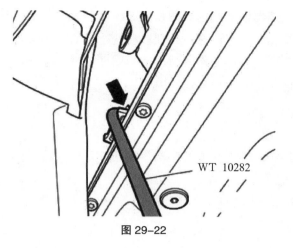

图 29-22

装注油塞。

步骤 2：

在自动变速器油流动降低到"滴流"时，安装新的注油塞，并拧紧至 30N·m。当心！由于密封垫圈并不单独供应，应始终安装新的自动变速器注油塞。提示：在 40℃时推荐检查自动变速器油液面，这是因为该液面与自动变速器内的平均油液面相关。必须在 30℃（最高油液面）和 50℃（最低油液面）间进行调整。在此步骤中不允许自动变速器油温超过 50℃。关闭发动机。

（二）2011—2016 年幕尚 6.8T 8 速自动变速器油排油和注油

1. 所需要的专用工具和维修设备

（1）自动变速器油分配器 WT 10239，如图 29-23 所示。

（2）自动变速器加油管 WT 10224，如图 29-24 所示。

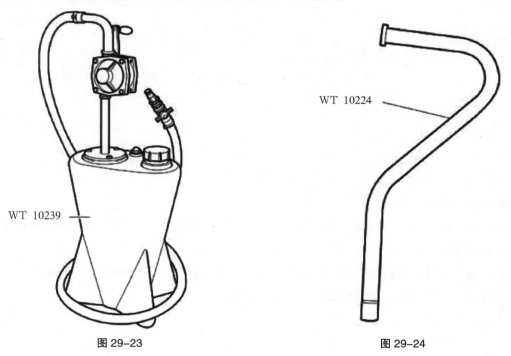

图 29-23

图 29-24

（3）汽车诊断仪 VAS5052A，如图 29-25 所示。

2. 单次使用部件

此过程中含有必须被更换且不再重复使用的单次使用部件。开始此过程之前，确保新更换的部件可用。当心：禁止重新使用自动变速器油。使用新的油液加满自动变速器。在自动变速器无油的状况下禁止启动发动机和拖动汽车。注意：处理自动变速器油时，穿上具有防护作用的服饰和手套。在发动机上及其周围开始工作之前，请确保发动机已充分冷却，否则，可能导致人员伤害。按照当地环境法规处理收集到的机油。

3. 自动变速器油排放

（1）将汽车置于举升机上。

（2）确保变速器换挡杆在"P"位置。提示：如果在 DIP 中汽车上的"自动变速器故障"指示灯点亮，此时应确保换挡杆在"P"位置。

（3）在下方放置一个合适的容器用来盛放排出的自动变速器油。

（4）拆下并丢弃自动变速器排放塞和组合密封件（如图 29-26 中箭头所示）。

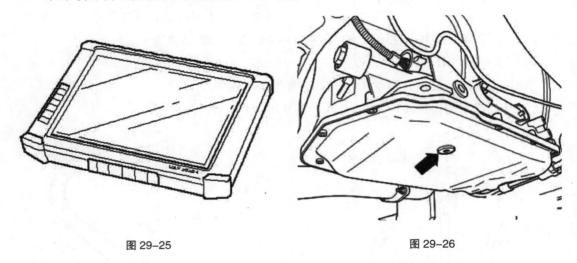

图 29-25　　　　　　　　　　　　　　图 29-26

（5）排出自动变速器油至一个合适的容器。注意：自动变速器油不可过热。戴上合适的眼镜和身体保护装置。

（6）安装一个新的自动变速器排放塞，并拧紧至 12N·m。

4. 自动变速器油补充

如果自动变速器油排放完毕，或者当自动变速器油回路受到影响，而拆卸和再安装以下自动变速器或发动机冷却回路部件时，请执行此过程。

（1）将汽车置于举升机上。

（2）确保变速器变速杆在"P"位置。

（3）获取自动变速器油分配器 WT 10239，并在阀门外壳内安装自动变速器油加油管 WT 10224。

（4）用正确规格的自动变速器油装满自动变速器油分配器 WT 10239。

（5）拆下并保留位于自动变速器外壳右侧的注油塞（图 29-27 中箭头）。

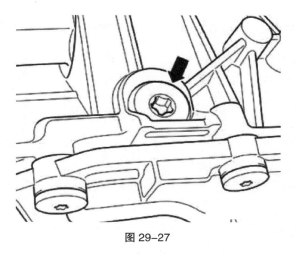

图 29-27

（6）将自动变速器油加油管 WT 10224 插入加油口凹槽，插入深度应以加油管不能脱落为准。

（7）稳定地将自动变速器油泵入自动变速器内，直至油液从注油孔冒出。经自动变速器排放塞仅能排出 4~5L。如果自动变速器油槽或变速器控制模块被拆除，则需要更多的自动变速器油。排干后自动变速器总油量约 10L，这包括变矩器和自动变速器冷却回路中的油液。

（8）10s 后启动发动机并关闭。注意：使用汽车废气回收设备从车间抽取废气。提示：如果发动机运行时间较长，则自动变速器油泵会吸入空气，并导致自动变速器油"起泡"。

（9）继续将自动变速器油注入自动变速器内，直至油液再次从注油孔冒出。

（10）启动发动机。

（11）继续将自动变速器油注入自动变速器内，直至油液再次从注油孔冒出。

（12）重新安装原装注油孔塞。提示：只有检查过最终自动变速器油液面后才能安装新的塞子。

（13）发动机"怠速"时，踩下制动踏板，并将自动变速器在所有可用的挡位间转换，使变速器换挡杆在各个位置停留 5s。

（14）变速器换挡杆切换至空挡"N"位置。

（15）将发动机速度增加至 2000r/min 并保持 1min。这将保证变矩器内充满自动变速器油。

（16）变速器换挡杆切换至"P"位置。

（17）取下注油塞。

（18）在发动机运行的状态下继续将自动变速器油注入自动变速器内，直至油液再次从注油孔冒出。在机油流动降低到滴流时，重新安装注油塞并拧紧至 35N·m。

（19）关闭发动机。

（20）确保自动变速器冷却回路已被注满，自动变速器恒温器必须超过 80℃ 以允许自动变速器油进行循环。这将涉及连接汽车扫描工具并进行一项简单的道路测试。

（21）将汽车扫描工具汽车诊断仪 VAS 5052A 连接至汽车，并驾驶汽车，直至自动变速器油至少达到 80℃。这将保证打开节温器并注满自动变速器冷却回路。进行道路测试时保证所有齿轮均啮合。提示：要导航至 VAS 5052A 上需要的数据，请转到：

·指导功能

·02 变速器电子装置 J127

·测量值块

·266 变速器油温

运行

（22）道路测试后，关闭发动机，并允许自动变速器油温冷却至 30℃以下。

（23）继续至"自动变速器油检查和加满"。

5. 自动变速器油检查和加满

补充或更新下列自动变速器油，或当自动变速器油冷却回路受到影响而进行常规液位检查时，请执行此过程。

在此步骤开始时，确保自动变速器油温冷却至 30℃以下，或炎热气候时的环境温度下，使用汽车诊断诊断仪 VAS 5052A 监测温度。提示：要导航至 VAS 5052A 上需要的数据，请转到：

·指导功能

·02 变速器电子装置 J127

·测量值块

·266 变速器油温

提示：在任何时候如果自动变速器油温超过 50℃，必须中止此过程，并将允许的自动变速器油温冷却至 30℃以下。

（1）确保变速器变速杆在"P"位置。

（2）启动发动机并使其"怠速"。注意：使用汽车废气回收设备从车间抽取废气。

（3）当自动变速器油温达到 35℃时，拆下注油塞，并允许所有自动变速器油排放至一合适的容器内。在这一阶段，如果自动变速器油不断地滴到注油孔外，则说明自动变速器油液面是正确的，应执行下述"步骤 1"。提示：发动机启动时，应只有少量自动变速器油流出注油孔。在自动变速器油温达到 45℃时或炎热气候下 50℃，必须再次安装注油塞。

步骤 1：

安装新的注油塞（图 29-28 中箭头），并拧紧至 35N·m。当心：由于密封垫圈并不单独供应，应始终安装新的自动变速器注油塞。在这一阶段，如果当自动变速器油温达到 40℃时，自动变速器油不断地滴到注油孔外，则说明需要进行调节，可执行下述"步骤 2 和步骤 3"。

步骤 2：

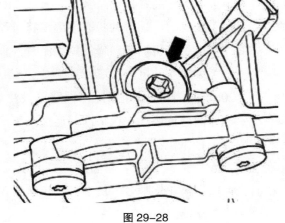

图 29-28

552

使用自动变速器油分配器 WT 10239 和自动变速器油加油管 WT 10224 将自动变速器油注入自动变速器内，直至油液从注油孔冒出。在自动变速器油温达到 45℃时或炎热气候下 50℃，必须再次安装注油塞。由于密封垫圈并不单独供应，应始终安装新的自动变速器注油塞。

步骤 3：

在自动变速器油流动降低到"滴流"时，安装新的注油塞（图 29-28 中箭头），并拧紧至 35N·m。在 40℃时推荐检查自动变速器油液面，这是因为该液面与自动变速器内的平均油液面相关。必须在 30℃（最高油液面）和 50℃（最低油液面）间进行调整。在此步骤中不允许自动变速器油温超过 50℃。

（三）2017—2019 年添越 8HP95A 自动变速器油位排放、补充、更换、检查和加满

1. 一般信息

本程序分成以下 4 个部分：

· 自动变速器油液排放

· 自动变速器油液补充

· 自动变速器油液更换

· 自动变速器油液检查和加满

8HP95A 自动变速器排放和加注点如图 29-29 所示。

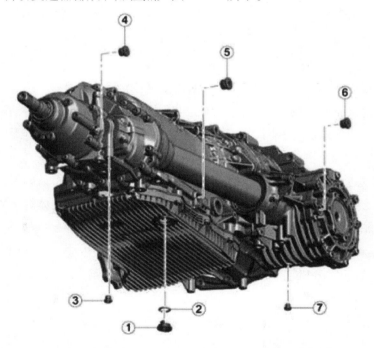

1.自动变速器油液排放塞 2.密封环 3.中央差速器排放塞，12N·m 4.中央差速器检查和加注塞，27N·m 5.自动变速器油液检查和加注塞，30N·m 6.前差速器检查和加注塞，27N·m 7.前差速器排放塞，10N·m

图 29-29

2. 所需要的专用工具和维修设备

（1）自动变速器油分配器 WT 10239，如图 29-30 所示。

（2）自动变速器加油管 WT 10282，如图 29-31 所示。

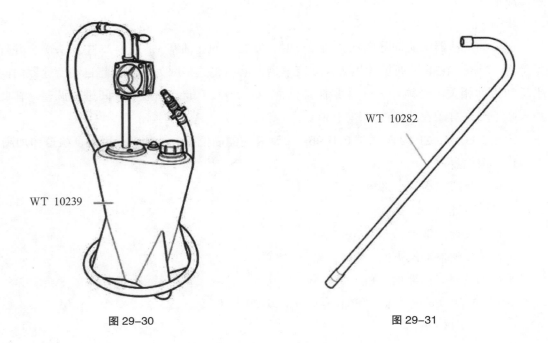

图 29-30   图 29-31

3. 车辆测试仪一次性零件

在此操作过程中，有一些一次性零件，必须予以更换且不能重复使用。开始执行此操作过程之前，确保准备好新的替换零件。当心！禁止重复使用自动变速器油液。务必使用新的油液加满自动变速器。请参阅"自动变速器油液量"。在自动变速器无油的情况下，禁止启动发动机和拖动车辆。适当地封住所有未连接的电气连接器、电气连接口和管路，以防止污垢和湿气进入。注意！在发动机上及其周围开始操作之前，请确保发动机已充分冷却，否则可能会导致人员伤害。避免长时间以及重复接触机油和液体等物质。务必使用防渗手套保护皮肤。务必戴上合适的护眼设备。提示：根据当地环保法规处理收集的机油。

4. 自动变速器油液排放

（1）将汽车置于举升机上"请参阅起并支撑汽车"。

（2）确保变速器换挡杆在"停车"（P）挡位，并采用电动机械停车制动。

（3）在下方放置一个合适的容器用来盛放排出的自动变速器油液。

（4）拆下并丢弃位于自动变速器外壳底部的自动变速器排放塞（图 29-32 中箭头 A）。提示：同样，拆下密封件后将其丢弃。

（5）将自动变速器油液排出至一个合适的容器中。

图 29-32

（6）继续本程序的自动变速器油液补充部分。

4. 自动变速器油液补充

如果自动变速器油液排放完毕，或者在打开自动变速器油回路后，拆卸和重装以下自动变速器或发动机冷却回路部件时，请执行此过程。

在执行以下程序之前，自动变速器油液温度必须低于 30℃。

（1）将汽车放置在举升机上。

（2）确保变速器换挡杆在"停车"（P）挡位，并采用电动 / 机械停车制动。

（3）将车辆测试仪连接到汽车上。

（4）取出自动变速器油液分配器 WT 10239，并将自动变速器加油管 WT 10282 安装到工具的阀门外壳中。当心！务必冲洗分配器工具，以避免任何液体交叉污染。

（5）为自动变速器油液分配器 WT 10239 加注正确规格的自动变速器油。

（6）拆下并保留位于自动变速器外壳底部右侧的自动变速器加注塞和组合密封件（图 29-33 中 5）。

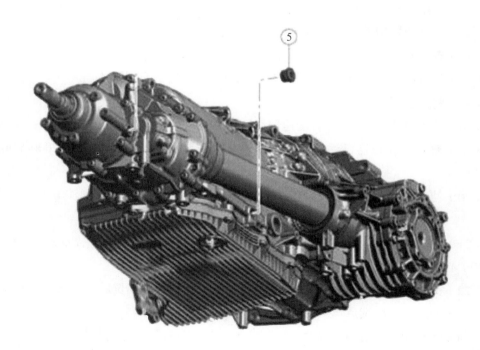

图 29-33

（7）将自动变速器加油管 WT 10282 插入加油口凹槽（图 29-34 中箭头），插入深度应以加油管不脱落为准。

（8）平稳地将自动变速器油液泵入自动变速器内，直至油液从注油孔溢出。

提示：经自动变速器排放塞仅能排出约 4~5L。如果自动变速器油液槽或变速器控制模块被拆除，则需要更多的自动变速器油。排干后自动变速器总油量约 10.75L，这包括变矩器和自动变速器冷却回路中的油液。

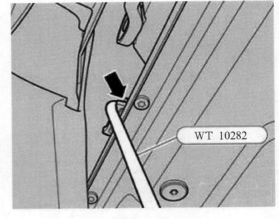

图 29-34

（9）启动发动机并使其进入怠速状态（600~700r/min）。注意！使用废气回收设备，从车间抽取废气。如果发动机运转时间较长，则自动变速器油液泵会吸入空气，从而导致自动变速器油"起泡"。

（10）继续将自动变速器油液注入自动变速器内，直至油液再次从注油孔溢出。

（11）让发动机怠速至少 1min，以确保自动变速器冷油器已注满。

（12）坐入驾驶员座椅后，将变速器切换至"倒挡"（R）。

（13）松开电气/机械停车制动和脚刹，以使全部 4 个车轮转动。注意！确保没有任何人员在转动的车轮和传动系统部件附近。

（14）将变速器切换至"行驶挡"（D）。

（15）踩下脚刹后，等待 3s。

（16）松开脚刹，使所有 4 个车轮转动，并在 10s 后切换到第 4 挡。

（17）将变速器切换至"空挡"（N）。

（18）使其怠速 10s，然后将变速器切换至"停车挡"（P）。

（19）要确保变矩器已注满自动变速器油液，将发动机速度提升至 2000r/min，持续 1min。

（20）使其怠速 10s，继续使用自动变速器加注自动变速器，直到油液再次从注油孔溢出。

（21）重复步骤（14）至（20），直到自动变速器油液位稳定下来。提示：上述步骤（7）至（20）必须在自动变速器油液温度不超过 50℃的情况下完成。

（22）安装注油塞。提示：只有检查过自动变速器的最终油位后才能安装新的注油塞。

（23）使发动机继续怠速。

（24）当自动变速器油液温度达到 40℃时，拆下注油塞以进行排放。

（25）在油液流动降低至"滴流"时，重新安装注油塞并拧紧至 30N·m。

（26）关闭发动机。

（27）要确保自动变速器冷却回路已注满，自动变速器恒温器必须超过80℃以允许自动变速器油液进行充分循环。这将涉及进行简单的道路测试。

（28）驱动车辆，直到自动变速器油液温度达到"至少"80℃，并使用车辆测试仪进行确认。这可保证已打开恒温器并注满自动变速器冷却回路。进行道路测试时，保证所有齿轮均啮合。

要在车辆测试仪上导航至所需数据，请选择以下选项（图29-35）：

· 指导功能

· 02 变速器电子装置 J127

· 测量值块

· 266 变速器油温

· 运行

（29）道路测试后，关闭发动机，并使自动变速器油液温度冷却至30℃以下。

（30）继续进行"自动变速器油液检查和加满"部分。

图 29-35

5. 自动变速器油液更换

如果自动变速器需要彻底更换自动变速器油液，请执行此过程。

为了确保彻底更换新的自动变速器油液，需要排出和注满自动变速器3次。

如下所述执行此过程：

（1）排出自动变速器油液，请参阅"自动变速器油液排放"部分。

（2）请参阅"自动变速器油液补充"部分，执行步骤（1）至（25）。

（3）重复上述步骤（1）和（2）（排放和补充）。

（4）排出自动变速器油液，请参阅"自动变速器油液排放"部分。

（5）请参阅"自动变速器油液补充"部分，执行步骤（3）至（29）。

（6）请参阅"自动变速器油液检查和加满"部分。

6. 自动变速器油液检查和加满

补充或更新以下自动变速器油液，或当自动变速器油回路受到影响而进行常规检查时请执行此过程。在开始此步骤时，确保自动变速器油液温度冷却至30℃以下，或在炎热天气时的环境温度下，使用车辆扫描工具车辆测试仪监测温度。

（1）要在车辆测试仪上导航至所需数据，请选择以下选项：

· 指导功能

· 02 变速器电子装置 J127

· 测量值块

·266 变速器油温

提示：在任何时候如果自动变速器油液温度超过 50℃，必须中止此过程，并将自动变速器油液温度冷却至 30℃以下。

（1）确保变速器换挡杆在"停车"（P）挡位，并采用电动机械停车制动。

（2）启动发动机并使其处于"怠速"状态。注意！使用废气回收设备，从车间抽取废气。

（3）当自动变速器油液温度达到 35℃时，拆下注油塞，并将多余的自动变速器油排放至一个合适的容器内。在这一阶段，如果自动变速器油液不断地从注油孔滴出，则说明自动变速器已达到正确油液位，应执行以下步骤。提示：发动机运转时，应只有少量自动变速器油液流出注油孔。在自动变速器油液温度达到 45℃时或在炎热气候下达到 50℃时，必须再次安装注油塞。

（4）在发动机保持运转的情况下，安装新的注油塞，并拧紧至 30N·m。当心！由于密封垫圈并不单独供应，应始终安装新的自动变速器加注塞。

（5）关闭发动机。

步骤 1：

在发动机保持运转的情况下，使用自动变速器油液分配器 WT 10239 和自动变速器加油管 WT 10282，将自动变速器加满自动变速器油液，直到油液从注油孔溢出，如图 29-36 中箭头所示。提示：在自动变速器油液温度达到 45℃时或在炎热气候下达到 50℃时，必须再次安装注油塞。

步骤 2：

在自动变速器油液流动降低至"滴流"时，安装新的注油塞，并拧紧至 30N·m。当心！由于密封垫圈并不单独供应，应始终安装新的自动变速器加注塞。

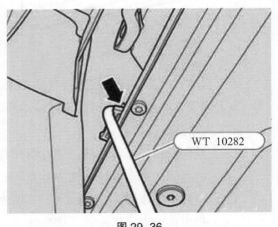

图 29-36

提示：

·建议在油温达到 40℃时检查自动变速器液位，这是因为该液面关系到自动变速器内的平均液位

·必须在 30℃（最高液位）和 50℃（最低液位）间进行调整

·在此过程中不允许自动变速器油液温度超过 50℃

关闭发动机。

三、宾利车系换油规格（表 29-1）

表 29-1

车型	年款	发动机型号	排量	发动机机油量（维修机油加注与滤清器更换）(L)	发动机机油量（干式加注，包括滤清器）(L)	发动机机油型号	自动变速器型号	变速器容量 (L)	变速器油型号	分动箱型号	分动箱油容量	分动箱油型号
欧陆 6.0T GT W12（包括超级跑车和博速版）	2004—2012 年	6.0T W12	6.0T	12.5	13.5（包括软管和冷却液）	Mobil-1 0W40 "New life"	6HP90	11.15（容量）	壳牌 ATF M-1375.4			
欧陆 6.0T GTC W12（包括超级跑车、极速版和 ISR 版）	2006—2011 年	6.0T W12	6.0T	12.5	13.5（包括软管和冷却液）	Mobil-1 0W40 "New life"	6HP90	11.15（容量）	壳牌 ATF M-1375.4			
欧陆 6.0T GT W12（第二代）（包括极速版）	2012 年	6.0T W12	6.0T	12.5	13.5（包括软管和冷却液）	Mobil-1 0W40 "New life"	6HP90	11.15（容量）	壳牌 ATF M-1375.4			
欧陆 6.0T GTC W12（第二代）（包括极速版）	2012 年	6.0T W12	6.0T	12.5	13.5（包括软管和冷却液）	Mobil-1 0W40 "New life"	6HP90	11.15（容量）	壳牌 ATF M-1375.4			
欧陆 6.0T GT W12（第二代）（包括极速版和新超级跑车）	2013—2019 年	6.0T W12	6.0T	12.5	13.5（包括软管和冷却液）	Mobil-1 0W40 "New life"	8HP90	10.75（容量）	壳牌 ATF L12108			
欧陆 4.0T GT V8（第二代）（包括 V8-S 和 GT3-R）	2012—2019 年	4.0T V8	4.0T	8	11.7（包括软管和冷却液）	VW50400/VW50700 5W30 Bentley 推荐 Mobil-1 ESP Formula 5W30 机油	8HP90	9.8（容量）	壳牌 ATF L12108			
欧陆 4.0T GTC V8（第二代）（包括 V8-S）	2012—2019 年	4.0T V8	4.0T	8	11.7（包括软管和冷却液）	VW50400/VW50700 5W30 Bentley 推荐 Mobil-1 ESP Formula 5W30 机油	8HP90	9.8（容量）	壳牌 ATF L12108			
欧陆飞驰 6.0T W12（包括极速版）	2005—2013 年	6.0T W12	6.0T	12.5	13.5（包括软管和冷却液）	Mobil-1 0W40 "New life"	6HP90	11.15（容量）	壳牌 ATF M-1375.4			
飞驰 4.0T V8（第一代）	2014—2019 年	4.0T V8	4.0T	8	11.7（包括软管和冷却液）	VW50400/VW50700 5W30 Bentley 推荐 Mobil-1 ESP Formula 5W30 机油	8HP90	9.8（容量）	壳牌 ATF L12108			
飞驰 6.0T W12（第二代）	2014—2019 年	6.0T W12	6.0T	12.5	13.5（包括软管和冷却液）	Mobil-1 0W40 "New life"	8HP90	10.75（容量）	壳牌 ATF L12108			
慕尚 6.8T	2011—2016 年	6.8T V8	6.8T	8.5	9.4（包括软管和冷却液）	Mobil-1 0W40 "New life"	8 档变速器	10（容量）	壳牌 ATF L12108			
慕尚 6.8T（包括极速版和长轴距）	2016—2019 年	6.8T V8	6.8T	8.5	9.4（包括软管和冷却液）	Mobil-1 0W40 "New life"	8 档变速器	10（容量）	壳牌 ATF L12108			

项目 车型	年款	发动机 型号	排量	发动机机 油量（维修机 油加注与滤 清器更 换）（L）	发动机机油量 （干式加注，包 括滤清器）（L）	发动机 机油型号	自动变 速器 型号	变速器 容量（L）	变速器油 型号	分动箱 型号	分动箱油 容量	分动箱 油型号
添越 6.0T	2017—2019 年	6.0T W12	6.0T	11	13.0（包括软管和冷却液）	美孚 1 号 0W40	8HP95A	10.75（容量）	壳牌 ATF L1108	2.6（前和中央差速器）1.0（后差速器）	SAF AG4	
添越 4.0T	2018—2019 年	4.0T V8	4.0T	9.5	11（包括软管和冷却液）	美孚 1 号 0W40	8HP95A	10.3（容量）	壳牌 ATF L1108	2.23（前和中央差速器）1.0（后差速器）	SAF AG4	
添越 4.0TDI	2018—2019 年	4.0 V8 TDI	4.0D	9.1	10.6（包括软管和冷却液）	美孚 1 号 0W30	8HP95A	10.3（容量）	壳牌 ATF L1108	2.6（前和中央差速器）1.0（后差速器）	SAF AG4	

第三十章　起亚车系

一、自动变速器液位检查方法

（一）C0GF1 CVT 变速器液位检查方法

1.液位检查方法

注意：检查 IVTF 油量时，小心避免灰尘、杂质等从加油孔进入。

（1）拆卸空气管道和空气滤清器总成。

（2）拧下 IVTF 油加油孔螺塞（图 30-1 中 A）后，通过 IVTF 加油孔添加 0.3L SP-CVT1 规格 IVTF 油。

图 30-1

（3）启动发动机，预热智能变速器油（IVTF）。参考：禁止为了加快 IVTF 的升温而同时踩下制动踏板和加速踏板。

（4）KDS 诊断仪检查有变速器油（IVTF）的温度是否为 50~60℃。

（5）缓慢将换挡杆从"P"挡移到"D"挡。重复此操作两次，然后将变速杆保持在"P"挡。参考：在各个挡位保持 2s 以上。

（6）拆卸下盖。

（7）举升车辆，从阀体盖上拆卸 IVTF 油检查孔螺塞（图 30-2 中 A）。参考：将车辆停放在平坦的地面上，按下 IVTF 的油量检查孔螺塞。

（8）检查 IVTF 油量。正常：IVTF 油少量溢出。过量（异常）：IVTF 油 2min 的溢

图 30-2

出量为 0.4L 以上。不足（异常）：无 IVTF 油溢出。参考：如果 IVTF 油量过量或不足，遵循下列指示。过量：持续使 IVTF 油流出，直到 IVTF 油少量溢出为止。不足：补充 IVTF 油，直到 IVTF 油少量溢出为止。

（9）安装 IVTF 油检查孔螺塞。规定扭矩：34.3~44.1N·m。

（10）降低车辆，安装 IVTF 油排放孔螺塞（如图 30-3 中 A）。规定扭矩：34.3~44.1N·m。

图 30-3

2. 更换

注意：必须使用正品 IVTF（SP-CVT1）。如果使用非纯正 IVTF 油，可能会导致换挡不良，严重时会损坏 IVT。非纯正 IVTF 油包括在市场上认可的与纯正起亚变速器油互换使用的 IVTF 油。

（1）拆卸下盖。

（2）按下 IVTF 油排放孔螺塞。IVTF 油排放结束后，安装排放孔螺塞。规定扭矩：34.3~39.2N·m。参考：安装 IVTF 油排放孔螺塞时，必须更换新品垫圈（禁止使用旧品）。

（3）拆卸空气管道和空气滤清器总成。

（4）拧下 IVTF 油加油孔螺塞。

（5）通过 IVTF 油加油孔填充 5.0L SP–CVT1 规定 IVTF 油。

（6）执行 IVTF 油量检查程序。

（二）D7UF1 双离合器变速器

1.油位检查

信息：检查周期为 60000km/4 年（40000mile/4 年）。如果检测到泄属，维修泄漏部位，并检查油位。

（1）拆卸底盖。

（2）拆卸加油口塞（图 30–4 中 A）。

（3）检查油状态，并确定油位（图 30–5 中 A）通道。

图 30–4

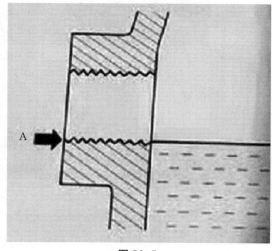

图 30–5

（4）安装加油口塞。规定组扭矩：58.9~78 5N·m。参考：必须使用新品更换放油塞衬垫（不要重复使用）。

（5）安装发动机底盖。

2.更换

信息：在正常驾驶条件下，无须更换油，但是在恶劣驾驶条件下，应每 120000km 更换一次。恶劣行驶条件包括：频繁在粗糙路面（颠簸、沙地、雪地、未铺砌路面等）上行驶；频繁在山路、上坡 / 下坡路上行驶；重复短距离行驶；频繁在环境温度超过 30℃时，

50%以上行驶在交通拥堵的坡市道路上。当作警车、出租车、商用车辆或牵引车辆等使用。

（1）拆卸底盘护板。

（2）拧下排放塞（图30-6中A），排放变速器油。然后重新安装排放塞。规定扭矩：58.9~78.5N·m。参考：必须使用新品更换放油塞衬垫（不要重复使用）。

图30-6

（3）拆卸加油口塞。

（4）通过加油口向变速器填充变速器油。推荐：SAE 70W API GL—4。

起亚汽车公司批准的变速油列表：SK HK DCIF 70W SHELL SPIRAX S6 GHME 70W DCTF GS GALTEX GS DCTF HD 70W。容量：1.9~2.0L。参考：确定油位（图30-5中A）正常。

（5）安装加油口塞。规定扭矩：58.9~78.5N·m。参考：必须使用新品更换放油塞衬垫（不要重复使用）。

（6）安装发动机底盖。

（三）A6GF2和A6MF2自动变速器

1.更换自动变速器油

（1）待变速器温度冷却时，将车子顶起。

（2）拆开放油螺丝，让自动变速器油排出，如图30-7所示。

（3）安装放油螺丝及垫片后将其锁至规定扭力。锁紧扭力：38.2 ~ 48.1N·m

（4）将车放下，将加油螺丝拆开，并将新的变速器油加入，如图30-8所示。

（5）启动发动机，不要同时踩下制动踏板及加速踏板。

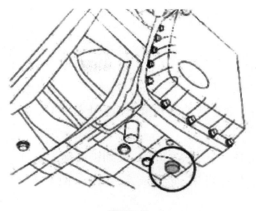

图30-7

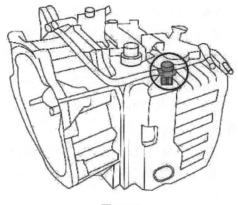

图30-8

（6）连接诊断仪，检查自动变速器油温是否在规定范围（50~60℃）。

（7）让车辆怠速运转，将换挡杆从P挡位置换至D挡位置，再从D挡位置换至P挡位置，每个挡位停留大约3s。

（8）将车辆升起拆开检查螺丝，如图30-9所示。

（9）检查自动变速器油位是否符合正常规范。

①若变速器油以稳定的细流从检查螺丝溢出。

②若变速器油过量，在2min内溢出超过900mL。

③若变速器油不足，没有任何变速器油溢出，则重新检查并重新执行上述（1）~（7）步骤。

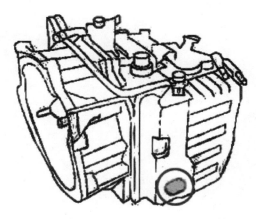

图30-9

（10）安装检查螺丝及垫片后，将其锁至规定扭力。锁紧扭力：锁到锁不动为止。

（11）将车辆下降，安装加油螺丝及垫片后，将其锁至规定扭力。锁紧扭力：2.9~4.9N·m。

2.检查自动变速器油

（1）让车辆停在水平路面，将加油螺丝拆开。

（2）在加油口添加 ATF SP-IV 700mL。

（3）启动发动机，不要同时深下制动踏板及加速踏板。

（4）连接诊断仪，检查变速器油温是否在规定范围（50~60℃）。

（5）让车辆怠速运转，将换挡杆从P挡位置换至D挡位置，再从D挡位置换至P挡位置，每个挡位停留大约3s。

（6）将车辆升起，拆开检查螺丝。

（7）检查变速器油位是否符合正常规范。

①若变速器油以稳定的细流从检查螺丝溢出。

②若变速器油过量，在 2min 内溢出超过 900mL。

③若变速器油不足，没有任何变速器油溢出，则重新检查并重新执行上述（1）~（7）步骤。

（8）安装检查螺丝及垫片后，将其锁至规定扭力。锁紧扭力：锁到锁不动为止。

（9）将车辆下降，安装加油螺丝及垫片后将其锁至规定扭力。锁紧扭力：2.9 ~ 4.9N·m。

二、起亚车系换油规格（表30-1）

表30-1

车型	年款	发动机型号	排量	发动机机油量（维修机油加注与滤清器更换）	发动机机油量（干式加注，包括滤清器）	发动机机油型号	自动变速器型号	变速器容量（L）	变速器油型号
东风悦达起亚 K5	2014—2019年	G4NA 直列4缸汽油发动机 MPI发动机	2.0L	4.0L	4.5L	5W-20	A6MF1	7.1L（更换量）	SP-IV
东风悦达起亚智跑	2014—2019年	G4NA 直列4缸汽油发动机 MPI发动机	2.0L	3.8L	4.5L	5W-20	A6MF1	7.3L（更换量）	SP-IV
东风悦达起亚 K4	2014—2019年	G4FJ 直列4缸汽油发动机 GDI发动机	1.6T	3.3L	3.7L	5W-30	D7UF1	1.9~2.0L（容量）	SAE 70W API GL-4
东风悦达起亚 K3	2014—2019年	G4FG 直列4缸汽油发动机 MPI发动机	1.6L	3.3L	3.7L	5W-20	A6GF1	7.3L（更换量）	SP-IV
东风悦达起亚 K2	2014—2019年	G4FG 直列4缸汽油发动机 MPI发动机	1.6L	3.0L	3.5L	5W-20	A6GF1	7.1L（更换量）	SP-IV
东风悦达起亚新 K2	2014—2019年	G4LC 直列4缸汽油发动机 MPI发动机	1.4L	3.5L	3.8L	10W-30	A6GF2	6.7L（更换量）	SP-IV
东风悦达起亚新 K2	2014—2019年	G4FG 直列4缸汽油发动机 MPI发动机	1.6L	3.3L	3.8L	5W-20	A6GF2	6.7L（更换量）	SP-IV
东风悦达起亚新 K3	2019—2020年	G4FL 直列4缸汽油发动机 MPI发动机	1.5L	3.2L	3.8L	0W-20	CVT	5L（更换量）	SP-CVT1
东风悦达起亚KX1	2014—2019年	G4LC 直列4缸汽油发动机 MPI发动机	1.4L	3.5L	3.8L	10W-30	A6GF2	6.7L（更换量）	SP-IV
东风悦达起亚KX3	2014—2019年	G4FG 直列4缸汽油发动机 MPI发动机	1.6L	3.3L	3.7L	5W-30	A6GF2	6.7L（更换量）	SP-IV
东风悦达起亚KX5	2014—2019年	G4FJ 直列4缸汽油发动机 GDI发动机	1.6T	3.3L		5W-30	D7UF1	免维护	
东风悦达起亚KX7	2014—2019年	G4KJ 直列4缸汽油发动机 GDI发动机	2.4T	4.2L	5.0L	5W-30	A6GF2	6.7L（更换量）	SP-IV
东风悦达起亚新智跑	2014—2019年	G4NA 直列4缸汽油发动机 MPI发动机	2.0L	3.8L	4.5L	5W-20	A6GF2	6.7L（更换量）	SP-IV
东风悦达起亚凯绅	2014—2019年	G4NA 直列4缸汽油发动机 MPI发动机	2.0L	3.8L	4.5L	5W-20	A6GF2	6.7L（更换量）	SP-IV
东风悦达起亚新福瑞迪	2014—2019年	G4FG 直列4缸汽油发动机 MPI发动机	1.6L	3.6L	4.0L	5W20	A6GF2	6.7L（更换量）	SP-IV
进口起亚索兰托	2013—2019年	G4KJ 直列4缸汽油发动机 GDI发动机	2.4L	4.2L	5.7L	5W20	A6MF2	7.1L（更换量）	SP-IV
进口起亚索兰托	2013—2017年	D4HB 直列4缸柴油发动机	2.2T	6.7L	7.8L		A6LF3	7.1L（更换量）	SP-III
进口起亚霸锐	2009—2017年	G6DA V型6缸汽油发动机 MPI发动机	3.8L	5.2L	6L	5W20	A5SR2	10L（更换量）	SP-III
东风悦达起亚KX3	2020年	G4FL 直列4缸汽油发动机 MPI发动机	1.5L	3.2L	3.8L	0W-20	CVT	5L（更换量）	SP-CVT1

第三十一章　现代车系

一、现代／起亚车系自动变速器油位检查

A6LFx／A6MFx／A6GFx 型自动变速器：

该系列自动变速器是当前现代／起亚汽车装车最多的 6 速前驱自动变速器，所装配的车型包括现代汽车的索纳塔、朗动、名图、ix35、新胜达、雅尊、格锐、飞思等车型，以及起亚汽车的 K5、K3、K4、智跑、索兰托、凯尊、速迈、新佳乐等车型。变速器型号的第一位字母 "A" 位表示自动变速器，第二位表示为 6 前速，第三位字母表示级别，"L" 表示大型，一般与 3.0 ～ 3.8L 排量的发动机匹配。"M" 表示中型，一般与 2.0 ～ 2.4L 排量的发动机匹配。"G" 表示小型，一般与 1.6 ～ 1.8L 排量的发动机匹配。该款自动变速器的油位检查步骤如下：

（1）将车辆停止在维修工位内。

（2）拆卸自动变速器油注入孔螺栓（图 31-1），向自动变速器中加注约 500mL 的专用自动变速器油。

加油口

图 31-1

（3）启动发动机并怠速运转，踩下制动踏板将换挡杆从 P 位依次拨到 R、N、D 位然后再从 D 位依次拨回到 P 位，换挡杆在每个挡位上停留时间约为 3s，重复 3 遍。

（4）连接诊断仪并进入到自动变速器系统的数据流项目中，直到变速器的油温传感

器的数据达到 50 ~ 60℃之间。

（5）使用举升机举升车辆，从阀体盖上拆卸油位检查塞。

（6）如果变速器的油位正常，那么自动变速器油应该是以稳定的细流从溢流孔（图31-2）中流出，如果自动变速器油过量，让多余的自动变速器油从溢流孔中流出。如果溢流孔中没有自动变速器油流出，则说明自动变速器油不足。

图 31-2

二、现代车系换油规格（表 31-1）

表 31-1

项目 车型	车款	发动机型号	排量(L)	发动机机油量（维修机机油加注与滤清器更换）(L)	发动机机油量（干式加注，包括滤清器）(L)	发动机机油型号	自动变速器型号	变速器容量(L)	变速器油型号	分动箱型号	分动箱油容量	分动箱油型号
北京现代名图 1.8	2014—2019年	G4NB 直列4缸汽车发动机，MPI 发动机	1.8	4.0	4.5	5W20	A6GF1 6速自动变速器	7.3（更换量）	DIAMOND ATF SP-IV			
北京现代名图 2.0	2014—2019年	G4NA 直列4缸汽车发动机，MPI 发动机	2.0	4.0	4.5	5W20	A6GF1 6速自动变速器	7.3（更换量）	DIAMOND ATF SP-IV			
北京现代领动 1.6	2016—2018年	Gamma 1.6 MPI	1.6	3.6	3.7	5W20	A6GF2 6速自动变速器	7.3（更换量）	DIAMOND ATF SP-IV			
北京现代瑞纳 1.6	2014—2019年	G4FA 直列4缸汽车发动机，MPI 发动机	1.6	3.3	3.7		A4CF1 4速自动变速器	6.6（更换量）	DIAMOND ATF SP-Ⅲ			
北京现代悦动 1.6	2011—2015年	G4FC 直列4缸汽车发动机，MPI 发动机	1.6	3.3	3.7	5W20	A4CF1 4速自动变速器	6.8（更换量）	DIAMOND ATF SP-Ⅲ			
北京现代朗动 1.6	2012—2015年	G4FG 直列4缸汽油发动机，MPI 发动机	1.6	3.3	3.7	5W20	A6GF1 6速自动变速器	7.3（更换量）	DIAMOND ATF SP-IV			
北京现代朗动 1.8	2012—2015年	G4NB 直列4缸汽油发动机，MPI 发动机	1.8	4.0	4.5	5W20	A6GF1 6速自动变速器	7.3（更换量）	DIAMOND ATF SP-IV			
北京现代索纳塔 2.0	2012—2018年	G4NA 直列4缸汽油发动机，MPI 发动机	2.0	4.0	4.5	5W20	A6MF1 6速自动变速器	7.1（更换量）	DIAMOND ATF SP-IV			
北京现代索纳塔 2.4	2012—2018年	G4KE 直列4缸汽油发动机，MPI 发动机	2.4	4.6	5.5	5W20	A6MF1 6速自动变速器	7.1（更换量）	DIAMOND ATF SP-IV			
北京现代新胜达 2.0T	2013—2018年	G4KH 直列4缸汽油发动机，GDI 发动机带涡轮增压	2.0T	4.6	5.5	5W20	A6LF2 6速自动变速器	7.3（更换量）	DIAMOND ATF SP-IV			

项目 车型	年款	发动机型号	排量(L)	发动机机油量（维修机油加注与滤清器更换）(L)	发动机机油量（干式加注，包括滤清器）(L)	发动机机油型号	自动变速器型号	变速器容量（L）	变速器油型号	分动箱型号	分动箱容量	分动箱油型号
北京现代新胜达 2.4	2013—2018年	G4KJ 直列4缸汽油发动机，GDI发动机	2.4	4.6	5.5	5W20	A6MF2 6速自动变速器	7.1（更换量）	DIAMOND ATF SP-IV			
北京现代 ix35 2.0	2013—2017年	G4NA 直列4缸汽油发动机，MPI发动机	2.0	4.0	4.5	5W20	A6MF1 6速自动变速器	7.1（更换量）	DIAMOND ATF SP-IV			
北京现代 ix35 2.0	2015—2017年	G4NA 直列4缸汽油发动机，MPI发动机	2.0	4.0	4.5	5W20	A6MF1 6速自动变速器	7.1（更换量）	DIAMOND ATF SP-IV			
北京现代 ix35 1.6	2015—2017年	G4FG 直列4缸汽油发动机，MPI发动机	1.6	3.3	3.7	5W20	A6GF1 6速自动变速器	7.3（更换量）	DIAMOND ATF SP-IV			
北京现代 ix35 1.6T	2015—2017年	G4FJ 直列4缸汽油发动机，T-GDI发动机	1.6T	4.5	4.9	5W30	D7UF1 7速双离合器	免维护				
进口现代格越 3.0	2014—2017年	G6DG V型6缸汽油发动机，GDI发动机	3.0	5.7	6.5	5W20	A6LF1 6速自动变速器	7.8（更换量）	DIAMOND ATF SP-IV			
进口现代格越 2.2T	2014—2017年	D4HB 直列4缸柴油发动机涡轮增压	2.2T	6.7	7.8		A6LF3 6速自动变速器	7.8（更换量）	DIAMOND ATF SP-IV			

第三十二章　北京自主品牌车系

北京自主品牌车系换油规格（表 32-1）

表 32-1

项目（车型）	年款	发动机型号	排量	发动机机油量（维修机油加注与滤清器更换）	发动机机油量（干式加注，包括滤清器）	发动机机油型号	自动变速器型号	变速器容量（L）	变速器油型号	分动箱型号	分动箱容量	分动箱油型号
E系列	2011—2014年	4A90	1.3L	3.8L	4.3L	SJ5W30	81-40LE	5.4L	JWS-3309	—	—	—
		4A91	1.5L									
D20	2014—2016年	A131	1.3L	3.8L	4.3L	SJ5W30	81-40LE	5.5L	JWS-3309	—	—	—
		A151	1.5L									
D50	2014—2016年	4A91A	1.5L	3.8L	4.3L	SJ5W30	VT2-CVT	4.4L	EZL 799A	—	—	—
D60/CC	2014—2015年	B185RGA	1.8L	4.0L	5.4L	SN5W30	55-51SN	7.8L	JWS 3309	—	—	—
		B205E	2.0L									
D70/D80	2013—2016年	B185R	1.8L	4.0L	5.4L	SN5W30	55-51SN	7.8L	JWS 3309	—	—	—
		B205R	2.0L									
		B235R	2.3L									
新D50	2017—2018年	A151	1.5L	3.5L	4.0L	SN5W30	VT3-CVT	4.35～4.45（L）	CVTF - EX1	—	—	—
X25/X35	2015—2018年	A151	1.5L	3.8L	4.3L	SJ5W30	TS-41SN	5.5L	AW-1	—	—	—
X55	2015—2017年	A151	1.5L	3.8L	4.3L	SJ5W30	VT3-CVT	4.05±0.05(L)	CVTF-EX1	—	—	—
		4A91T	1.5L			SN0W30						
X65	2015—2016年	B205E	2.0L	4.0L	5.3L	SN5W30	TF-80SC	6.7～6.8L	JWS 3309	—	—	—
新X55	2018年	A151E	1.5L	3.5L	4.0L	SN0W30	VT3-CVT	4.33L-4.43L	CVTF-EX1	—	—	—
BJ20	2016—2018年	4A91T	1.5L	3.8L	4.3L	SN0W30	VT3-CVT	4.40±0.05（L）	CVTF-EX1	—	—	—
BJ40	2013—2016年	G4CA	2.4L	5.0L	5.5L	10W40	手动变速器	2.6L	75W－90	FD01A	2.6L	SAE GL-4 75W/90
BJ40/BJ40L	2016—2017年	B201R	2.0L	5.5L	5.9L	SN5W30	TB60	11L	NWS9638	BW13-54	1.2L	德士龙（Dexron）Ⅲ
		B231R	2.3L									

（续表）

项目 车型	年款	发动机 型号	排量	发动机机油量 （维修机油加注 与滤清器更换）	发动机机油量 （干式加注， 包括滤清器）	发动机 机油型号	自动变速器 型号	变速器 容量（L）	变速器油 型号	分动箱 型号	分动箱油 容量	分动箱油 型号
BJ40D	2017—2018年	YC4Y20	2.0L	5.0L	5.5L	A3/B4	手动变速器	2.5L	75W/90	BW47-26	1.2L	德士龙（Dexron）Ⅲ
BJ40P	2018年	B201R	2.0L	5.5L	5.9L	SN5W30	TB60	11L	NWS9638	BW47-45	1.5L	德士龙（Dexron）Ⅲ
		B231R	2.3L									
BJ80	2016—2018年	B231R	2.3L	5.5L	5.9L	SN5W30	TB60	11L	NWS9638	BW47-45	1.5L	德士龙（Dexron）Ⅲ

第三十三章　长城车系

长城车系换油规格（表 33-1）

表 33-1

车型	发动机型号	排量(L)	发动机机油量(换机油滤清器)(L)	发动机机油量(不换机油滤清器)(L)	发动机机油型号	自动变速器型号	变速器容量(L)	变速器油型号	分动箱型号	分动箱油容量(L)	分动箱油型号
哈弗 H1	4G15	1.5	3.5±0.1	3.2±0.1	SL5w-40	452ASG	1.7±0.1	GL-4 75W-90			
哈弗 H2	4G15B	1.5T	4.0±0.1	3.7±0.1	SL 或以上，黏度为 10W-30(冬) 15W-40(夏天) 5W-30(高寒)	6F24	7.45(含冷却系) 7.1(变速器加注)	ATF SP-IV M			
哈弗 H2S	4G15B	1.5T	4.0±0.1	3.7±0.1	SM级或更高 SN级，黏度等级 5W-40或 1W-40	7DCT1-A02	6.7±0.3	Shell Spirax S5 DCT11			
哈弗 H4	4B13	1.3T	4.8±0.1	4.5±0.1	SN 5W-30，低于−30℃，SN 0W-30	7DCT300	4.25±0.2	PentosinFFL-7			
	4B15	1.5T	4.8±0.1	4.5±0.1	SN 5W-30，低于−30℃，SN 0W-30	7DCT1-A02	4.25±0.2	FFL-7A			
	4G63S4M	2.0	4.3±0.1	4.0±0.1	−25℃以上 SL 10W-40，−30℃以上 SM 5W-30	7DCT1-A02	4.25±0.2	FFL-7A	博格华纳	1.5±0.05	ATF Ⅲ
哈弗 H5	4D20	2.0	5.5±0.2		−20℃以上 CI-4,15W-40，−30℃以上 CI-4,5W-40	5R35	8±0.1	ATF RED-1K	博格华纳	1.5±0.05	Mobil LT
	4D20B	2.0	5.5±0.2		−20℃以上 CI-4,15W-40，−30℃以上 CI-4,5W-40				博格华纳	1.5±0.05	ATF Ⅲ
	4D20D	2.0	5.3±0.1		−20℃以上 CI-4,15W-40，−30℃以上 CI-4,5W-40				博格华纳	1.5±0.05	ATF Ⅲ
	4G63S4T	2.0	4.3±0.1	4.0±0.1	SN 5W-40，低于−30℃，SN 0W-40				博格华纳	1.5±0.05	ATF Ⅲ

（续表）

车型	发动机型号	排量（L）	发动机机油量（换机油滤清器）（L）	发动机机油量（不换机油滤清器）（L）	发动机机油型号	自动变速器型号	变速器容量（L）	变速器油型号	分动箱型号	分动箱油容量（L）	分动箱型号
哈弗 H6	4D20	2.0	6.2±0.1	5.9±0.1	−20℃以上 CI−4,15W−40, −30℃以上 CI−4,5W−40						
	4D20D	2.0	6.2±0.1	5.9±0.1	−20℃以上 CI−4,15W−40, −30℃以上 CI−4,5W−40						
	4G69S4M	2.4	4.3±0.1	4.0±0.1	−30℃以上 SM 5W−40, 更低温度 0W−40	4AT	7.5	SK ATF SP−Ⅲ			
	4G15E	1.5T	4±0.1	3.7±0.1	−30℃以上 SM 5W−40, 更低温度 0W−40						
	4G15B	1.5T	4±0.1	3.7±0.1	−30℃以上 SM 5W−40, 更低温度 0W−40	6F24	7.45（含冷却系）7.1（变速器加注）	ATF SP−Ⅳ M			
	4B13	1.3T	4.8±0.1	4.5±0.1	SN 5W−30, 低于−30℃, SN 0W−30	7DCT300	4.25±0.2	PentosinFFL−7			
全新哈弗 H6	4B15	1.5T	2017.9.13以前生产车型 5.5±0.1	4.5±0.1	SN 5W−30, 低于−30℃, SN 0W−30						
	4C20	2.0T	2017.9.13以前生产车型 5.0±0.1	4.5±0.1	−30℃以上 SN 5W−40 更低温度 0W−40						

车型	发动机型号	排量(L)	发动机机油量(换机油滤清器)(L)	发动机机油量(不换机油滤清器)(L)	发动机机油型号	自动变速器型号	变速器容量(L)	变速器油型号	分动箱型号	分动箱容量(L)	分动箱油型号
哈弗H6coupe	4B15	1.5T	4.8±0.1	4.5±0.1	SN 5W-30, 低于-30℃, SN 0W-30	7DCT300	4.25±0.2	PentosinFFL-7			
	4C20NT	2.0T	5.0±0.1	4.5±0.1	-30℃以上 SM 5W-40, 更低温度 0W-40	GW7DCT1-A01/A02	6.7±0.3	Shell Spirax S5 DCT11		0.8±0.05	GL-5 75W-90
	4D20D	2.0T	6.2±0.1	5.9±0.1	-20℃以上 CI-4,15W-40, -30℃以上 CI-4,5W-40						
哈弗M6	4G15B	1.5T	4.0±0.1	3.7±0.1	-30℃以上 SM 5W-40, 更低温度 0W-40	6F24	7.45(含冷却系) 7.1(变速器加注)	ATF SP-IV M			
	4C20	2.0T	5.5±0.1	5.0±0.1		6DCT	7.5	嘉实多/PB BOT341			
哈弗H7	4G15B	1.5T	4±0.1	3.7±0.1	-30℃以上 SM 5W-40, 更低温度 0W-40						
	4C20A	2.0T	4.9±0.1	4.5±0.1	-30℃以上 SM 5W-40, 更低温度 0W-40	6DCT	7.5	嘉实多/PB BOT341			
哈弗H8	4C20A	2.0T	5±0.1	4.6±0.1	-30℃以上 SM 5W-40, 更低温度 0W-40	8AT		Shell ATF L12108	博格华纳	1.5±0.05	Mobil LT
	4D20T	2.0T	5.5±0.1	5.0±0.1	C3 5W-30	8AT		Shell ATF L12108	博格华纳	1.5±0.05	Mobil LT
哈弗H9	4C20	2.0T	5±0.1	4.6±0.1	-30℃以上 SM 5W-40, 更低温度 0W-40	6HP21		Shell ATF M-1375.4			
	4C20A	2.0T	5.5±0.1	5.0±0.1	-30℃以上 SM 5W-40, 更低温度 0W-40	8AT		Shell ATF L12108	博格华纳	免维护	
	4C20	2.0T	5.5±0.1	5.0±0.1	-30℃以上 SM 5W-40, 更低温度 0W-40	6HP21		Shell ATF M-1375.4	博格华纳	免维护	
	4D20T	2.0T	5.5±0.1	5±0.1	SM 5W-40/C3 5W-30	8AT		Shell ATF L12108	博格华纳	免维护	